西南人类学文库 | 流域与传统村落系列

Bianchenghuanghe

边城黄鹤

渝鄂边境三村土家族生活样态的人类学考察

田阡　王剑 ◎编著

知识产权出版社
全国百佳图书出版单位

图书在版编目（CIP）数据

边城黄鹤：渝鄂边境三村土家族生活样态的人类学考
察／田阡，王剑编著. —北京：知识产权出版社，2015.8
　ISBN 978-7-5130-3428-9

Ⅰ. ①边… Ⅱ. ①田… ②王… Ⅲ. ①土家族—民族社会学—
研究—石柱土家族自治县 ②土家族—民族社会学—研究—
利川市 Ⅳ. ①K287.3

中国版本图书馆 CIP 数据核字（2015）第 072576 号

内容提要

本调查报告通过对重庆市石柱县黄鹤镇与湖北省文斗乡青龙村河之隔的鱼龙村、汪龙村及周边地区的田野考察，分别从经济模式、婚姻家庭社区状况、教育、宗教、民俗、科技与卫生、文体娱乐等角度，从人类学角度研究边境三村少数民族的生活样态，是从区域维度分层的视角对重庆少数民族生活样态的研究，是将少数民族群众的生活按照不同的生计方式和生存环境进行的分类研究，是对民族学中关于民族共同体概念的深入探讨，也是对民族传统文化现代化方式的深化研究。

责任编辑：纪萍萍		责任校对：孙婷婷	
封面设计：春天书装		责任出版：刘译文	

边城黄鹤
——渝鄂边境三村土家族生活样态的人类学考察

田阡　王剑　编著

出版发行：知识产权出版社 有限责任公司	网　　　址：http：//www. ipph. cn
社　　址：北京市海淀区马甸南村 1 号	天猫旗舰店：http：//zscqcbs. tmall. com
责编电话：010-82000860 转 8387	责编邮箱：jpp99@ 126. com
发行电话：010-82000860 转 8101/8102	发行传真：010-82000893/82005070/82000270
印　　刷：三河市国英印务有限公司	经　　销：各大网上书店、新华书店及相关专业书店
开　　本：720mm×960mm　1/16	印　　张：29.5
版　　次：2015 年 8 月第 1 版	印　　次：2015 年 8 月第 1 次印刷
字　　数：503 千字	定　　价：85.00 元

ISBN 978-7-5130-3428-9

西南人类学文库

序　言

　　人类学于 20 世纪初被引进中国，其研究一度繁荣。1923 年，在美国哈佛大学人类学博士李济主持之下，南开大学建立了中国第一个人类学系。从 20 年代至 30 年代初，全国许多院校，如金陵大学、燕京大学、厦门大学、浙江大学、华西协和大学、大夏大学、中央大学、岭南大学、中山大学、复旦大学、东吴大学、光华大学、广西大学、华中大学、福建协和学院等校纷纷设立人类学机构，或者在社会学系开设与人类学相关的课程。北京大学等校虽然没有设置系科，但也开设了人类学、民族学课程。抗战胜利后，国民政府教育部先后批准暨南大学、清华大学、中山大学、浙江大学、辅仁大学建立人类学系。1952 年院系调整，国内各大学的社会学系、人类学系和民族学系先后撤销，人类学中研究体质的部分基本保留下来，但被归并到生物学或古生物学之下；研究人文与社会的部分则被调整到历史学内，或以"民族研究"的名义得以延续。

　　20 世纪 70 年代末 80 年代初，人类学地位重新得到恢复。1981 年，中山大学复办人类学系，设民族学和考古学两个专业，同年获得博士授予权。随后，厦门大学也建立了人类学系和人类学研究所，设人类学、考古学两个专业。中央民族学院于 1983 年建立民族学系，1993 年该校成立民族学研究院，2000 年 9 月改名为民族学与社会学学院。中国社会科学院研究生院民族系于 1978 年成立，设有民族学与人类学专业，并于当年开始招收硕士研究生，1983 年起开始招收博士研究生。北京大学社会学人类学研究所成立于 1985 年 3 月，是一个以研究为主、教学为辅的机构。此外，云南大学、中南民族学院、湖北民族学院、广西民族大学、云南民族大学、贵州民族学院等一些综合性大学和民族学院（大学）也成立了人类学研究所或民族研究所，招收博士、硕士研究生。在中国，现阶段本科学历开设人类学课程的只有中山大学及一些民族学院（大学）。截至 2009 年，全国共有 20 多所高校院所在民族学、社会学一级学科下设立了人类学硕士授予点，北京大学、中国人民大学、清华大学、中央民族大学、中国社会科学院研究生院、南开大学、上海大学、厦门大学、中山大学等9所大学设立了人类学博士点。其中，北京大学和中山大学的人类学专业被评为国家重点学科。2010年国务院学位办将博士授予权下放到部分重点高校，一部分高校增设了人类学博士点，如南京大学、哈尔滨工业大学等。

人类学这些年来在中国已经有了长足的进步，特别是2009年人类学民族学联合会第16届世界大会在中国召开后，发展迅速。这表现在，越来越多的人类学、民族学机构的建立——根据相关的统计可知，我国现有的人类学、民族学机构已经超过100个，专业人员超过5000人。此外，越来越多的高校建立起硕士、博士学位点，除了985高校外，部属和各省的民族院校普遍建立起学科点；进而，各类学术活动越来越多。中国人类学民族学研究会是最大的学会，每年举办年会和学科单位负责人会议，其下属的各分委员会亦举行各种专题会议。民间团体"人类学高级论坛"每年举行年会和青年圆桌论坛，已经连续举办12届，2013年还在台湾地区举办了首次论坛。各类研究课题在国内外展开，尤其是海外民族志研究方兴未艾，各种专著、文章更是如雨后春笋般层出不穷。

笔者认为，重庆这片区域在人类学、民族学的发展中有着重要的地位。首先，重庆位于中国的腹地，在习惯上称之为"西南"，实际在中国地理位置上是中部偏东；地处长江上游，是青藏高原与长江中下游平原过渡地带，古往今来是兵家必争之地；从古代的巴楚战争，到元时的钓鱼城之战，以及民国抗战时的首都，就可见一斑。其次，重庆是中国文明的发祥地之一，从200万年前的"巫山人"到农业起源时的新石器文化，从别具一格的巴国青铜文化到石盐生产中心。再次，重庆也是多民族聚居的地方，古往今来族群互动繁多，迄今还保留4个民族自治县（原来有6个自治县），分布着上百万的土家族和苗族居民。最后，重庆是中部经济核心地区，是铁路、公路、水运和航空的交通枢纽，是中国制造业、高科技、高等教育的核心区之一。当前，重庆经济的飞速发展带来社会、文化的急剧变迁，为人类学民族学的研究提供了广阔的天地。

然而总体上看，重庆人类学民族学发展的状况却不太尽人意，这与重庆的地位不太相称。重庆自成为直辖市后，随着政治地位的提高，经济也获得了高速发展，可是人文社会科学的发展相对滞后。不过，我们欣喜地看到，不仅西南大学作为重庆人文社会科学的重镇继续担当着领头羊的责任，重庆大学也建立起高等研究院和相关的社会科学研究院，以弥补单纯理工科大学之不足。近来，人类学民族学在重庆也有了欣喜的进步，首先是在西南大学建立了相关机构，开展人类学民族学的研究，并招收相关专业的研究生；接着是在重庆大学高等研究院建立人类学研究中心，聘请海外专家做中心主任，目前已经举办了相关的学术会议和人类学系列讲座；重庆文理学院也开展了文学人类学、文化遗产的研究，还承办了2013年人类学高级论坛。

重庆人类学民族学的进步与田阡及所在团队的努力是分不开的。本丛书的出版正是其近年来研究成果的展示。通过本丛书看其研究，在如下几个方面是有所突破的。

田阡的团队立足武陵山区与乌江流域，以区域自然与人文生态为基础，关注非物质文化遗产的文化基础，将文化总体特征与多样性相结合，开展非物质文化遗产与区域文化互动关系研究。同时运用区域研究的方法，坚持整体观与跨文化比较的研究取向，基于非物质文化遗产研究的视角，以教育部人文社会科学研究项目"龙河流域区域文化与族群关系研究"和文化部民族民间文艺发展中心项目"中国节日志·春节（重庆卷）"为依托，对该区域文化的共同特征和多样性开展了系统的研究工作。首先，对区域文化进行具体的分类研究。将区域文化分为民族艺术、民族体育、民族音乐、民族手工艺、民族舞蹈等方面，从民族文化形式、内涵、传承、文化产业等角度对不同的民族文化作了专题调查研究，凸显民族文化的多样性，探讨非物质文化遗产的文化根基及传统文化在非物质文化遗产保护中的应用。其次，运用人类学的进化论、整体观等理论与方法，通过多点式田野调查，对该区域的非物质文化遗产进行了系统的比较研究。最后，对区域文化开展总体性特征的研究。在大量田野调查的基础上，从生计方式、价值体系、社会风尚、行为规范和制度体系等角度，对武陵山区和乌江流域的区域文化作综合分析，总结该区域文化的基本特征与文化价值。

田阡的团队以都市为研究场域，以城市化进程中新的社会文化现象为基础，以族群流动与互动关系为研究对象，开展了丰富的都市少数民族社会管理问题研究。区域文化的整体性与多样性是在族群互动的基础上形成的。在关注区域文化研究的同时，该团队依托国家社科基金项目"西部地区少数民族农民工生计模式与身份认同研究"，展开都市族群关系问题研究。该研究的创新之处在于突破了原有流域个体、单一民族研究的思路，通过社区研究对族群互动关系的多样性作了综合分析，推动了学科互动研究。他们对大都市的散杂居状态进行了深度剖析，利用科塞提出的社会安全阀理论，创造性地将城市民族事务部门定位为城市民族工作的"安全阀"，指出城市民族事务部门应充分利用自身的各种优势，在日常管理和突发事件应急处理等方面，发挥资源动员和服务传递的职能，充分发挥"安全阀"的疏导、转化和催化作用，推动城市民族工作的顺利开展。

田阡的团队将田野调查与文献分析相结合，关注历史上地方社会与国家的"中心与边缘"互动关系，开展了卓有成效的族群与区域文化的历史人类学研究。在已有的区域历史研究基础上，通过历史文献的分析和大量的田野调查，从文化生态的角度对不同民族和不同区域的生活状况进行了研究和评价，对地方社会与国家之间的互动关系进行了创新性的、历史性的演绎与归纳。同时，以历史事件的反思关照现代地方社会发展的问题，对民族地区社会发展进行了分析，为解决当前的民族关系问题提供了更加系统的理论支撑和明确的决策参考。如运用人类学的理论与方法，以苗疆社会自身为研究视角，从苗疆民众的日常生活分析出发，对苗疆民众的日常生活进行了全新的理解与评价，为西南边疆与民族历史问题研究提供了新的研究思路。该成果凸显了民间组织与民间行为规范的社会价值，对于解决中国基层社会的现实问题，维护基层社会的社会秩序提出了新的路径，从理论上推动了社会主义和谐社会的建设。

田阡教授嘱我为西南人类学文库写个序。犹豫再三，还是答应下来。田阡十多年前就读于我的门下，毕业后去了西南大学。在那里，他将人类学理论与应用相结合，将学术研究与学科建设相结合，在人类学基础薄弱的重庆地区打出了一片新的天地。当老师的最高兴的莫过于学生能够做出成绩。这也是我愿意写序的原因。最后，祝愿田阡的团队能有更多的成果问世，祝愿重庆的人类学有着美好的明天！

2013 年 11 月 27 日

重观西南：走向以流域为路径的跨学科区域研究

　　学术从来不是静止的，我们的探索永远是理论和实践上的无尽开拓。无论做哪一学科的学术研究，方法都是非常重要的。英国社会人类学家利奇（E. R. Leach）在其代表作之一《缅甸高地诸政治体系：对克钦社会结构的一项研究》中提到人类学研究中的"蝴蝶论"：当时很多研究者的工作，就像收集各种蝴蝶标本一样去收集各种人类文化现象。他认为这些文化现象收集得再多、再全，如果不去深究"蝴蝶"的归类、"蝴蝶"的演化等问题，对我们认识人类社会就没有多大帮助。同样，当我们回头去看弗雷泽（James George Frazer）强调在古典人类学家泰勒（Edward Burnett Tylor）的基础上要对比较方法进行革新，放弃使用先验的阶段论，转而做共时的比较，从而看到事物和事物之间的关系的理念时，就可以确信这样的学术思维可以理出一条通过认识事物，进而认识人类社会的主线来。

一、方法论转向：从社区研究到区域研究

　　源于结构功能学派社会人类学的社区研究，作为一种方法论，长期以来都是人类学研究的基石，为人类学这门学科的世界性的发展做出了不可磨灭的贡献。但事实上，只要对学术史稍作梳理即不难发现，社区研究本身也经历了一个动态演化的过程。在人类学传统的社区研究中，其实存在着"社区研究"和"在社区中做研究"这样两种研究取向。一直以来，大多数的中国研究者都传承了人类学民族志的传统，将社区视为可操作单位，对其进行"麻雀解剖"，以期代表中国，至少代表中国社会的一种"类型"或"模式"。然后试图通过类型比较方法达到对中国整体的认知。

　　费孝通先生在后来的《云南三村》序言中反思《江村经济》，承认《江村经济》做的是社会调查而不是社会学调查，他在《云南三村》中的类型比较研究，可以看做是对"利奇之问"的回应。这段学术公案众所周知。利奇质

疑费孝通先生的社区研究方法："在中国这样广大的国家，个别社区的微型研究能否概括中国国情？"❶ 费孝通坦承，"江村不能在某些方面代表一些中国的农村"，但他认为："如果承认中国存在着江村这种的农村类型，接着可问，还有其他哪些类型？如果我们用比较方法把中国农村的各种类型一个一个地描述出来，那就不需要把千千万万个农村一一地加以观察而接近于了解中国所有的农村了。通过类型比较法是有可能从个别逐步接近整体的。"❷ 这样一来，我们的研究就不再仅仅是"对社区的研究"，而进入了"在社区中做研究"而且是做更大范围或规模研究的新视野。在这种类型比较法的信念下，费孝通先生从"江村"走到"云南三村"走到"中国小城镇模式"乃至"区域社会"，为理解中国奉献了毕生精力。这种研究传统至今仍然在人类学和社会学的实证研究中有着重要的地位。在其影响下，我们的研究不但要思考整体与局部、一般与特殊、宏观与微观的链接，而且事实上还是一种加入了他者文化关怀的研究。一方面，区域社会的地方知识体系在支撑着"传统"或"他者"意义上的民族文化；另一方面，地方性的问题已经成为国家治理技术和世界政治经济体系在地方社会中实践和权力展演的空间。

作为学术工作者，我们既要时刻警醒自己将自身的世界当作众多世界中的一个，寻找他者历史与社会的独特运行逻辑，同时也要"追问流行于不同的地理单位中的宇宙观在互相碰撞的过程中如何保持自身的'不同'"。❸

区域研究作为人类学重要的组成部分，无论是在人类学学科起源和兴起的过程中，还是在人类学学科理论与学科流派的形成中，都具有举足轻重的作用。其主要目的在于通过区域个案的研究来认识区域整体。在全球化时代，人口的大规模流动使原有区域研究的理论与方法遇到严峻的挑战。尽管如此，人类学区域研究的重要性却从未动摇过。区域研究的理论和方法，只是比以前更加强调人类学理论上的批判性和人类学田野调查的科学训练而已。

二、对象转向：从族群研究到流域研究

人类学家周大鸣教授曾指出，族群的认同必须在族群之间的互动过程中去探讨，在与世隔绝的孤立群体中，是不会产生族群认同的，至少族群认同是在

---

❶ 费孝通. 人的研究在中国：个人的经历 [J]. 读书，1990（10）.

❷ 同上。

❸ 王铭铭. 人类学：历史的另一种构思 [M] //. 见王铭铭主编. 中国人类学评论（第9辑），世界图书出版公司·后浪出版公司，2009：55.

族群间互动的基础上发展起来的。经过认同和互动过程的族群关系呈现的是多元模式局面。❶事实上，包括地域性在内的现实认同在具体的时空下也是重要的族群认同操作工具。生活在同一区域的群体在新的历史条件下，不断受到政治的、市场的、历史记忆和社会结构等因素的影响而使族群认同和族群文化处于动态的变迁之中，这是历史的建构过程，也正在现实中发生着。

孤立的群体研究方法也无法把握族群之所以形成自我认同的过程。族群文化归纳，如果缺乏时空格局意识，就会忽视对地方社会的族群关系、地域关系和历史情境之间的关系，从而造成对区域文化地方性差异以及差异形成过程的关注的不足。

以空间、历史与族群互动为视角的区域研究，并不是单一的区域史，而是人类学上文化整体观和比较研究传统的延续，也是对中国地方社会研究中历史研究取向和区域文化研究取向相结合的进一步深入。这种研究视角以发现具体历史社会情境中地方社会与族群社会的关系为目的，去揭示国家、社会、地域、宗族、个人等多层次的社会力量在多样性的具体"历史真实"中的整合以及民间生活中"文化创造"的多样性，并最终以"过程民族志"的方式展现传统中国社会的运作机制。❷对于中国历史文化局部整体性的把握，是对中华文明总体整体性进行理解的必经阶段和重要步骤。因此将族群文化研究与地域进行结合，将族群与族群互动嵌入具体的时空轴进行审视就显得尤为重要。

从这个意义出发，我们的研究不应拘泥于族源、客观文化表征以及单一族群历史方面的考察，而应将其作为资料性素材，重点通过对区域空间内的族群文化与族群关系的把握，从河流区域与族群文化角度对族群研究进行田野调查和理论层面的探讨。

流域，正如龙宇晓教授所言："是以河流为中心的人—地—水相互作用的自然—社会综合体，以水为纽带，将上中下游和左右岸的自然体和人类群体连接为一个不可分割的整体，在人类生活世界的本体系统中具有十分重要的地位。"❸从某种意义上来说，流域是群集单元，是世界本体的一部分。用地理学的说法，流域是一条一条的河流和分水岭形成的山水基线；从文化的发生角

---

❶ 周大鸣. 动荡中的客家族群与族群意识：粤东地区潮客村落的比较研究 [J]. 广西民族学院学报（哲社版），2005（9）.

❷ 彭兆荣. 边际族群：远离帝国庇佑的客人 [M]. 黄山书社，2006.

❸ 曾江. 作为方法的流域：中国人类学研究新视角——流域人类学大有可为 [N]. 中国社会科学报，2015-06-09.

度看来，流域就是一条条的文化赖以起源、演化、传播、交融与发展的时空通道；从整体观的视角看，流域还是一个体系架构，由大大小小的流域线条网络形成一个个的区域扇面。就社会内涵角度而言，流域是一个问题域，集结了诸如生态、人口、资源、民族、族群关系等各方面的问题；从方法论角度讲，流域则可以作为一种认知范式，从流域的角度看待问题，可能和过去泛泛地看待问题是不一样的。如果我们能用流域的方法，从流域的角度看问题，肯定能够发现以往我们不能发现的很多知识盲点。

流域是世界本体的一部分，这与流域的性质有关。流域在国外的理解各有不同，有广义的 valley，还有一个狭义的 watershed，即分水岭。希罗多德曾说"埃及是尼罗河馈赠给人类的厚礼"，深入理解他的话，可以说整个人类的文明都是和流域有关系的。马克思说"尼罗河水涨落启示，诞生了埃及数学"，可见流域不仅仅是文化的问题，也与地方知识、科学知识有关。流域的重要性在于它既是自然资源的群集单元，也是文化多样性的承载单元，更是我们认识社会的一种方式。顺着河流，就有物的交流、人口的流动、文化的传播和分布。流域作为一种系统的架构，是一个人、地、水互动的复杂系统，从中可以分成很多子系统，可以在这个系统层面发现很多现实问题，诸如生物多样性的问题、传统知识的传承保护问题等。从这个角度来说，通过流域的视角，我们能够在研究中不断发现新的资源，给老的问题赋予新的意义，并最终解决这些问题。

作为范式创新的一个出发点，流域研究可以帮助我们超越以往点状认知的局限性，超越现在人类学区域研究上一个个民族志点之间缺乏关联的局面，还可以超越"边缘—中心"的理论范式。正因为如此，流域人类学作为一种跨学科的研究，能够极大地帮助我们实现文化整体观照的目标；流域的研究、流域的视角、流域的方法，或许能够真正推动人类学成为一套完整的知识体系。

三、空间转向：从东南研究到西南研究

中国研究的空间转向经历了从西南到东南再回归西南的历程。如西南彝学研究的现代学术确立开端于中山大学人类学系的杨成志先生。20 世纪的二三十年代，专业的社会学和人类学家开始进入西南地区，进行民族社会调查，留下许多重要的调查成果。中山大学人类学系先驱杨成志先生在 1928 年 9 月至 1929 年 5 月，孤身深入凉山进行民族调查，后来结合云南的一些调查撰写了

《云南民族调查报告》，被称为"我国西南民族调查的先导杰作"，后来出版的论文集《云南罗罗族论丛》被称为"罗罗研究的第一本巨著"。❶此外，袁家骅、李仕安、江应樑、陶云逵、林惠祥、芮逸夫、马长寿、林耀华等诸多民族学和人类学大家都曾进行过西南地区社会文化调查和研究。他们融会贯通，将人类学、民族学、民俗学、社会学、政治学、经济学等数门学科的理论与方法整合运用，写就了一批经典之作。相比于华北农村研究和东南宗族研究后期崛起，西南族群研究的传统曾一度低潮。随着费孝通先生于20世纪70年代末以后提出关于"藏彝走廊"的论述，人类学研究的目光又逐渐回到西南。

自1980年民族学人类学学科重建以来，西南研究的"区域研究"特征也日益明显。特别是1981年"中国西南民族研究学会"的成立，更标志着西南研究区域视野与实践的开启。在该学会的推动下，西南研究的学术力量被整合组织在一起，进行了一系列"流域""走廊""通道"等具有较强区域性研究的专题调研，如横断山区六江流域、西南丝绸之路、贵州"六山六水"、南昆铁路沿线、茶马古道、藏彝走廊等研究，从而开启了学科重建以来西南研究的第一次高潮，并取得了显著的成果。❷

人类学的区域研究曾经在村落个案的基础上，由国外中国研究者和台湾学者先后提出了市场体系理论、祭祀圈理论和历史人类学华南研究理论等范式，将连接一个个村落的关键，或认定为村庄集市网络内的交换关系，或认为是为了共同的神灵信仰而举行的祭祀活动的居民，或归结为某一特定区域范围内的宗族、信仰及社会整合。❸这些研究范式各有所长，也各有其缺陷，这些缺陷的共同之处在于：都只能解决相对较小范围内的区域研究问题，一旦将其置换于其他环境之中，就会遇到严重的"水土不服"情况。在实地的调查和研究中我们发现，地理自然环境因素天然地对区域社会形成具有形塑作用，而经济、政治、文化关系是区域社会形成、分化和变迁的重要基础。同时，把握地方社会形成及变迁所需要考察的区域族群关系、政治层级、经济关联、地理空间等社会结构性界线，都包含在区域社会之中而不是以族群为边界。作为族群互动的具体时空坐落，区域社会正是进行地方社会文化研究的可操作单位。

我自进入西南大学以来，结合区域研究和西南研究的新传统，带领团队在龙河流域开展了持续性的区域田野调查和民族志写作。龙河发源于鄂渝交界处

---

❶ 王水乔. 杨成志与西南民族研究 [J]. 云南民族学院学报（哲社版），1996 (2)：55.
❷ 张原. "走廊"与"通道"：中国西南区域研究的人类学再构思 [J]. 民族学刊，2014 (4).
❸ 周大鸣，詹虚致. 人类学区域研究的脉络与反思 [J]. 民族研究，2015 (1).

的重庆市石柱土家族自治县黄水国家森林公园冷水镇李家湾七曜山南麓，全长164千米，天然落差1 263.3米，其中在石柱境内有104千米，是石柱境内最大的河流。龙河流出石柱县后，在丰都县王家渡注入长江。龙河穿越石柱和丰都两县20多个乡镇，因流经石柱县城南滨镇时绕城三面，所以龙河在石柱县内又称"南滨河"。龙河流经的地区地处川鄂交界地，当楚黔之交，控楚连黔，襟带湘境，自古为洪荒之地，是巴蜀古国最边远的山区，古称"九溪十八峒"，也是土家族的祖先古代巴人的聚居区。我和我的团队对龙河的人类学研究是从《冷水溪畔》开始的，陆续有《万寿山下》《沙子关头》《龙河桥头》《边城黄鹤》等传统村落的系列调查研究，还有《"边缘"的"中心"》等呈现族群互动的系列研究，以及流域内的物质文化遗产与非物质文化遗产研究。至此，一个以流域为路径的西南区域研究的新人类学空间正在凸显。在冷水乡开展田野的意义在于它是贯穿于石柱县的龙河的源头，也在于它已被置于流动和发展的背景之中，需要尽早地描述和挖掘。而在西南流淌着很多与龙河一样的小流域，都存在一个个相对独立的族群多样社区，对学术研究的标本作用以及田野调查方法的训练都是一个很好的实践场域。我们期待能通过做一条河流的上、中、下游不同社区的研究，构建起对该流域整体性的文化和社会认识，继续寻找文化的相似性和社会发展的多样性，也为武陵山区和西南的多流域研究拓宽、拓新思路与方法。

面对新时期全球化浪潮下对人类学区域研究迫切呼唤和相关学科领域的理论失语，在费孝通的中国区域研究蓝图和中山大学人类学系的岭南研究与珠江流域研究的基础之上，我们总结七年来集中于西南地区的流域研究的理论与田野成果，初步得出一些关于人类学区域研究，尤其是中国西南山区人类学区域研究的规律与方法。

四、学科转向：从人类学洞见到跨学科协同

我们认为，流域文明不仅是流域文化、流域历史，应更多关注现实的流域治理问题，进而参与到国家治理能力和治理体系现代化的讨论中去，因此，挖掘流域文明，其根本目的应该是更好地从点、线、面三个层次上为社会治理提供理论指导。

第一，流域文明凝聚社会治理的文化意蕴。水是流域文明的主体，水的特性在于它的流动性和循环性。水的流动性体现在它最一般的液态，水的循环性体现为它在"三态"间的转化。水在沸点化为气态，在冰点结为固态，但是

无论如何蒸发和凝结，它都在循环往复之中保持自身的存在。水也在"三态"转化之中实现着自身的充斥和弥漫。一地一域之水受到污染，水的流动性就会促使污染在更大范围内持续扩散；一堤一坝存有缝隙，水就会在引力作用下发挥出"柔弱胜刚强"的特性；水库不坚，水道不通，暴雨积累起来的洪涝就会引发灾难；水源的开通、引调、提升的不足则会引发缺水困境；水管查漏减损、废水再生利用和雨水收集的工作不济，就会造成水资源的浪费。水的这些特征，决定了治水思维的系统性和治水形式的协同性特征。水的文化产生于人与水的历史互动性实践中，内涵在世界文化、民族文化和地域文化之中。人类在用水、治水、护水等实践中不断构建文明史，在渡河、越江、航海等活动中不断构建世界历史。从中华民族范围看，松花江、辽河、海河、黄河、淮河、长江、珠江以及东南、西南、西北诸河等流域，孕育了先哲对水的哲学思索，凝结了历代水利工程的科技文化，汇聚了各朝文人对水的人文赞美。

第二，流域文明突显社会治理的系统关联。水是人类的生命之源，但是其发挥功用需要依靠人对于水的规律的科学把握。山、水、林、田、湖之间的辩证运动构成生态系统，水的规律即是在生态系统中发挥作用。在人类社会快速发展进程中，人们对于自然界的作用逐渐多样化，导致水的规律发挥的作用机制也变得日益复杂化，人们治水的机制也日趋系统化。科学发展观的基本要求就是全面、协调、可持续，因此治水必须具备统筹协调的战略思维。

第三，流域文明反映社会治理的本质属性。人对水的治理体现的是人通过物质实践以文明的形式获得对以水为代表的自然资源的利用和驾驭能力。治水直接反映的是人与自然界的关系，同时也反映人与人、人与社会的关系。人类为了维持自我生存与生活，对于水的实践形式包括探寻水、储存水、去污水等。生产力低下的时代，人类以傍水而居作为寻找充沛水资源的最直接方式，因此早期人类文明几乎都起源于各种大型河流。丰沛的水源有助于化解供水与节水的矛盾，但是也带来了洪水和涝水的矛盾，因此，以泄洪水、排涝水为核心内容的治水也几乎成为所有早期人类文明面临的必要任务。随着人类文明的不断发展，人与人、人与社会的协作成为人类利用和驾驭水资源的重要形式，人们在治水中不断探索和改进社会管理和治理的机制，以便更加积极有效地应对水的问题，实现人与水的和谐相处。

因此，在这一系列理念体系统领下，我们下一步的计划是以流域为主题开展历史学、社会学、人类学、民族学、考古学、公共政策、农业科技史等多学科对话的系列研究，并将研究成果付诸具体社会治理问题的实践。除了流域人类学理论和方法的研究，我们计划从历史流域学中吸取社会治理的历史经验，并将研究对象拓展到跨境流域研究与跨境社会治理方面，分别从三江源地区的流域生态学、珠江流域宗族与族群、松花江流域的农业人类学、大运河的考古与治水历史、武陵山地区多流域切入，探讨复合的人—地—水系统中的社会治理问题，最后将流域与社会治理的理念上升到生态美学的人地和谐与社会哲学的天人合一层面。

我们期望今后能够通过"流域"这个突破行政区划限制的概念，加强国内跨区域体系之间的合作，并深入持续地与国际学术界开展以流域文明比较研究为主题的学术对话，使我们的研究更好地发挥其作用，使我们的学术更进一步地融入国际主流。

是为序。

田　阡

2014 年 12 月 28 日于西南大学

目　录

图　目

表 目

导言　何以"边城"

　　"黄鹤一去不复返，白云千载空悠悠"，提起"黄鹤"一词，世人多能联想到唐代诗人崔颢的七言律诗。世上本没有黄鹤，却有湖北武汉名胜古迹黄鹤楼，让诗人不禁生发白云千载的忧叹；亦有此书的调查对象——重庆石柱县秀丽的边城——黄鹤。

　　"渝鄂边界，黄鹤之乡"，这八个字牢牢刻在黄鹤乡政府驻地鱼龙村的"中心"——大坝场中央的十字路口的巨石上，生动指出了黄鹤的地理位置。黄鹤是石柱县行政区划的边缘乡镇，与湖北西部最西的乡镇紧密相连。从石柱土家族自治县到彭水苗族土家族自治县、再到素有"渝鄂咽喉"之称的渝东南重要行政中心黔江，黄鹤一直是重要的通道所在；同时是通往湖北利川的最近的国道必经之地。

　　边城黄鹤处于这个区域的中心位置，不仅是乡属的鱼龙村、汪龙村的主要货物集散地，也是附近的龙潭乡、洗新乡、马武乡以及湖北青龙村的边贸市场所在地，至今每逢赶场的日子，重庆的、湖北的乃至贵州的、湖南的客商云集于此，边城黄鹤很早就有"小台湾"的美称。

　　云雾缭绕、崇山峻岭的自然风光，犹如给黄鹤披上一层薄纱，神秘而宁静。但这个特殊区域的文化价值正在慢慢揭开它的面纱，村落由自然或行政力量所积累的动能造就了今天的发展，呈现出一幅生动的省际边界村落发展多样化的生活面貌图。我从 2010 年进入黄鹤，在此进行了跨越五年的跟踪持续调查，这本调查报告也是这几年来从村落的整体性观察以及基于三个村落的人类学调查的一个完整总结。除了数次到访的黄鹤，这几年的寒暑假里，我们也多次进入石柱县龙河流域的各个乡镇：考察黄水镇、探访沙子关、寻路桥头国、调研三河镇、两探冷水乡，等等。正是在这些扎实的田野调查材料基础上，我们尝试用"生活样态"的概念，将近些年在龙河流域各乡镇的所见、所闻、所感、所想，全方位、立体地呈现在读者面前，将我们穿行在山川河流间的记忆、对土家族同胞衣食住行等日常生活的感悟，从历史与现实交叉的维度来将其记录在这本人类学的调查报告中。由此建立的一种学科意义的思考，不仅是人类学观察客体、研究客观世界的唯一切入点，也是客体世界参与人类学学科理论方法建构和实践路径探索的唯一节点。

因此，在本调查报告开始的"导言"部分，我们希望对这个持续田野调查抽象而来的思考和文本所表述的核心概念进行一个初步地界定，以期使我们田野研究和材料呈现始终秉持一种科学研究的态度和方法，避免过于平铺直叙，使得调查与材料缺失了主题与问题的意义追问。

一、边城研究概念界定之一：区域文化

第一个需要界定的概念是"区域文化"。区域文化，在研究中更主要的是指在具体的自然地理空间之中的族群文化的总称，在一定程度上，它甚至还包括有不同的文化区域。就其内部的组成状况而言，区域文化并不是均质化的文化整体，不同的族群以及不同的文化区域之间存在某种程度的差异性——尽管这种状况的现实存在并不是隔绝它们之间交流与互动的主要障碍，也并不排斥区域文化内部所可能出现的某些相近或者相似的文化特征。我们认为，区域文化内部这种文化格局的形成，既受到地理环境的影响，同时也是人类社会活动的结果，因而是自然、历史与文化的混生物。在区域文化中，最凸显的文化特质是生产类型和民间仪式，考察这二者的文化内涵，就能大致梳理某种区域文化最显著的特质。

在我国漫长的历史发展进程当中，在某些特定的地理、政权区域之内，曾形成过许多不同的区域文化。在春秋时期，各地的习俗即有"域风""国风"之说。《诗经》中的民歌就是根据地域性风俗的特点进行收集和分类整理的，故而有"十五国风"之分。一些古代文献探讨了各地风俗习惯得以形成的具体原因，《汉书·地理志》中说："凡民函五常之性，而其刚柔缓急，音声不同，系水土之风气，故谓之风；好恶取舍，动静亡常，随君上之情欲，故谓之俗。"自然环境、政治势力以及人的性情对于区域文化形成的作用由此可见一斑。

近现代学者主要根据地理方位、经济生活状况以及行政区划对我国的区域文化进行研究。梁启超所谓"亚洲东西南北各自成一小天地"，以及李约瑟对于中国的北方文化、西北文化、西方文化、南方文化和东南文化这种文化地域

的划分无不体现这一原则。20 世纪 50 年代，苏联学者托尔斯托夫、列文和切博克萨罗夫提出了"经济文化类型"这一著名的民族学概念。根据托氏等人的定义，所谓的经济文化类型，是指居住在相似的自然地理条件之下，并有近似的社会发展水平的各民族在历史上形成的经济和文化的综合体。❶ 林耀华对经济文化类型概念进行了修正，并把我国各民族分成三种经济文化类型组，即采集渔猎经济文化类型组、畜牧经济文化类型组和农耕经济文化类型组。尽管从表面上看，托氏等人对于经济文化类型的划分并没有突出强调自然地理因素的重要性，然而就其实质内容而言，这些类型的划分都带有明显的地域性特点，因而可以看作一种区域文化的分类。与托氏等人在区域文化的划分上重视区域的历史、经济与文化不同，李桂海关于我国区域文化类型可以分为河谷型、草原型、山岳型和海洋型的观点❷则是以地形作为主要的划分依据。从某种意义上讲，类似李氏这种基于地形、地域等自然地理空间上的特点所进行的区域文化划分方法，虽有简约化的嫌疑，但相对而言，却更为生动形象且易于把握，因而在实证性研究当中得到了更为广泛的采用。❸

　　如果将中国地图比喻为一只昂首的公鸡，武陵山区趋近于"鸡心"的位置（见图 0-1），而黄鹤所在的区域，正好就在这勃勃跳动的"鸡心"的中心上。武陵山是连贯渝、鄂、湘、黔 4 省市相邻地带的山脉，长度为 420 千米，一般海拔高度 500~1 000 米，最高点达 2 570 米。武陵山多为褶皱山脉，岩溶地貌。主峰是贵州铜仁的梵净山，山脉从西南向东北延伸，经过重庆东南，是湘鄂分界线。武陵山脉覆盖的地区称武陵山区，现在也习惯称武陵山片区。武陵山区的核心区域面积约 10 万平方千米；而全区域面积达 17.18 万平方千米，人口为 3 645 万人（2010 年）。境内有规模的少数民族有 9 个，主要是土家族、苗族、侗族等。这个连片山区占据我国版图的中央位置，生态良好，战略地位显著。

　　武陵山区山水相连，是一个区位和地貌一体的自然实体。武陵山脉从云贵高原边缘向东北倾斜，形成一片包括乌江、沅水、澧水、清江四水流域在内的、地貌大致相似的山区，呈现出与高原地带、丘陵地带、平原地带相区别的典型的山区地带。武陵山区在北纬 30° 两侧，属于亚热带季风湿润型气候区，

---

❶ 林耀华.民族学通论（修订本）[M].北京：中央民族大学出版社，1997：80.
❷ 李桂海.对我国地域文化发展特点的一点思考 [J].云南社会科学，1989（3）；徐亦亭.中国古代文化区域和民族关系 [J].中央民族学院学报，1992（5）.
❸ 周大鸣，吕俊彪.珠江流域的族群与区域文化 [M].广州：中山大学出版社，2007：5-7.

四季分明，气候温和宜人。奇山秀水的环境、郁郁葱葱的植被，既是多种生物的生长乐土，也是人类生产与生活的美好家园。

武陵山区虽然被划分在四个省市，但是在历史上曾经长期具有同样的行政归属和大致相同的制度演变。武陵山区是战国时期楚国所置的"黔中郡"所在，在楚国被秦国统辖后仍称黔中郡。汉高祖改黔中郡为武陵郡，从此以"武陵"为名。虽然期间曾恢复过黔中郡的名称，但是直到宋代都主要采用武陵郡的名称统一管辖。元朝开始行省制度，武陵郡被划分到湘、鄂、川、黔四省分治，元代统治者在武陵山区和其他类似少数民族地区开始施行土司与卫所并存的制度，直到明代和清代前期（雍正十三年改土归流）都是施行土司统治，因此这里虽然分属不同的行省，但是都施行同样的制度。不过，这种分治后来又有短暂的军管合并。在第二次国内革命战争时期，这里建立了湘鄂川黔革命根据地。在抗日战争时期，这里是第六战区，包括以武陵山为中心的湘鄂川黔十个区的81个县。从20世纪80年代以来，武陵山区被中央统一划为连片的民族地区、革命老区、贫困地区，再后来成为我国西部大开发的一个重要的经济协作区。

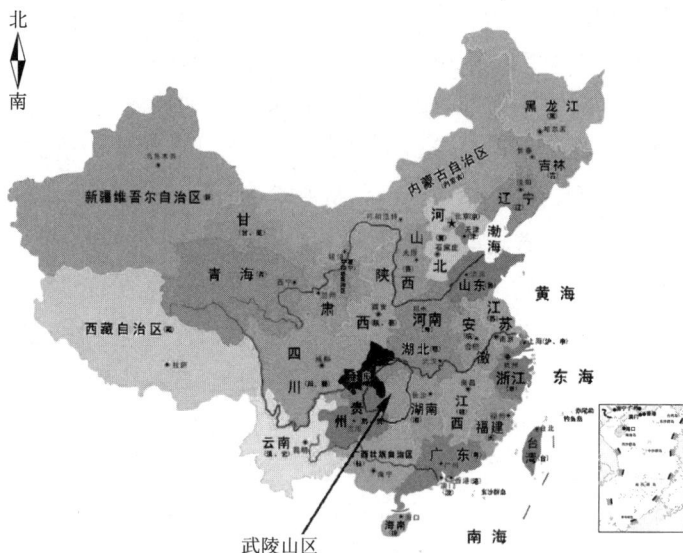

图 0-1　武陵山区在中国的位置图

武陵山区文化意义上的核心区域由乌江（从贵州铜仁到重庆东南部的黔江区、石柱土家族自治县、秀山土家族苗族自治县、酉阳土家族苗族自治县、彭水苗族土家族自治县）、沅水（从贵州铜仁到湘西）和清江（从武陵山腹地的湖北恩施到宜昌的五峰土家族自治县、长阳土家族自治县等地）贯通，本书的研究对象——黄鹤乡，正处于重庆市渝东南少数民族地区和湖北省鄂西少数民族聚居区的交界之地，是武陵山区的核心地带。

更进一步具体定位会发现，如果以武汉、长沙、贵阳、重庆这四个中西部的省会（直辖市）为圆心，以 200 千米为半径分别画圆，这四个圆形的交汇点，正好就在渝东南靠近鄂西和湘西北的重庆市渝东南地区（见图 0-2）。

图 0-2　武陵山区范围及渝东南地区的位置图

正是由于处于这样一个特殊的地理位置上，边城黄鹤的两省（市）三村，承载了更多的这一区域的地域特征，而正是这些区域特征，构成了边城黄鹤的内外特殊性。

边城黄鹤与其他地方相比特征最为明显的区域文化，表现为宗族对民众的影响。这一影响不仅直接体现在当地人的政治、经济、文化、社会生活中，更对人们的思维方式和在此基础上形成的决定和判断产生直接或间接的作用。中国传统社会的宗族形态及其内涵，因社会经济条件和文化背景差别，在不同时期和不同地区呈现出许多差异。在地方广泛存在的宗族组织，是该地区独特的文化和历史过程的产物。宗族发展历史中的文化过程，蕴含着社会变迁的重要信息。从意识形态的角度来考虑的话，作为组织严密、结构完整、制度完善的中国宗族组织，到 20 世纪 50 年代可以说已画上了句号。但这种制度化宗族的消失并不意味着基于血缘和文化机制的宗族关系的解体。这种关系即使是在

20 世纪 50~70 年代，也并没有为轰轰烈烈的革命运动彻底淹没，而是以一种特有的文化基调在舞台背后延续下来。随着 20 世纪 70 年代末的中国农村政策的转型与体制的突破，以家庭为中心的经济单位的确立，以地缘为基础的村落功能的相对弱化，农村的宗族组织又以其固有的文化传统和特有的屏蔽色彩展现在我们面前。这一宗族组织的重建和重构，主要是在民间的努力下一方面对固有的宗族传统及其文化仪式在某些方面进行"复制"，另一方面就是对固有的文化传统进行"创新"和"生产"。之所以说其为"生产"，是强调文化传统受时空坐标之影响，具有一种自身调节的动态机制。这一切可能不一定只是农民社会传统性没有褪尽的现实表现或者说是一种传统的延续，也非与所谓的现代性相背离的落后的传统。这些所谓的传统已融入人们的具体生活世界和非日常生活世界，成为人们现代生活中的一种生活逻辑和生活规范，也可以说这一约定俗成的文化传统已成为人们的一种生活习性。用"传统"和"现代"来剥离这一生活习性，只能是一种主观的企图，而非一种事实的解释。

这种"文化的复制"和"文化的生产"过程，正是宗族复兴的外在表现，也是当今社会区域文化最主要特征的来源。这一作为社会结构的宗族及其活动的研究，与把"文化"的研究置于"传统"和"现代"两个端点的研究一样，是置于"国家"与"社会"的两个平行架构下进行的，这一视角对于 1949 年以前的中国传统社会结构有着相当充分的解释力度。但是，由于 1949 年后"国家"与"社会"的关系由相对平行的关系转换为一种相互交叉甚至互为一体的关系，所以，以国家权力的弱化来解释诸如宗族复兴的问题，可能难以寻找到满意的结论。宗族的活动也正是家族、社会与国家之间有联系也有分离的动态过程。这一过程也是宗族在国家与社会之间寻求最佳结合点的过程。在某种程度上可以说，宗族复兴及其文化仪礼的张扬，与这一区域的理学文化传统有着必然的联系，也是区域文化积淀的现实反映，久而久之成为一种约定俗成的文化现象。不管是宗族组织和地缘村落的融合，还是宗族组织通过一定的势力对地方社会发生的影响，其本身都使得国家权力和政治通过乡村政治与血缘组织、农民家庭有机地联系起来。❶

---

❶ 麻国庆. 宗族的复兴与人群结合——以闽北樟湖镇的田野调查为中心 [J]. 社会学研究，2000 (6).

　　二、边城研究概念界定之二：生活样态

　　与呈现在表面的"区域文化"概念不同，"生活样态"的概念潜藏在该区域内民众的日常生活的下面，需要通过研究发掘，或者通过特定的形式予以具体的表现。

　　就生活样态这一概念而言，它的重点应该在"样态"一词上。"样态"本来是一个逻辑哲学的专有名词，是康德在推动逻辑学从传统形式逻辑走向现代辩证逻辑的过程中所提出的全新范畴，包括可能与不可能、存在与不存在、必然与偶然三组逻辑判断。此后伦理学将这一概念运用于分析人的生存样态，指出人是文化的存在物，文化改变了了人的存在形态和状态，并从文化的视角入手，将人的存在依次分为本能文化、群体文化、个体文化三种样态。其中，本能文化是超越动物的原初存在样态，是人的依赖关系占统治地位的阶段，本能文化是一种生存文化，是直接为人的生存服务的，本质上属于人的动物本能的扩大物，离开人的动物性，本能文化的存在便毫无意义；群体文化是人的文化化和非个体化阶段，群体文化也可以称之为社会文化，表现为种族文化、民族文化、阶段文化等，其共同特质是以同一性为前提，不同个体的动物性与各种文化因素交融，逐步走向一体化，形成相应的群体文化特质；个体文化是人类发展的最终方向，是以展示个体为特征的个体文化发展的最高样态，个体文化作为一种向内文化，是人类由对自然的关注转向人自身的发展，是人类发展的必然趋势。❶

　　当样态的概念与人类学相遇，马上就寻找到与其最为契合的逻辑落脚点，即民众的日常生活，并形成了文化人类学上的"生活样态"概念。按文化存在的状态，生活样态可分为活态文化形式、固化文化形式和介于二者之间的中间形式三种类型。其中，活态文化形式是指现实中存在的文化形式，如体现人类日常生活文化的衣食住行、婚丧嫁娶等文化形式，只有存在于人们现实中的文化形式才是处于活态；历史上曾经存在过，但在现实中消失的文化形式不属于活态之列。固化的文化形式是指一种文化在历史上被该民族所普遍共享，且在一定程度上能够反映该民族独特的生活方式，但是现在已经不再具有生命力仅以历史文化记忆而存在的文化形式，被列入非物质文化遗产名录的文化形式多数属于固化的文化形式。中间文化形式在历史上曾经是一个族群的特有文化

---

　　❶ 张青. 人存在样态的文化分析［J］. 哈尔滨学院学报，2007，28（9）.

形式，在现实中主体上仍表现为传统的文化形式，但不是传统类型的原样照搬或一般意义上的发展与变迁，而是呈脱离原来文化体系的断裂式变化形式。之所以称之为中间类型，有两个原因，一是这种文化形式在当下具有二重性，即传统与现代兼备；二是从发展角度视之，又具有向上述两种形式转变的可能性。❶

改革开放三十多年来，中国少数民族农村面貌发生了巨大变化，从单质化的刚性社会转型为多样化的弹性社会，具体表现为多样化的少数民族传统社会组织功能的恢复和现代发展，农村社会关系由机械联系向有机联系的变革，以及农村社会分层状况从固化到流动的转变。同时，基于少数民族群体在生活方式上日益明显的多元化取向以及文化观念上的世俗化与理性化倾向，少数民族文化的形貌正在经历传统与现代的整合、重构，呈现出从封闭的多样性到多样的现代性的文化变迁。❷ 在这一剧烈的社会变迁背景下，黄鹤农民的生活也发生了翻天覆地的变化，呈现出与传统的宗族社会截然不同的样态，尤其是在1997年重庆被列为直辖市之后，边城三村中归属重庆的两个村落在生活样态上逐渐与归属湖北的村落产生了差异，为进入此地的研究者提供了有意义的研究对象。

三、研究对象：村落组成的"边城"

当引入"区域文化"和"生活样态"的概念来统领全书的材料主题后，研究对象的确立就成为当务之急，只有确定了边缘明晰、范围明确、体量合适的研究对象，研究才有学术意义，而非单纯的田野事象的罗列。

对黄鹤的研究，以村落研究为落脚点。村落的存在形式自人类的农业文明产生以来就出现了。费孝通从社会群体及社会关系入手来研究村落，他指出，村落是一个由各种形式的社会活动组成的群体，而且是一个为人们所公认的事实上的社会单位。❸ 韩明谟从地理生态环境方面对村落进行定义，认为村落指的是农民具体聚居的地方，包括与农民生产、生活相关联的大面积的自然环境与人文环境。❹ 这些以学科学术视野所界定的"村落"定义，当然有其合理性，但是我们更需要从文化的视角来看待它。实际上，"村落是由古代先民在农耕文明进程中，在族群部落的基础模式上，进而因聚族而居的生产生活所需而建造

---

❶ 郭孟秀. 满族文化现代样态刍议 [J]. 满语研究，2011 (2).
❷ 何明. 中国少数民族农村的社会文化变迁综论 [J]. 思想战线，2009，35 (1).
❸ 费孝通. 江村经济：中国农民的生活 [M]. 北京：商务印书馆，2003：25.
❹ 韩明谟. 农村社会学 [M]. 北京：北京大学出版社，2002：84-85.

的、具有相当规模、相对稳定的基本社会单元"。❶ 中国村落是中华民族先民由采集与渔猎的游弋生存生活方式进化到农耕文明定居生存生活方式的重要标志;是各民族在历史演变中,由 "聚族而居" 这一基本族群聚居模式发展起来的相对稳定的社会单元;是中国农村广阔地域和历史渐变中一种实际存在的、历史最为悠久的时空坐落。❷

村落研究作为中国研究的一个重要方面,长期以来备受海内外学者重视。但跟海外学者的 "异文化" 或 "他者" 的研究旨趣很不相同的是,对中国学者而言,村落研究从一开始就肩负着 "认识与改造中国" 和 "研究本土化" 的双重使命,即中国的村落研究形成自己的一些特色或传统。其中,最突出的研究传统来自 20 世纪上半叶一批深受西方功能主义社会人类学影响的学者。社会人类学作为发端于西方社会、具有殖民背景的学科,从一开始就关注对作为 "他者" 的非西方的土著社会的研究,关注对传统村落的文化考察。在其发展过程中发生的一个重大转折是在 20 世纪上半叶,费孝通、林耀华、杨懋春等一批来自中国的学者使人类学的研究开始转向对自身生活的村落的本土研究。当时著名的英国人类学家马林诺夫斯基对费孝通的《江村经济》给予了高度评价,把其研究看作人类学实地调查和理论工作发展的一个里程碑。

20 世纪上半叶这种关注本土村落社会的研究形成了中国的 "社区研究学派"。他们以吴文藻为代表,在借鉴西方功能主义观点基础上,着重研究中国的村落社区,从而形成以 "社区研究法" 为特征的 "中国社会学(人类学)派"。这一学派的研究传统首先具有的一个特征是:把村落看作基本的 "社区" 形式,进行深入的个案研究。但他们所使用的 "社区" 概念,跟德国社会学家滕尼斯最早提出的 "社区" 概念有所不同,这里是更广义地使用的。不但把部落和村落看作 "社区",都市也被看作 "社区",重视对其社会文化结构的功能分析。不过,传统上中国学者更多关心的是以村落为单位的社区。❸

经过近一个世纪的发展,中国村落研究已经取得了一定的成果。概括而言,地理学通过对村落的规模、村落景观与形态差异的剖析,探讨了自然环境、人口、耕作制度等因素对村落形成的影响,并根据村落的形态与功能将村落划分为不同的类型。历史学则主要从历史的角度,探讨了一定时期、一定区域内村落

❶ 胡彬彬. 小村落大文化 [N]. 光明日报, 2013-5-6.

❷ 胡彬彬, 吴灿. 中国村落文化研究现状及发展趋势 [J]. 科学社会主义, 2014 (6).

❸ 林聚任. 中国村落研究的传统及其超越 [J]. 山东社会科学, 2014 (9).

数量的空间分布状况，对村落的历史景观以及村落的内部组织结构也有一定的研究。人类学与历史人类学主要探讨了聚落形成过程中社会组织的发展以及村落内部的社会经济关系。此外，社会学有关村落当前社会结构的研究，建筑学关于村落建筑与环境的研究，都极大地丰富了村落研究的内容与方法。

然而，中国村落研究存在的不足也是十分明显的，在许多方面还有待进一步深化，具体表现在：村落研究大多是根据现有村落所进行的研究，缺乏对村落生成机制以及形态发展演变的历史考察；研究者较为重视对村落社会组织结构、经济关系、耕作制度、外部景观进行研究，而忽略了村落自身发展演变规律的研究；除了人类学以外，研究者大多将村落看作一个点，很少有人将村落看作一个三维地理空间，村落研究缺乏微观分析与个案的研究；研究者缺乏村落的实地调查与村落资料的收集。事实上，村落中的家谱、碑刻铭文以及口述史料对村落研究都具有重要的价值。此外，实地调查则可以更直观地观察村落的景观形态、生产方式、村落文化、选址布局等村落要素。

客观地说，中国村落在许多领域的研究没有深入展开，与研究资料严重不足有关。但是，从20世纪80年代开始，随着一大批方志、地名志、家谱、档案、文书、调查资料等基层社会资料的整理出版，村落研究的资料大为丰富。因此，随着资料的不断挖掘，今后的村落研究应该重视村落发展的理论探索，揭示村落发展的一般规律，从历史的、微观的角度研究村落的生成机制，探索农村聚落研究的新方法与新手段。具体而言，应该重点探讨以下几个问题：村落形态发展演变的规律与影响因素；自然环境、耕作制度、移民、人口增殖与流动等要素对村落发展的影响；村落形成、发展以及分化裂变的主要原因，宗族团体、地缘团体以及其他社会组织在村落裂变分化过程中的作用；村落规模、数量的发展以及村落地位的历史变迁；村落的空间密集化过程以及个体村落的生长过程；村落发展类型的划分，建立村落发展类型划分的指标与依据；探讨环境变迁与村落形态、景观、生态之间的关系；探讨村落庙宇与村落规模、村落历史的关系；村落内部社会组织发育与村落地缘分化对村落社区形成的关系；村落城镇化发展的过程以及内部社会结构的变化等。❶

作为对新时期村落研究趋势的回应，本书选取村落研究中的一种特殊类别——省际村落开展研究，将跨越重庆、湖北两省市边境的重庆市石柱土家族

---

❶ 黄忠怀. 20世纪中国村落研究综述［J］. 华东师范大学学报（哲学社会科学版），2005，37（2）.

自治县黄鹤镇的鱼龙村、汪龙村和湖北恩施土家族苗族自治州利川市文斗乡的青龙村作为研究对象，并以"边城黄鹤"作为这两省三村的毗连区的统称，进行多学科、跨区域的综合研究。边城黄鹤作为省际边界地区，是以渝鄂省界为中线向两侧扩展一定宽度后形成的窄带型区域。由于自然地理位置的独特性和行政区位的边缘性，加之各个省市区在分配利益格局和规划空间布局时，往往把以省会和直辖市主城区为代表的中心作为重点或是主要考虑对象，忽视了边缘地带，使得人才和资源更多地聚集在中心地区，阻碍了中心地区对于边缘地带在经济、社会发展等方面的辐射和带动作用，造成边缘地区发展相对缓慢，通过本书对边城黄鹤的研究，大致可以从以下几个方面寻求村落研究领域的创新与超越。

第一，个案研究与比较研究相结合，超越个案研究的局限性。传统的村落研究，大多局限于孤立的个案分析。这一深受社会人类学影响的研究传统，秉持田野研究方法，可为人们提供特定"点"个案的"深描"分析。但是，过于具体的个案研究给我们提供的似乎仅仅是一些孤立的"故事"，看不到更广泛的联系及其所反映的乡村社会的一般性问题。这一问题，早就引起了学者们的警觉，学者们在研究中尝试加以补救。例如，费孝通在对江村研究之后从事"云南三村"研究时，提出了分门别类研究若干"类型"或"模式"的想法，即称之为类型比较法。除了类型比较法之外，比较研究既包括横向的类型比较，也包括纵向的历史比较；既可以进行区域内的比较，也可以进行跨区域或跨国比较。通过比较，我们既可以看到地区之间村落发展的差异性和特殊性，也可以发现其共同点和一般性，从而找到有益的借鉴。此外通过比较分析，也有助于我们跳出狭隘的视域，对村落及其变迁有更为全面深刻的认识。所以，我们应扩大村落研究的视野，不囿于个案分析，通过村落发展的比较研究，以探寻乡村社会变迁的道路与未来。

第二，微观分析与宏观分析相结合，超越微观民族志的局限性。传统民族志方法为人们提供了一个个鲜活的"故事"，对其不乏细致入微的"深描"。但这种微观分析具有很大的局限性，难以从整体上反映乡村社会发展的趋势。为走出微观研究的狭隘性，在村落研究中应关注到对其有影响的某些宏观环境因素，进而对其做出综合性分析。比如社会学的相关研究非常重视从宏观角度出发分析乡村社会的变迁，尤其关注结构性的社会变迁及对宏观性因素的考察。实际上，即使我们所研究的对象是一个个村落，我们所关注解释的问题也不应仅局限于村落本身，而是村落所承载的更大的社会或文化。所以在村落研究中可行的分析策略是：可以某村落作为研究的案例，但又不能局限于此个案，它只是我们研究或呈现整个乡村社会变迁的一个可用的例子或素材。

第三，结构视角与变迁视角相结合，超越静态分析的局限性。传统的村落研究强调从社会结构的视角关注对特定社区的"共时"分析，不重视整体社会变迁视角。即便有些村落研究试图呈现村落的变迁史，但也仅仅是微观的"小历史"，缺乏宏观变迁的照应。因此，我们在对边城黄鹤研究时，就力图突破传统的结构分析理路。在此书中我们强调，本项研究属于变迁研究，可看作运用了纵贯或历时分析法（diachronic approach）。即我们关注对边城黄鹤近百年来在不同历史阶段所发生的重大变迁，并从社会变迁的角度加以综合解释。但这一研究也不同于社会史的分析，后者更关注历史过程本身的描述，而人类学则更强调对变迁过程的解释。

第四，经验研究与理论建构相结合，超越经验描述的局限性。民族志式的村落研究具有突出的经验描述色彩，把所看到的并认为是真实的一切东西完全呈现出来即是目的。然而，这种研究通常存在的主要问题是经验研究与理论解释相分离，具有明显的重经验描述、轻理论概括的倾向。从知识积累与发展的方面来说，研究不能停留于经验描述，而是要作出恰当的理论解释。经验素材与问题是无穷尽的，研究要扎根于经验，但又不能拘泥于经验，而是要在经验概括的基础上提出被普遍接受的理论解释。从中国当前的社会发展现实及学术建设需要来说，我们也亟须发展或构建具有说服力的理论，对快速的村落变迁与城乡社会发展做出有针对性的解释。中国自改革开放以来，整个社会发生了深刻变革，目前已处于城乡社会转型的关键时期。但中国城乡社会转型既有一般性特征，又具有某些特殊性，突出地表现为"城乡二元结构"的存在及其复杂性。此外，当前中国村落研究虽然重视对现实问题的分析，但这些研究也多是就事论事，过于具体琐碎，缺乏系统的概括和理论提升。我们在相关研究问题中，应该深入剖析乡村社会的结构性或更深层的问题。或者说，对村落或乡村问题的研究不应囿于乡村本身，而是要从城乡发展的更大框架出发加以认识。❶

四、研究目标：跨越省际边界的村落共同体

本书的研究以"区域文化"和"生活样态"的概念，统领省际边界的跨境村落研究。在实际调研中我们发现，相对于硬性的行政边界，在边城黄鹤，同样的生存环境、民族成分、日常生活行为和精神信仰作用在人们身上的力更

---

❶ 林聚任. 中国村落研究的传统及其超越［J］. 山东社会科学，2014（9）.

大。"边境"的概念更多只是一种地理象征，也许一些政策的实行会因边界两地的不同而有所区别，但山水紧密相连的三村，人们的自然选择是"哪里有活路就到哪里去"，这种现象一方面形成了黄鹤以鱼龙村大坝场为圆心的差序格局，另一方面也造就了更多的所谓"移民"。这些"移民"为乡镇的工作机会而来，随家中自留耕地的农忙时节而去。在这种情况下，以原来固定的某村某组某户人为单位进行田野研究，已经不符合黄鹤当前被打破的乡镇与村落的格局。因此，将村落共同体整体作为研究目标，更适合实际情况，也能通过共同体内人员的流动，探寻乡村社会运行的模式和机制。

随着农村现代化的发展，传统的村落共同体处于变迁之中。在现代城市文明的冲击下，传统乡村文化逐渐衰落，传统道德习俗逐步边缘化，社会治理的传统文化基础也逐步离散化。在农民利益诉求日益多元化的背景下，农村社会治理面临挑战。要想改变农村社会治理与社会实践脱节的困境，需整合乡村文化，实现农村社会的整体性治理，并运用现代理念，推进农村社会治理机制创新。

滕尼斯用"共同体"与"社会"来指代传统的农业社会与现代工业社会。在传统的农业社会，在"共同体"中，人们基于共同的生活经验、传统、信仰、风俗习惯等形成守望相助、亲密无间的人际关系。而由于现代工业的发展，人们基于理性、契约形成了异质性很强的"社会"。传统的农村村庄是共同体的代表，新兴的商业化城市则是社会的代表，由此也形成了城市与乡村的对立。滕尼斯认为随着社会的发展，尤其是随着工商业及城市的发展，现代社会关系将瓦解并取代传统自然关系，由此出现"社会"取代"共同体"。❶ 当代中国农村正处于由传统的农业社会向现代社会转变的时期，随着城乡流动的加快，农村劳动力的对外转移以及工业进驻农村，传统的乡村共同体受到城市社会强烈的冲击，表现出前所未有的特点，如共同体多元化、动态性、离散性、异质性、模糊性都日益增强，❷ 维系乡村共同体的道德、习俗都发生不同程度的裂变，农村居民对传统的认同度大大降低，现代性的因素不断渗透到乡村生活的实践中，乡村的社会秩序遭遇前所未有的挑战。在这种情况下，重建乡村秩序，创新农村社会治理体制，保持农村的稳定发展，成为当代中国农村社会需要关注的重点问题之一。

---

❶ 项继权. 中国农村社区及共同体的转型与重建 [J]. 华中师范大学学报（人文社会科学版），2009（3）.

❷ 吴鲁平，杨巧，肖进. 共同体变迁过程中农村青年的思想冲突与调适 [J]. 中国青年政治学院学报，2012（2）.

费孝通认为，传统农业社会是一个"差序格局"的社会，维持乡土秩序的是代代相传的道德和习俗。传统的中国乡村社会是礼治社会，是一个给人以充分的"在家"感的乡村世界，以人伦关系为依托建构起来的共同体。家庭、家族及村落等初级群体是村民生产和生活的基本组织形式。在这些初级群体中，依靠亲情和乡情的支撑，人们彼此亲近、沟通，并对其所处的环境和生产生活方式达到高度认同，形成群体内公认的价值核心和伦理性社会舆论。这一种自下而上、自然形成的道德秩序能帮助人们找到除金钱之外的幸福感与社会支持。乡村社会主要通过民间自发形成的传统习俗、乡规民约、宗族文化等非制度性的规范来自我整合和管理。❶ 随着城市化进程的推进，现代文明成为中国社会的主流话语。农村居民通过外出务工、媒体宣传习得了城市的现代生活方式，受城市现代文明的影响，农村居民的思想由封闭走向开放，狭隘的地域观念被打破，权利意识、自我观念得到增强。但是城市文明对乡村的影响不仅仅是正面的，它给乡村带来理性意识的同时，也逐渐在消解维持乡村传统秩序的乡土文化。在城市文明的冲击下，乡村文化成了"愚昧""落后"的代名词，传统的道德秩序受到破坏；享乐主义、金钱至上等观念充斥着乡村社会。由于城市文化与乡村文化不平等的地位，城市文化通过各种方式向乡村渗透，改变着农村居民朴素的价值观念与思维方式。农民原有的生活方式、乡村习俗、人际交往方式都在悄悄发生变化，乡村共同体的文化基础逐渐离散化。由于农村居民文化程度和生活阅历有限，他们对城市文化的接受也是非常有限的。对于现代文明的科学、理性，农村居民也只是处于一知半解的状态。相反，城市的世俗文化、享乐主义的消费方式、功利主义思想，在农村社会迅速蔓延开来，逐渐淹没了农村居民淳朴的生活观念。由于农民的生产方式与日常生活行为日益商品化和市场化，部分村民逐渐放弃了一直秉承的朴素道德要素，传统道德呈现碎片化、边缘化态势。自私观念与功利心态在乡村社会非理性膨胀，"金钱至上"成为一些人所信奉和坚持的唯一价值准则。在追逐物质利益的过程中，诚实守信、宽容忍让、俭朴谦良的传统民风逐渐退化。❷

此外，随着农村经济发展及人口流动性的增强，农业生产不再是农民谋生的唯一方式。参与工业生产、从事非农业及服务业经营等逐渐成为农民的谋生

---

❶ 赵霞. 传统乡村文化的秩序危机与价值重建［J］. 中国农村观察，2011（3）.
❷ 赵霞. 传统乡村文化的秩序危机与价值重建［J］. 中国农村观察，2011（3）.

新选择。生产的多元化使得农民不再仅仅依附于土地,视野的开阔、生活的变迁使得农民开始用一种全新的视角审视周围的事物。生存方式的多元化最终使得经济利益与社会需求的多元化,在生产、生活实践中,他们的理性化日趋明显,权利意识逐渐彰显。尤其近年来随着大众传媒的普及,农民已经同当前的现代化转型紧密连接在一起,他们的个体意识、公共意识已经今非昔比。当前的农村社会治理机制显然落后于农村社会结构的分化,还未能建立起针对已经分化了的不同农民与组织利益需求的管理方式与策略,使得目前的社会治理机制无法应对农村社会的需求。❶

长久以来,我国基层社会治理体制是采用"乡政村治"的模式。村级组织作为管理的载体实际上大多是在完成上级政府交办的任务。在这种情况下,多年来农村基层的稳定与传统的乡村文化维持的乡村秩序有着一定关系。但是随着城市文化对乡村文化的解构,维持乡村基层秩序的"序"丢失了。在农村居民的法制观念、理性思维、规则意识等还不太成熟的情况下,农村居民的行为"无序化"成为农村的重要问题。传统道德的碎片化、居民行为的功利化、舆论监督作用的下降,使得近年来农村社会的犯罪率呈上升状态。农村社会转型带来的阶层分化加剧、社会不平等现象增多等一系列因素进一步导致社会的不稳定。在城市化的冲击下,随着社会流动的增加以及农民异质性的增长,乡村熟人社会内部的共同价值认同与同质性社会需求与利益结构亦随之正在发生分化,农村社会治理的社会生活基础发生了变化,这对当前农村社会的管理提出了新的任务。相比之下,当前的农村社会治理机制仍是脱胎于计划经济时代的社会控制机制,以单一的组织模式"管""控"为主,被动地完成上级交代的行政任务,没有形成真正的农村社会治理机制。当这一农村社会(治)管理机制继续在当下运行时,势必难以有效保障农村社会的稳定与有序。❷

针对当前村落发展所面临的一系列问题,我们希望通过对省际边界地区村落共同体的研究,寻求解决的道路与方法。在我国,类似渝鄂这样的内陆省际边界还涉及 20 个自治州和 55 个自治县,这些省际边界地区主要是藏彝、苗瑶、壮侗等少数民族走廊和聚居区,而像鱼龙村这样离省际边境如此之近的乡镇政府驻地则较为少见。在渝鄂省际交界的这三个乡(村),不同省市的两村

---

❶ 钟涨宝,狄金华. 社会转型与农村社会管理机制创新 [J]. 华中农业大学学报(社会科学版),2011(2).

❷ 方冠群,张红霞,张学东. 村落共同体的变迁与农村社会治理创新 [J]. 农业经济,2014(8).

村民同属土家族，共赶大坝场，通用手机和电视信号，互通婚姻，经济上互通有无，只以一条宽度不足100米的黄鹤河为自然分界线，很多地方还相互嵌入，呈现一种"插花"状态，故称之为"插花界"。但是，三村距离再近、关系再好，分属两省却是不争的事实。因此，不同省级行政机构权力嵌入的程度毕竟不同，这就导致处于渝鄂交界的三个土家族村落呈现出不同的生活样态，并出现了经济发展水平的差异。在重庆，国家行政权力嵌入乡镇（并下辖到村组），政府制定实施的一系列政策措施，引导村民发展规模经济，组织人力因地制宜发展辣椒、烤烟等高附加值经济作物的规模种植，并实现产、供、销一条龙的种植经营模式。这在农民创收和改变当地经济结构方面均取得了一定的成果。反观湖北，由于村组处于边缘地区，国家行政权力难以深入，较大的宗族势力仍广泛存在于各村组并发挥作用，这种村庄内部的宗族权力关系网络构成了中国传统社会的村庄内生秩序。

本调查报告分别从环境、经济、社会、教育、风俗和民间文艺等方面，立体地向读者展现一个省际边界的边城，这里的"边"，一方面代表地理位置概念的"边界"，边城黄鹤是重庆市和湖北省之间的接壤地区，以两地天然分界线——黄鹤河为中线向两侧扩展后形成的三个村落的区域；另一方面代表空间位置概念的"边缘"，边城黄鹤相对于同一省市内中心主流社会群体而言，处于行政区位的偏远地区，是行政权力难以深入的地区。对于边城黄鹤的考察，能使我们在"国家—社会"体系和"乡村—宗族"权力框架下，探讨在内陆省际边界地区实现跨区域的经济、社会、文化协调发展的必然性和可行性，进而为后续研究中对这些特殊地区的全方位跨越发展路径探索奠定坚实的田野基础，提供可靠的第一手资料。

第一章　边城概貌：黄鹤的地理、社会与人口

　　黄鹤乡位于重庆市石柱土家族自治县东南部，地处渝、鄂两省（市）三县接壤地带，东与湖北省恩施土家族苗族自治州利川市文斗乡、重庆市彭水苗族土家族自治县三义乡接壤；南与马武镇以黄鹤河为界，隔河相望；西与同属石柱县的龙潭乡相邻，并以龙潭河为界；北与石柱县洗新乡、六塘乡一脉相连。

　　黄鹤乡独特的地理位置使它成为一个边贸小镇，边镇贸易成为当地经济的主要来源。每到赶场日，黄鹤乡的十字街头就会被各族乡民们围得水泄不通，热闹非凡。

图1-1　黄鹤乡鱼龙村大坝场中树立的巨大石碑

第一节　河谷地带：黄鹤的自然地理空间

　　我们对边城"黄鹤"的认识，是从一个乡民传说开始的。传说清朝中期，石柱洞源里四甲龙嘴塘的一户包姓人家，将自己家的祖先葬在黄沙坝（黄鹤乡的原名）水田里边的土坝上，后来包家决定迁祖坟到长顺乡埋葬，在搬开祖坟石头、启开棺材的那一瞬间，有一对黄鹤冲天而飞，从此地名由黄沙坝改为黄鹤坝。1984年后，改黄鹤人民公社管理委员会为黄鹤乡人民政府，并一

直沿用至今。❶

一飞冲天的那对黄鹤早已远去，而这个三面环山的河谷地带——黄鹤仍在。黄鹤乡东、西、北三面被齐岳山的余脉清明山、硐坡、鹰咀岩、花心子山包围，形成一道天然屏障，唯有南端有一个出口，成为交通要道，是从县城到六塘、黄鹤、马武、洗新和新罗乐乡的必经之路。

图1-2　黄鹤三村位置关系图

图1-3　黄鹤乡地理位置图

站在乡集镇的北大门位置，可以遥望远处的鹰嘴岩，颇有一番"英雄卫士"的风姿。

境内最高海拔是花心子山，有1 450米；最低海拔是三房坝小组，有580米。地形东、西、北为顶，中南部为底；东、西、北三面属山地，中南部黄鹤河沿岸是平坝丘陵槽谷。平坝土地肥沃，水源充足，历来是水稻和玉米的高产

❶ 黄鹤乡人民政府. 黄鹤乡乡志（1985—2002）［Z］. 未刊稿.

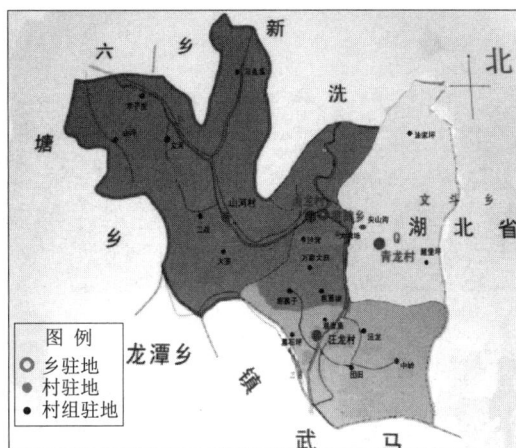

图 1-4 黄鹤乡三村与湖北青龙村的地理位置关系图

区。在秋收季节，走到黄鹤河两岸，大片的金黄色稻田映入眼帘，微风吹来，泛起阵阵黄色涟漪，带给村民丰收的喜悦。丘陵耕地较多，土质良好，是种植洋芋和红苕等猪饲料的最佳选择。高山山地悬崖高耸，河谷纵横，森林密布，树种丰富，人烟稀少。土壤为沙质黄泥地，适合种植烤烟、南星及发展养殖业。村民们在这里种植经济林木和稀有树种，发展林业。

母亲河同样取"黄鹤"之名，黄鹤乡境内水资源丰富，溪流众多，现已建成四个水电站。黄鹤河是流经黄鹤乡的第一大河，属于乌江水系，发源于洗新乡的秦家沟，向南流经三战营转弯向东流经大坝场，再向南流入马武镇境内成为马武河，下游进入彭水境内。黄鹤河在黄鹤乡境内全长 14.5 公里，河水下渗不明显，水流不大，适合发展渔业。近年已建有一个中型养鱼场。龙潭河是乡属第二大河，从西向东流入三房坝组与马武河汇合，属于乌江水系，发源于木坪的白沙岭，全长 17.95 公里。乡政府在这里建龙泉水电站。此外，村里还有板长溪、鱼泉洞、纸厂沟等溪流。

高山河谷的地形造就了黄鹤独特的区域环境，也大致决定了黄鹤特有的农耕环境及当地的动植物资源和矿产资源。黄鹤乡属于亚热带季风湿润气候区，四季分明。一年之中四季的年平均气温分别为：冬季 10℃，夏季 22℃，春、秋 10℃~22℃；夏季长秋季短，光、热、水季节分配多集中于春、夏两季；春暖气温回升快，会出现较少寒潮，夏热无酷寒，秋凉多绵雨，有霜雪无严冬；年平均降水量为 1 152 毫米，集中于 5~7 月，季内易洪涝（2011 年 6 间因暴雨导致黄河决堤，淹没农田）；年日照时间为 1 384 小时。

图1-5　黄鹤周边地形及黄鹤河

表1-1　黄鹤气候表

季节	平均气温	特征	年平均降水量	年日照时间
春	10℃～22℃	春暖气温回升快，会出现较少寒潮	1 152mm，集中在5~7月	1 384 小时
夏	22℃	夏热无酷寒		
秋	10℃～22℃	秋凉多绵雨		
冬	10℃	有霜雪无严冬		

这里的农作物是一年两熟或三熟。粮食作物以水稻、玉米、红苕（红薯）、洋芋（马铃薯）为主，兼种豌豆、胡豆、荞子等；经济作物以烤烟、辣椒、油菜为主，兼种黄豆、四季豆、土烟、生姜、魔芋等。畜牧业以养猪、牛、羊、鸡、鸭、鹅、长毛兔为主。

图1-6 鸟瞰鱼龙村

黄鹤乡的植被以树木为主，以杉、柏、松兼杂灌木为主要林区。自2002年实行退耕还林还草政策以来，全乡退耕还林面积2 318亩，森林覆盖面积达到39 200余亩。森林覆盖率达56.5%。境内有多种珍贵树种，比如水杉、红豆杉、油桐、银杏、杜仲等。经济林木有桑、黄柏、核桃、板栗、果树、漆树等20余种。因为自然条件良好，黄鹤乡保留有几棵珍奇古树，平均树龄达到120年，均由林业部门挂牌保护。此外，还有各种野生中药材，常见的有当归、黄连、杜仲、金银花、盐肤木、鱼腥草、灯芯草、苜蓿、南星等。高山上还有很多野生果子，主要有洋桃子（猕猴桃）、洋柿子（野葡萄）、刺泡、地泡、八月瓜、称坨子等。

黄鹤境内地形多样，毗连成山，植被繁茂，气候适宜，为很多野生动物及家禽畜提供了适宜的生存环境。村民家里主要喂养的家畜有牛、猪、羊、兔、猫、狗，家禽有鸡、鸭、鹅等；野生动物中常见的野禽有白鹤、青装、乌鸦、喜鹊、燕子、夜时雁、斑鸠、总水雀、秧鸡、竹班鸡、拖山鸡、山岔、岩鸡公、阳雀等；野兽有豺狗、野猪、刺猪、土猪、毛狗、獐子、水老鼠、鱼鳅猫、马豹、狐狸等，其中獐子属于国家珍贵保护动物。野猪是这里最招高山地区村民厌恶的野生动物，等到丰收季节，它们毁坏大片的玉米田，而村民又拿它们没有办法，只能是在地里日夜看守。

黄鹤境内拥有丰富的矿产资源，现探明储存有钾肥矿、氧化锌矿、硫化矿等，其中以氧化锌矿储量最丰富。乡政府已经建成氧化锌冶炼厂，这给当地新增 300 多个就业岗位，也增加了黄鹤的经济产值。

全乡总耕地面积 4 394 亩，其中：田面积 1 408 亩，土面积 2 986 亩。全乡林地面积 47 103 亩，其中有退耕还林面积 2 138 亩。森林覆盖率达 56.5%。❶ 全乡土地类型主要有三种，即沙壤土、泥土和石骨紫色土。沙壤土适合种植烤烟；泥土又包括有油沙地、粗黄泥地、灰泡泥地。田土类型分为四个等级，一类肥沃，二类瘦薄，以此类推。其中一、三类田土约占总面积的 30%，二类田土约占 50%，四类田土约占 10%。

第二节　沉静生活：黄鹤的社会经济环境

整体看来，黄鹤地处山区，其历史、地理环境决定了它自古以来就是一个以农业、畜牧业发展为主要经济产业的乡镇。从 1982 年实行家庭联产承包责任制后，农村各项生产得到发展，到 2011 年有种植、养殖、工业、商业、建筑、运输、服务等专业户上百家，其中包括养殖大户有 40 家。创办乡级企业 1 家，村级集体企业 1 家，个体私人企业 10 家。在此基础上，乡政府提出抓好并巩固烤烟、辣椒、马铃薯、畜牧产业的政策。

2011 年，在高山区建成以山河村为主的 800 亩烤烟种植基地，在低山区建成以鱼龙和汪龙村为主的 1 000 亩优质马铃薯基地，在平坝区建成以石黔公路沿线一带为主的 4 000 亩辣椒种植基地，农业总产值达到 2 370 万元，增长 20%。又建成一个 200 头生猪养殖基地，建立以汪龙、明寨子、马盘溪等为中心的肉牛养殖小区，成功推进"一家两头牛、三只羊、一群鸡"的发展规划，以实现畜牧业产值 1 000 万元。年固定资产投资 2 000 万元以上，实现全乡农民增收 300 万元以上，户均增收 2 500 元以上，农民人均纯收入达到 4 700 元。

黄鹤乡新农村建设和集镇建设的核心是大坝场渝鄂街建设，希望通过场镇中心的建设，打造渝鄂边境区域性商贸中心集镇，这也是黄鹤乡近年来提出的新乡镇建设方针。

---

❶ 石柱土家族自治县政府网［EB/OL］http：//sz.cq.gov.cn/zfxx/xzxxgk/huanghex/.

图 1-7　黄鹤的肉兔、辣椒与烤烟

渝鄂街现在已整体规划完毕，并且已经在大坝场建成渝鄂边境贸易广场并实施黄鹤乡场镇拓展二期工程，新增集镇人口 200 人，新增商铺 20 户以上，实现增收 25 万元以上。

图 1-8　渝鄂街与边贸市场

关于黄鹤村民的收入来源概貌，可以由下列案例说明。

个案 1-1：一位村组长说："我们这里主要的找钱方式，一是靠手艺做活路找钱，泥水匠、砖工和木工等，湖北那边的做这个要多一些；二是外出打工，多是年轻仔仔出去；三是年纪稍微大一些的，外出打工赖不活，除在家里务农外，还要给附近的村子或乡亲打零工找钱；四是种植辣椒；五是去高山种植烤烟；六是去高山上收笋子或者是野生的中药材来坳上卖，一年可以收入一万元左右。"

由组长的一段话，可以看出当地村民经济收入的渠道主要有种植业、养殖业、手工业、微型企业等。这些经济收入主要是用于家庭消费和小孩教育，根据对全乡场镇消费调查得知，黄鹤乡场镇消费要比其他乡的消费偏高，因为这里是渝鄂交界地带，很多店铺为了多赚钱就会提高价钱。从大坝场的中心地区一直向南延伸到二排坳街的渝鄂边贸广场，这一段不足100米的南北路，是每逢二、五、八赶场日的商品集中区，由临时摊点和固定店铺组成，主要是交易农副产品和生产生活必需的工业产品。

图1-9 大坝场上的"门面"

　　此外，我们还统计了临时摊点，包括场镇附近村民背来卖的应季蔬菜或大米，从马武等地的水果商贩开货车过来卖水果，屠夫们四处收购毛猪再杀来卖的新鲜猪肉，村民从山上采来卖的野生菌子、笋子等。按 2011 年 8 月这一个月中每一次赶场时临时摊点的平均数来统计，卖蔬菜的有 31 个，卖水果的 6 个，卖衣服的 3 个，卖家庭生活用品的 1 个，卖鸡蛋的 1 个，卖猪肉的 4 个，卖青菜种子的 3 个，卖小杂货的 2 个，卖豆腐和泡粑的 3 个。每到赶场日，这一段是全场镇最繁华最热闹的地方，鱼龙街上的各种固定店铺也会开门做生意——有些店铺在平时是不开门的，只有在赶场时才开，像卖农药和农具及加工农作物的店铺。卖衣服和鞋子及副食品等生活必需品的店铺每天都开门。

表 1-2　2011 年 7—9 月黄鹤乡鱼龙村大坝场固定店铺情况表

序号	名称（性质）	营业面积（平方米）	经营时间（年）	扩大与否	是否全职	月纯收入（元）	出租或自家	门面个数	备注
1	一玻璃柜药品	40	半年	否	否		租	1	
2	汽车修理店	25	3	否	是	1 000 多	自	1	
3	副食店	60	6	愿意	否	200	自	2	
4	携福太阳能专卖店						租	2	店铺陈旧，赶场天开
5	巨琪大药房	35	5	否	是	400	自	2	打算改卖其他东西
6	小康瓷砖五金店、日杂	90			否	4 000	租	2	个人资产上百万，赶场天营业
7	中国移动神州行	25	2	是	是	2 000		1	
8	鄂渝餐馆	60	3	否	是				2 张桌
9	黄鹤楼	30		否	是	2 000	租	2	3 张桌
10	麻将馆	45	1 个月	否				2	6 张桌
11	进梅副食店	60	半年	否		2 000	租	3	兼少量杂货
12	长虹电视	65	2	否	是	1 000 多	租	2	电器店
13	水果、副食店	30	1	否	不				饼干、水果、鸡蛋等

续表

序号	名称 （性质）	营业 面积 （平方米）	经营 时间 （年）	扩大 与否	是否 全职	月纯 收入 （元）	出租 或自家	门面 个数	备注
14	桐君阁大药房	55	2						
15	服装店	50		否				2	男女老少衣服
16	防火环保门	25	2个月	否			自		500元左右一扇门
17	创维电视	75				1 000		3	卖电器
18	服装店	55	7~8	否				2	
19	黄鹤乡畜牧兽医站	30							
20	服装店			否			自	1	
21	鱼龙村麻将馆	20	1						5张桌
22	副食店	30	3	否			自		
23	摩托维修点	30	5	否					
24	服饰店	50						2	男女老少皆有
25	副食店	30	8	否				1	
26	桐君阁大药房	30	6						
27	五金店	60	10	否				2	
28	佳得乐太阳能	75						1	
29	海信电视	60	5	想		2万	自	2	卖兼修理
30	满家牛肉	55				1 000		2	
31	重庆农村商业银行	90						2	
32	小五金店	20						1	店铺一般新
33	副食店	40	11	否				1	小学边
34	副食店			否					兼理发，有一台球桌

序号	名称（性质）	营业面积（平方米）	经营时间（年）	扩大与否	是否全职	月纯收入（元）	出租或自家	门面个数	备注
35	大坝场专业合作社								
36	黄鹤乡卫生院								
37	黄鹤小学								
38+39	副食店	43	20	否			自		副食店兼小餐馆
40	简惠副食店	70	1	否			自	3	
41	农资放心店	70	5~6	否		500		2	店铺陈旧
42	富利相馆	20						1	店铺陈旧，赶场天开
43	神头店	45		否			自	2	店铺陈旧，卖花圈等丧葬品
44	手工布艺家居布艺	45						2	赶场天开门
45	副食店	35	12	否				2	
46	嘉陵摩托	50	8	否		3 000		2	卖兼修理
47	汽车加水点	8							
48	中国移动通信	25	3					1	充值、卖手机、4部公用电话
49	皮鞋定做	18							店铺陈旧
50	副食店	22	10	否				1	一般
51	春晓窗帘							1	赶场天开门
52	汽车修理	80	10	否		1 000多		2	打农具等
53	缝纫店	28	1					1	
54	中国电信百事通	30						1	
55	温文"而"雅服饰	30						1	
56	超日运动鞋服	30						1	

续表

序号	名称 （性质）	营业 面积 （平方米）	经营 时间 （年）	扩大 与否	是否 全职	月纯 收入 （元）	出租 或自家	门面 个数	备注
57	精品服装店	60						2	
58	杂货店	40	1			2 000		2	
59	中国电信百事通	25						1	
60	副食店	50						2	副食兼杂货
61	建波副食店	90				1 000		2	杂货、农药、种子、花费等
62	（立白）中心副食店	40						2	61、62 同一老板
63	副食店	35						2	店铺陈旧
64	餐馆	35	2			2 500			店铺陈旧、火锅、炒菜、3 张桌
65	大坝场副食批发部	55						2	
66	中国联通	20	2			1 000		1	
67	创艺发屋	30	5			1 000			

表1-3　2011年7~9月黄鹤乡鱼龙村大坝场固定店铺统计表

（单位：家）

平时开门的店铺		赶场时开门的店铺	
店铺性质	数量	店铺性质	数量
鞋店	9	做卖窗帘店	1
衣服店（含童装）	15	电缆	1
日用五金店	4	节能灯	1
超市（主卖食品）	15	家具	7
药店	4	弹棉絮	3
修卖摩托	3	花圈店	2
移动缴费	2	家电	3
联通缴费	1	做卖挂面	1
缝纫部	3	做铝合金门窗	4

平时开门的店铺		赶场时开门的店铺	
店铺性质	数量	店铺性质	数量
麻将馆	3	农药	3
彩票投注站	2	大型农用工具	4
饭馆	4	榨油（菜籽油）	2
		汽油	1
		琉璃瓦	1
		面馆	4
		专卖烟酒	1
		灯具行	1
		小孩玩具	1
总计	65		41

　　打破这种"沉静"生活的第一股力量来自乡镇企业。2011年，大坝场新开了两个微型企业，一个是电子厂，另一个是首饰厂。两个老板都曾在外地开办过类似的工厂，比较有经验。厂子都属于基础的加工厂，从广东的厂家拿来半成品或原材料在当地加工成成品再运给广东的厂家。老板依靠工人做成品的数量来挣钱，因此，电子厂的工人经常会加班，有时会加班到晚上十一二点。电子厂有工人40人，男工5人、女工35人，平均工资在1 000元左右。首饰厂全部是女工，现有工人21人，工资是按计件算，一个月平均工资在1 500元左右。微型企业的开办吸收了一些剩余劳动力，解决了场镇居民的就业问题，也改变了部分尚未出门打工的农村青壮年村民"日出而作、日落而息"的生活节奏。同样，月结的薪酬也改变了农村"春撒一粒籽，秋收万亩田"的年酬模式，让村民难以继续"沉静"地生活下去。

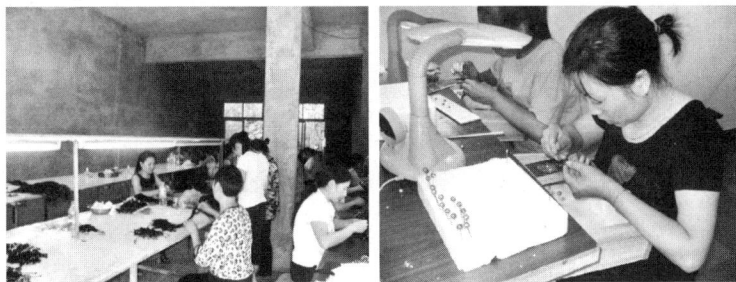

图1-10　黄鹤乡的电子厂与首饰厂

打破这种"沉静"生活的第二股力量来自临近的青龙村"移民"和因为各种原因搬迁到场镇上的高山移民。因为相邻的湖北村庄没有集市，而湖北境内较近的集市位于文斗乡，渝鄂边境的湖北村民赶湖北文斗乡的集市较黄鹤乡的集市远。所以，湖北的村民也赶黄鹤乡的集市。随着渝鄂街的发展建设，有很多湖北的村民选择在渝鄂街上修房子，现仅在大坝场场镇范围内居住的湖北乡民就有63户。他们为黄鹤乡的场镇建设和经济繁荣做出了贡献，成为渝鄂边境贸易的互惠体。这些移民几乎全部从事商贸活动或者举家出门打工，前者随商品的利润而流动，后者主要随春节期间的返乡农民工大潮涨落，都不是在土里刨食的传统农民的生活节奏。

一些移民是从高山上迁下来，为的是下面便利的交通和较好的生活条件。但也普遍存在难以适应生活方式和难以融入迁入地社会的问题。

个案1-2：如ZSL，男，41岁。1994年从黑石坪组的明寨子搬到观音庙，"明寨子那里山高，做什么事不方便，不好发展什么事业，搬下来的条件更好。我是杀猪匠，下山后更好做猪（肉）生意"。又如LZG，男，39岁。2005年从崖峰窝搬到彭水县三义乡龙河组，买SWJ的房子，"我老婆是三义乡的人，通过她的关系了解到SWJ出售房屋的信息。买房花了10 500元，这包括房子、12.4亩土地和100多亩山林。这个房子本身倒是不值钱，关键是看SWJ的土地多、山林多，土多好在这边种植烤烟。搬来主要就是为了想种植烤烟，烤烟的经济效益比较好，估计今年我种的8亩烤烟能卖2万元左右"。

高山移民带来的问题方面，如JL，女，51岁，"2004年从六塘溪搬到黄鹤坝，自己还是喜欢住在山下，山下生活水平好些。搬下山后的第一年（2005年）给父亲办80岁酒会，去请中岭的人，他们有的人不来了。2006年，我去请中岭的LYN坐夜，他说下次来，这次没钱给，这是因为搬迁后大家的联系少了，感情淡薄了很多"。又如LYZ，男，61岁，"我们这几十家搬迁户的户口都还在中岭，因为这个问题也有些麻烦，开会和办事需要跑回中岭去。还有就是社会活动有问题，和中岭的人接触和交流减少了。中岭上面办酒会的话，有些从那里搬迁到山下的，都不愿意去了"。

除上述问题之外，高山移民面对的最突出的还是住房和土地问题。搬迁户搬下山前，需考虑迁入地的住房和土地问题，以保障搬迁后的基本生活。近年来，随着武陵山民族地区城镇化进程的加快，乡政府所在地的大坝场不断扩建，山下村民紧靠场镇及位于公路两侧的土地成为绝佳的新宅选址，因此很多居民或在自家土地上，或通过换地、买地新建住房。还有部分居民直接到石柱县城或大坝场等地购房。这些居民乔迁新居后，旧宅大量空置，因此购买这些旧宅，便成为高山向下搬迁者解决住房问题的主要途径。并且，山下村民在出售旧房时，还转包自家部分或全部土地、山林给搬迁户，为搬迁户长期稳定的居住提供了基本的"生存所需"。

个案 1-3：RLM，男，45 岁。"2005 年从中岭搬到汪龙组汪家帮，买 MCQ 的旧房，MCQ 去黄鹤乡政府做厨师，住在大坝场街上了。花 16 000 元，光是房子的话，可能值 8 千元左右；MCQ 把他家承包的地留了 1 分，剩下的土地全部卖给了我。我们之间是签订了协议的，那样才有保障，谁要是扯皮，有协议作凭证就好解决了。"

搬迁涉及两个地域，即迁出地和迁入地，对于迁出地原土地和房屋怎样处理是一个重要的问题。从上世纪 80 年代中期开始，该村观音庙组的 QZF 就开始了做烂木材生意，其主要经营内容就是购买附近不再居住的木房，将其拆除后，把木料运到外地去出售。对于搬迁户在迁出地的土地问题上，他们有三种处理方式：一是任其荒芜，将其撂荒；二是在迁入地土地不够耕种时返回到山上继续耕作原有的土地；三是转让给未搬迁的村民有偿或无偿使用。其中，将土地撂荒是搬迁户最为普遍的做法。

图 1-11 青龙村的"豪华别墅"

总体看来，黄鹤人的主要收入还是来自农作物种植和牲畜养殖，但正呈现多元化的特征。在多种经营方面，黄鹤乡政府倡导村民们开展辣椒和烤烟的规模种植，并发展肉兔等多种养殖业，实行万元增收工程，为村民们开通多种收入途径，提高生活质量和保障。同时，外出打工也成为乡民们的新选择。

表1-4　黄鹤乡村民一年的农事安排对照表（以农历时间为准）

农作物种植时间（农历）	低山丘陵地区	高山地区
冬腊月（十二月至一月）	栽洋芋，种辣椒苗床，播辣椒种子	烤烟育苗
二月	管理洋芋	栽种洋芋、南星
三月	栽苞谷苗床（春分），栽谷子苗床（清明）	管理烤烟苗、洋芋
四月	先移栽苞谷苗，后移栽谷子苗	栽种苞谷，移栽烤烟苗
五月至七月	管理苞谷、谷子，挖洋芋（端阳节），栽红苕	管理苞谷，挖洋芋，开始烤烟下部叶的烘烤
八月至九月	收苞谷、辣椒和谷子，种菜籽	收苞谷，苞谷杆喂牛，烘烤烤烟中、上部叶，栽种红苕
十月	收红苕（打霜前），整土准备下一年的农作	烤烟最后的收尾工作，收红苕
十一月	收菜	整理种植烤烟的土壤

从上表可以看出，这里的村民一年之中只有十一月到次年的二月比较轻松，其他月份都要在田地里忙碌，只是在春节期间会有一个整段的休息时间。因此，在日常节日中他们最重视的节日是春节，其次是清明节，再次是七月半；而其他的节日，当地村民们因为农忙而没有重视。春节是全家团聚的日子，到那时，家家户户外出打工的人都要赶回来过年，到处都洋溢着节日的气氛，除夕之夜，乡政府会组织村民在广场上举行新年晚会，吸引众多村民前来观看。此外，正月十五还会有一些村民自发组织起来在场镇上舞狮子、耍龙灯，给大家讨吉利。

清明是这里除了春节外最为重视的节日，每逢这一天，大家都要去坟上挂清、烧纸钱、点香、放火炮来祭拜祖先和死去的亲友，还要给坟墓拔草、添土等修茸一番，为的是能够得到祖宗的庇佑，一家人平平安安。农历七月半又名中元节，也称鬼节，本地过农历七月十二日。各家包包袱，准备香串、银烛、酒菜、饭，祭拜家神。晚上还要在屋外撒冷水饭，祭拜外面的孤魂野鬼。

图1-12　黄鹤农历七月十二拜观音庙

第三节　黄鹤土家：民族源流与人口

据我们调查了解，黄鹤乡全乡共辖有3个村，20个村民小组，包括低山平坝丘陵的鱼龙村和汪龙村及高山山地地区的山河村、黄鹤。由于地形限制，人口分布比较不平均，其中总人口密度为每平方千米161人。但人口分布密度在不同的村有不同的情况：以鱼龙村大坝场为中心，人口密度随着海拔的升高呈逐渐减少的趋势，属高山地区的山河村人口分布最少且居住非常分散；汪龙村靠近鱼龙村的地区人口较为集中；乡人民政府驻地位于鱼龙村大坝场，地势居中，交通便利，物产丰富，人口密集，是全乡政治经济文化中心；其他区域人口分布也较稀疏。黄鹤人口与民族的主要特点是以土家族聚居村落或村落共同体为主体，杂有汉族、苗族等其他民族。据第六次人口普查的数据可知，黄鹤乡共有5 708人，1 381户；全乡少数民族人数占总人口的85%以上，以土家族居多。

一、石柱县土家族的来源

在漫长的历史进程中，重庆石柱土家族地区因地理上的重要性、物产上的丰富性和交通上的闭塞性而成为政府一直十分重视的地域，被派驻来的官员、军人、移民源自不同地域的不同姓氏，在与重庆土家族及先民（如巴人等）的交往中逐渐分化、融合和认同土家族的民族身份，丰富了石柱土家族姓氏结构。

20世纪80年代大规模恢复民族身份，根据国家民委、四川省民委的文件精神，渝东南各地党委和政府也出台了恢复土家族民族身份的规定："第一，保留有少量土家族语言词汇和称谓的，并且不同程度地保留民族特点，如过赶年、祭祀祖先、信奉土老师、跳摆手舞等；第二，改土归流前居住在酉阳土司辖区的土家族，并保留有土家族某些习俗，具有一定的本民族意识；第三，祖祖辈辈自称'土家'或被当地人称为'蛮子'的；第四，从外地迁居本县或本县原土司辖区，其同族、同宗已被认定为土家族，并有某些联系或一定依据；第五，土家族与汉族通婚的，其18岁以上的成年子女，可以选择父母一方的民族成分，18岁以下未成年子女由父母协商确定随父或随母的民族成分，若父母死亡，可选择祖父母、外祖父母任何一方的民族成分，不再往上追溯血缘关系。"❶ 根据以上条件，大量土家族被识别，石柱地区相当部分的土家族在此情况下恢复了民族身份，成为当地的主要民族。

历史文献及田野调查显示，石柱土家族主要以诸大姓氏存在，后随人口迁入而逐渐壮大。现学界公认，土家族的形成是以古代巴人为主体，不断融合地方土著部落及外部迁移入境的僚、蛮、蜑、夷等民族，更兼宋、元后以各种原因不断迁入的汉民，姓氏十分庞杂。根据调查，昔日重庆酉水流域土家族由同族而居演化为同姓而居，再到"大姓为主、杂以他姓"的分布。

石柱土家族具有鲜明的宗法色彩，历代传承的家规不仅促进了不同姓氏的持续发展，而且维护了土家族传统社会，因而土家族不同姓氏家谱的"家规"可视为"族规"。石柱土家族的姓氏比较复杂。历史文献和田野考察表明，石柱土家族姓氏来源大致如下：

（一）巴人分支及所属姓氏

目前最早关于古代巴人的史料来源于《世本》，后《后汉书·南蛮西南夷传》关于廪君的神话故事涉及古代巴人姓氏。"巴郡南蛮郡，本有五姓，巴氏、樊氏、瞫氏、相氏、郑氏。"❷ 潘光旦《湘西北的"土家"与古代的巴

---

❶ 黔江土家族苗族自治县志编纂委员会.黔江县志［Z］.北京：中国社会出版社，1994：584-585.

❷ ［南朝宋］范晔.后汉书［Z］卷116，上海：上海古籍出版社二十五史本，1986：1 050.

人》对以上五姓进行过详细考证："巴"作为姓氏，似乎在巴人区域没有流传，可以和"樊"一起说到的是范氏和繁氏，"瞫"姓与现今土家族区域内的谭、覃、潭等姓氏相近，"相"后来演变为土家族的大姓"向"，"郑"与现今土家族人中的郑姓关系尚待考证❶。据此，可以确定古代巴人后裔所属之范、谭、覃、向等姓氏为土家族。另主要活动在秦汉时期川东一带的巴人分支"板楯蛮"已有七大姓氏，故《后汉书·南蛮西南夷列传》云："秦地既定，乃遣还巴中，复其渠帅，罗、朴、督、鄂、度、夕、龚七姓不输租赋，余户乃岁入賨钱，口四十，世号为板楯蛮。"❷ 除大姓外，巴人及先民还有众多小姓。除上述 12 姓及派生若干姓氏外，巴人姓氏还包括田、冉、文、李、杨、赵、屈、徐、谢、资、蹇、药、廖等 13 姓，均可能与巴人关系密切。因此，石柱谭氏、马氏、向氏等若干姓氏均当系巴人后裔。

（二）因民族融合而进入土家族姓氏

石柱土家族地区不仅是土家族生长繁衍之地，也为其他民族提供生存避难之所，同时也是各朝各代迁徙人口、派驻军队之处。由于和土家族人民处在共同地域环境中，有着相似的经济生活和共同语言并形成的共同文化心理，这些自外迁入的各族人民逐渐融入土家族，自然也成为土家族姓氏的构成部分。

（1）石柱土家族先民中的少数民族姓氏。石柱土家族地区自古就是多民族杂居地区，故《华阳国志·巴志》称巴国"其属有濮、苴、共、奴、獽、夷、蜑之蛮"。到魏晋南北朝时期，以西阳为中心的重庆土家族地区"没于蛮獠"。宋代黔中之民"杂居溪洞，多是蛮僚"。在漫长的历史进程中，土家族不断融合其他民族而逐渐融合为单一的民族，源自其他民族人群的姓氏也就逐渐转化为土家族姓氏。但文献记载有限，古代土家族因民族融合而丰富的土家族姓氏情况已难理清。因此，石柱土家族姓氏当有部分是因民族融合而加入土家族者。

（2）不同原因定居石柱土家族地区而转化的汉族姓氏。一是军事征调而来的汉族姓氏：为掌控具有战略意义的土家族地区，许多朝代都曾向石柱土家族地区派驻大量汉族军人，因其"世守其地"而成为土家族成员，也就成为土家族姓氏的来源之一，石柱土司家族中的马氏和陈氏亦是外地移入的汉族大

❶ 《中国少数民族社会历史调查资料丛刊》修订编辑委员会. 土家族社会历史调查［M］. 北京：民族出版社，2009：82-86.
❷ ［南朝宋］范晔. 后汉书［Z］卷 116，上海：上海古籍出版社二十五史本，1986：1 050.

姓。《马氏族谱》、《石砫厅志》及《补辑石砫厅志》均载："南宋建炎年间，陕西扶风伏波将军马援后裔马定虎奉诏率兵平定五溪蛮，得授石安抚使，因'世守其地'而后代子孙生息于此。"因此，石柱土家族马氏从族源上看仍是汉族，经过数百年的融合与同化而完全接受了土家族风俗习惯并具有了土家族民族意识，是汉族被"土家化"的典型代表。人口普查表明，马氏人口数量在石柱土家族中占据第四位。1994年版《石柱县志》记载：古代不断来石柱落业的汉族官兵还有陈氏、冉氏、刘氏和向氏。《刘氏族谱》记曰："洪武四年蛮乱，马克用不能就敌，求友德率八骑等处兵将七千七百。鏖战十有九日，亦不能胜。于楚尽拿家口，搬移四川地方溪源里置业落坐，此后子孙分支落业石砫各地。"❶ 人口普查表明，上述姓氏也是石柱土家族人数众多的大姓。二是因政治目的而来的汉族移民姓氏：石柱土家族地区位置偏远，但物产丰富，是乱世避战、盛世拓业的绝佳之地。因此，逃避战火或奉调开发的移民长期在石柱土家族地区生产生活，不断融入土家族而丰富其姓氏结构。在石柱，因元末逃避战乱和明初组织的大规模移民有秦、谭、向、余、邓、蹇、杨、郭、廖、牟、田等姓氏。《郭氏族谱》记载："于洪武初湖广填四川时，到石砫土老坪、高台坝落业。"❷ 明末清初，避乱来石柱的汉族居民有黎、杨、李、何、陆、谢等姓氏。《黎家族谱》记载："清初避乱，黎洪让携家由万县三正里入石砫万福场小耶寨落业。"❸ 清初，移民石柱定居的汉族有王、黄、包、周、贺、钟、杨等姓氏。《包氏族谱》记载："祖居湖南辰州郎溪县，顺治七年辗转迁居石砫司洞源里四甲马武坝。"❹ 三是不同时期进入土家族地区的汉族官商姓氏：石柱土家族区有丰富的资源，受命逐利而来的汉族官商留居当地而融入土家族，丰富了土家族的姓氏结构❺。

二、黄鹤人口的总体情况

据1982年第三次全国人口普查的数据显示，黄鹤乡共有748户，3 419人；1990年第四次全国人口普查，全乡共1 132户，4 178人；2000年第五次全国人口普查，全乡共1 370户，4 369人。2010年第六次全国人口普查，全

❶ 石柱县志编纂委员会. 石柱县志 [Z]. 成都：四川辞书出版社，1994：110-111.
❷ 石柱县志编纂委员会. 石柱县志 [Z]. 成都：四川辞书出版社，1994：111.
❸ 石柱县志编纂委员会. 石柱县志 [Z]. 成都：四川辞书出版社，1994：111.
❹ 石柱县志编纂委员会. 石柱县志 [Z]. 成都：四川辞书出版社，1994：111.
❺ 彭福荣等. 重庆世居少数民族研究（土家族卷）[M]. 重庆：重庆出版社，2011：74-79.

乡共 1 381 户，5 708 人，其中鱼龙村有 2 852 人，782 户；汪龙村有 1 900 人，520 户；山河村有 956 人，79 户。现全乡 20 个村民小组中，400 人以上的一个组，300 人以上的一个组，200 人以上的 8 个组，100 人以上的 10 个组，其中人口最多的是汪龙村的三房坝组，最少的是山河村的羊子岩组。从 20 世纪 70 年代实行计划生育以来，全乡人口得到了有效控制，据县志 2002 年全乡人口年龄构成显示，2002 年年底 5 岁以下有 347 人，6～17 岁 1 215 人，18～30 岁 766 人，31～50 岁 1 116 人，51～80 岁 978 人，81～95 岁 23 人。

图 1-13　边城三村村委会

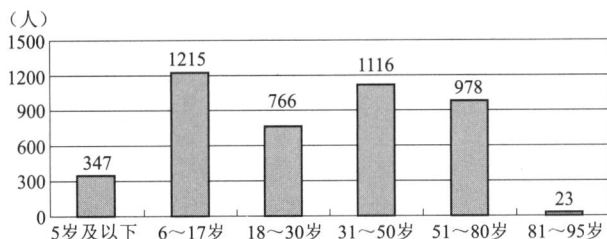

图 1-14　黄鹤乡三村人口年龄构成图（2002 年）

黄鹤乡人口的年龄构成属于成年型，就第六次全国人口普查的数据来看，全乡男女比例均衡，男性略多于女性。

按照人口密度分布来看，鱼龙村和汪龙村的低山丘陵区人口密集，高山区及山河村人口分布较少，特别是鱼龙村的龙门溪和明寨子，汪龙村的羊字岩等地人口更是稀少。经过乡政府实行九年义务教育及全乡扫盲运动，至今全乡6岁以上的识字人口占比达到58%以上，半文盲和全文盲只限于在家的中年妇女和老年人。

三、黄鹤土家族的分布情况

黄鹤的土家族地区因区位、物产等多方原因而成为人口的输入区域，长期的人口流动使得土家族及先民先后与不同民族交往密切，进而人口分布呈现为"交错杂居"的状态。在长期移民迁徙过程中，大量外来汉民进入重庆土家族地区并广泛分布开去，与所在地区的土家族杂处。《黄氏族谱》记载："于康熙年间奉圣诏填蜀，携全家同四邻好友周、李、包等七姓一道，在石砫府洞源里四甲黄鹤坝一带落业。"随着经济发展、社会进步及文化交流的不断深入，黄鹤土家族地区的民族交往更为密切，外来人口更为频繁地进入民族地区，进一步加深了土家族交错杂居的状况。广大外来其他民族，或购置黄鹤土家族及先民的山林地产田亩，耕种为生；或在商业集镇建房定居，操贾牟利；或在要隘关卡守卫屯田，恪尽王命。因此，黄鹤土家族与外来其他民族"交错杂居"的居住格局得到进一步的强化。新中国成立后、尤其改革开放后，由于求学、工作、经商、打工、婚姻等原因，重庆土家族地区土家族与其他民族的互动更为频繁，人口流动也更加频繁，甚至形成了不同民族"大交错"居住的格局。

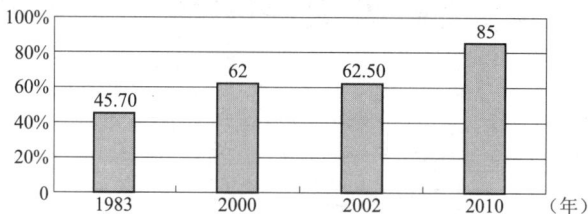

图1-15 黄鹤乡少数民族人口占比

土家族作为世居在黄鹤的少数民族，在本地主要呈现为小聚居状态。在城市化进程中，越来越多的黄鹤土家族走出大山，走向城镇，因打工、经商、升学、就业等而成为各地城镇人口的组成部分。石柱县作为重庆市土家族的主要聚居区，"单一家族村落"和"亲族联合体村落"的居住模式是县境内少数民族分布的主要特点；1983年5月黄鹤乡开始恢复少数民族成分，全乡以土家族为主体，还有少量苗族。当时少数民族有1 604人，占总人口的45.7%，汉族有 1 907 人，占总人口的 54.3%；2000 年第五次全国人口普查总人口为 4 369 人，汉族有 1 647 人，占总人口的 38%，少数民族有 2 722 人，占总人口的 62%；2002 年总人口为 4 445 人，汉族有 1 667 人，占总人口 37.5%，少数民族有 2 778 人，占总人口的 62.5%；2010 年全国第六次人口普查，全乡少数民族人口占总人口的 85% 以上。

姓氏的调查同样在人口调查中不可或缺。2011 年全乡的姓氏按笔画排列有：马、邓、方、王、文、毛、包、代、冯、付、叶、孙、田、兰、刘、龙、卢、冉、石、左、许、闰、朱、汤、吴、向、江、李、吕、牟、任、陈、杜、何、严、杨、余、张、周、汪、肖、冷、孟、邱、沈、宋、苏、邹、范、姚、郎、林、罗、明、封、郭、胡、晏、怨、赵、钟、康、柯、柳、高、候、袁、唐、陶、夏、徐、秦、龚、黄、崔、游、曹、章、宿、梁、隆、舒、童、曾、覃、程、董、蒋、彭、锡、简、雷、黎、满、谭、熊、廖、塞等。其中在全乡中属于大姓的有明、包、周、冉、向、覃、彭、张、熊、李、黄、秦、刘、陈、王等 15 个姓氏。

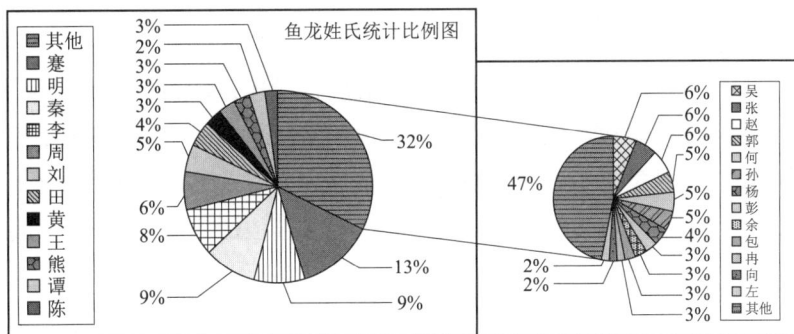

图 1-16　黄鹤乡鱼龙老街姓氏比例

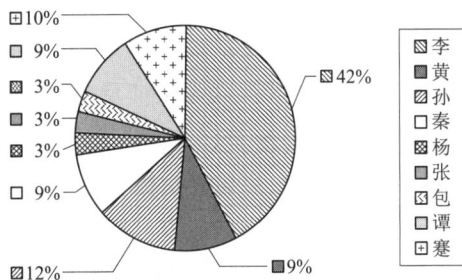

图 1-17　黄鹤乡鱼龙村主要姓氏比例

表1-5 黄鹤乡1990—2002年人口数量及出生、死亡情况统计表

年份	出 生		死 亡		总 数	
	人数（人）	出生率（‰）	人数（人）	死亡率（‰）	总户数（户）	总人口（人）
1990	78	19	22	0.53	1 060	4 100
1991	56	13.4	25	0.59	1 132	4 178
1992	61	14.67	18	0.43	1 108	4 157
1993	65	15.57	30	0.71	1 122	4 174
1994	69	16.47	21	0.5	1 139	4 188
1995	61	14.7	25	0.6	1 154	4 145
1996	81	19.42	22	0.52	1 177	4 169
1997	82	19.58	30	0.71	1 185	4 186
1998	87	20.66	17	0.4	1 218	4 211
1999	63	14.47	30	0.69	1 221	4 351
2000	63	14.41	32	0.73	1 370	4 369
2001	67	15.34	21	0.48	1 249	4 367
2002	77	17.32	39	0.87	1224	4 445

注：取自1990~2002年的人口统计数据。

从上表的数据显示及四次全国人口普查数据看出，黄鹤乡总人口在计划生育的控制下持续缓慢地增长；人口年龄构成属于成年型，劳动力充足；随着市场经济的发展，村民对于生活水平的需求提高，人口迁移浮动较大，不论是政府组织迁移还是村民自愿搬迁，都是从高山地区迁往低山平坝地区，为集镇的建设和繁荣做出了贡献。

第四节　小结：省际边界地的边城人民

本章从自然、地理、经济、人口等方面总结了黄鹤的整体环境概貌，并通过区域文化和生活样态的角度，来审视这一整体环境对边城人民生活的影响，尝试探寻省际边界地区人民的生活特征所在。

从学理上来说，区域文化研究在社会科学体系之中，是一个多学科合作的概念，开展区域文化研究的基础，是假定在某一区域范围之内的文化、历史、语言等方面具有某种一致性。"它在一种共同兴趣的基础上，将希望从本学科出发研究特定区域的学者（包括社会科学、人文科学及其某些自然科学学科）

集合在一起，跨越学科界限而形成一个多学科领域。研究普遍规律的社会科学家、东方学者，注重文化差异的人类学家、民族学家，地理学家、流行病学家、地质学家以及艺术史家等均加入此行列。"❶ 从人类学学科来说，强调对某一区域文化进行全貌性的了解并推崇区域间文化比较的区域研究，一直以来就是人类学相当重视的研究领域。正是因为区域研究将地域与文化两个概念紧密地结合了起来，所以无论是以地域特征划分的功能区、文化生态保护区、少数民族聚居区，还是与文化特征紧密相连的少数民族生活样态、非物质文化遗产保护、民族文化传承与保护等概念，都可以合理地纳入人类学区域文化研究的范畴，从对象层面拓展了人类学学科的研究领域。

从具体的研究对象角度看来，由于国内现行的经济发展体制往往是要先发展各个省区内的首位城市和行政中心，这些区域发展的"核心"地带能够获得较多的财政、人才、信息等大量的资源以用于发展；而在各个省区的边界地带，如黄鹤这种省际边界地区，就会因为自然条件和行政区划分割形成无人问津的"三不管"地区，被"核心"地带边缘化。青龙村的地理位置在湖北省的最西端，从地图上看呈一个马蹄形，就像是从湖北不小心漏到重庆的一块一样，青龙村是一个被村民们誉为天高皇帝远的地方，这里唯一的一条大路即是通往文斗乡的村级公路，但是一直到现在还处于翻修状态，下雨时不通路。这里的人畜饮水工程，从开始提出到现在准备实施，用了近 3 年的时间，诸如此类事情都说明青龙村被边缘化的程度很深。在这里发展经济光靠政府政策是行不通的，村民们更多地靠自己来满足生活需要。鱼龙村和汪龙村虽然也位于重庆市的东南端，可是由于行政归属不同，以及重庆直辖市的行政环节较少，这两村会提早得到一些国家政策，而且在空间位置上，随着沪蓉西高速公路的全线贯通，两村也没有达到被边缘化的地步。因此，在这同一区域中三个不同的行政村落，就使我们的进一步研究具有了类型比较和区域比较的双重意义，我们不仅可以分门别类地将这一地区的各种情况进行横向的全面铺展，也能在纵向的历史维度和个案的比较上对边城黄鹤开展更为有人类学学科意义的研究。这也正是本书的价值取向，是本书区别于一般的田野调查报告、彰显自身特色的基础之所在。

---

❶ 周泓. 庄孔韶人类学民族学研究的方法论诉求之意义（上）——中国认知传统与区域文化理念的理论与实践［J］. 民族论坛，2012（3）.

第二章 生计在边城：以山区农业为主的多种经济模式

在第一章，我们已经从"沉静"生活的角度考察了黄鹤乡的总体经济情况。本章我们将就具体的经济模式做深入的探讨。黄鹤乡的历史、地理环境造就了其经济发展以农业为主的特征，它虽经历了最初的"刀耕火种"和土家的狩猎经济，但由于受汉文化影响较早且深，以致这些痕迹都难以寻觅。除此之外，黄鹤乡其他的经济活动方兴未艾，合作社规模养殖业、畜牧业、手工业、微型企业及旅游业等，都成为黄鹤乡村民走向小康共同致富的经济发展形式。

第一节 根深蒂固：黄鹤的农耕经济

历史文献资料显示，历史上的黄鹤，在民国时期，全乡的土地大部分属于私人所有，分出租、自耕、佃耕三种所有形式，无地和少地的农民都是为地主或是富农生产，这严重束缚了生产力的发展，再加上缺失肥料、良种及科学的耕作技术，使得粮食生产处于低而不稳的状态。据1950年调评产量统计（划出去的土地未计算在内），全乡土地3 519亩，平均每亩粮食产量不足290斤。解放后，经过土地改革，村民们按照划分的阶级成分分得了田土，极大地提高了生产积极性。划分成分是按照地主（占有土地自己不劳动，或只有附带的劳动，主要是剥削地租）、富农（一般占有土地，但也有自己占有一部分土地，另租入一部分土地的。富农剥削主要是剥削雇佣劳动）、中农（占有部分土地，能够自给自足，不具有剥削）、贫农（不占有土地，租地主土地并被剥削）。黄鹤乡大多数是贫农，但也有少数的地主、富农和中农。关于黄鹤历史上的土地情况，我们走访了一些老人。

个案 2-1：地主张启兵（根据 B 老人讲述）。"我们这一块（黄鹤乡）有个大地主张启兵，他是湖北长顺坝的乡长。打地主的时候张家第一个遭的。他没得抵抗能力，被抓起来了。老街有个小学，就关在小学里头，关他一屋，张启兵是第一个枪毙，打张启兵的时候老百姓都来参加开会。老百姓很齐心哟，听说镇压恶霸地主，大家都来看热闹。结果有些会场没到齐就把人枪毙了，开枪的人还受了批评。黄鹤坝最多一天枪毙了 18 个恶霸地主、土匪。"

（根据 ZSZ 老人讲述）"我父亲遭了之后，我妈和我们兄弟些（几个人）都没有遭，还是贫农分多少土地就给我们分多少土地。还有以前租我们家土地的人来给我们送糯米和高粱，他还是好，还是要感谢共产党。"

个案 2-2：中农 J 家（根据 JYH 老人讲述）。"我们家劳动力多，我们父亲还有染布的手艺，用自己种的蓝靛，染了之后卖给布商，剩下的人就在家里种地。虽然我们家生产出的粮食没有多少，吃得差，但是还是有吃的，不至于当叫花子，我们划成分的时候就被划的中农。记不清分了多少了，还是吃得饱哦。"

个案 2-3：贫农 B 家（根据 B 老人讲述）。"我们的家本来是在河（黄鹤乡的黄鹤河）的对岸（湖北境内）住，我们是来这边（重庆境内）办的地主家的田土。土地改革的时候穷人分田土，主要是分地主的和富农的。我们这里分的就是袁焕章（黄鹤乡的地主）的田土。我们父母亲解放前最穷，是过来赊田办庄（解放前农民抵押自己的财产租种地主家的土地并和地主家约定租金的一种办庄稼方式，租金一般有定量的租金和分成的租金，分成的比例由地主定），我们家解放前还因为穷一年搬三次家。解放后生活好点哦，我们穷人当然就翻身了。"

个案 2-4：贫农 D 家（根据 DZH 老人讲述）。"我们家解放前是住的是茅草屋，很穷，不能赊田办庄（因为没有可以给地主抵押的东西），什么东西都没有怎么赊哦，我就是给人家放牛，土改的时候我们家是划分的贫农，解放后粮食吃都吃不完哦，就是交了公粮都剩下好多。"

以上四个案例是访谈中三种划分成分的类型，解放前农民的生活有很大差别，地主、富农拥有大片土地，手中还握有权力，处于剥削地位；其他农民则是去租种地主的土地，被地主剥削。同时生产率低下，老百姓普遍吃不饱。但是解放后地主、富农的田地被收走分给贫农，人均占有率基本相同，生活条件差别缩小。

1953 年成立了第一个鱼泉初级农业生产合作社，到 1956 年全乡实现初级农业合作化。1957 年全乡成立 16 个社会主义高级农业合作社。这时，平均每亩粮食产量是 517 斤。积极性提高的直接结果就是吃饭问题得到解决，对于刚解放、文化程度又不高的农民来说就是最好的了。

但是好景不长，1958 年开始的"一大二公"人民公社化运动搞浮夸风，加深了 1959~1961 年三年的灾荒程度，致使黄鹤河沿岸村组饿死人的事情常有发生。据老人说，曾经黄鹤乡还发生过三个月不发粮食的事情，当时在政府任职的 LGZ 老人也提道："在大集体阶段啊，存在一个应付工分的情况，山上看不到树，全都是种的庄稼。但是人们还是吃不饱啊，懒家伙太多，没有调动人们的积极性。"从 1962 年开始，贯彻执行《人民公社工作条例草案》，实行大队、公社、生产队"三级所有，队为基础"，以生产队为单位独立核算制度和定额管理办法，生产有所恢复。不曾想十年动乱，给刚刚恢复的粮食生产带来冲击，所幸这里的山区并没有受到县城动乱的侵扰，农民还可以搞生产，口粮基本满足。LGZ 老人说："'文革'时期对我们这里的冲击还不是很大，但是还有一个技术方面的问题。'文革'的时候，管他是包谷洋芋红薯，全是挑的粪，根本没有化肥，粮食种出来根本没有多少。"从 1982 年开始实行包产到户的联产承包责任制，粮食大幅增产。这时不仅引进了新的农作物品种，而且各种化肥的使用和新耕作技术的推广给村民们带来了希望，粮食产量大幅增长，技术的改进也是粮食产量大幅上升的一个重要原因。LGZ 老人提道："到了七十年代的后期，才有了氨水，我们组织人修一些氨水池，现在都留有一些坑，就是修氨水池留下来的。"一般田亩产粮食 1 000 斤，最高亩产可达到 1 200 斤，平均亩产 724 斤。他们一年四季都忙碌在田土中，种完小春作物种大春作物，到处是一片欢歌笑语的农忙场景。从 1998 年开始，按照国家政策，乡政府又与村民们签订了第二次土地承包经营合同，承包期是 30 年，扩大了村民对于土地的使用权。村民们可以在自己的土地办养殖场、建立小型加工厂，等等，灵活使用土地，发展多种经济道路。

案例 2-5：包家（BZX）59 岁，家住塘子垭。他告诉我们，他父亲是忠县人，大灾荒年代逃到洗新，老人去世后，他父亲下来给区长（周树平）牵马。区长解放时倒台，共产党给人民分土地，按照人口、热爱劳动程度来划分土地，家里父亲是积极分子、共青团员，好田好地不晓得要，让给大家，拿了些边边角角的土地。为了激发大家积极性，政府分田分地，后面进入互助合作化阶段，互助组就是分田到户后，几家几户联合起来，你帮我我帮你，持续到 1958 年，这个时候粮食够吃，农民积极性也高，因为刚分的田地。"之后是人民公社，都像现在的乡社嘛，现在叫乡政府，那个时候叫人民公社，土地属于集体所有，生产队提供种子。刚进入集体的时候，是我们自愿投种子，到了第二年秋天的时候就由保管种子的生产队提供。那个时候做功夫，早上大家吃饭了一起上坡，然后中午敲鼓，大家回来吃中饭；那个时候大家都想改造好，没日夜地干，过程中就忘记了休息，就累病了，过于激进。那个时候吃不饱，有些人就饿死了。"那个时候他们生产队六七十个人，到其他地方去开荒，去林子里一把火烧了，丢种子去种，那个时候苞谷长得好，又没有肥料，只有那么种，三年让地荒一次，又按这种方法去其他地方找地。"那个时候算公分为核准，看牛有 5 分，种地，干得多、好就分多，也有人扯谎偷懒，耽搁 10 分钟、8 分钟。大集体一直到 1978 年承包到户了，那个时候石柱到马武的公路通了，那个时候才有肥料，只有硝铵，其他的没有，后面才有钾肥。人比以前要轻松，放下户了（包产到户），以前是集体交农业税，后面是一家一户去交农业税，现在政府免交农业税了，国家还给粮食直补。就个人来说，相比起大集体，下到户，积极性要好，自由些，各自有打算，像今天上午我休息下，下午去突进，那大集体的时候，他喊你上坡你不去，你请假也请不到，不但请不到假，还要扣工分。那个时候为了控制，把赶场变为 5 天、10 天赶一次，收工回来才能去赶，高山上面的就要天没亮就去，不管你外出到哪里都要公社的证明，多了请不到，除非是公社派你出去。承包到户后，种得好，就产量高，当时对人限制少了，我读书的时候听人家讲苏州、杭州好，就想去看看，1992年就去石柱了，后面外出务工，外面工资高，都 300 多，最多 500 块，屋里才 30 块，一直外出打工到 2013 年才回来。"

案例 2-6：LSP 老人，从中岭组（六塘溪）搬迁到老街。"大集体时期是个过渡时期，经过抗日战争、解放战争，1949 年解放全国，全国人民站起来了。那时山上条件不行，那个时候担任生产队干部都觉得不好过，下面的平民就觉得更不好过，一个月算 30 天，男的要做 27 天，女的做 25 天（女的身体问题），如果你平时没有病苦，又不请假，出去乱跑，倒扣你一天工分，那时候一天 10 分。我们那上面土 120 多亩，田 20 几亩，那时他们生产队小，也才 100 多人，开始 1961 年下放时只有 50 几个，最后发展为 100 多人。那时 1958 年是大伙食堂，大炼钢铁，赶英超美，都在山脚底龙嘴塘吃，山上都在下面吃，那个时候上面都是荒起的。那个时候初级社转为高级社，高级社转为人民公社，人民公社吃饭不要钱，加上大炼钢铁，那个时候人像得瘟疫了，走道儿走道儿就会倒了，1961 年才走上正轨，伙食分小到一家一户，那时不要伙食团了，打开粮仓救济，那个时候主席号召'深挖洞，广积粮，不称霸'。那个时候耐不活，集体做粮食，加上副业的，一起算工分。"他是担任会计，每天几角钱，妻子1961年从个河边嫁上来的，"母亲也很少做活路，妻子多做，那个时候大环境不好"。

"1981年田土到户，儿子在下面找到媳妇，那时候好些了，一个家就要一个家的自由，你去赶场、走人户、做活路，大队不会来干涉你，只要你有本事，也可以不种田，那个时候分到户是新鲜事物，心里舒畅，大家都种田，出去打工的几乎没有。大集体只想吃饱，下户了后，生活问题解决了，人就想修房子，培养娃娃，想解决经济问题，往外走。80年代乡政府强行让办烤烟，不准种苞谷那些，不办的拿去游街，当时我们家土质不好，最多一年才赚3 000块，后来政府就不让我们办了。儿子后来也出去打工，有了经济条件才想搬下来。"

上述案例展现了黄鹤的农耕经济传统，由讲述人对过去生产情况的描述我们可以看到，从解放后到20世纪80年代以来，黄鹤的传统农耕经济一直占据着主导地位，无论主持生产的是国家、集体还是农民个人，"种植—收获"的模式一直是黄鹤人民主要的生存手段和生计模式。这种模式持续时间很长，直至20世纪90年代，村民们开始接触外面的世界，知道了自己的不足和差距，随着第一批打工者的带头出行，外出打工的浪潮才开始萌发，并一直持续到今天。更多年轻人的外出打工致使村里失去了往日的热闹，留下的是老人和小孩，有个别妇女在家也只是因为要带小孩，没办法出去而已。家里劳动力的缺乏，小春作物已经基本没有人种了。每年秋收时，农户间须相互换工才能保证作物的及时收回。在半山区土地撂荒的比较多，没人耕种。梯田间，随处可以看到荒弃的土地，就算租给别人种，别人都不要。可以看出稻作农业在黄鹤乡现代化发展的进程中有逐渐走向衰落的趋势。下列几个表格很好地反映了近几年黄鹤的经济情况。

表2-1　2003年黄鹤乡农村经济收益统计表

（单位：万元）

指标 单位	农村经济总收入	种植业收入	林业收入	牧业收入	工业收入	建筑业	运输业收入	餐饮业收入	服务业收入	其他收入
全乡	775	372	2	250	51	17	28	28	4	5
家庭经营	749	372								
乡办电站	26									

表 2-2　2004 年黄鹤乡农村经济收益统计表　（单位：万元）

指标 / 单位	农村经济总收入	种植业收入	林业收入	牧业收入	工业收入	建筑业	运输业收入	餐饮业收入	服务业收入	其他收入
全乡	1034	521	2	371	26	2	11	37	5	59
家庭经营										
乡办电站										

表 2-3　2007 年黄鹤乡农村经济收益统计表　（单位：元）

指标 / 单位	农村经济总收入	种植业收入	林业收入	牧业收入	渔业收入	工业收入	建筑业	运输业收入	餐饮业收入	服务业收入	其他收入
全乡	1 491 万	518 万	28 万	705 万		23 万	34 万	55 万	35 万	10 万	85 万
汪龙村	7 517 060	1 332 240	135 420	4 417 040			186 660	373 320	150 060	75 030	847 290
鱼龙村	3 735 420	1 995 387		1 113 533	1 500	200 000	50 000	150 000	200 000	25 000	
山河村	3 662 000	185 000	140 000	1 520 000		28 000	99 000	25 000			

表 2-4　2008 年黄鹤乡农村经济收益统计表　（单位：元）

指标 / 单位	农村经济总收入	种植业收入	林业收入	牧业收入	渔业收入	工业收入	建筑业	运输业收入	餐饮业收入	服务业收入	其他收入
全乡	1 752 万	612 万	27 万	769 万		99 万	41 万	65 万	125 万	12 万	1 万
汪龙村	8 102 488	1 534 618	150 000	4 720 280		710 000	250 000	420 000	2 300 00	80 000	7 590
鱼龙村	5 406 200	2 445 385	50 000	1 323 530	2 285	250 000	100 000	200 000	1 000 000	35 000	
山河村	4 007 300	2 144 422	69 000	1 649 780		30 000	62 098	32 000	20 000		

　　从上面一系列表格中不难看出，近年来，黄鹤乡政府改变经济发展方式，实行乡镇经济由纯粹的粮食增长型向综合发展型转变，改变了传统的种养品种单一的状况。黄鹤乡在所辖的三个村倡导发展规模经济，利用所处的地理优势发展特色产业。在粮食生产稳步发展的前提下，辣椒、马铃薯、烤烟、畜牧业养殖等生产有了快速的发展。在高山地区的山河村已发展成为烤烟种植基地和以养殖肉牛、山羊为主的养殖中心。低山丘陵的鱼龙和汪龙村的沿河村组加入县里的辣椒合作社模式组织，发展成为以辣椒为主的种植基地。其他地区已发展为优质马铃薯基地和以肉兔为主的养殖基地。同时，在集镇周围，村民们利用便利的交通条件开办了养鸡场、木料加工厂、砖厂、微型电子加工厂、饰品加工厂等小型工厂。在靠近河流落差大的水位段，招商引资建立各级水电站，增加乡财政

收入。这些政策吸引很多外出打工人员回乡发展，补充乡镇内的劳动力市场，也为乡民的收入提供保障，使得收入水平在不断地提高，改变了黄鹤以往的落后面貌。

表 2-5　黄鹤乡经济总体结构表

项目 ＼ 年份	2003	2004	2007	2008
财政收入（万元）	20	25	41	50
年人均收入（元）	1 326	1 666	2 834	3 391
总产值（万元）	775	1 034	1 491	1 752
一产（万元）	624	894	1 251	1 408
二产（万元）	51	26	23	99
三产（万元）	67	55	134	243
其他收入（万元）	5	59	85	1

从黄鹤乡近十年的经济总体结构中可以看出，财政收入、年人均收入和总产值都呈直线上升，第一产业基数大，上升幅度中等；第二产业基数小，上升幅度不大；第三产业基数小，上升幅度大。说明黄鹤以农业为基础，服务业等第三产业发展迅速，符合中国经济发展大趋势，因此，想要更好地发展当地经济，必须在如何发展第三产业上做好功课。

第二节　农为大本：传统稻作农业与农业科技

黄鹤传统农耕的深厚根源与其宜耕的地形地貌和环境特征密切相关，黄鹤乡位于山水之间，被齐岳山余脉及多条水流包围，境内地形多样、水源充足，为当地农业的多样化发展提供条件。

一、农业概貌

众所周知，农业的基础是土地，黄鹤乡的土地承包制度经历了三次变迁。黄鹤乡乡民是在 1981 年第一次实行土地改革时，拿到土地承包权。国家规定把土地承包给农民管理 15 年，只能用来种植农作物。第二次签订土地承包合同是在 1998 年，叫"土地续保合同"，并规定期限是 30 年。2010 年重庆市开展农村土地承包经营权确权颁证工作，给农民核发《农村土地承包经营权证书》，进一步完善两轮土地承包关系，将农村土地承包关系、承包地块、面积、空间位置、用途、地类、权属证书等落实到户和记录在册，做到证、账、簿、地相符，使农民土地承包经营权的用益物权得到落实。

从我们调查走访收集的数据看来，黄鹤乡主要种植粮食作物和经济作物，粮食以水稻、玉米、洋芋、红苕为主，兼种黄豆和小麦。经济作物以烤烟、辣椒为主，兼种南星、油菜和土烟。粮食作物均分为小春和大春作物。小春生产小麦、豌豆、大麦、燕麦、高粱、胡豆、绿豆、打米豇等杂粮，大春生产水稻、苞谷、红苕和洋芋。现在村民们都不种小麦、燕麦等作物，豆类会零星地种在房屋周围，方便管理和收割。在解放前，经济作物有油菜、花生、大蒜、生姜、南星、辣椒、芝麻，也曾种植过棉花等，除自给外，少量上市。新中国成立后，强调粮食生产，经济作物逐渐减少。1961 年以后，乡政府开始发展油菜、芝麻、大蒜、南星、烤烟等经济作物的种植。现今，黄鹤乡政府重点发展的经济作物是辣椒和烤烟的规模种植，辣椒主要种植在低山的平坝和半山区。每年都会有县辣椒办统一指挥部署，并预定每一个乡种植的面积，乡里接到任务，又会视每一个村的具体情况分配种植面积，并划出丰产片区和示范片区以提高产量。烤烟只适合在高山上发展，烤烟种植及收购由重庆市烟草公司下设的马武烟草收购站负责。

据了解，解放前，黄鹤乡的水田只能一年种一次稻谷，解放后，政府实施放干水田、扩大旱地种植面积的耕作方法。在以前旱地一般一年只种一季苞谷，间种部分黄豆，套种部分高粱、米豆、冬黄豆等，红苕则单独栽种，冬季种少量的洋芋、豌豆、胡豆。农业合作化以后，在光热条件较好的平坝地区由原来的一年一熟改为一年两熟或三熟。一般是红苕、豆子和苞谷套种，也有洋芋、红苕和苞谷套种。冬腊月先栽洋芋，苞谷 2 月份栽种，等到 4~5 月份收完洋芋之后就要栽红苕进去，然后 7 月份收苞谷，9 月份收红苕，之后要栽油菜籽，实现收获三季作物，这样套种的结果是提高收成。半高山和高山地区一年两熟，冬种面积在逐步扩大。在半高山区主要是两熟间作区，旱地是洋芋加苞谷套黄豆，蚕豆加苞谷，油菜加苞谷，也有少量小麦加红苕或洋芋加苞谷；水田是中稻加洋芋，中稻加蚕豆，中稻加小麦和中稻加油菜。在高山区大部分是两熟套作区，主要是洋芋加苞谷套黄豆，少部分是油菜加苞谷套黄豆或红苕，一年一熟制。近年来有果树加南星的套种，南星的生长不需要充足的阳光，有果树的树枝挡着会很好生长，也有黄豆加红苕、橘子等果树加蔬菜或红苕的套种方式。高山地区则只种苞谷、洋芋、蚕豆或是几种作物套种，很少种水稻，一是因为高山较寒冷，二是因为重视烤烟种植，劳动时间分配不来。近几年，由于小春作物已经不种，所以较多见的是水稻或是苞谷和各种大春作物的套种。

表 2-6　黄鹤平坝、半高山、高山地区作物情况表

地理位置	套种作物	作物的熟制
平坝地区（如鱼龙村大坝场、黄鹤老街等地）	一般是红苕、豆子和苞谷套种，也有洋芋、红苕和苞谷套种	一年两熟到三熟
半高山地区（如鱼龙村万家大田组、沙湾组等）	旱地是洋芋加苞谷套黄豆，蚕豆加苞谷，油菜加苞谷，也有少量小麦加红苕或洋芋加苞谷；水田是中稻加洋芋，中稻加蚕豆，中稻加小麦和中稻加油菜	一年两熟间作
高山地区（如鱼龙村明寨子、山河村、汪龙中岭组等）	主要为洋芋加苞谷套黄豆，少部分是油菜加苞谷套黄豆或红苕	一年两熟套作，少部分一年一熟

二、黄鹤乡的农业耕作方式

黄鹤依山傍水，地形有坡有谷，因此很多种类的作物都能够生长良好，这里的农民能够根据需要、家中劳动力的情况和作物的市场情况，自行选择种植一种或者多种农作物。在黄鹤漫长的农业史上，各种不同的农作物都有与之对应的种植方式，使其能够高产、稳产，并产出品质较高的农业产品。

（一）水稻

黄鹤河沿岸地势低平，水源充足，土壤肥沃，历来是黄鹤乡的产粮区。当地水稻品种经历过一段漫长的改良过程，在 1962 年之前都是种植"胜利籼"品种，到 1965 年引进矮秆品种，有"珍珠矮""广场矮"和"南京 2 号"，但由于大集体时代农业政策上的大调大换、政治为先，使得产量下降。1976 年从海南岛引进杂交品种"南优 2 号"和"汕优 2 号"推广种植，但在海拔 1 000 米以上的高山难以成熟，又引进早稻组合"汕优 8 号"试种，得到了很好的效果，此后，又逐渐引进"汕优 63""汕优 64""桂朝 2 号"等杂交组合，成为现行主要稻作品种。

据当地村民说，村民都要到街（场镇）上买水稻种子，古历三月初要准备育苗，苗床选在旱地的田头，用磷肥加农家肥做底肥，然后撒种子、盖土、打除草剂，盖双层薄膜。不到 10 天就开始长苗，40~50 天之后移栽到水田，最迟不过 50 天。移栽时有一定的规格，水田肥，一垄（株距）要 30 厘米（厘米）以上；水田贫瘠，一垄是 20 厘米。因为水田肥力好，栽种的株距大一些，水稻苗的通风良好，有利于生长。水田肥力差，栽种的苗就要密一些，目的是保证产量多一些。移栽时要施底肥，有磷肥加农家肥加碳铵，也有专门的水稻肥，村民一般施水稻肥。移栽后的 7 天内要打除草剂除草。在这一段生长过程中平均要打 3~4 次农药，主要是杀虫、防水稻"稻瘟"。到古历七月下旬时开始成熟，到九月初才能全部收割完。水稻有早稻和晚稻之分，但它们的种植时间和方法是一样的，只是种子和成熟的时间不同。早稻 140 天成熟，晚稻 160 天才能成熟。早稻虫害少、产量高，而晚稻米质好、吃起来会糯很多，两种稻谷卖价一样，村民凭自己喜好栽种。

图 2-1 黄鹤乡的水稻田

收割稻谷是需要大量劳力的农事活动，为了应对年轻人外出打工缺少劳力的情况，村民们实行几家在一起换工，以便在雨季前收割完。当地收谷有自动脱粒机和纯手工打两种方法，笔者见过 9 人一起收谷子的场景，他们分工合作，有 4 个人负责割水稻，一字排开，进度持一致。在大集体时，土家族的薅草锣鼓就是在割水稻时产生的，大家在一起收割，比赛进度，哪一方慢了，就会有人在他们后面敲锣打鼓，现编歌词唱出来，以激励其追赶其他人，可惜现在已经没有人会薅草锣鼓的调了。剩下的 5 个人中，4 个男人不停地把割好的水稻塞进机器里，打出稻谷，机器前面的女人要装谷进袋。整个程序是 9 个人一起合作，有人负责割谷，有人专负打谷，有人负责装谷，各负其责，缺一不可。这样既可以省时间又可以解决各家劳力不足的问题。

打谷机由三部分组成，最底部是一个没有盖的大木箱，长宽各有 1 米，木箱子的一侧装有一个用铁网撑起的布罩，里面有一个带齿的可以转动的铁轴，像拉链一样，可以来回地缝合转动。布罩用于防止水稻被塞进转动的铁轴时谷粒四处蹦开，不好收集，有布罩着，谷粒即会直接掉进底下的木箱里。在布罩的外端有一个出杂草的小口，有些大的草秆会被铁轴推到这里，方便前面装谷粒的人随时清理杂草。打谷机的第三部分，也就是它最核心的部分——发动机，它被装在铁轴和布罩的右侧，是整部机器的动力来源，可以随时控制它的开关。

手工打谷是一种传统方法，先用竹子编一张大席子，长 3 米，宽 2 米（以前要请人来家里做，现在有卖的，一块 150 元左右。）有一个用木头做成的梯形木格子，中间有两到三个横杆，也要有一个大木箱做底，长宽各 1 米，把三样东西组合起来，木箱放到最底部，把梯形木格子的底边倒放在

图 2-2　机器打稻谷

木箱的一边，再用大席子插在木箱子里，把整个木箱圈起来，这样在打谷时谷粒就不会四处乱射。人只需拿一捆割好的水稻，使劲在木格上磕打，把谷粒打下来。这样的原始办法打不干净谷子，会混有很多的杂草秆，费时又费力。

打好的谷子要背回家晒干，晒干后，要用到另外一种机器——风车，这是一种立式的机器，以前全部用木头做成。需要一个人站在一旁摇动把手，转动里面的轴轮，把倒进机器里面的干谷粒除去杂物，然后杂物会被轴轮推到上边，从前面的口出来。整个过程是一个皮带连动原理，现在更多家庭都备有电动筛谷机，要省力得多。掉在下面的干净谷粒会被装到一个用铝做成的大桶（当地叫粮仓）里储存，这个桶高有 2 米，直径是 1 米宽，装好的谷子要用锥形铝盖子盖起来保存，谷子一般可以放一年不坏，如果放到第二年还吃不完就卖出去——放得时间太久会不好吃。还有一种较简易的筛谷方法，用一个长条凳把它立起来，上面要放有一个大簸箕，窟窿眼儿大一点的那种，把晒干的谷子放到里面，人工摇动凳子把谷子筛下来，杂草留在簸箕里，这样的方法用于少量的谷子还可以。

图 2-3 传统的风车与现在的电动筛谷机

如果想把谷粒变成大米，就要到有碾米机的人家家里去打米，打一袋的手工费是三元，大概有 70~80 斤。那些打完谷粒立在田里的稻谷秆，要等它晒干之后背回家喂牛。没有牛，可以拿来当材烧火。还可以放在猪圈里，让猪踩粪，因为干的稻谷秆很容易让猪拱烂，丢进去冬天即可以给猪取暖又可以收集猪粪，一举两得。

(二) 苞谷

当地苞谷品种有本地苞谷和外地良种之分，本地苞谷有糯苞谷、铁秆稻苞谷、大齿白苞谷、大黄苞谷、小黄苞谷、"铁星早""二潘早"等，良种苞谷是 70 年代从外地引进的杂交品种，呈金黄色。主要有"恩单 1 号"和"恩单 2 号""新单 1 号""山白 4 号"和"山白 6 号"等。良种的苞谷籽大，呈扁长型，产量高。本地品种是白色，包谷籽较小，呈圆形，产量低，但味道吃起来很甜、很糯，一般村民都会种一些本地品种留着自己吃。

栽种苞谷也要从整土开始，首先要翻地，有牛耕和人力翻两种。土地必须是要在春节以前翻好，目的是要让霜雪消灭土壤里的病菌、害虫等。根据老人们的种植经验，要在清明后 10 天播种，苞谷的产量才会高。播种子前要开厢，行距是 4~4.5 尺（1 米=3 尺），窝距是 1~1.5 尺。然后施底肥，农家肥加化肥，一亩地需要 1 500 斤农家肥。化肥可以是磷肥或是复合肥，一亩地需要 200 斤化肥。施入底肥后播种，盖土，施尿素肥。第二次是五月下旬到六月中旬，这时苗已长到 1.5 尺高，要给苗揾堆，因为苞谷秆会越长越高，如果不在这时给它揾很多的土来稳定根部，到秆长得越来越高时就会倒地，以致降低产量。到七八月时开始收割苞谷。办得好一亩地可收获 800~1 000 斤，办得差一亩只可收 500~600 斤，技术决定产量。

在高山和半高山地区苞谷的种植方式不同于低山平坝。从农历四月开始，赶场买来种子，首先育种，像烤烟育苗一样，要备有一个大的育种塑料大棚，用泡沫质材的盘子做苗床，先放土，然后放种子、盖土，再盖地膜保温。温度高的话，15 天就可以长出苗，一般情况下要 20 天才可育苗成功。然后移栽苗到地里，挖坑、打底肥、放苞谷苗，最后给苗揾土。等苞谷苗长到 6 寸高时，就要追肥——上尿素。等苗子长到有 8 片叶子时，就可以用喷雾器打农药防虫，一般没有虫害的时候，这两种农药各打一次，如果虫害严重，就要多打几遍治虫。过 70 天左右苞谷就可以收割了，丰收时间相对晚于低山平坝地区。

图 2-4　黄鹤乡的苞谷田

收好的苞谷要用背篓背回家剥皮脱粒。脱粒的方法有两种，一种是手工脱，另一种是专门的脱粒机，用机器脱时，要把苞谷晒干才可以。脱好的苞谷装袋用来喂猪、喂鸡和做酒，主要是自家使用，很少卖出去。一般一户人家一年会种 1~2 个品种，多数要种良种苞谷。苞谷酒在当地很出名，做酒的技术流传悠久，酒的度数可达到 58°~60°，很烈，一般不喝酒的人很容易喝上头。平时的喜丧事宴都会用苞谷酒。在当地有几个私人开办的酿酒坊，所酿苞谷酒或批发或零售给村民和场镇商店。以前允许私人做酒，现在要得到工商部门的许可，有营业执照才能做酒。

（三）洋芋

黄鹤乡以前种植的洋芋品种是"广东洋芋"，合作化后开始种"白花洋芋""巫峡洋芋""巴山白"等，1972 年引进"马尔科""德友 1 号"等杂交品种。现今，种植的洋芋品种主要有两种，一种是政府发的良种洋芋，另一种是老品种红洋芋。良种洋芋是由县洋芋加工厂提供的，乡政府开车拖来发给各

图2-5　黄鹤乡民手工给苞谷脱粒

村组村民，村民只需按2角一斤出钱买来种。种红洋芋就要从自家上一年收获的洋芋种里选出优良的来种。一个村民说："那些子从外地引进的洋芋，提高了产量，口感嗨（很、非常）好，又比较面，现在有嗨多人家都凶（喜欢）把那个新品种洋芋儿当礼品送亲戚。都是因为它口感好，办喜丧和石柱街上的馆子都用这种洋芋。"Q村自从1970年引进"德友3号""德友1号"和"马尔科"以来，这三个品种就成为本村洋芋品种的骨干。

每年农历十月到次年的正月开始洋芋栽种，村民们要根据地形和海拔来判断栽种的时间，低海拔村组要种得早一些，高山地区要晚一些，但最迟不过正月要把洋芋栽完。一亩地需要300~350斤的种子，1 000斤的农家肥，300斤的磷肥加碳铵。此外还需要50担的清粪水，一担大约有80斤。

先从翻土开始，翻土有两种方法，一种是用耕牛犁地，主要用于坡地，已经教顺的耕牛只用一个人在后面把着犁就可以，到拐弯时人还要指头，就是指挥牛的方向。没有教顺的牛就要用两个人共同协作，一个人在前面牵着牛，另外一个人在后面把犁，一开始不能给牛加重，加重也只是加半铧犁的重量，加得太重牛就要跳，教顺的牛一次才可以加一铧犁的重量。另一种是使用微耕机耕地，主要是用于平地，用微耕机要快很多。家里没有微耕机的可以请人用机器来给他们耕地，正常耕一亩要收150~160元，两人关系好可以收100元一亩。

翻好土就要套厢，可以打窝窝，也可以套沟沟。行距是4尺，双行。然后打底肥，农家肥加磷肥（发酵后的）。接着播种，为保证高产量，村民们会在每一行里多放几个种子，种得越密产量会越高。播种后盖土，然后揽土成行。等到农历二月份种子已经出芽，要薅草和松土，然后追肥，最常用的是尿素肥，每亩需要 100 斤。要在苗儿的旁边挖沟丢进尿素肥，然后给根部揽土，这样苗才会高效吸收养料。三月份苗儿长到 1.5 尺高的时候，要用多消唑加钾酸灵混合的农药水喷到叶子上，作用是抑制叶子的生长，让根部长的粗壮，以便结更多的洋芋。到五月份就可以挖洋芋。一亩最高产量有 4 000 斤，最差一亩有 2 000 斤。当地农作物的产量主要根据年成来看，靠天种植。因为种植的品种不同，到十月份才能彻底挖完。在十一月又要开始整土，把土弄细、施肥，准备下一年的栽种。

图 2-6　黄鹤乡乡民收获洋芋

村民们要把收获的洋芋搬到阁楼上摊起，洋芋耐寒，不用像存储红苕那样放在坑里，相反它窝不得，放到地下就要长芽，所以洋芋要摊在通风的楼上。洋芋是这里冬天的主要食物之一，它可以和白菜一起煮，也可以炒来吃，还可以做大家都喜欢吃的洋芋焖饭。洋芋都是自己消费，种得多也可以卖给那些来村里收购的洋芋贩子，2～3 角一斤，贩子再卖到石柱是 5～6 角一斤。

（四）红苕

我们知道，不同的红苕品种味道是不一样的，据了解，当地引进的红苕良种是"梆子苕""白花苕""南瑞苕"和"红苕 60"，这些主要是用来喂猪，人很少吃。人吃得最多的是"栏山苕"，本地品种，味道很甜，可以拿来和大米在一起蒸着吃，也可以做红苕烃饭。在当地红苕的主要用途是喂猪。红苕是每年农历的四月份栽，九月份收。具体的播种过程是，先整土，打窝窝，施底肥，施磷肥或是碳铵，只要是发酵的肥都可以。再把选好的红苕种子栽进去，然后追肥，淋清粪水或是施磷肥。最后揽转，就是盖土。等藤长出来后，为了避免藤落到地上时间久了结根，在土里结出小的红苕，影响根部的红苕生长，就需要翻藤。等到九月份就开始挖红苕。挖的时候先要把地上的红苕藤用刀割下来捆好背回家，当地称之为"猪草"，用于煮猪食；然后用锄头挖红苕出来，并按大小分类背回家，大的红苕就要放在挖好的红苕窖里留种，等明年再拿出来栽种，中等的也要放到窖里，用来做冬天猪的粮食。小的红苕直接背回家做这几天的猪食。红苕不耐寒，堆在地上会烂掉，要在温暖的地方保存，所以要存储在窖里。

（五）芋头

黄鹤人还种芋头。芋头挖出来是黑色的，要吃的时候就要把芋头表面的黑皮用刀刮掉，再用水冲洗干净才可以吃。芋头的质感类似洋芋红苕之类的薯类食品，很"面"。所以在当地吃芋头跟吃洋芋的做法一样，可以煮来吃，也可以做芋头捆饭，味道很好。芋头在二月份开始栽种，把芋儿栽进土里，等到四月份长出的秧苗有30厘米高时就移栽到水田，到九月份时就可以收。因为芋头吃的时候收拾很麻烦，所以村民都很少种芋头，要种也不会种得很多，

图 2-7　黄鹤乡挖出的芋头

只是自己吃。芋头也要像红苕那样储存，在九月份成熟后就把它挖回来，放在红苕的上面储存。如果在水田里一直不挖，芋头就会烂掉。收获后吃的是大的芋头，旁边根枝上长的那些小芋儿会被留下来做种，等到第二年再栽进土里等它发芽。

（六）辣椒

据我们走访调查得知，当地最常种植的辣椒品种是艳椒、园椒和朝天红。高山上的村民种植的辣椒都是自己吃，他们最常种的品种是长椒和园椒，有个别吃辣厉害的人也种一点朝天红来吃。朝天红质量好，籽多、皮厚、辣度高，是辣椒合作社指定发展的种植品种。

辣椒的种植在整个石柱地区都有悠久的历史，石柱一度作为川东辣椒的主

产地上过电视节目——"舌尖上的中国"。就种植方式而言，辣椒生长分育苗期和播种期。首先要整土做苗床，要选一块肥力好、疏松的土地作苗床，一个苗床不超过4尺宽，中间的沟不超过1尺——中间要用来走路，两边育苗。农历冬腊月播种，播种时要施磷肥加牛粪加辣椒复合肥做底肥来抗灾抗震，撒完种子盖一层细泥巴土，再盖点草和薄膜。若不盖草就要盖两层薄膜，先盖地膜，再盖一层薄膜，等一二月间苗长出来后就要扯掉薄膜移栽到地里。四月初到四月中旬移栽，不移栽就没有产量，一定要按规格移栽，一般是4尺开厢，中间两落。在苗床时把底肥施足，移栽时就不用再施肥料，只需要加水，但下雨天是不加水的，还要给它通风一个小时。一栽下去，就要杀土里的虫子。移栽下去就要淋"定根水"（清水），栽完后施磷肥做底肥，然后要薅草杀虫。一般到六月份（农历）就可以长成熟，这也分地区，地势低的要早十来天成熟。

在地势较高的高山地区，辣椒是从农历三月份开始撒种子、找苗床育种子，这里的村民都会用培育烤烟苗子的汲子来育辣椒苗。放辣椒种子在汲子里，并把苗床安放在塑料大棚里，一个月后开始移栽，底肥是辣椒复合肥，追肥用尿素，然后薅草杀虫，到农历七八月成熟。

图2-8 黄鹤乡辣椒的种植与收购

到每年的农历七月村委会开始收购辣椒，到十月打霜之前要收完，收购间期为 10 天一次，正好可以赶在村民赶场时收购。在收购的时候，L 村的村支书会在那里把关，如果村民背来的辣椒不过关——颜色不红、被虫咬过的都要重新筛选。一般收购辣椒时会有 4 个人，一个要称重和写收据，一个负责给钱，剩下的两个人就要负责把背来的辣椒装进统一的口袋里，然后一起拉到石柱的厂子里。L 村村支书说：一亩土至少可以收到接近 2 000 斤的辣椒，按照现在的收购价格是 4 000 元，在中期价格还要高一些。根据收购价来算，种得好一亩可以收入 4 000 元，种得不好一亩也可以收入 2 000 ~ 3 000 元。一个种植 20 亩的椒农一年除去买农药和化肥的钱，可以收入纯利润 7 万元。

（七）烤烟

毗邻黄鹤的湖北省恩施土家族苗族自治州利川市，是世界上除了巴西以外，唯一能种出优质白肋烟的地区。黄鹤的环境与利川相似，因此也很早开始种植优质的烤烟。黄鹤乡种植烤烟从 1982 年开始，当时是政府号召村民发展烤烟，并把它作为一个经济产业大力推广，目的是提高高山地区农民的经济收入。最初烟草公司是由土产公司管理，从 1983 年 6 月开始烟草公司脱离土产公司，成为独立的国有经济公司，当时重庆还属于四川的一部分；自从重庆成为直辖市后，烟草公司又成了独立的重庆市烟草公司，等级被提高，运转效率也变快。此后，种植烤烟一直是 L 村高山地区的主要生计方式。

由于土质和气候的关系，这里烤烟主要种植的是云烟系列，有云烟 85 和云烟 87，还有极少数的是 K326。每年的 2 月 20 日烟民开始育苗，育苗大概要两个月左右，到 4 月或 5 月时移栽。以前育苗用的是常规性育苗，现在用的是大棚漂浮式育苗。在一个地方建一个大棚，大棚里建一个池子，池高 15 厘米，池子要用塑料铺在里面，并灌有 6 ~ 7 厘米的水（2 寸左右），把营养液（肥料）倒入池子里，加以搅拌，这样清水变成肥料水。准备托盘，就是用泡沫做成的盘子，盘子上要戳 200 个小洞，把专门从外地买回来的基质用水拌匀后放在托盘里，把烟种放在基质上，再把托盘放到池子里，让它浮在肥料水面上，以便通过池里的温度和湿度使烟种生长发芽，基质可以使烟种的根须长得很旺盛，快速达到上长叶下长根的效果。等烟苗长到小十字型时，大概要 20 天到半个月的时间，即第一次发芽分两瓣叶时，要把烟苗匀一下——一个洞里长两三株的，要拔掉多余的，只留一株在洞里。还要保留有 10 ~ 20 个在一个洞里长着两株苗的好苗。以便其他洞里的苗长坏了，就可以把这些留下的苗补进去。匀好烟苗之后，还要把托盘放在水上。等到烟苗长到 3 ~ 4 片叶子时，就要把多余的烟苗全部拔掉，保证每一个洞里只长一株烟苗，让它充分吸收养分长得健壮。

等到烟苗长出 4~5 片烟叶时，就要剪叶，剪叶的目的就是要控上促下——控制上面长叶，促进下面长根，只有根长得茂盛了才能长更多的叶子，这是根深叶茂的道理，所以要剪掉上面多长出的叶子。一星期过后要第二次剪叶，整个过程大概要剪叶 2~3 次。

进入 5 月初要移栽，把培育好的烟苗栽到土里，按照规定的行距和株距移栽，从育苗到移栽要用 50~70 天的时间。移栽后 5~7 天，就要施提苗肥 5 公斤。移栽时，烟农还需把之前准备好的各种肥料用作底肥，需要复合肥 60~70斤、有机肥 20 公斤、农家肥 1 000 公斤，施在土壤里。25 天后，把剩下的复合肥 30~40 斤、钾肥 10~20 斤用来上厢，具体就是把烟苗移栽到地里后，要给它根部培土，以便使它的根须越长越粗壮。所有的肥料要在移栽一个月时必须全部用完，这个是烟草公司规定的，移栽一个月后就不再使用肥料了。进入7 月的旺长期，烟的下部叶片已经长成熟。到 7 月中下旬，就可以进行采烤，先烤下部叶。先把下部叶片采了之后，便于让整株烟通风通光，给中部叶和上部叶创造优良条件，也便于整株烟吸肥。

图 2-9 黄鹤乡烤烟的种植、加工与收购

按照正常情况统计，烤烟一亩可种 1 000~1 100 根，每株的株距是 50~60

厘米，行距是 1.1～1.2 米，在地形上，种植在坡地的密度大于平地的密度，因为种植在坡地是呈阶梯型，通风好，所以密度可以较大。

　　烤烟的种植是要实行轮种的，一般是 2～3 年换一次，主要是种烤烟和种苞谷的地轮换。种植了烤烟的地再种苞谷，苞谷的产量会提高，因为种烤烟需要的肥力高，土壤里的原有肥力还没有全部消耗，所以种下的苞谷会提高产量。而且烤烟的种植地必须要换，不换就会出现根须不长、自然腐烂的现象。这种的情况一般是雨水过多，还有就是土壤的肥力不行，土质因长年种植烤烟而下降。种烤烟的土地，等烟叶收完之后，必须要把烟梗刨出，集中在一起焚烧，来杀死细菌、病菌以保证土壤的肥力。目前，当地人为保持烤烟长期发展的有效方法就是深翻土壤、焚烧烟梗和打农药防止虫害。

　　烟民烘烤烟用的烤房分为两种，一种是自己家修的烤房，被称为小烤房；另一种是市烟草公司在村里组建的两个集群式烤房，被称为大烤房。一个集群式大烤房有六个烤房，平均一户可以用到一个烤房。烘烤用的燃料是煤和木材，煤要从外地拉回来，木材可以就地取材——烟民砍自家山上种的木材，砍完再栽小树苗。烤房不同，需要烘烤的时间也不同，大烤房烤上部叶要用 10 天，中部叶要用 7～8 天，下部叶要用 4～5 天，一个烤房要放 350～500 根烟，烟民一般是放 420～450 根。如果在自家的小烤房要用一个星期烤一房，烤的数量也会比大烤房少些。在笔者进行调查的 10 月，有些村组已烤完，有些村组才开始烤上部叶，这个主要是分地区和海拔：海拔低的地区移栽要早，烤得就早；海拔高的地方移栽晚，烤得就要晚一些。具体是海拔在 1 200 米以上的村组现在还在烤，海拔 600～700 米的村组已烤完。另外，有的技术好，就要早烤完，有的技术不好，就要烤得慢些。

　　据笔者观察，烤烟从采摘到进入烟站收购的具体过程是：烟叶采摘后要捆绑在竹竿上，一般是每两片叶子绑在一个绳结上，也有三片叶子绑在一起的，然后把整根绑好的烟叶放入烤房烘烤，按照一定时间规格在大小烤房烤出来的烟叶要放在房间里阴湿一下，便于下一步的筛拣分类。所烤出的烟叶要按照烟草公司的规定分类，可以分 40 种，但是烟民一般只分出三四种，按照烟片生长时间上、中、下三个部位和烤出的颜色分等级。烟叶从竹竿上解下来分类，然后按照下部叶 25 片、中部叶 20 片、上部叶 15 片的规定分别绑成一把，完毕后，都要用烟草公司发的预检袋把烟包好。

　　烟民把包好的烟叶拉到山坪组的烟站后，要解开预检袋把烟放入大塑料筐，供烟站的技术员确定烟的等级分类，然后搬塑料筐上电子秤进行称重，把烟民的烟卡在识别器上划过，电脑就会显示出用户的信息。电子秤与电脑和打印机相连，一称出重量就显示在电脑里的专用软件用户信息内，等烟民所卖的烟叶都称完后，打印机就会打出烟民这一次所卖烟叶的专用发票，上面清楚地标明烟民卖烟叶的品种、重量、等级、收购价钱、总共收入。这是烟民收入的凭据，至于烤烟款，烟站会上报给烟草公司，经公司核对后，会直接打入烟民的银行卡上。

称重后的烤烟以100斤为单位分出来，烟站的临时员工会把分好的烟叶进行打包。打包机是烟草公司专用的机器，它是一部手工摇动式的机器，先把烟站专用的麻袋片铺在机器的底部，然后放入烟叶，最上面还要铺一层麻袋片，然后摇动机器两边的把手，使上面的铁片转下来压实烟叶，压到一定规格时停止，用麻绳把上下两片麻袋缝起来。缝好后反方向转动摇把，把铁片摇到原来的位置，取出烟包，进行最后缝合，缝成一个四方形，并带上布签。布签是由专门的烟站人员写好的，上面标有烤烟产地、品种、等级、净重50公斤、日期、保管员和检验员的名字，烟站收购烤烟的过程结束。

种植烤烟，烟民前期需要投入肥料和农药。肥料包括商品肥和农家肥，商品肥又包括复合肥50公斤、钾肥15公斤、有机肥20公斤、硝铵磷（提苗肥）5公斤，农家肥1 000公斤，以上是种一亩烤烟需要的肥料量。此外，还需要准备7种农药，有移栽灵、三唑酮、多抗霉素、岭南霉素、土蚕金针沙、蚜虫灵、硫酸链霉素、硫酸二氢钾。后一种是烟草公司针对这段时间（10月）有些烟户种的烟不落黄——不成熟、烘烤时不出颜色，专门补发给烟民的农药。以上这些肥料的投入，烟民要每亩出245元，由烟草公司配给。还有在育苗时需要的7种物资，有烟种、大棚膜、地膜等，烟民需每亩出30元，也由烟草公司配给，这样在烤烟育苗时段烟民每亩一共出资275元。

在烘烤阶段，小烤房烤一房大概要用500~600斤煤，大烤房烤一房需要煤2 000斤，一吨煤的市价是500元。此外大烤房烤一房要用电200度，所需电费是100多元，照这样投入看，一户烟民要种20亩烤烟的话，成本要出2万元，年成好的话，可以收入5万元，年成不好的话，可收入大约38 000元。笔者住的村民家，马大叔今年种了8亩烟，前期的成本投入是3 000元，包括肥料费1 960元，煤1 750元，农药费100~200元等，最后的毛收入是2万元，除去成本，纯收入是15 000元。据烟站数据统计，烟民平均每种一亩烤烟赚2 000元，最低是1 500~1 800元，最高可收入2 500元。

黄鹤乡烟民种植烤烟政府会有补贴，按照出烟的质量和数量进行补助。补贴是由市烟草公司出70%，县财政局出30%的比例组成。最开始上等烟补2角一斤，中等烟补1角一斤，发展到现在上中等烟补一元一斤，下等烟补7角一斤。按照平常出烟量的统计，一户种植20亩的烟民，一年能够领到4 000元的补贴。

（八）菜籽

黄鹤乡主要种植的油料作物是菜籽，菜籽作为榨油的主要农作物，是日常生活中不可缺少的。农历八九月份可以播种，不能超过十月份，否则会影响产量，到第二年的四月份收获。村民要吃菜籽油就要背菜籽到场镇上榨油的小铺去榨油。好的菜籽3斤打一斤油，不好的菜籽要4~5斤才可以打一斤油，在街上打一斤菜籽手工费是4角。榨油用的菜籽首先要炒熟，然后再倒进榨油机里，一边口出油，另一边的口出油渣。由于炒熟的菜籽很黏，出来的油渣就会连成片，在当地叫作"油粑"，油粑可以喂猪，也可以撒到田里做肥料。关于菜籽的种植和利用，我们进行了采访。

个案2-7：L村高星组组长刘X说："我们自家种的菜籽主要是打油。自己家种一是吃得放心，二是要划算一些。菜籽要在结籽时，就是开花后打药，防土尘。种菜籽简单，整土丢磷肥，丢籽籽儿，盖土一下就可以。用清粪肥和碳铵肥和转（搅拌一起），等到苗子长到5~6寸高时，施肥催苗。在化肥中尿素和碳铵的效果差不多，尿素会成本高一些，不划算。碳铵肥不能施多了，多了苗子就烧死了。都是要少放碳铵，在种植期间平均再施两次肥。要看土肥力说话，土肥施1~2次；土片（差），就施2~3次。"

（九）南星

黄鹤人口中的南星，有一个更广为人知的名字——魔芋，当地用魔芋做成粉，然后把粉再做成类似豆腐一样形状，拿到场镇上去卖。南星是在农历二三月播种，用复合肥和农家肥做底肥，在起苗期要施硝铵磷肥，如果有空余时间还可以淋清粪水，以助南星生长。到八月开始收，一直要收到十月。它有一个特点，成熟后如果不挖出来也坏不了。村民说，南星栽的没有种的好，意思就是南星可以不用挖出来，一直在土里，等到下一年的二三月它又会开始生长，这样不挖出来的要比重新栽进土里的长得好，能长很大的个儿，可以达到 2 斤那么大，如果是当年栽种下就要收起来的，个头儿很小，只有一个鸡蛋的大小。正常情况下，村民都是从农历八月份等到春节时再挖出来，方便春节时吃。关于南星的种植情况，我们采访了当地农户。

个案 2-8：L 村康乐组村民说，现在南星种得都很少，每一家也只种有 2~3 分，都种在周围团转起的地方，一是种植得少，种在屋子周围方便照料；二是南星的生长不需要太大的光照，它喜阴，就种在果树下或山沟里。高山地区天气寒冷适合生长，要种得多也成规模，一家要种 7~8 亩。

图 2-10　乡民挖出的南星

（十）花椒和生姜

重庆人无麻、辣不欢，辛辣的花椒和生姜在黄鹤广有种植。花椒的生长期很长，平时村民吃的花椒都是在场镇上买的，很少有人大片地栽种。花椒的种植程序是：在农历的七月，从花椒枝上打下颗粒丢到土地里，用石板盖起，等到第二年开年打雷时就要把石板揭开，等它长芽，长到 30~40 厘米高的时候就要重新栽在其他的土地里，这一过程要 1~2 年，重栽到地里要长 5~6 年它才开始结花椒籽。打花椒的最好时节是农历的六月初六，过了这个时节打下来的花椒就不好吃了。这么长的生长期，在当地有村民种也是种的很少，只是自己吃，种 1~2 根，最多 3 根就够吃了。

生姜的种植要在开年的 3 月间种下姜种，它是属于根茎类植物，栽种的种子和洋芋红苕一样，都是自家的留种。同样也要打窝窝、播种子、施底肥，生姜的底肥要比其他作物的底肥用得多一些，清粪或是磷肥、碳铵都可以做底肥；丢了肥料之后要开厢搵起，等种子发芽，长成芽苗之后就要淋清粪水，还要薅草和揾厢，一直管理到 9 月份成熟。成熟后挖生姜时，要吃多少就挖多少，除了要留做明年栽种的种子外，其他的还是要留在地里储存，到春节时再挖出来可以和腊肉一起炒着吃。留种的生姜要放在红苕窖里，先放生姜再盖一层泥巴，然后再放红苕，这样姜种就会很好地储存。

三、黄鹤的农业科学与技术

在黄鹤，农业相关的科技主要涉及生产工具、生产方式和生活用具方面。在田野调查过程中，与这些方面相关的科学和技术成果不断进入我们的视野，反映了边城人民的心灵手巧、求新求变。

（一）手工编织技术

黄鹤乡地处西南腹地，因此会有很多竹林，这里的人们自古就有出门背背篓的习惯——山区的道路崎岖险陡，外出带的东西不好拿或提在手里，手要空出来用于走山路时保持身体平衡，东西就要背在背上。泡过水的竹子韧性强、十分坚实，可以承受很重的物品，经久耐用，是村民编制工具的首选。专门编制工具的手艺人，会在竹林选择合适的竹子，砍倒并劈成条形，方便泡水和编织，泡水晒干的竹条就可以用来编制工具。编制的工具包括家庭生活用品和生产劳动用品，最常见的生活用品就是背篓，一个当地人从小就有自己的背篓，用坏就换，是从小一直陪伴到老的用具。此外还有厨房里用的各种簸箕，有大有小，也有不同的形状。除了背篓还有提篮，提篮可以用在厨房里提菜，也可以用于生产活动时提种子等小物品。此外，在生产活动中的竹编工具有竹席，用于晾晒谷子和苞谷；还有撮箕、筛篮，等等。关于黄鹤的手工编织技术的持有者，我们进行了调查走访。

个案 2-9：汪龙村的 SST 和 LKL 一家有一女一儿。女儿嫁给下黑石坪的左家，儿子上门到安徽媳妇家，黑石坪的条件太差了讨不到媳妇，很多女孩都不愿意嫁过来，SST 的儿子拖到 27 岁才结婚。其实在老人的心里还是想儿子回来住，但是留他在家里怕影响他的生活，拖了他的后腿。SST 今年 72 岁，因为有病做不得活路，一干活就腿脚发肿，只能在家编制背篓卖，补贴家用。老人是专门编制背篓，一天可以编制一个。编好的就背在大坝场赶场的时候卖，卖 15 元一个。每次都背两个背篓去卖，大坝场卖不出去就背去马武的集市去卖，两个地方轮着卖，一个月可以卖掉五六个背篓。

图 2-11 黄鹤乡部分编制生产、生活用品

除了用竹编的用具之外，还有用高粱编制的用具。关于高粱编制用具技术的持有者，我们进行了采访。

图 2-12 高粱编制的扫把与棕制蓑衣、床垫

个案 2-10：鱼龙村村民 PGH 老人自从农场关闭、土地下放之后，就回家务农，但是在犁地时不小心把犁头插在脚上，造成二级残废，再不能下田干活。就请了忠县的师傅住在自己家里教他用高粱做扫把、蓑衣和绷子床垫，师

傅一共在他家住了六七年，专门教他学手艺，慢慢地他的儿子也会做这些活路，师傅就走了。PGH 每一天可以做 5 个扫把，一个扫把卖 10 元；用一天的时间就可以编一个反紧蓑衣，一个蓑衣卖 60 元。绷子床现在主要是他儿子在做，卖 260 元一个，铺上绷子床垫可以起到保温的作用。做扫把用的高粱要从石柱县城买回来，买一亩要 2 000 多元。一亩高粱可以做 600~700 把扫把，做扫把的工具是刚齿锯和镀面锯。蓑衣和绷子床垫的原料都是棕树皮，要把棕树皮撕成一条一条的细线，然后再把它们拧成一股粗线，用来编织蓑衣和床垫。棕树皮可以在当地买到，一元一斤，比较便宜。一些用下的废料 PGH 会拿来编成一个个的小扫把（棕树刷子），可以在家里厨房用来刷扫炉台。

（二）酿酒技术

俗话说"酒是粮食精"，酿酒往往是以粮食生产特别是稻米、高粱等适宜酿酒的农作物的富余为前提的。然而在黄鹤，上述两种作物的种植并不普遍，产量也相对较低，难以满足口粮和酿酒的双重需要，因此，黄鹤的酿酒是以当地普遍种植的玉米为原材料的。酿酒又和养猪场联系在一起，既环保又取得高效益：酿酒需要苞谷，苞谷通过蒸馏后可以剩出酒糟，而酒糟又是喂猪的好饲料；养猪场的粪量大，可以修建大型沼气池，用于整个养猪场的燃料供应；沼气池里剩下的粪渣又可以给土地做农家肥，种出更多的苞谷，成为一个生态循环圈。关于黄鹤酿酒作坊的形成过程和酿酒技术的具体情况，我们进行了系列采访。

个案 2-11：芭蕉塘的 STM 现开办有一个养猪场，共养大小 50 头猪。年轻时他曾在石柱做酒的地方打工，学会了做酒的技术，他做酒已经有 22 年，自己独立做酒是从 2002 年开始。按照正常计算，2 斤苞谷出 1 斤酒，最高浓度是 75°左右，家里有四个大木桶，一个大木桶可以装 600 斤苞谷，做一次酒要四个大桶都装满。做酒不是天天都要做，在家里农活不忙的情况下做，上一次做酒是 3 月，做好的酒现在（9 月）仍然在卖。

以苞谷为原料做酒的程序是，先把苞谷放到水里泡，泡软之后要加水煮，等苞谷煮熟就盛到竹编的大簸箕里，加入河曲，拌均匀后要把苞谷倒在地上，加入可以起蓬松作用的谷糠拌起，然后在上面再盖一层酒糟，起到保持温度和提升热度的作用，如果天气热时要少盖一点，天气冷就要多盖一点，目的是它温度高好发酵。要发酵 24 个小时，这时的苞谷就会有甜甜的味道，24 小时后，把发酵好的苞谷全部放入大木桶，用塑料布封口，必须严实；要发7天，7天过后，把苞谷再倒入前面泡苞谷的大木桶里，给它加热，目的是取蒸苞谷出来的蒸气，这些蒸气冷却后就是苞谷酒。大木桶上有特制的盖子，盖子上有一个通蒸气的管子，在蒸苞谷时就要把盖子严实地盖在木桶上。管子的一端插在蒸苞谷的大木桶上，另一端插在木桶旁边用水泥修好的大水池里的冷却机上，只要有蒸气通到冷却机里就会被冷却成液体——苞谷酒。装有冷却机的水池在做酒时都必须把水装满，才能使冷却机的温度降低。经常是拿浓度高的酒兑浓度低的酒，兑成50°～60°，零售卖4元一斤，批发价是3.5元一斤，特别顾客要浓度高的酒会卖8～10元一斤。

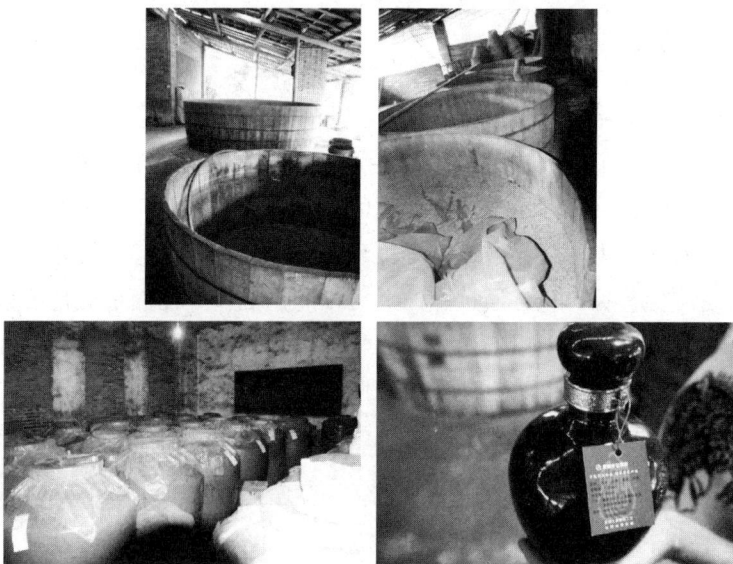

图 2-13　黄鹤包家酿酒作坊

个案2-12：LXK，芭蕉塘人，80年代时买下乡政府的旧址房。在2002年开酒厂，烧出的酒在54°～60°。卖价若是按照批发价是3元一斤，一般都是50斤算批发，但是关系好的话，经常来买酒的老客户，10斤也可以给批发价，零售的话是3.2元或3.3元一斤。酒厂的酒保证质量，是纯苞谷酒，没有用酒精勾兑过。一天可以烤酒250斤，按照往年的销售情况预计，今年能够烤酒一万斤左右。烤出的酒过多就没有销路，所以要控制产量。一般100斤苞谷烤酒45斤，一个月可以烤酒9次，一次600斤苞谷，用先前试好的装载100斤苞谷的背篼背6篼苞谷。要自己在赶场天去大坝场收苞谷，最好就是在九十月份收购，那时的苞谷比较干，质量好。煤价现为 400 元一吨，按照市价计算 2 毛一斤煤炭，8 毛一斤苞谷，100 斤苞谷烤酒需要 120 斤煤炭，100 斤酒需要半斤酒曲，是 1.5 元。去文斗乡买煤炭，一吨 350 元到家。"今天自己拖了 100 斤酒去大坝场卖，结果卖了 50 斤，今天卖价在 3 元到 3.5 元之间，卖得最多的价格是 3.3 元。"

个案 2-13：汪龙村的 TMY 说："我家里有 4 个人，儿子、女儿都在外地读书，酒厂就我们（夫妻）二人经营。我是从 18 岁就开始烤酒，今年 41 岁，已经烤酒 23 年了。是跟着自己的姐夫学习的烤酒技术。现在家里有 4 个压缸，1 个接口（甑子），两个冷却器。接口是 5.8 尺的半径，1 米高。压缸是 4 尺半径，1 米高。5 年前，我们曾把附近的几家酒厂联合过，一起把酒拖到石柱和彭水去卖。2008 年我去彭水批发苞谷，那边种植的苞谷比较多。还帮老板销售了四五十吨，卖 8 毛一斤。我 100 斤苞谷可以烤酒 47~48 斤，接近 50 斤。煤炭从对面湖北的黄土投来，主要是看那里的煤炭价格和质量更划算。这次买的煤炭卖 370 元一吨，一斤苞谷需要花一斤煤炭去烤酒。我每次烤酒是烤 500 斤苞谷，需要 500 斤煤炭及 2.5 斤酒曲（酒曲是 50 斤一袋，一袋 105 元）。实际卖酒可以是我们自己控制价格，他来买只出 3 元一斤的话，自己就把酒的度数稍微调低一点儿就是。65°以上的酒要卖 5 元，60°的酒卖 4.5 元，55°的酒才卖 3 元左右。我的酒厂历史长，不用宣传。酒的浓度和温度决定了酒的度数。一般来买的人都是电话订购，以前没电话时要自己坐客车找买主，去商店里联系，还要去彭水、石柱、涪陵等地跑销路，我们的白酒在马武是很出名的。我们的酒厂从我开办那天起就开始交税，一直到 2008 年起就不用交税了，以前都要交给马武的税务所，一年要交三四千元的税。现在我是没有时间去卖散酒，做好的酒多是外销到彭水、涪陵、石柱三地，我们三家联合运转，一次要卖三四吨酒。烤酒还是需要技术才赚钱，有些技术不好的，100 斤苞谷烤出30~40 斤酒就要亏本了。道班及河对面的商店都是专卖我的酒，一桶卖完了就接着送过去，一桶酒是 110 斤或 120 斤。烤酒是春、秋季节的产量最高，那时的气温合适，100 斤苞谷可以烤酒到 52 斤。现在家里种洋芋、苞谷、红苕来养猪，已经有 10 头母猪、29 头猪仔仔、54 头大猪，共 93 头，猪出栏后可以卖给猪贩子。"

无疑，掌握好苞谷酿酒技术酒才能销得好，这成为黄鹤地区农民增收的一种新途径，而酿酒又与养猪联系在一起，技术的再开发创造了更好的环境效益和经济效益。

（三）沼气利用技术

沼气是国家推广使用的清洁能源。2008 年黄鹤乡开始新农村建设，为了建设新农村和整洁村容，政府提倡乡民修建沼气池以达到节能环保的目的，这可以改变以前用柴火煮饭的生活习惯，改善环境，保护森林，各类粪便也得到了很好的利用，更重要的是沼气比天然气还方便实惠，用三头猪的粪便就可以满足一口池子。

图 2-14　黄鹤某牛场的沼气池

政府在宣传的时候说："在修建的时候，你们（乡民）不用动手做，只需要技术员来操作，仅仅需要给技术员做一顿饭吃就可以了，他们（技术员）的工资都是政府给，再就家里要有一个人打杂就可以了，负责铺钢筋和搬水泥等杂活。坑需要自己挖，挖 8~10 个立方就可以。"

沼气池是分为几批次在各村修建的，谁家愿意谁家修，政府不强迫。在 2011 年的时候，全乡的养殖大户都已经普及沼气池的修建，有的也已经投入使用，使用的效果不错。

（四）微耕机技术

黄鹤乡政府为了提高农业生产，政府财政支持农民生产投入，颁布农民购买微耕机补贴的政策。汪龙村汪家榜的 BTH 于 2009 年 4 月在马武集镇上购买微耕机，花费 1 500 元买到 7.5 个马力型号的微耕机。政府的补贴是在他买的时候就已经直接扣除的，实际上自己也不知道政府究竟给补贴了多少，商家介绍时说，要是没有补贴的话，这个微耕机要卖 3 000 元。BTH 是因为自己家里没有养牛，国家有这个优惠的政策就赶时机买了。他觉得喂牛太麻烦了，还要每天照顾它，一千多元买个机器犁田要比养牛轻松些。

在正常情况下，同一块 1 亩的土，要用使唤好的牛犁地的话需要 6 个小时左右，用微耕机犁只需要 2~3 个小时就行了。一亩土要消耗 20 元左右的汽油，现在汽油的市价是 6 元一升，一亩土要花 3 升的汽油，还是划算的。微耕机对于平稳的土地比较好使用，对于坡土就要费力一些，上坡犁又要比下坡犁好使用一些，下坡用机器的话要使劲地逮住才行，要不机器就容易向下栽。犁坡上的土要 2 个人抬上去才可以，犁平地就会很轻松容易——上个轮胎，一个人就可以推着去，犁土前再把轮胎卸下来换上齿轮。BTH 当时买的微耕机是属于一年保修，不行的话可以随时找老板。他没有看过机器的使用说明书，买来就直接上手用了。第一次犁田用于插秧，不太会操作——把油门开大了费力，不好控制；开小了又犁不动。不得已他只能是打电话给商店老板，喊人到田里来指导，在老板的悉心指导下，他很快就掌握了微耕机的使用方法。

第三节 因地制宜：以家庭为主的农副业

尽管现在黄鹤乡发展起了很多种类的农副业，但是发展成规模的却是很少，农副业只能是黄鹤乡乡民的一项辅助生计。这里的村民们还是以养殖业为主，最常见的是家猪养殖，唯一成规模的是 2010 年乡政府倡导发展的肉兔养殖，它已经成为乡民实现万元增收工程的一项内容，通过一年的发展，黄鹤乡已经成为县里的肉兔养殖基地。除此，还有刺猪、蜜蜂、蛋鸡、土鸡、虾子和蝎子等小规模养殖业。

一、养殖业

肉兔在黄鹤的养殖极普遍，L 村曾在 1978 年引进安哥拉长毛兔，1984 年又引进了西德长毛兔，到 1985 年年底长毛兔已经发展到 4 000 只，产兔毛 1 500 斤，价值 3 万元。Q 村也有村民养兔，但不是很多。养长毛兔主要是为了卖兔毛，到 90 年代逐渐多起来以后，兔毛市场出现了饱和，价格始终涨不起来，甚至还下跌了很多，兔农入不敷出，长毛兔从此淡出当地养殖的范围。从 2010 年 10 月开始，鱼龙村的村民在政府的带动下，开始了肉兔的养殖，照现在的发展情况来看，养兔户取得的收益不错。

现在全村一共有 13 户养肉兔，养肉兔是由乡政府牵头，石柱银山食品公司与养兔户签订保价合同，等到收购时定好最低价是 6 元一斤，如果市价高于

图2-15　黄鹤乡的兔农买兔

6元就按市价收购，若低于6元，乡政府或是银山公司也要出6元收购。此外，养兔户可以得到政府的资助，所需的兔笼由政府提供。政策规定一开始至少要养110只，包括10只公兔、100只母兔。每一只笼子里放一只兔，公兔与母兔分开养。公司提供专门的兔饲料。公母兔配种一个月后母兔下兔仔，兔仔12天之后睁眼，一个月之后断奶，三个月长到3~4斤，就可以出售，食品公司按市场价收购，2011年的市场价是7.2元一斤。每天兔子喂两次，早上10点左右一次，下午五六点一次。兔饲料是干的，每一大盆要拌有少量的专用溶解饲料的水，以便兔子吃了好消化。刚生下的小兔要放到一个长方形的木盒子里，并要盖上盒盖，以防蚊虫叮咬和阳光刺射。按照正常发展进度，养兔一年的规模可以达到200只种兔，收入6万元左右，除去一切开支，纯收入有2万元。乡政府万元增收工程规定，到年底核算时肉兔若达到100只、400个兔笼的规模，就会有1万元的补助。

在当地，猪为养殖之首，家家户户都要养，最常见的是养两头，到冬腊月时自己吃一头卖一头，来补贴家里办年货或是其他开资。鱼龙村有三个养猪场，山河村有两个养猪场，都是养母猪来卖小猪仔，也卖瘦肉猪和肥猪，具体根据市场行情来调节。关于黄鹤家庭养殖生猪的情况，我们对当地的养猪大户进行了较为深入的访谈式采访。

个案2-14：（鱼龙村TTS家）。"现在家里养有120头猪，我们从2002年开始养猪，一开始资金只有2 000元，也只是养二三头猪，慢慢才发展到十几头。最开始房子和猪圈都是租别人的，在2007年时买下地基，2009年又重新修了房子和猪圈，扩大了面积。资金不足，会去信用社贷款，前面贷的款已经还清，现又贷了1万元，在信用合作社如果信用好的话，一次性可以贷款3万元。平均一年用于养猪的投入是1.7万~1.8万元，包括买苞谷和饲料。家里不种苞谷只种红苕，全部用来喂猪。猪圈每天早上水洗一次，喂完之后也要拿水管冲一次，整个猪圈7天消一次毒。现圈里有母猪10头，四五个月大的猪

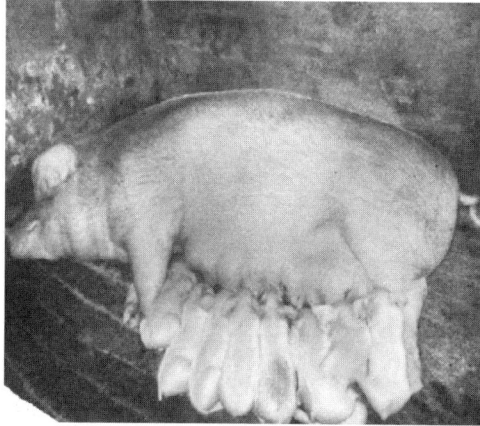

图 2-16　黄鹤乡农户家中的母猪

图 2-17　鱼龙村芭蕉塘组孙氏猪场的小猪

有 25 头，刚出生的猪仔有 16 头，3 个月大的有 50 头。饲料是一天喂两次，红苕即青饲料也是一天喂两次，早晚各一次。猪的品种是洋三元和土杂猪，洋三元指的是瘦肉型猪，土杂猪是肥肉型的猪，属于传统的品种；现在的人们都喜欢吃瘦肉，才引进洋三元品种。洋三元比土杂猪吃的量多，长得也快。在市场上卖猪肉，瘦肉型会比肥肉型在每斤上增加 5 角。

"小猪仔刚生下要喂一个月的奶，过后就开始喂小猪饲料，用苞谷面加小猪饲料（农畜饲料），喂到 25 天后就可以喂中猪饲料，也是中猪饲料加苞谷面，喂一个月到两个月后就可以喂大猪饲料加苞谷面，喂一两个月都可以出槽卖猪肉。这些小中大的猪饲料都是不一样的，主要是成分不一样，各有各的需要。喂猪的饲料包括农畜饲料和青饲料，青饲料主要有洋芋、红苕叶，各种豆、瓜、蔬菜叶和野生植物等20余种。农畜饲料包括精饲料和粗饲料，精饲料是薯类作物、粮油加工副产品和苞谷混合起来的饲料及各种混合饲料，粗饲料是酒糟。

"刚生下的小猪，一落地就得打预防针，防止拉肚子、发烧和瘟疹。在小猪生长的过程中，平均要打三四次针。此外，畜牧局的人还要在3月和9月免费打一次针，是预防口蹄病和烂耳朵病的，打完之后就要在猪耳朵上挂牌，说明已经打过针，还要填写一张动物免疫证明单，每个猪填一张，上面标有打针时间及有效期限，一般是6个月间隔，还有户主姓名、猪耳朵的标号和家庭住址。养猪时间长了，自己也有经验，平时猪有什么病都是自己来治，猪一般得的病症是不吃食、发烧、累和瘦。累主要是看猪的呼吸是否急促，瘦的原因是不吃食，我都能弄得过来。

"一头母猪要长到8个月后才可以下崽儿，使用的寿命也只有七八年，这段时间过后母猪的生殖率就下降了，生下的猪崽也不好保。所以母猪养到七八年后就会被淘汰掉，有时是自己吃掉，更多的时候是卖到市场上，2~3元一斤猪肉，卖不高。等猪出槽时要去农牧站开发票，要开预检票，证明这猪是没有问题的，开一只猪要收8.5元。出槽的猪被叫作毛猪，毛猪会被赶入铁笼里过称称重量，然后赶上车拉到石柱的杀猪场去杀，平均杀一次有20~30头猪，数量大时要请车拉到石柱，一个来回司机叫价200~300元，每一次都不等。喂猪一年的纯收入好的话是4万~5万元，差的是一年2万~3万，一年的毛收入可得到十几万元，家里支出多，一年下来所剩的就很少了。2008年6—7月间，我们这儿发生过一次瘟疹，所有的猪都发高烧，一直退不下来，包括湖北那边的也是。这一次损失了近30头猪，那还是因为打针较早，损失还不是很惨重。在当时打针时，许多母猪肚子里还有小猪崽，都被打死了，没有保住，看着很心疼啊。2008年10月，畜牧局派人下来给猪上保险，并发了保险证明书，每只母猪要交40元的保险费，一共交了240元，说是可以保猪三年，但后来也没有管多大的用。"

黄鹤乡开办有四个养鸡场，其中一家养蛋鸡，余下三家都是养不同品种的鸡来卖肉。养鸡一年的纯收入可以达到2万~3万元，都是销往石柱等外地，本地消费的很少，需要养鸡户自己去找销路，较保险的做法是再卖给买鸡仔的地方，鸡场可以包收购。关于黄鹤乡民的养鸡情况，我们采访了开办养鸡场的专业户。

图 2-18　黄鹤乡鸡场的鸡笼和鸡蛋

个案 2-15：（鱼龙村大坝场的养蛋鸡户讲述）。"1999 年我们全家从西坨搬到石柱，原来是供销社的职工，供销社解散后就开始跑中巴车，沙子、忠义乡等很多地方都跑，买过很多线路，后来觉得跑车太辛苦，也挣不到什么钱。2007 年看到老家和石柱都有养蛋鸡挣到钱的人，就自学技术，开始试养。我们下岗职工办厂有照顾，免除全部税费。最开始投入 20 万元建基础设施，包括盖鸡舍、租地盘、买鸡崽儿、鸡笼等。

"鸡场一共占地两亩。场房包括大鸡房 3 间，小鸡房一间。最靠右的一个大鸡房放有两排鸡笼，一共有 1 000 只鸡，平均一个小笼里放 3 只鸡，也有放 4 只的情况，要根据鸡的总数而定。鸡笼的前面有饲槽，每一个鸡笼的下面都做有一个用于专门盛放鸡蛋的架子，每只鸡下的蛋会自动滚到架子的最前面，方便取鸡蛋，也可以防止鸡吃摔坏的鸡蛋。中间的一个大鸡房也放有两排鸡笼，是新买回来的，还没有开始使用。最靠左的一间同样放两排鸡笼，也有 1 000 只鸡，整个鸡场现有 2 000 只蛋鸡，一天可以出蛋 1 700 个，每一只鸡不是每天都要下蛋，平均一个月内一只鸡可以下 20 个蛋。

"每天喂鸡三次，每次都是要苞谷面加专门的鸡饲料再加麦麸和豆饼，有时饲料里会和有豆饼和麦麸，就不需要另外再加。麦麸是养鸡的必需品，鸡吃了它可以达到清肠的效用，苞谷是鸡的主食，谷子有没有都无所谓。

"鸡崽长大并且开始下蛋需要喂 4 个月的时间，下蛋高峰在正常的情况下是一年，最多下 14 个月，时间越长鸡下的蛋就越少，折算本钱就不划算。当鸡下蛋的数量不多时就要卖掉它，卖给石柱或是忠县的杀鸡场。蛋鸡的价钱也不稳定，有高峰期和淡季之分，高峰期淘汰的蛋鸡可以卖到 5 元一斤，在淡季只能卖 3 元一斤。一年平均要卖两次蛋鸡，这也要根据市场需要的鸡蛋量来决定。

"在场镇里卖鸡蛋时可按斤数卖也可算个数卖，算个数在行情好时要7角一个，在过春节时就只能买5角一个，价格随市场需求在变。按斤数算现在的零售价5元一斤，批发价是4.5元一斤，最好的批发价曾经卖过4.8元一斤。我们卖的这些鸡蛋的销售价钱要跟石柱保持一致，要经常打电话回去问在石柱卖鸡蛋的人的价格，也要叫家人上街去问价，原本生意就不好做，如果在这里卖得贵的话，大家就都到石柱去买了，生意就更难了。"

图2-19　大坝场上出售的仔鸡

"养蜂也较为普遍，但是达到规模的却是少数，只有两家养的数量较多，达到50桶左右。这里主要以养中蜂为主，方法是以圆桶悬置于外墙或屋檐下，任由蜂子营巢酿蜜繁殖。在白露时节取蜂糖，多用割巢取糖，一年平均取一到两次，一桶蜂子平均产5~7公斤蜂糖，一斤蜂糖卖50元。关于黄鹤养蜂的情况，我们采访了相关的养蜂人。

个案2-16：（鱼龙村万家大田L大叔讲述）。"我老家在高山地区，养蜂技术是祖传下来的，从小就跟父亲学习。养蜂要从开春一直到十月份才能取蜂糖，这一段时间是蜜蜂采粉的最重要季节，要随时管理。等采完糖进入冬季，蜂子的产糖量就会下降。养蜂最主要是看天色的好片和蜜月季节。蜜月季节是说一年当中的花季，蜂箱在蜜月季节会挑上高山，那里花儿多，采得糖也会多。而且养蜂时一般不打农药，蜜蜂在采粉时，采到有农药的花粉就会中毒死去。所以养蜂多的人家一般都要在山上养。

"养蜂要注意的有，一是暴蜂，就是外面的野蜂子会偷吃掉家养的蜜蜂，减少工蜂的数量。二是灭虫，有一种白色的小绵虫长在蜂桶里，要用手抹开，来保证蜂房的安全。三是要不停的看护蜂桶，要在有小蜜蜂飞出来时，给它们重新弄一个蜂桶，让它们在那里干活，如果不分桶，蜜蜂就会飞走，损失的是蜂户。

图 2-20　黄鹤乡村民散养的蜂桶与蜂箱

"最开始养蜂就是要招蜂，先在蜂桶里抹上蜜糖，在开春时就把蜂桶等（放）到高山上，蜜蜂就会各自飞来，4~5 天望一次，看到蜜蜂来了，就端回来（蜂桶）喂起。让蜜蜂吸收周围团团转的花粉。到了农历六月份就是大密季节，要挑到高山上去积累蜜糖。到八月份白露过后，又要挑到山下取蜂糖。一桶蜜蜂最低可产 20 斤蜂糖，最高是 40 斤，一斤蜂糖卖 60 元。在挑的过程中，步调要一齐，不能随便晃动桶，也不能碰到路边的东西，不这样挑蜂子就坏了（是指里面的蜂窝松动脱落，造成蜂蛹的死亡），一般人他挑不来。

"我们尝试在大密季节改蜂桶，把蜂桶由圆形改为方形，这样在挑蜂桶下山时就会方便得多，可以用车子把它们拉回来，方桶比圆通稳定，在搬运的过程中不容易摇动，蜜蜂坏不了。在枯花的季节不敢改蜂桶，改了蜜蜂找不到就不回来了，一般在 3~4 月份时可以改，改桶的技术还是我儿子在书上看到的。我们打算等明年就全部改成方桶用车子拉，计划明年会增加 50~60 桶，儿子也不准我们搞田土，说太辛苦，要我们全部投入养蜂还轻松些，养蜂也不需要多少劳力，一个人百八桶搞得赢。"

除了上述几种较为常见的养殖业以外，黄鹤乡有人曾经养过而现在依然有人在养羊和刺猪，我们对其中几户养殖专业户进行了系列访谈。

个案 2-17：（汪龙村观音庙的 WCH 讲述）。"我现在有 98 只波尔山羊。7月 3 日刚卖了 28 只羊，是西沱镇的人来买的。他们还去山东看了那里的山羊，结果还是觉得我的羊子好些，就来买了。7 月 3 号卖掉的是半大羊，卖价是650 元一只。自己从 2004 年开始了专业养殖羊子。2004 年时，县畜牧局扶持山羊的养殖。那时我就买了 50 只波尔山羊，买价是 400 元一只——自己出 100元、政府补助 300 元，就花了 5 000 元的买价，并且政府还送了我 2 只公羊。

羊子太多，我们是实行圈养加放牧。把山羊邀到山上去放，下雨天也会把羊子赶出去放，雨下大了，羊子自己会找地方躲避的。平时还要用苞谷、黑麦草来喂养羊子。每天要割草一背篼草来供所有的羊子吃，来补充营养（一般是在晚上的时候给它们吃）。每天给羊子苞谷吃，大概每只成年的羊子一天喂2两左右。100只羊子每天将近吃20斤苞谷子，一个月花掉我600斤苞谷，一年吃7 000斤。因为喂粮食的话羊子会产更多的崽，那样一年可以产2胎崽，不喂粮食的话一年一般产子1次。羊子一般是早上10点钟赶上山，要等露水干了才能赶出去，羊子吃了有露水的草嘴里会长疮。今天是儿媳妇和老婆上山放羊，他们一般是晚上才回家吃饭，常常是带干粮上山。羊子需要人看着放，怕吃到别人的庄稼，还有就是害怕羊子摔下山崖和坑。

"这几年在保证养100只左右羊子的前提下，一年一般卖100只左右的小羊和大羊。去年买苞谷就买了四五千斤，靠养羊一年的纯收入大概有四五万元。养羊还是需要技术的，我家里有很多这方面的书，我们自己都学习了的。"

个案2-18：（汪龙村观音庙的WCH讲述）。"我2008年开始养殖刺猪，买于彭水县的太原。现在准备去湖南买一二十只刺猪，大量发展刺猪。卖猪时一般是每只25斤左右重，卖六七十元一斤。一只花1 000多元的买价。在外地买一般是四五个刺猪为一组，以一个组为单位一起卖，一组里有一个公猪，利于繁殖和发展。现在家里共喂养了42只刺猪。目前卖过一次刺猪，是2009年5月份卖的，一只卖了一千七八百元，公猪一般卖五十六元一斤，母猪卖七八十元一斤。

图2-21　黄鹤乡姚氏养殖场圈养的刺猪（豪猪）

"刺猪全身是药，刺猪的肚子可以治疗胃病。刺猪肉很香，外国人走到大酒店就喜欢吃刺猪肉。刺猪肉主要是用来炖汤吃，刺猪的骨头少，全身是肉，刺猪身上的刺我还没有卖，存着。在湖南刺猪刺一般卖7毛到1元一根。湖南有一个人一年卖刺就卖了六七万元。

"我们喂养的刺猪，一头一天可以吃二三两的粮食，还要吃些菜。我是觉得人们的生活水平要提高，就应该哪样赚钱就搞哪样。我们主要是通过电脑和网络技术来了解养殖情况和市场信息。我儿子王一江上网了解，他去我侄儿廖生辉那里或者去马武网吧上网了解。"

个案2-19：（汪龙村村民WYJ讲述）。"目前我的一个问题就是刺猪的繁殖问题还没有解决好。母猪产下小崽后会把小崽吃掉，这个问题不解决就始终没有办法，现在已经被吃了五六头了。还有个难题就是刺猪养殖的资料和书籍很缺乏，那些资料不知道在那里可以搞到。乡里面的农技员也不懂，没有经验，市场上也没有书籍卖，网上也没有大量的相关资料，只能够找到一点，就在网上学习。喂刺猪的时候要加上饲料、维生素、矿物质，这样会使刺猪繁殖能力提高。原先想的是再花费十几万元到外面引进一批种猪，现在看来还不太成熟，主要是我的技术问题，就是母猪吃小崽的问题。盲目投资的话，风险太大。王伟来家指导过2次，他也不太清楚情况。

"我家么舅是专门搞农副产品的销售，所以我在销售刺猪和羊子的时候是不成问题的。他就是希望我多养殖一些羊子和刺猪。我想过贷款，来大力发展刺猪养殖。给亲戚朋友借钱也不太好，你是拿来做生意，又不是遇到什么困难。想贷乡政府的无息贷款，把刺猪养殖发展起来，搞特色养殖。要是我们这里可以搞旅游开发，搞农家乐的话，还可以发展烤全羊或者卖刺猪肉。

"我想过承包别人的山林，在山林里圈养山羊，承包后别人就不会和我争夺地盘了，就是我随便放牧了。养殖的技术问题是首要的，规模也成问题。也想过和别人合伙，实行三七分或六四分成都行，我给他小羊子，教给他技术，他帮我养大，就是一定得找可靠的人才行，要勤快。怕他懒惰或不负责任，把羊子喂差了就划不来。或者请人养殖，直接开他们工资也行。

"大坝场有人专门养殖对虾、野鸡，自己的一个马武的表弟在养殖蟾蜍。我实际上还想养殖石蛙，石蛙在江西卖120元一斤。政府应该多给我们提供信息和技术。"

无论是养殖肉兔、鸡或是刺猪等，都根据各家情况而定，规模有大有小，种类有多有少，资金足、时间多的人家就发展大规模多种类养殖，养殖业甚至成为主要收入来源，一般人家则发展小规模养殖以补贴家用。

二、渔业

黄鹤是众多河流的流经之地，这就为村民养鱼提供了有利的条件，2010

年这里仅有一户修鱼塘养鱼，2011 年修大型鱼塘养鱼已经发展有四户。关于黄鹤渔业的具体情况，我们走访了承包养鱼场的乡民。

图 2-22　黄鹤乡的养鱼场

个案 2-20：（鱼龙村万家大田 TY 讲述）。"我们鱼塘共占地 6 亩，修在山沟里的荒地上，可以不用交税。鱼塘采用流水式养鱼法，利用地形优势顺河流而建，呈三层阶梯式分布。可以让水长期不停留地流过鱼塘。在鱼塘旁边修了一间房子作为杂物间堆放饲料。2008 年 9 月份决定开始养鱼，一开始购入 3 万元的鱼苗，还有修路、建鱼塘等一共投入 9 万，因为鱼塘主要是依地势而建，处于山沟里没有路可通，没办法，去鱼塘的路都是我自己修的。当时修鱼塘时没有想到修路，修塘用的水泥和沙子都是请人背进去的，背一天给 100 元的活路钱，后来想这样不行、很不方便，等建好鱼塘后就又请人修了一条进出的路。

"前年下大雨发洪水，把鱼塘都冲垮了，鱼苗也全部冲走，又花了 3 万元修补鱼塘和买鱼苗。现在卖的鱼是去年 4 月放进的鱼苗，鱼的生长期是 4 月到 10 月，这段时间它们长得很快，热天吃食多，冷天就不吃食了，下雨天也不吃食，因为下雨天天气闷热不透气，鱼塘里氧气本来就少，若再给鱼喂食，它们一吃食，氧气消耗的就更多了，容易造成缺氧现象。平常一天喂食两次，早上 10 点左右喂鱼饲料，因为早上空气稀薄，容易缺氧，不能喂太早，10 点喂食正好合适。下午 5~6 点会喂青草。

"买回鱼苗时要先给鱼池消毒，放入鱼苗后也要给鱼苗消毒。消毒就要弄一盆清水，加入消毒液，再加入一些盐巴，由于路途颠簸造成鱼鳞的磨损，放一些盐巴就可以使鱼鳞重新黏合起来，消完毒就可入池。日常消毒 7 天一次，还要放预防其他病的药。

"养鱼也要有治病的经验，养了三年后，积累了一些经验，而且也会经常请教利川养鱼的人，现在鱼塘的鱼有什么病我都可以看出来，及时用药治病。

鱼一个月至少要放 2~3 次药来防止鱼有烂鳃、烂鳍和肠胃病等疾病。烂鳃是一种慢性病，鱼得了这病会慢慢地死去，就要每天坚持用药，叫它们慢慢恢复，此外鱼塘要消毒。鱼得了肠炎表现在粪便上，这时的粪便会比正常时拉出的多一层白沫，只要发现就要给水里填药，每一个鱼塘都会撒药。受伤的鱼必须要捞出来，否则会传染整个鱼塘。每天在鱼吃饲料时就需要仔细地观察，如果看出它们有什么不对劲的地方就要及时处理，养鱼也是一件很辛苦的事情。

"鱼的品种有鲤鱼、鲢鱼和草鱼，这三种鱼是混合养的，鲤鱼养在最底下，鲢鱼在中间，草鱼在上面。鲢鱼最怕缺氧气。鱼的品种都是日常的普通品种，这里的消费水平不高，吃不起好的品种。我这里卖的鱼价要比平常的鱼价高几块钱，现在卖的是 10 元一斤，因为我们这里是长流水养鱼，比较干净，而且养鱼的水质好无污染，这样活水养出来的鱼要比死水养出来的肉质细密，吃起来更劲道。二是我们鱼塘喂的都是有营养、没有腥味和质量高的饲料。鱼塘的鱼基本上是在本村销售，不用出本村就卖完了。"

总体而言，黄鹤的渔业暂时还未形成太大的规模，如果指望靠产量来获得效益，黄鹤较为狭窄的水域和相对不便的交通使该地的渔业难以和离石柱县城更近的乡村竞争。事实也证明了这点，当我们 2014 年再次来到黄鹤的时候，鱼龙村的家鱼养殖场业已破产，反而是远离村委会、位于上游渔泉口的冷水鱼养殖场依靠当地特产的细鳞鱼（裂腹鱼），开始在特色渔产品市场上崭露头角，已经有石柱、重庆乃至湖南、贵州的鱼贩子和酒店来此处购买细鳞鱼，批发价达到 160 元/公斤。但是，由于细鳞鱼生长周期较长，生长过程中死亡率较高，再加上渔泉口渔场投产时间尚短，所以目前并未有大规模的盈利。然而，我们可以从该渔场特色渔产品供不应求的情况，看出黄鹤渔业未来的努力方向和渔业对乡村经济发展可能的重要贡献。

三、个体手工业

以前，黄鹤乡最为流行的技术行业是编织，用竹条来编一些背篓、撮箕等家用物品来卖。但现在，随着村民生活水平的提高，对生活日用品的需求不再满足于特定时期才可以去做，而是在平时生活就可以买到。乡政府提出新农村建设，大力发展场镇经济建设，吸引大批外村及周边乡镇有技术的村民搬来大坝场居住，并靠在赶场时做小生意挣钱维持家用。例如棉絮，以前除非在新婚时得到女方家人陪送之外，其他时间家里很难有多余的钱去做，现在棉絮店铺开在场镇，村民可以随时定做。

大坝场弹棉絮的一共有 3 家，一家是姓李的大叔，家在属于马武的谭家坝院子住，在场镇租房子弹棉絮挣钱。弹棉絮的手艺是跟马武的师傅学的，学习了 3 年，没有给过工钱。从 17 岁开始学，20 岁时自己开始单干，到现在已经弹了 33 年的棉絮。他今年 50 岁，还没有教过徒弟，因为现在收徒弟来学习会要求开工钱，他认为那样不划算。李大叔说："找我做的很多，我都做不赢，他们要先给钱我才做，现在大家都雄（喜欢）手工做的，嫌机器做的（棉线捆的）不紧、不安逸。"他做一床被条有 4 斤和 8 斤的棉花之分，4 斤要做标准长宽是 130 元，8 斤的要 170 元。价钱要根据你做棉被的长宽和厚度决定。而且原料棉花也占了很大的因素，去年棉花便宜，做一床标准棉絮 4 斤的是 110 元，8 斤要 150 元，今年棉花的价钱比去年上涨了 100 元，被条的价钱也跟着上涨。用的原料棉花和棉线都是大叔开农用车从万州进回来的，万州是重庆棉花的最大集散地。一包棉花 83 公斤，一公斤卖 28 元，棉线一坨 10 斤是 95 元。做一床棉絮要用 4 两棉线，4 斤或是 8 斤棉花。大叔说，做一条棉絮挣 50 元，他一天可以做一条半棉絮，一个月可收入 1 000 元左右。赶上打发女儿的人家都是要做十几条棉絮，都要提前跟他预订。

值得注意的是，虽然大叔是天天在这里做弹棉絮的生意，但是他说这个并不是家庭收入的主要来源，只是副业。家里还是要种地，还有卖猪肉和卖牛，一年要买 2~3 头猪，两年卖一头牛。有时他还要出去做临时工，去建筑工地上当小工，一天的活路钱是 80~100 元，经常是认识的人来叫他去做。

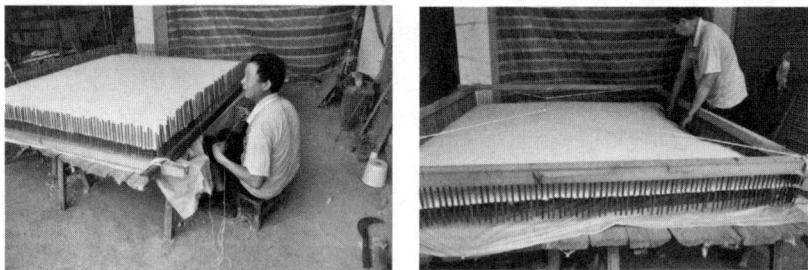

图 2-23　大坝场上弹棉絮的李大叔

在黄鹤乡，平时是买不到鲜肉吃的，只有在赶场时才有屠夫杀的鲜猪肉卖。所以一到赶场日，来卖鲜肉的屠夫就很多，特别是进入冬天后，很多人家储存的腊肉已经快要吃完了，而杀猪又不到时间，猪肉的供给难以满足需求。村民要杀猪时，都会请屠夫来家里杀，杀一头收 20 元的手工费；要是请屠夫帮他们在集市上卖，就还要给80元的活路钱——主家和屠夫一起在赶场时卖，最后不管卖完卖不完要给屠夫80元。这样做屠夫挣不到多少钱，最好是屠夫下乡去收毛猪，就是去买村民喂好的猪回来杀了再卖猪肉，他们收购毛猪不管好片都要按6元一斤的价格算。杀之后在赶场卖时，就可以按照猪肉的肥瘦和不同部位的市价卖出，好的肉可卖12元一斤，像排骨等部位；次的要卖6元一斤，像白膘和猪蹄等。收毛猪再卖，屠夫一天可挣到200元。

在每逢赶场时，会有两个年纪大的老人摆露天摊给人剃发、刮胡子。经过询问我们得知他们都是马武的人，每逢大坝场赶场时就会来这里摆摊给人剃发挣个零花钱。不管刮风下雨都要来，其中一位在马武开理发店，他给人剃发和刮胡子一次一共收2元，赶一次场可给十几个人剃发，平均每一次赶场都可以挣30元。另一位收费是3元，两个人像摆擂台一样各占马路的一边，显然收2元的人要多一点，来理发的都是老顾客，他们一个月要理一次头发。本来场镇上也有一个理发店，但是理发要收8元，最低也要5元，大家都觉得太贵了，很少有人去。

图2-24　青龙村村委会门口的剃头匠

场镇上只有一家定做皮鞋的店铺。是从璧山来的一对夫妻开的店铺，已经开有7年，每个月的收入不等，由卖出的鞋子数量决定，平均一年的收入有一万多元。鞋子只在赶场时才能卖几双，平时没有人买，也都是乡下人买这种手工鞋，鞋子质量好，可以穿很长时间。做一双鞋子需要两天的时间，女的做鞋底，男的做鞋面和鞋帮。冬天做皮棉鞋，夏天就做皮凉鞋，但是夏天的生意不如冬天，夏天在这里多是穿几块钱的塑料拖鞋，很少有人来买皮凉鞋。来买鞋的也主要是老年人，是店里的老顾客。年轻人在外打工，回来的也很少看上手

图 2-25　大坝场鞋铺夏天
手工制作的棉鞋

工鞋的样式。一个赶场天可以卖 5~6 双鞋子。一双鞋子平均可以挣 15 元。鞋子的价钱有 60 元、100 元和 230 元不等，店里也有从重庆进回来的鞋子，但是卖的没有手工鞋子数量多。

在场镇上，有一些靠定做家具维持生计的木匠，于大叔就是其中一位，是湖北人，在这边买地皮修房子开店做家具。黄鹤乡政府在实施新农村建设，规划二排街住房面积时规定，在二排街上修房子的面积不能超过 100 平方米。他们新修的房子空间不够，就要租别人的空余房间才能摆开干活用的机器。他们是直接用木材做家具，原料有柏材、杉材、松材和杂材，柏材最贵，一般做家具都是用杉材，它的质量较好。木材是用原木切成的，直接从 L 村的切材厂买，木材是以 2 米或是 2.4 米的长度为规格，一丈一丈地卖，一丈是一百元，平时要买都是几百丈。于大叔可以做组合家具，一套组合家具有 6~7 件，包括床、凳子、桌子、高低组合柜、沙发等，用最好的木材做一套要 5 000~6 000 元，一般的木材也要 4 000 元。

在黄鹤乡还有一种个体手工业，那就是挖沙，分为掏河沙和打石沙两种。近几年，乡民们外出打工的人增多，其中占相当比例的人数都是在打工回来后开始修新房子。而且在黄鹤乡住房结构的演变过程中，砖瓦结构的低层楼房是当下最为流行的住宅构造样式。又加之黄鹤乡政府在进行场镇规划时，提出场镇二排街的建设也是属于黄鹤乡新农村建设的一部分，大量从周围乡镇搬迁来的人都在二排街建新房。也有从高山上和湖北搬迁过来的人，都选择集中居住在二排街。以上的诸多原因导致黄鹤乡相较于以前需要大量沙子。

掏河沙，主要是在大河的河段且河床浅的地方进行。按照在三个村的分布来分，在汪龙村、鱼龙村靠近黄河的地区掏河沙的人较多。据乡民们说，淘沙一般是在涨水后开始，等河水涨水后才会有从上流冲击下来的河沙。沙好的时候，一般两个人一天可以淘沙七八立方米，沙不好的时候只能淘一立方米。河沙的数量和质量都很不稳定，所以，一般来掏河沙的人都是一些零散休闲的乡民，闲着没事来掏河沙挣几个零花钱。汪龙村村民 TMY 等四人去淘了 4 小时的沙，一共淘了 4 立方，淘出来的是粗沙，不能用来糊墙，以 50 元一立方米的卖价卖给中间商贩。白果坝的 BTH 说："喜欢涨水，有河沙淘，谁都可以来淘。我们两口子从早上 10 点到下午 4 点一共淘沙两立方米，卖 60 元一立方米。一般是要先联系老板或老板联系我们，再去淘沙，要不就怕淘来没有人买，再被水冲走了就麻烦了。"

有人掏河沙就会有人开车来运输河沙。村民 LXK 自己买了一辆南骏货车，是两吨型的大货车。平时都是自己去联系业务，给修房子的人家运河沙，有需要河沙的人就可以直接找他，他可以找到货源，又可以给顾客送货上门。一般都是他在其他淘沙地买到河沙就运到大坝场再卖给修房子的人。价格不稳定，随着市场行情涨落，但是细沙买价平均是在 70 元一立方米，等他再拖去卖给修房的房主时，就是卖 100 元一立方米，从中赚取差价。运输费是另外算的，他告诉我们，若是从龙泉电站运到大坝场，运费是每吨沙 30 元。没有标准的计价收费准则，只是看路程的远近，远的地方或是不好走的路段就多要一点。

打石沙要比掏河沙复杂一些，也要更加规范。首先，打石沙必须要有一块合适的土地，其次还要办理相关的合法执照，还要缴纳税费才能得到允许开始打石沙。鱼龙村万家大田的 PDW 在自家的地里打石沙，这活路已经做有八年。他最初也是到外面打工，走了三四年，在广州、福建、山西等地都待过。回来后看到石柱有一家挖沙的，效益不错，就也想干这个，正好自己家有一块坡地，就从石柱买来挖沙用的机器，机器是用材油来发动，用皮带传动使机器运转。拿他家挖出来的石头试着打成沙，并和石柱的那家进行对照，结果打出来的沙子能用，就开始干这个活路。沙湾的 JXQ 也是挖石头打沙，但是土质和他的不一样，石头很硬，不好打。JXQ 是黄鹤乡第一家开始打沙的人，时间和 PDW 相差一年，PDW 是继 JXQ 之后在黄鹤乡第二家打石沙的人。PDW 家的地处于一个斜坡上，而且打出来的沙质正好是修房子需要的那种土质，即沙土。他们的工作属于半手工式，具体流程是把斜坡的大石头用挖土机给它挖下来，然后用石锤给它敲成大概有半个墨水瓶大小的小石子，再把这些小石头用锹铲进粉砂机里，让它们粉成沙面。这些就是他们的产品，要拿来卖给那些修房子的人，用来掺水泥。去年因为搞新农村建设，建设二排街，有很多人修新房子，所以他的生意很好，一年收入有 4 万元。今年这一段时间是修房子的淡季，生意就不怎么好了，雇的人也就少了，现雇有 3 个工人，这几天赶上农忙季节，工人回去收秋；有时也要他自己动手干，雇一个工人按挖沙的数量给钱，挖一平方并装车给 35 元。他卖一平方沙是 60 元，平均一个人一天要挖沙3—4 方。这种活是要看天色的，天气好、不下雨就出来挖沙，天气不好、下雨就不挖了。

挖沙要给国土局上交税费，按照规定一平方是 12 元，挖多少交多少。据 PDW 说，去年乡政府安监办的人还来过，说这样做不安全，有隐患，要他们交钱。PDW 没有办法就叫来村长帮着说："他们这些都是在自家地里挣几个烟钱，也没有用火炮去炸。"这样，政府安监办的就没有再来过。按着 PDW 的说法，等这个斜坡挖完了，他们就要填土，用来种地。PDW 提到的沙湾的 JXQ 是一个人在挖，他的效益更不好，只是在自己有时间、空闲的时候才去挖。同样也是在自己家的地里挖，地形也是一个斜坡。不同的是他的石质不是很好，过硬不好挖。而且从坡上挖下来的大石头都是他一个人用钢筋和电钻撬下来的，然后再用大石锤敲成小石子送进粉砂机里的，他家属说他三个月能挣一百元就算不错的了，每月只是赚个电费。他一方卖 70 元，给国土局一方交 11 元。鱼龙村龙洞沟也有一个挖沙的叫 JCM，他是在龙洞沟公路旁边粉沙，石头要从万家大田的山上拉下来。据 PDW 说，原来 JCM 也是在万家大田那里挖沙，但是国土局的不允许，他就把石头拉出来在其他地方粉沙，国土局也就没有再管了，万家大田的地是 JCM 租别人的荒地。

打石沙在黄鹤乡除了以上小规模的以外，还有人创办大规模的碎石场。如鱼龙村龙门溪人 ZCH，他在龙洞沟开办碎石场，规模很大，主要是把河床里的石头拉到厂里，再粉碎成小石子卖给那些搞建筑和筑路的大工程，卖一立方是 50 元，大概雇有 5~6 个人，一年收入大概有 80 万以上。又如汪龙村三房坝还有一家碎石沙场，是从河床直接用输送带把石头送到场里进行加工。场主叫 HJH，从 2009 年 2 月开设碾碎石沙场，单主体机器设备就花了 7 000 元，此外每年机器要花 2 000 元进行维护。沙场打出的沙卖 40~60 元一立方。现场里雇有 4 人在工作，工资是按容积计算，25 元一立方。场里打一方沙需要的油价是 3~6 元。碎石沙场一年的效益是靠季节而定，在冬季很多人闲下来修房子产量就大，效益就好；夏季人们农忙，很少有人修房子搞工程，用得就少。

第四节　谋生转向：以务工为
导向的农民生计方式

自 20 世纪 80 年代以来，我国多地的农民前往广东等地务工，黄鹤也不例外。外出务工（打工）作为黄鹤乡乡民家庭收入的重要组成部分之一，有着不可替代的地位。随着一个家庭内外出务工人数的增多，黄鹤乡的农业生产、家庭经济结构、社区文化、婚姻等众多方面也发生了变化。他们外出工作的地方主要集中于广州、浙江、石家庄、福建四个地方。对调查所搜集的资料进行整理得出：黄鹤乡乡民外出务工的工作类型可以分为服务类、技术类和创业类三种。

一、外出务工的类型

（一）服务类

在外出务工人员从事的工作中，服务类工作是较受欢迎的。黄鹤乡外出务工人员的工作包括有餐饮业的服务员、各种商场的售货员、公共场合的卫生保洁员、保姆等最为常见的服务种类。按照收入进行比较，这一类工作的收入最低。一般都是年纪较大的人才去做，也有少部分女孩去做售货员和保姆，她们认为做这个要比进工厂工作自由很多，也比工厂的活儿要轻松。关于此类型的外出务工人员，我们进行了系列采访。

个案2-21：家住汪龙村的LSQ家的大女儿在今年6月份刚参加完高考，考了300多分，没有达到报考大学的分数线。为了女儿读书的事情，他专门从杭州回到家。就在前一天他还告诉我们，自己有打算送女儿去读一所大专学校。但到了第二天早晨再遇到他时，他就改口说要把女儿也带到杭州去打工。因为家里还有两个上学的孩子要供，而且家里的老人身体都不好，需要经常买药吃才行。问他为什么选择去杭州打工时，他告诉我们说："北京、上海那些地方是高新技术发展的地方，需要高科技人才，不适合我们去打工，杭州适合平民百姓去打工。再说了杭州的治安很好，比北京、重庆、广州好多了。平时在杭州的银行取二三十万的钱，根本不会有被抢的事情发生，有些人是边走路边数刚从银行里取出来的钱，都没有事。晚上12点过后，一个女孩子在外面的街上走也没得事的，安全的很。她（指大女儿）自己也同意跟着我去杭州打工，那里也有几个她自己的同学在打工，去了也不孤单。"

个案2-22：家住万家大田的KXS和ZF夫妻俩，曾带着两个小孩全家一起在石家庄打工生活。ZF讲述："我和老公是别人介绍认识的，我娘家在洗新，是大坝场的一个熟人和他妈妈叫人介绍我们认识，说是他老实。他也的确老实，等我去了他打工的地方后，和他一起的那些人都给我说，他们叫他晚上去泡妞，他都不肯去。我和我老公没结婚时他就已经出去打工了，那时在浙江的石矿场干了好多年，然后回来通过别人介绍和我结婚。我外出打工的时间不是很长，中间还回来了几次又出去。婚后有了小孩儿之后，听人家说在杭州打工很挣钱，我就出去了，结果没有半个月就回来了。这是我第一次出去打工，那时候大儿子也刚有两岁，我就丢下儿子跟着嫂嫂去杭州做钢丝锯，是计时算工资，1.4 元一个小时，出去半个月就回来了，一是太想儿子了，二是也不习惯那边的生活就回来了。我回来后，他看着家里实在贫困到不行，就去到石家庄，找他的姐姐给他介绍活路（工作），这次他才开始学的烧电气焊，这个活路挣钱挣得多，干得好一天就可以拿 300 元，一个月平均也可以拿到 3 000 元左右。到现在他已经干了七八年，我们才有的钱修新房子。我大儿子 4 岁时，当时家里实在太穷了，他几个月都不寄钱回家，家里没有钱，我老打电话给他叫他寄钱回来，后来电话也打不通——他去了别的地方打工也没有告诉我，家里喂的牛又被偷了，我气惨了。他到其他地方没有挣到钱又回到石家庄，就给我打电话说"你也出来吧"，我当时想反正也没有什么了，就等家里的谷子苞谷收了卖了钱，凑了车费就去石家庄找他了。那时我们一共只有 1 000 元，就拿着这 1 000 元开始在那里生活。我头一天到石家庄，第二天一大早就开始干活了，我老公找了在学校干卫生的活，他一个人干两份活，给我顶的一个名额，等我去了我们就一块干。家里的经济也是从那时才好转的，两个人在外打工找钱，手里才有了富余的钱，那时每月每人有 1 000 多，将近 2 000 元，四口人吃住一个月要花 1 500 元，我们加起来一共出去两年多就有六七万元的存款。"

"小儿子是在石家庄生的，是去石家庄之前就怀孕了，在那里生下的仔仔，等到二儿子长到 1 岁零两个月时，我们又回来了——仔仔的奶奶病着了，我就带着娃儿回来了，要给她看病。等她好了，前年的正月我就带着小儿子又去了石家庄打工，后来叫别人把大儿子也接到石家庄，我们一家四口在那里生活，去年 10 月份他们的奶奶又病着了，我们又回来给他奶奶看病，就一直再没有出去，现在他奶奶也死了，又剩下爷爷一个人，两个孩子也都在大坝场上学，我就没有出去。不出去不行，我们一天在屋里要花费很多钱，又加上她奶奶的病，把我们拖下去了，现在我们家成了这里（万家大田院子）最穷的人。

"那时出去打工也受苦的，出去时我就有了这个小的（儿子），在学校里干卫生是有时间规定的，规定你在什么时间做完就必须干完。我都怀孕八个多月了，还在学校里推垃圾车、提水、倒垃圾等，学校的人一直都没有看出来。

有一天被学校的老师发现我怀孕了，就跟我说：'小周，你是不是怀孕了？不能干就不要干了，我们学校负不起这个责。'我说：'没事！我能干得来。'硬是天天推车倒垃圾，把活儿都干完。我们有临时的休息地方。我一边干活一边还要照看两个小孩，一个是小姑子家的，另一个是侄子家的，我们学校的老师都说我要钱不要命了——自己怀孕还要干活和看小孩。其实我看小孩都没有要钱，都是亲戚的要我帮着照看。等这个（二儿子）生下来之后我又去干活了，没有多休息一天。

"我刚嫁到他家时家里很穷，只有一间木房子，客人来了都没有地方睡，现在这个房子是前年修的。那时已经有很多人家修了砖房子，仔仔到别个家里玩，就哭着跑回来问我：什么时候我们修新房子，他们都不叫我去他们屋里玩，把我轰出来了。当时家里只有三千元，我就敢修房子，我打电话给我老公说要修房子，他说等挣足钱再修吧，我不听，说：'等你挣足钱都是什么时候了？我借钱也要修房子，借下的钱就你还。'他也没有办法就由着我了，我问亲戚们借了两万多，再加上原来的三千就开始修砖房子，房子修好后，我又自己用砖修了一个猪圈，就是自己学着修的，修了三间房花了接近三万多。

"我老公最先出去是一个人出去的。他姐姐和妹妹们已经在那里待了几年了，他就出去找她们。我们这个院子有很多人去石家庄，有进厂的，有搞建筑的，当包工头要挣钱些。我打算明年再出去打工，不想去石家庄干卫生，要去浙江那边，我三姐今年上半年就打电话叫我出去，家里有两个仔仔上学出不去，明年把他们交给我妈带，明年我们娘家就从洗新搬下来了，我哥哥已经在大坝场二排街上修了新房。孩子还是要留在这边上学，以前仔仔在石家庄读书时不用交借读费，去其他地方上学就要交借读费，一学期就要交 1 000 元，费用太高了，我们交不起啊，就把他们两个留给我妈妈让她们来帮着照看。我哥哥的房子是按照乡镇规划的规格修的，有三层，一间房子就要 14 000 元，一共花了十几万。他们户口还没有迁过来，但是有房产证，当时新农村建设，政府鼓励修房子给外地人办房产证。我们修房子时也有人叫我们修在街上，我觉得不用修在那里，我们离街很近，而且修在这里种点菜也方便。

"我哥哥在浙江的厂子里是给人家干水龙头抛光，嫂子是做水龙头。大姐在浙江的厂子里做钢板打花，按小时计算，做这个有危险，手指头不小心就要被机器切掉。二姐是做拉丝，计件工，一个月能拿到 1 000~2 000 元，做这个太累了。三姐是做灯泡的，也是计件工，一个月能有两千多。娘家的兄弟姐妹都在浙江打工，不在同一个厂，但是离得不远。我打算跟三姐去浙江做灯泡，在浙江的厂子里不管吃不管住，广东的厂子里管吃不管住。"

(二) 技术类

相比于服务类和创业类工作，技术类的工作在外出打工时受到的各种待遇要好过其他两种，包括工资待遇和福利待遇，甚至是老板对打工者的态度也会很不一样，拥有一技之长是外出打工者的生存保障。黄鹤乡外出打工者的技术类工作主要有烧电气焊、电工、做玻璃展柜、盖楼房、搞装潢，等等。关于此类型的外出务工人员，我们走访了一些乡民。

个案 2-23：家住汪龙村的 RNH，今年 45 岁，家里有一个儿子和一个女儿。他女儿 RY 马上读高二，儿子 RYL 现有 22 岁，在 2007 年高中复读一年，没考上大学后就开始出去打工了。先是由母亲带去塘厦打工，接着 2008 年去广州打工，现在成都做玻璃柜。RNH 家现正在加修一层楼的房子，家里的儿子不读书了，RNH 就想着要把房子修好一点儿，叫儿子寄钱回家把房子修大修好一点，好接媳妇。家里人一再督促儿子每月寄钱回家，害怕挣的工资都被儿子去上网等乱花掉了。RNH 说："儿子在外面习惯了，每次回家就说不喜欢在家里住，以后也不想在这里生活。现在的年轻人都是在外面打工轻松惯了的，能有几个还会愿意在这里生活啊，都不想种地干脏活儿了。"

个案 2-24：汪龙村团田组的 ZSY，23 岁，讲述打工经历。"我是刚回家两天，现在福建晋江鞋厂做鞋子，是给工厂里的人做样品鞋子。全厂一共有 100 个人左右，只有我自己一个人是做样鞋的。我的工作就是等厂里的设计师把鞋样设计好后，鞋样就会拿来给我做，等我的样品鞋做好拿给老板过目，如果样品符合市场需求，样式又时尚，老板才会大量的下订单在车间生产。这次回来本来是请了 10 天的假，但是在 20 号的时候老板就给我打电话，催我回厂里，说又出来了新样式叫我回去做样鞋，被我回绝了——假期都没有到期，我不用回去。我在厂里是不怕他（老板）的，我有技术到哪里都可以找到工作。我们老板也从来没有和我发脾气，他对我不好，我走了就是，重新找工作。我看见福建那些找工作的大学生起堆堆，工资有些才 1 000 元左右，比我的还低。我是读完初一就没读了，当时家里没有钱，在家待了两三年后，在 16 岁的时候就跟着亲戚出去打工了。在晋江打工时认识了老婆，她家里是贵州人，不是很富裕，我家里也可以说是全队里最穷的那一类了。我们是什么马配什么马鞍，门当户对。"

个案2-25：家住鱼龙村万家大田小组的 LMH 讲述。"我老公的工厂要比我的那个厂要好一些，他是电工，在厂里的活路很轻松，平时厂里有什么临时活路就去帮一下忙，不用下车间，主要负责修厂里的电路。他们的工资是按照计时算的，一个月有底薪900元，加班费是7元一个小时，厂里的各种奖励也很多，而且要是在厂里干得时间长的话，工资就会高一些。他一出去打工就在那个厂里干，待了有七八年，现在一个月的工资有3 500元。那个厂是台湾人开办的，主要是生产拖把等家居用品，而且还有研究试验大楼，还在美国打开市场，他回来时老板还亲自找他谈，想叫他在我们这里开办一个代销点，来销售厂里的家居用品。不过，这种拖把现在还不适应我们这里家庭的需求，是那种在城里生活的人用的，我们就没有做代理。

"在广州打工，还是很乱的，经常会有人在街上被人抢钱和手机，那些女的们带的金耳环，一下子就叫人拽掉了，耳朵上都是血。你要坐摩托车出去办事，等到了那个地方，车主就叫人把你的钱抢光。这种事情经常发生，治安很不严，以前还是会好些，经常会有联防人员进屋检查，检查你怎么没有去上班，没有去上班就是小偷，就要打你，就会有很多人不敢乱来，现在没有人管理了，就很乱。其实，在外面打工，周围的人都是从外面来打工的人，大家都玩熟了之后，不上班就一起去上街啊什么的，大家都相处得很好。要说最凶的人就是本地人，那些年轻的还可以，老年人就不好了，仗着自己是本地人，从来也不跟你搭话。好在我们也没有什么事情一定要跟他们（凶的人）打交道，你凶就不跟你做事，自己做自己的，也不管他们怎么闹，做好我们自己的事情就行了。"

（三）加工类

黄鹤乡进行加工类的外出务工人员分为两种情况，一种情况是一些比其他外出打工人员有能力的乡民，在外拼搏了多年，通过积累的资金和经验建立起自己的小型加工工厂，雇用十几个工人完成订单工作。这类加工工厂主要是鞋厂、梳毛厂、电子产品加工厂、服装厂和纺织厂，还有带领建筑队承包建筑工程等。另一种情况就是在外出打工中最为普遍的一种情况——进工厂。这种工作主要集中在广州、浙江和福建等这类小型产品集中的生产区。进厂工作一般都是按照计件算工资，工厂效益好，加班会有较为合理的加工费；工厂效益不好，工资就会很少，也会留不住人。关于此类型的外出务工人员，我们进行了系列采访。

个案2-26：汪龙村的LDY讲述。"我们三儿子LJG在家里是最有本事的一个，今年28岁就在福建开办了一个加工鞋子的工厂，管理十几个工人在厂里上班做鞋子，一年还是能够赚三四十万。厂房是租来的，共有两层，加起来有二百多个平方米，房租一年就要两万。他十五六岁时就出去打工，刚开始是院子里的人带他去广东给人家洗车，工资是400元一个月，工资太低了，搞了两个月他就回家了。当时他回来买了MP3，那时我正在田里干活，我说儿子你还厉害啊，还买了听歌的。我们以为他挣了多少钱呢，结果他就给了他妈5元钱，说是没找到钱啊。17岁那年他去了河北，在马钢钢厂干活。从18岁时去了福建鞋厂，一开始带两个班，然后就慢慢地自己开起了鞋厂。今年我55岁了，在家不种植庄稼要不习惯，就多少种一些。去福建儿子那里也不习惯，那边太热了。他现在买了两个车，走哪儿都是开车去开车回，我觉得改革开放，还是我们农村的变化最大啊。"

个案2-27：鱼龙村龙洞沟JAP婆婆讲述儿女打工经历。"我共有三个儿子，两个女儿。家属原来是漆辽乡的党委书记，退休后我们才搬到这里来住的。大儿子现在在黄鹤乡政府里做事，是从黄水调回来的，大儿媳妇在家养兔。二儿子现在在广州那里开了一家做灯泡的工厂，管着一百多个人，儿媳妇也跟着在那边管理，厂子很大，有多条生产线，人手不够，还叫侄子去帮忙做车间主管和销售。二儿子家里只有一个女儿，现在在石柱上学，她外婆家也是我们这里的，从小跟她外婆一起长大。三儿子原来是在浙江打工的，在那里他们也开办了一个纺织厂，给人家织毛衣。工厂的收益也可以，后来听说我们这里要开办铅锌矿厂，就把那里的厂子关闭，回来开了一个铅锌矿厂，前面还行，后来乡政府说污染太厉害，就不让开了，铅锌矿就倒闭了，挣的钱也都栽在那里。三儿子就把孩子送到他们的外婆家，儿媳妇又出去打工了，儿子就在街上耍，也没有做什么事情。两个女儿都嫁到湖北尖山沟，一个女婿是医生，女儿外出打工。一个女婿在瓦窑坪小学当老师，女儿在那里给学生做饭。"

个案2-28：家住在大坝场的JYG，带建筑队在外做工程。"我一开始出去打工也是跟着别人一起出去的，出去就在建筑工地上跟人学修房子，一开始是做小工。后来因为干活卖力，为人老实，老板就很喜欢我，做什么事情都要把我带上。慢慢地跟着老板学会了做很多事情，去招揽工程、招工、分配工人等这些事情。慢慢地也存了一些钱，就自己回来招揽了一些人，出去外面包揽工程做。一开始还只是做一些小的工程，要不就是和别人合作修一幢楼，装潢外面也干得来，到现在就承包得起一些大工程做了，修一幢十几层的办公大楼都是平常事。因为带的都是来自同一个地方的人，我从没有拖欠过工人的工资，不像有些包工头在招工时，专门不招自己本地方的人，想的就是为自己留一条后路——要是工程钱款给不了就偷跑，再换一个地方搞工程。"

个案 2-29：山河村山坪组的 LGY 讲述。"我们住在高山的这些人，每年就是靠着种几亩烤烟来维持生活，年轻人都外出打工了，剩下年老的人在家里种植烤烟。种植烤烟又需要劳动力，家里没有男丁不行啊。我有一个儿子和女儿，儿子结婚后没有分家还是和我们一起住，他生有一个儿子和一个女儿。[我的]孙子在马武读初中，孙女在漆辽读小学。女儿是嫁到底下鱼龙村的，也有一个儿子和一个女儿，她们全家都搬到福建打工，已经有三四年了，前年春节回过家一次。女儿会经常打电话回来问问我们。过年过节也会寄些钱回来。她们全家出去福建打工是因为女儿老公的哥哥在那里做工，就把他们一家介绍去的，在那里主要是给工厂做鞋，按照计件工资算，一天干多少有多少工资，一个月一结。"

个案 2-30：家住在鱼龙村大坝场的 TDX 讲述。"我们家是两口子都出去打工了的。一个人出去一个人在家根本存不了钱，在家的开支太大了，要出人情钱、肥料农药钱，那些没个底儿。就是一个人在外面找钱，一个人在家里花就存不了钱。如果是两口子出去的话，可以自己买菜做来吃，一个人的话觉得做饭麻烦，就到外面吃，自己做会更节省些。在外面可以拿一个人挣的钱来开销，拿一个人的来存起。我之前是在石家庄女子学校打扫卫生，老公在工厂里做钢筋工。这次回家有 20 多天了，主要是回来看望父母，过几天就去石家庄。石家庄那边招收工人喜欢招四川重庆的，他们觉得四川人能干、吃得了苦。有许多马武的人在那边打工。打工嘛，不晒太阳、不淋雨的，比做庄稼好多了。我们第一次去石家庄是我的亲兄弟介绍的。打工回来想盖房子。在那边的工资好拿，没遇到啥难题。2005 年去石家庄。自己先出去半年，然后回来接女儿，去那边的村小读书，重新读一年级（已经读过一年级）。在那边她自己骑自行车上学已经一年时间了。那边的教育也比这边的好，我们这边过去的孩子读书也都可以跟得上，就是从外面打工回来读书的孩子成绩就不行了，老师也不知道是为啥。在外面，小孩子读书就是最大的问题。"

个案 2-31：家住大坝场的 JCP 讲述自己做工情况。"我在广州做的那个厂是给人做发卡的，就是女的头上戴的那种，分有各个部门，每一个部门都有班长、总管，然后是办公室人员，最后才是经理和老板。班长我们都她叫"老大"，老大管一个生产线上的所有工位，一个工位有5个人。我们的工资不是很高，主要是计件，一个月平均拿到1 600元左右。我去年在快回来的那几个月，中午通班，晚上做通宵，一个月的最高工资才拿到2 235元，这是最高的一次，还是中午不休息，吃了饭就要去做，晚上要做一个晚上，然后再休息一天，或是休息半天再去做。平常的时间是早8点上班，中午12点或是11点半下班，下午是1点半到5点半。因为工厂人多，为了吃饭方便，每一个部门的下班时间就不一样，每一个部门的人轮流着去食堂吃饭。"

上述三种外出打工的类型中，服务类的工作由于需要较好外在形象或者强健的身体，所以通常是大多数青年打工者的首选，尤其是年轻的夫妻，更加倾向于选择在同一个地方打工，但这种机会可遇而不可求，所以部分这类打工者或是学习技术转为技术类打工者，或是在积攒够启动资金开始创业，很少有一直从事服务类工作的。技术类的工作由于需要一定的技术，大多还需要有相关的职业资格认证，进入门槛较高，因此这种类型的打工者最少，但由于技术类的工作报酬相对较高，所以很多资金不够又掌握一定技术的打工者，倾向于选择这类的工作。值得注意的是，技术类务工人员往往是服务类和加工类务工人员通往自主创业的一个中间阶段，此类务工人员更容易转变为自己当老板的创业者。加工类的工作技术含量最低，因此进入门槛也最低，大多数工作只需要身体健康即可，对性别、年龄、技术都没有太多要求，这类工作吸引了最多农村外出务工劳动力，成为近来打工者炙手可热的选择。此类工作报酬较低，且几乎没有职业发展的空间，几乎只是单纯的出卖人力，因此大多数对未来有更多追求的外出务工人员会选择其他的方式，尽早离开这类工作岗位。

二、逆向打工回流的影响

近年来，随着西部大开发战略的实施和改革开放的深入，打工潮流出现了一些新的变化，越来越多的黄鹤人选择留在家乡务工甚至创业，这也造就了新的农村经济形势——"微型企业"。"微型企业"在黄鹤乡的出现是源于近年来政府为了鼓励村民们能够积极的自我创业而提出的一项财政扶助政策。按照重庆市政府的规定：凡符合雇工（含投资者）20人以下，创业者投资金额10万元及以下的企业，就属于微型企业。在黄鹤乡，乡政府已经组织了不同批次的微型企业业主的培训大会，为的是能够开阔微企投资者的眼界，并增长相关的经济和法律知识，为投资者可以更好地创办微企而奠定基础。现今，在黄鹤乡的辖区内，属于微企的规模及新兴开办的小企业有以下几家。

（一）根雕厂

黄鹤乡的根雕厂成立于 2008 年 1 月，厂址设立在汪龙村三房坝，是汪龙村人 YXY、YXB 两兄弟和 TMY 合伙开办的根艺加工厂，TMY 是法定代表人。根艺厂取名为野生缘根艺有限公司，在大坝场设有商店门市来摆放并出售雕刻好的根艺作品。据 YXY 介绍说："现在厂里请了 15 个人在雕刻，原料都是废弃的树根，经过工人的精心雕刻做成用于装饰的工艺品。用于做根雕艺术品的树根主要是桂圆树、杜鹃树及松树的树根。这些完全是属于原生态的工艺品，我们把废物变成了宝物，相当于废品利用。"根雕厂是根据市场的需求量来决定厂的生产规模，至今石柱县城里还没有第二家根雕厂，野生缘有较好的销售前景。

Y 家两兄弟提供建厂的资金投入，而合作者 TMY 是专门负责根雕的设计和生产。TMY 今年 39 岁。当他还是小孩儿的时候，就对根雕产生了浓厚的兴趣，而且家里祖传是木匠，有很多木头的活计他耳濡目染从小就会做。小时候只要他上山砍柴，就会背回很多奇形怪状的树根来玩，并且还会自己对树根做简单的加工后，摆放在自己的卧室里。1994 年的时候他去武汉打工，一次偶然的机会，在一个富豪的家里第一次看见一件根雕艺术品，当时就燃起对根雕的热爱，回来后自己就开始钻研。在筹办根雕厂的过程中，碰到 Y 家兄弟，几人一拍即合，通过协商决定和 Y 家兄弟合伙做，Y 家兄弟得利，TMY 得名，获利后实行五五分成。TMY 自己说："现在是少得钱、多做事，先把事业发展起来，已经招收有八九个徒弟，对他们进行针对性的培训。现在做的所有产品都还没有卖，我要等产品做多了办展馆，筹备在上海、重庆开设大型展馆，达到一举成名、一鸣惊人的目的，艺术领域成功了就会一发不可收拾。"

目前，根雕厂的近期目标是充分利用三房坝面积宽阔的优势，在厂里安装变压器，使用大型机器，让生产更加集约，能够生产出更多的工艺品。远期目标则是全方位地做好木料装修方面的服务，包括有古典家具、古典装修，使现代装潢与根雕艺术相结合，把整个木料家具行业发展起来。目标还包括做名酒名茶的包装设计。

（二）制砖厂

黄鹤乡辖区内唯一的砖厂位于鱼龙村板长溪与龙门溪两个小组交界地带的半山腰处，厂址的旁边就是从石柱到洗新的柏油公路，砖厂的交通十分便利。砖厂老板 YCW 原是汪龙村人，但现已将户口迁往石柱，平时就住在石柱，只在厂里有事的时候才回来。砖厂里雇有 20 个人，这些人分处于不同的工作环节，每个人做的活计都不一样。老板会根据每一个人做活路的不同来付不一样的工资。厂里请回来的技术骨干工资最高，最差的是那些每天负责运输已经烧好的砖的工人，他们的工资是按件计算。

砖厂的整个工作流程是，首先开铲车的工人要把场子附近的沙土铲到传送带旁边，他一个月拿 2 000 元；然后是刨沙的 3 个工人，他们需要把沙土和水泥刨进机器，再通过传送带传送到很高大的搅拌机里，工资是 1 200~1 500 元一个月；专门管理搅拌机器的有 1 个工人，他要负责随时给搅拌机里加水，使得沙土和水泥搅拌均匀，一个月工资是 1 400 元；之后通过专门的机器把搅拌好的混合物做成一整条的长方形大砖条，这就需要 1 个人站在切机的后面把切好的一段段砖条再用手工的机器给它切成一块块的砖，另一端接砖的两个人要负责把砖放到拉砖人的手推车上，这 3 个接砖人一个月的工资是 900 元；负责拉砖进窑里的 3 个工人一个月是 1 000 元；还要有一个人负责清理机器旁边的碎料，工资也是 900；有 4 个人在窑里面负责装窑，就是要把拉进窑的生砖整齐地摆放在烧砖窑的行道里，他们的工资是 1 300~1 400 元。到这里整个做砖的前期工作就结束了。后期就是要有专门的师傅负责在砖窑顶上面控制烧窑火的温度，严格控制火候才能烧出好砖。这个师傅姓 T，烧窑的技术是跟成都来的师傅学习的，学习了半年，主要是学看烧砖窑里火候的颜色，以此来判定砖烧到什么程度，是否烧好还是需要加大温度等，T 师傅一个月的工资是 3 000 元。

整个砖窑修成一个椭圆形，从中间分开，每次烧砖都只烧一边，一边用于出砖，另一边要装窑准备烧砖。等砖烧好之后，有人来买砖时，就需要有专门负责出砖的工人。一般是 3 个人，不仅要负责出砖而且还要把砖装到车上，一个月的工资按照计件算可以得到 2 400~2 500 元。这些雇用的工人都是附近村组的农民，他们一边做农活，一边在砖厂做工，一个月都是双收入，而且砖厂和地里的活路有时间差隔，冬天地里不忙了，砖厂这时却是旺季，正好可以隔开。

图 2-26　黄鹤制砖厂的砖窑

YCW 说："做砖全靠烧煤，现在煤很紧张，砖就很难做，除去成本收益不是很高。为了避免不良竞争，我们砖厂砖的价钱是跟马武统一的，都是三角五分一块。"

（三）木料厂

处在武陵山片区的黄鹤乡拥有丰富的森林资源，因而开采木料成为部分黄鹤乡人的重要收入来源。位于黄鹤乡和湖北青龙村交界处的周围地段，现一共开办有三家木料厂。在湖北青龙村的地盘上开办有两个，一个在青龙村的中坝，另一个厂与青龙村原锌粉厂毗邻。属于黄鹤乡地盘上的木料厂是位于鱼龙村龙洞沟小组，这家老板年初还收购了原在乡卫生院旁边开办的木材剥皮厂。这些木料厂把改好的木料运到重庆的加工厂里，来制造家具等木制用品。

在青龙村中坝的木料厂由两个老板合伙开办，一个是黄鹤大坝场人 CGZ，另一个是青龙村毛坝人 STH。木料厂现有两条带锯线，工人共有 8 个，多是来自周围村组的人，其中青龙村有 4 个人，洗新 1 个人，鱼龙村 3 个人。负责选料的工人有两个，主要负责把拉来的木料分种类摆放好。改料师傅有 4 个，两台机器各有两个人，负责把原木改成客户要求的规格，此外还有两个码料的人，负责把改好的木料堆放整齐。工人都是男性，而且年纪偏大，平均在 40～50 岁之间。最近因为活路多，就临时请了一名女的（鱼龙村）来码料。工资有差别对待，选料和码料的师傅一天是 70 元，改料的师傅不同，要由他们所改的木料方数来计算，平均一天会有 120 元。装木料上车时，老板还会另外再雇其他闲散的人来做，一般要雇 10 个人来装车，一共给工资 500 元，平均三四天会装一次车。

工人每天上午 7 点到 12 点、下午 2 点到晚上 7 点上班，不加班，只要有原木拉来就去上班，没有就在家里休息。月工资平均有 1 800 元。整个工厂做工的工序很简单，首先就是要选料工把原木选出来码好，然后改料工用机器改成大小长短不一的规格，以符合客户的要求，最后是码料工码料，等车来拉。

原木都是从远处高山上买来的，因为原木的种类和大小长短不同，所以买价也会不一样，一般柳杉是 500 元一方，杉树是 600 元一方，松树是 550 元一方，柏香是 1 200 元一方，杂树（这里的木材除了松、柏、杉之外其他的都算作杂树）是 400 元一方，因为现在柏香很少见到，所以这里最好的是杉树。

每一次拉来的木材都要由老板和老板娘来量原木的长度和直径（在量时要除去一厘米的树皮厚度），并根据原木木材材积表来计算木材的方数，由此来给买原木的钱。简单地说就是原木的长度和直径有一个像乘法口诀表一样的公式表，只要把所量出的原木的长度和直径代入表格，就可以知道每一根原木的材积，而这个材积就是每一根原木的方数，最后把原有算出的材积加起来，就是这一次拉来原木的总体方数，如拉来的松树的材积是 7.85，那么方数就是 7.85 方，一共要给原木贩子的钱是 7.85×500 元，要等木材贩下次来卖原木时再给钱。改出来的松树木料拉到重庆要卖 1 000 元一方，改木料切下的废料要卖到石柱的一些木板加工厂，做成压缩板，一吨卖 240 元。据老板说："这个行业没有什么赚头，今年木材的收购价格涨了，但是改出来的木料价却没有涨，相当于本钱增加，卖价没有增加，就没有搞头，我们做这个也是实在没有什么事情做，才来随便做一下，卖的钱把工人工资和租金等除开后，就没有剩下的了，只能靠卖点废料来赚钱。"

据老板说，原木都是从高山上拉下来的，有些是农民自己砍的，有些是专门贩卖木材的人上高山去砍的。但是从老板娘记账的本上可以看出，多数都是从木材贩那里得到的，一个高山农民要运出至少 2 米长 15 厘米宽的十几根木材，在交通不是很方便的高山地区、特别是有些支路路况不好的地方还是有很多困难的，只有卖给木材贩是最好的选择。

在重庆这边杉树政府是不允许开采的，而且在允许开采的树种里面还要限量。政府也不允许街上的家具店再私自买木材做家具，但卖家具是可以的。听来拉木材的师傅讲："现在在大坝场政府都不允许做家具了，马武那边做家具的人都搬来湖北这边了，湖北这边管的要松活些，天高皇帝远，来管的少啊！"

（四）电子厂

近来黄鹤出现了一些新型产业，宏发电子厂就是其中一个。宏发电子厂在黄鹤乡是属于新型产业，是加工半成品的小工厂，主要从广东那边的工厂拿回半成品来加工，然后在发往广东的公司，老板赚取中间的差价。老板 HWJ 曾在广州打工，就是做这一行业的。返乡后经过充分的考虑，决定在今年 3 月开办一家电子加工厂。5 月设立马武分厂，工厂的机构设置与规章制度完全是模仿广州工厂来制定并实行。工厂老板主要负责外出招揽业务及厂里内部生产的问题。老板请亲戚 HZG 从广东回来负责管理工厂的生产，老板的女儿 HXR 和另外一位女孩任工厂文员，主要负责工厂的人事和规章制度的执行，此外 HXR 还要负责每天去石柱把加工好的货发往广东，顺便把广东发来的半成品带回来给工人做。另外还有两位组长，主要负责生产线上工人的工位、操作手法及检查工人的工作。一位组长是从外面专门请回来负责马武分厂的生产线；在总厂的这个组长是老板和 HZG 通过每位工人的表现在全厂内选出来的。

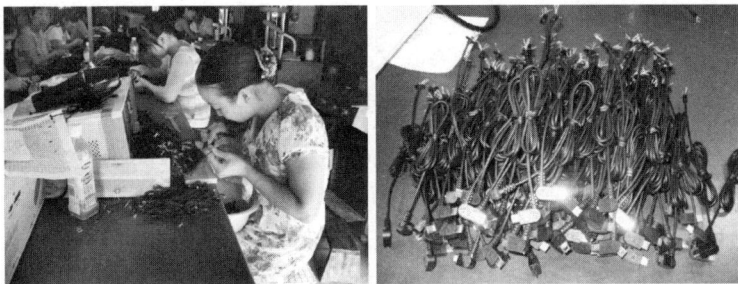

图 2-27　黄鹤乡宏发电子厂的生产车间和产品

现总厂里共有 40 个工人，其中包括男工 6 名，女工 34 名。马武分厂有 15 个工人。厂里男工主要是负责开机，即是大型机器的操作，6 个人 3 台机器，两班倒。34 个女工分为两条生产线，主要做各种型号的手机数据线、三星耳机、充电器及鼠标线等小型电子组装产品。工人工资是按件计算，一天平均有 60 元，一个月最少也可以拿到 1 400 元。男工和女工的工资相同，组长的工资略高，一个月有 1 800 元，并且如果生产线上的出产量高的话，月底还可以得到嘉奖。

工厂也有规章制度，主要是全勤奖励和生产惩罚及奖励制度，全勤奖一个月有100元。工厂规定一个月里有4小时的迟到时间，如果超出4小时后就不算全勤，这是体现工厂人性化的一面。每月的出勤率较高，可以达到80%。工人每天的上班时间是早上8点到12点，一个半小时的吃饭时间，然后上到19：30，但是一般晚上都要加班到22：30才能回家。工厂工人说："我们一个月只有两天的休息时间，一个月内晚上加班的时候很多，有时还会做到半夜一二点才可以回家。老板凶得很，经常在那儿喊我们，有个人说加班太晚了，受不了，要回家，老板就不准，还掘（骂）人说，你要是走了工资一分也没得！我们做新产品是按计件算，但是要做返工的产品时，就是计时算。在厂里计件的工位一共有5个，每一个工位上的人员是不固定的，但是每天的出货量都有定量，做不完就不能走，在领的这几月工资里，我有两个月是拿了950元，另外的两个月是1000元左右，6月份的还不知道。本身我们每天干活就是挺辛苦的，而且要完成规定的量，老板人好些还好，老板总是喊人、发脾气，我们干得也不舒服，我也想走，跟他说不干了。他不让走，说人走了工位上就缺人手，又没有可以顶替的人。而且刚开厂，他怕工人走完了也不好，就不放我们走。"

（五）首饰厂

鸿雅首饰厂也是今年7月份在大坝场开办的一个加工工厂。老板曾在广东也开过一家类似的厂子，后来是因为要回来生小孩并且要照顾，就在家里开了一个小工厂，主要是召集闲散在家的妇女来做。原料来自广东，包括有胶泥、水钻，做好的成品再发往广东的厂家。现有工人21人，其中有学生暑期工10个，还有一位年龄较大的妇女主要负责做胶泥的称重，除她的工资是计时之外，其他人都是计件；称重的一天要工作8个小时，一个月是800元，其他人做一个算7角钱，一天一个工人平均可以做到80个，一个月的平均工资要有1500元；工厂的工资是月结。每一个工人会把每天做的成品装到一个小袋里，并且在里面附上一张纸片，上面写明姓名、成品颜色、成品所粘的水钻数量×成品的数量、首饰的重量及日期。

工人的上班时间是每天的8：00~12：00，下午1：30~5：30，但一般都会加班到19：30，在加班时间里也要按计件来算工资，每个人都必须要加班。厂子可以按照客户（其实就是广东厂子）的要求做各种各样的首饰，有不同形状及不同颜色，而且也可以做各种被要求重量的首饰，只要是厂家要求的都

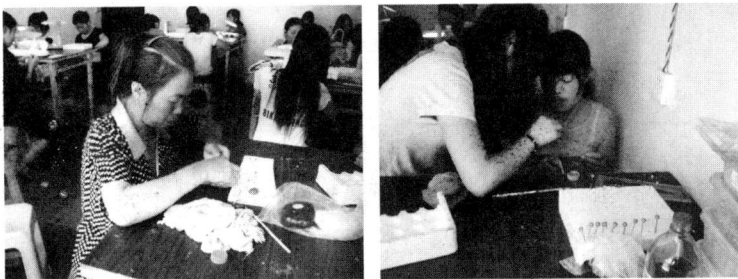

图 2-28 黄鹤乡鸿雅首饰厂的生产车间和成品

可以做出来。工作流程是胶泥要称好重量并捏成一个球，其他工人拿到称好的球就要把它捏在针棍上的塑料小球上，再用针把水钻一颗一颗地粘在胶泥上，等它变干就可以是成品。

第五节 小结：打工引导的农民生计模式变迁

从经济角度来说，外出务工确实能够给一个家庭带来很大收益，特别是对于现在的年轻人来说，外出务工无疑成为改变他们人生命运的又一条出路。但是任何事情都具有两面性，有利就有弊，外出务工也不例外。它在给黄鹤乡带来收益的同时，对当地人的土地使用率、家庭结构、小学教育以及地区文化带来的影响也不能忽视。

首先，外出务工使得黄鹤乡土地使用率下降，特别是高山地区的土地。尽管平坝的土地被政府倡导用来种植辣椒，高山也有种植烤烟，但仍旧阻挡不了荒地数量的增加。荒地的正确利用和再发展成为黄鹤乡政府要考虑的重点问题，有人提出建议要发展经济林木业，但是护林工作和招商引资又会成为棘手的问题。

其次，孩子的教育是外出务工家庭需要面对的最大问题。带小孩出去打工的家庭，在给小孩选择学校时就是第一个关卡，一般当地学校是很难接受外地户口的学生的，不然就要交付学校一大笔借读费。更多的时候是去那些专门给打工者子女设立的打工子女学校或是私立学校，但是这些学校的教学质量又不很好，没有质量保障。听家长反映说："有些个外面的学校就是骗家长的钱，虽然不收学费，但是会要求你交其他的费用一大堆，平时上课时也不好好教学生，也不管理他们，一到考试时，就会偷偷地把答案先告诉学生，学生知道答案自然会考得很好，我们做家长的当然不会知道其中的原因，还以为自己的孩子学得有多好。等上到初中时不能在那里读了，就转学回来继续读，等新的成绩出来就傻眼了，去找老师问，才知道是这样，那时再教孩子好好学就晚了。孩子学习不好，每次都是班级里学习最差的，慢慢地自己也会厌学的，初中还没有读完就不想读书了，那还不是像我们一样，没文化就到外面给人家打工。"那些不带小孩出去打工的家庭，父母两个人都出去打工，把小孩留给自己的父母，成为留守儿童。有些小孩因为从小就没有跟父母在一起待，自然和父母没有感情，就成造成隔代亲而父子之间感情冷淡的情况，等小孩儿长大了就会因为有些事情沟通不畅而产生问题和矛盾。现在的祖父母也多溺爱孩子，不能够在生活和学习上给予正确引导。孩子在这样的环境下成长，难免在性格方面会有缺陷。

再次，外出务工对于一个家庭的夫妻关系及家庭结构也产生重大的影响。虽然一个家庭的夫妻两个都出去打工要比一个人出去挣的钱多，也比较容易存钱，但是更多的家庭还是会只有一个人出去、一个人留在家里，因为家里要做农活，还要照顾小孩儿的生活学习。而且近些年来政府也出台了不少优惠政策，鼓励乡民发展农业和养殖业。为了紧跟有关农业生产活动的政策变化，家里还需要有主事的人来处理。总之，一个人外出务工、一个人留在家里顾家是最常见的外出务工选择。这样，夫妻两个长期分居，感情就会受到影响。出去的人因为一个人长期在外，孤苦无依，既要忍受工作的劳累，还要忍受心里的孤独。在走访的村落，常会听到有外出打工的人会跟其他人好的传闻：男的在外和其他女的好了，就会不寄钱回家，更有甚者还会和原配离婚，另娶新欢。女的外出打工也会遇到这类事情，听到最多的就是，谁家的外地媳妇出去打工，跟别人好了之后丢下家里的孩子就跟人私奔了。这也是很多父母会反对子女找外地人的主要原因。

由于年轻人外出打工的人数增多，很多人在很小的时候就会出去打工。过早在社会上打拼，会让他们的心智趋于早熟，也会比同龄人早交往男女朋友，早结婚。在外打工，聚集在打工人群中，他们所选择的对象也都是其他地方的打工者。特别是家住高山地区的村民，因为贫穷，本地的女孩不愿意嫁过来，家里的男孩讨不到媳妇，只好找外地女孩。婚姻是两个家庭的结合，但在这样的情况下，男女两方的两个家庭会很少来往，亲家之间的关系淡薄，使得二者原本就已微妙的关系又加上了太多的不确定因素。根据调查，找了外地人的年轻人婚后多半要出去打工，长期在外，造成家庭成员结构的缺失。例如，家住龙洞沟的 D 家，因为女儿很早在安徽打工，就嫁了一个当地人。他们婚后很快生育一个女儿，但是因为女婿家太贫困，外孙女很小就被送回 D 家养育。而且因为生下的是女孩，孩子的奶奶从来都没有看望过孙女。现在孙女都五岁了，还不知道奶奶长什么样子，也不许别人提自己爸爸的名字。女婿有赌博的习惯，使得女儿的生活一直很拮据，女儿想要跟女婿离婚，却又担心孩子的成长。每每说到这些事情，D 家父母都会既生气又无奈。

最后，随着外出务工人员的年年增加，在当地有很多传统的地方文化习俗被改变。在以前，家里有人去世时的"坐夜"都是在晚上举行，很多前来祭拜的亲戚也都是晚上来参加，火炮声、锣鼓声、舞狮队伍都会热闹一整夜，热闹的时间越长越显示出死者生前的人缘和威望。现在为了方便外出务工的人能够回来参加葬礼，要减轻回来帮忙人的工作量，坐夜就改为白天进行。按照当地的婚礼习俗，结婚前必须要取得两个人的同意，要举行订婚仪式。可是现在，外出务工的人多半不举行订婚仪式，把婚礼和小孩儿的出生酒一起办酒席。婚礼中的回门礼俗也不再是必须要做的，取决于新娘和新郎自己的意愿。现在黄鹤乡新修的住房样式中，有很多新式的房屋造型都是房子的主人模仿外面的住房样式来修建的，新式住房的楼层越来越高，楼房外面不仅贴白色瓷砖，近期还出现了彩色玻璃瓦和落地大窗的设计，与外面的别墅造型有异曲同工之处；按本地传统建筑风格修建民居的基本没有，这极有可能造成本地传统建筑文化的消失。

总之，外出务工人员在追求薪酬、家庭和心理认同平衡过程中形成的乡村青壮年劳动力的外流和回流，给边城黄鹤带来了深远的影响，不仅表现在经济和社会层面，更表现在对地方上的政治、文化、风俗等多方面的变化和发展产生影响，故此我们不能单纯以看待传统农业乡村的眼光对黄鹤进行观照，而应该在全面了解和掌握基础材料的前提下，多角度、立体地对这一边界地区的全貌进行学科层面的审视，唯有如此，才能成为一份科学、严谨、实事求是的田野调查报告。

第三章　边城的运行：黄鹤的
社会生活与社区治理

　　与中国其他的地方一样，研究当代黄鹤农村的政治生活、宗族问题是一个不可忽视的核心因素。作为传统中国基层社会的基本结构单元，宗族组织既服务于国家的政权统治又服务于大众的生活需求。远从殷商之始，宗法观念及宗族组织便绵延不绝，存续达数千年之久。1949 年以后，随着社会主义意识形态的确立，建立在父系家长制基础上的宗族组织的生存空间遭受全面挤压，从而丧失了其外在的组织形貌。但血缘关系和亲缘关系作为构成宗族存在的社会基础没有发生根本改变，维系宗族延续的客观条件——家族聚居也没有遭到彻底破坏，相反却受到城乡二元结构和人民公社制度的强化。因此，"实体性"宗族虽然不存在了，但宗族观念和家族意识的遗存却在农民思想中根深蒂固，壮大家族势力和保障家族利益的各种宗族行动也在农民的日常生产和生活中随处可见。[1]

　　中国传统农村的宗族组织包含着经济、权威、道德等多方面要素，而在农村改革中复苏的宗族，当然或多或少地保留着这些因素，并借助村民直选制度成为影响农村基层政治生活和政治结构的重要社会因素。实施村民自治的初衷是要村民以个人身份参与农村的政治管理和经济管理，建立村民委员会是为了逐步推进农村政治民主化的进程。

　　从理论上说，民主政治的发展进程应当是宗族势力弱化的过程。然而，近年来农村政治生活中宗族组织所产生的力量和影响并未削弱，甚至出现强化的趋势，具体表现为一个宗族组织对农村的权力配置和资源配置都具有深刻的影响。在农村普遍存在的现象是，宗族组织的势力决定着公共权力和公共资源的配置，当然，这些公共的权力资源大多是宗族内部的，但由于该宗族的成员在

---

[1]　袁北星. 家族制度对当代农村社会生活的影响 [J]. 江汉论坛, 2005 (10).

黄鹤这一相对较小的区域范围内占有较大的比例，因此很多宗族内部的权力和资源也代表了相当大比例的社区公共权力与资源。在现代的法制社会，宗族通过直接的政策和措施进行社区管理和影响社区运行的情况越来越少见，但并不代表宗族在村民的心理层面和乡村民间惯习上的影响力和控制力在减弱，我们看到的是，由于农村人口的"空心化"，留在乡村中的人或是基层实际权力的掌握者多是更倾向于遵守传统秩序的老人，这就形成了这样一种情况：代表国家权力进行乡村社区管理的乡镇政府和代表最基层行政组织的村委会，完全采取不同的管理方式——乡镇政府是国家各级行政模式的微缩版，按照上级的指示和安排进行政策措施的上传下达工作；而村委会往往依赖本村的几个大姓宗族进行社会秩序的维持和管理，更倾向于一个"人情社会"。

在当前农村，宗族不仅成为影响农民政治生活的主导因素，同时也影响和左右着农民日常生活的方方面面。宗族文化给人们提供的不单单是一些仪式和规范，它已经被泛化到农村社会的各个层面，沉淀于农民生活的点滴之中。中国自古以来就是一个"人情"社会，与宗族制度相联系的宗族观念与网络也仍然或隐蔽或显现地存在着。生活在"人情"社会中的中国农民，更多地从日常生活的角度深刻地体会到宗族观念和意识，并自觉或不自觉地参与到各种宗族活动之中。

第一节　聚族而居：黄鹤人的社会生活

从社区的角度来看，黄鹤乡下辖三个村，有 20 个村民小组，土家族占总人口的80%以上，在其辖区内，社区管理既受国家政权层面的影响，又受社会风俗和民族传统习惯的影响。生活在黄鹤的土家族人民，在山地流域形成的自然环境和互相通婚形成的社会环境中形成了现在的日常生活格局，而这一格局的背后，正是治理社会的各种力量之间的博弈及在博弈中形成的社会运行的内在秩序。

表面上看来，黄鹤乡的乡民们都过着一样的生活，可是当我们走进他们的生活后才了解到，由于受到不同的历史发展阶段、不同的居住环境、不同的生存方式、不同的年龄等诸多因素的影响，其实乡民们有着各不相同的社会生活方式。

一、黄鹤人的日常生活

日常生活在不同的学科领域有不同的定义，我们这里所使用的日常生活概念是指民众在非节日的平时生活的节奏和填充生活内容的各项活动。在黄鹤乡，除了在政府部门和事业单位上班的干部和科员外，其他大多数的人都要通过种地务农和养猪来保证家庭生活开支。农忙季节，全家人都要参与劳动，保障农作物的产量。在农闲时间，家庭里的男人会在附近村落做一些临时工挣钱，女人则留在家里喂猪、做家务和照顾小孩。

关于每天的日常生活，村民 BZX 说："农忙时节，我们早上五点左右就会起床，起床之后就拉着牛上坡，人在自家地里做农活，把牛赶到一旁吃草，如果离庄稼地比较近，就要把它拴在一个固定的位置。农活做到 8：00 左右，就回去吃早饭，是今天的第一顿饭。回家不光是吃早饭，更打紧的是家里养的猪也要在这时喂第一顿。一切忙好之后已经是 10：00 左右，就要第二次出门上坡做农活，直到 14：00 多回家吃中饭，吃完中饭会在家休息到 16：00 左右才会上坡再干活，因为这段时间我们这里很热，干活受不了，要一直到天快黑的时候才会回家，准备晚饭。"

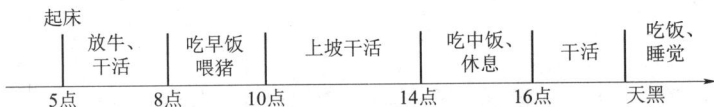

图 3-1 村民 BZX 农忙时节生活作息图

我们跟踪采访了几户村民发现，黄鹤乡的乡民一般早上都是 5：00 左右起床，起来洗漱后就要煮一天的猪食，然后上坡干活。夏天天长吃三顿饭，冬天天短只吃两顿饭。农忙季节从三月份到十月份，要准备翻土、播种、管理庄稼、收作物等一系列农活。用的农具也有很多，像薅锄、挖锄、耕犁等。薅锄主要是用于薅草，当苞谷、海椒或者红苕等长到一定高度时就要给它们薅草。在薅草时使用这种锄头，因其锄身比较宽，所以不宜深挖，但要是为海椒、红苕等提箱时用这个会非常实用，因为它宽大，每一锄头下去铲到的草就比较多，且提到的泥土也会比较多。挖锄主要用于挖地，因为其锄形比较窄，一般有四五厘米，受力面积比较小，所以挖地时就可以节省力气。

在平时，乡民们赶场是有事就去，没事就不去。周围乡镇的赶场日期有时间划分，方便大家购物。逢 2、5、8 日赶大坝场，3、6、9 日赶马武，1、4、

7 是赶彭水的太原乡。但是考虑到路途的问题，居住在黄鹤乡的乡民一般都会赶大坝场。

我们还观察到，这里的日常娱乐活动很少，住在大坝场的居民，不管男女老少晚上都可以在广场上跳坝坝舞，锻炼身体。老年人也可以在那里活动聊天。居住在山里的就不一样，每天的空闲时间只能是看电视，或是周围邻居串门聊家常事。

居住在山里的年轻人以汪龙村 JCH 的大儿媳为例，来说明他们每一天的生活方式。JCH 的大儿媳是湖北人，今年 26 岁。她说："早晨 5：00 左右就起床，接着上坡；8：00 左右回来喂牲口，吃早饭；之后又要上坡，直到中午 13：00 左右回来吃中饭；然后就是在家耍一下，到 16：00 左右又上坡，这回一直到 19：00 左右回来吃宵夜（晚饭）；饭后没有其他事情做，都是看电视咯，有时会看到 23：00 左右才睡觉，如果不看电视，在 21：00 或者再晚点就休息了，不过晚上大部分的时间都会看下电视。现在打米也要背到大坝场去。背一口袋谷子去打够一个月吃，要一个月下去打一次。我们平时还是几乎不赶场，太远了，又不买啥子东西，何必跑那么远呢？喂猪也是喂了自己吃，也不卖。别个（屠夫）很少上来买猪，就算来了也很便宜，至少要少一两块钱。你自己赶猪下去也不行，万一在半路摔了，更不划算，所以猪都是自家喂来自家吃的。"

家住在汪龙村中岭的老人 LSP，今年已经有 70 岁，其妻子是从黄鹤老街那里嫁过来的 QGM，家里的儿女们都全部外出打工和远嫁外地，平时家里只有他们两个老年人。因为屋里没有年轻劳力，所以很多重活他们都干不了。平时家里吃的米都要背到黄鹤坝去打，距离有些远，两个老人又背不动，为了避免麻烦，他们就吃苞谷面。每打 50 斤苞谷面，够人和猪一起吃十天。居住在街边上的村民 HWQ 老人的生活就会较清闲，他说："我现在没种土地，平时都是打下牌玩，块把钱一炮那种，打着耍，我都是到马武那边去打，那边的人要熟悉些，老年人也要多点。有时候也不去，比如下雨了或者涨水，冬天天气冷的时候也不去，太冷还不如就待在家耍安逸些。如果不去马武那边打牌，我就在家里面看球赛。我现在的这个电视让女婿搞了哈之后可以收到七八十个台，我最喜欢看的是中央五台。"

同样都是老年人，不同的居住环境和家庭条件让他们的生活方式有很大的差异，下面的几个个案可以较为完整地呈现这些差异。

个案 3-1：居住在团田熊家土，WYY，70 岁，村支书的母亲。"家里也没有什么活儿要干，就只是喂了一头猪，又不用打猪草。一年四季都有猪草、红苕叶、洋芋叶，还点些菜，这些都可以用来喂猪。他（老伴）没啥子事情能够做，捡柴也不行，他捡了也拿不回来。柴还是我平时得空的时候去弄点、闲的时候去弄来存好，到忙的时候就不用去捡柴了。我还办了亩多点土，是儿子的土地，我的早就分给他们了。今年栽了苞谷，又栽了的红苕秧子，还栽了七八斤的花生。花生我自己倒是吃不动了，老了牙齿不好，但是正月间儿子们回来了可以吃的方便点，不用花钱去买。做活路都是我一个人自己慢慢做，老了没得人愿意和你换工，你做不赢别个。

"现在是活路（干活儿）忙的时候，我一般天一亮就起来了，起来就上坡，感觉到天气开始热的时候就回来了，回来把猪喂了，再做饭吃，吃好了又上坡，一直到太阳到头顶了，这样就回来吃中午饭。吃了中饭，如果天气太热就在屋休息哈，如果不热就又上坡，这回就要到天快黑了才回来了。回来把猪喂了，做饭给孙子吃。我平时都只吃两顿饭，早上一顿，中午一顿，晚上就不想吃了，所以我就很少吃宵夜。但是也要做。

"活路忙的时候，天黑就洗脚睡了。如果活路不忙，天黑了各自在屋再坐下才睡。以前电视好的时候也会看下电视，但我自己不会开关，要孙子才奈得何（有办法）。现在电视坏了，我也不看了。看不看都是一个样。如果天气下雨了，根本没啥子活路，我就坐在屋头耍。大媳妇和我不和，我也不到那边看电视，闲了也不过去耍。这周围也有几个老年人，但是他们家都有狗，我也不敢去找他们耍。有时候他们也会来找我耍，但是平时还是很少来。大部分闲的时间我都是坐在屋头，其实也没多少空闲时间，因为一有空闲就去对面山上去捡柴了。"

个案 3-2：居住在黄鹤坝的 GSP 老人，70 岁左右，退休人员。"我平时没事就到黄鹤坝街上打下麻将，一两元一炮地打，又不打大的，只是打了耍。就在黄鹤坝的桥的两侧，有三家茶馆。LYB 家开了一个，里面有两张桌子，其中一张是机器麻将。和他家挨着的是 LSJ 家开的，里面的两张桌子都是机器麻将。他们的收费方式是：机器麻将一天是 10 元，桌子上自己洗牌的是 2 元一天。只要你四个人坐下去打，可以打一天到晚，假如其中有一个人中途退出，另外一个人加进来，也不用加钱的，除非四个人都不打了，另外来了四个人，那就重新收钱了。平时我们买东西就在黄鹤坝 LSJ 那里买，几乎不去大坝场赶场，也没什么特别要买的。

"早上一般我都是 5：00 多就起床，睡不着了。6：00 多的时候开始看电视，那个时候我喜欢看戏曲频道，早上那一段是 6：05 开始播，一直播到 8：00 左右。这一段看完了就煮点早饭吃，一般是吃饭，偶尔吃面。假设那天看电视时间长了，做饭来不及了就下点面。吃完早饭就将近 10：00 了，那时候就去黄鹤坝耍，如果下雨就不去了，在家继续看电视。

"14：00 多的时候就回来了，回来做饭吃，如果不饿，那就不回来了，继续在那里打牌。其实我们下去黄鹤坝也不一定每天都打牌，有时候没桌子了或者人不够，那就坐起耍，摆龙门阵，假如遇到 MCF（黄鹤坝，70 多岁）、BLY（龙嘴塘，70 多岁）、MLS（观音庙，80 多岁）他们几个，那就一定在一起摆龙门阵了。摆龙门阵都没有一个什么固定的话题，想到哪里就摆到哪里，一般都是摆那些过去的事情，所以年轻人不会和我们一起摆，他们也听不懂。我们打牌也不愿意和年轻人打，我们本来老了手脚都不是很方便，那些年轻人就嫌你慢，他们手脚的确很快，我们整不赢他们。和我们打牌的也就是那几个要得来的人，比如 BLY，不过他现在很少打了，天天闷在屋里不出来；LYZ 是以前在乡政府上班，现在已经退休，70 来岁，跟我们年龄差不多，也爱玩几下。

"晚上一般 19：00 就开始看电视，一直看到 22：00 多，在这段时间找个空闲吃宵夜，有时候想看电视就要吃得晚点。从 19：00 的新闻联播开始看，看完看下天气如何，有时候的《焦点访谈》也很好看。20：00 过一点的时候，CCTV-1 的连续剧就开始了。这段时间放的《沧桑》是历史剧，我就喜欢看那种历史剧，因为我看得懂。像后来演的这些根本就不好看，也看不懂。这个正片一晚上放两集，放完就 22：00 多一点了。看完之后我就等着看 22：40 播的《百家讲坛》，那些人讲的历史方面的东西我也基本上能够听得懂，所以也想看，看完就 23：20 了，这个看完就可以去睡觉了。

"我们本来是没田土的了，全部分给他们几弟兄（子女）了。但是老婆婆（指自己的老伴）闲不住，她又去捡了村里别人的土来种起。她一定要去，别个说了她也不信，我那些儿媳妇、孙子孙女都在叫她不要去搞了，本来身体就不是太好，她偏要去，劝不住，下雨都要去。

"她也是早上五六点钟就起床，一起来就上坡，搞到八九点钟的时候就回来吃饭了，吃完又去，下午 13：00 多的时候回来做午饭吃，吃完又去。现在天时还长点，19：00 多的时候可能才回来。吃了宵夜，也不看电视，八九点钟就去睡了，其实她也没睡着。她一定要去种那点土你也没办法，收成都没得，我看那个样子，今年一亩土上的苞谷最多收个 200 斤就不错了，去年还不错，300斤不到。

"在1985~1986年12月，我和YG被乡镇府召集起来共同写乡志。当时政府给我们每个月40元的补贴，我们到处考察，到丰都县档案馆、石柱县档案馆等。差旅费都是由政府报销，在外面的时候政府给我们一天1元钱的生活补助，我们实际上一天要吃3元钱的饭，因为我们时常下馆子，多出来的两块钱我们就自己带了，也不差这些。"

前文所述的这些当地人的生活方式，皆是因为外部环境或是条件的不同而造成的，当然也有因为自身的原因而形成现有生活的现状。但是在黄鹤乡还有一类人，他们的生活方式也和大家不同，因为他们身患残疾，以下几个案例就是关于这类人的日常生活。

个案3-3：汪龙村的GW，今年36岁，患有残疾。双腿患病，走路不方便也干不了重活。他的父亲78岁，也是残疾人，双眼也已经失明。GW在家以篾织为职业，编织背篼、晒席等。编织的背篼每个能卖15元，每次赶场时编好的背篓都要她的母亲帮他背到大坝场，他自己再卖，卖得最好的时期是收土豆的三四月份和收红苕的七八月份。

个案3-4：MDD家住汪龙村，是MSX的儿子，在1981年10月出生，正值成家立业时期，但一直未婚。2002年MDD去河北满城县打工，是在当地的一个小砖厂里开车运砖。在这一年的冬月份他患了重感冒，感觉好得差不多就又去开车，结果晕倒，引起右侧偏瘫，甚至无法行走，只能靠一半有感觉的身体在地上慢慢爬行，而头脑也完全不清楚了。当时没有人发现，因为离厂已经有一段的距离。当日，与他在一起的乡人发现他不见了，就开始找他，找了十五天，腊月十三日终于在一处路边将其找到，那时他正卧在一块草莓地里吃草莓。在十五天中，当地有一个瘸腿的女孩给了他一件棉大衣和一些破旧的铺盖，还时常给他送来一些稀饭和馒头，于是他挣扎着活了这十五天。

MDD是一个孝顺而老实的孩子，出门打工后时常会给家里面写信。从他患上了重感冒就没再给家里面写过信，MSX也就担心起来了，因为已经好久没收到孩子的来信。从失踪的那天起，同村一起在那里打工的人就开始找他，并且给家里打来了电话。找到后又及时给家里面打来电话，把那里的情况说给MSX。第二天，父亲MSX来到黄鹤乡农村信用合作社贷了10 000元，并又得到亲戚朋友的支持，一共凑足15 000元钱，第二天就去了河北找儿子。

　　找到孩子后，就带到河北满城县第三人民医院，在那里待了9天，还是没有检查出究竟是什么病症。后来又把孩子带到石家庄第二人民医院做鉴定，发现是大脑炎引起的偏瘫，这个鉴定整整花了800元钱，鉴定了之后，身上的钱已经不多，只有选择到一个叫作习水的小村的一个小医院进行治疗。一个月后，MDD已经会说话了，也清醒了许多，而这时身上带去的钱只有1 000多块了，只有选择回家。回来后又到石柱县医院去做检查，鉴定说已经形成后遗症，无法治了。2003年乡民政部给MDD补助280元及一条棉被，2006年乡里开始对其进行残疾补贴，2007年补助700多元，2008年补助400多元，2009年上半年已补助1 050元（全年补助2 100元）；2009年已办好了残疾证，为二级残疾。

　　现在MDD在家里除了反应有些迟钝之外，身体的右半边已瘫痪，右手拿不起筷子，只有左手可以用。他在家里的活儿就是照看两头牛，有时也能去捡点柴回来，还能做饭，但是几乎不能帮助做农活。

　　个案3-5：独户老人黄顺清，今年70岁，右手残疾，无力。儿子13岁就死了，有一个女儿叫黄远平，嫁去了武汉，有独生子女费，每月100元。热天平时拣点矿泉水瓶子，卖5毛一斤。女儿20岁（现38岁）外出打工，有六七年没有回家了。"刚开始说的招驸马，但是武汉的女婿不愿意来，嫌我们穷了，他家有6兄弟。现在住宿的房子是1952年土改时分给我的地主的房子，我患了漏肠病，4年没有做活路了。我问过别人得这个病的，他们说不能医治，我就没有去看医生了。我不愿意去敬老院，在家安逸一些，自由方便。吃东西煮饭的话，自己只能吃软的饭菜，吃稀饭那些才能消化，干饭的话肠胃要痛。听说有女儿的不能去敬老院，江兰父亲去了敬老院，都被返回了。"

二、黄鹤人的交通出行

　　和跨越三省一市的武陵山区其他地方一样，黄鹤同样有交通不便的问题，然而与武陵山区绝大部分地方不同的是，位于渝鄂交界之处的黄鹤，承担着沟通渝鄂的交通重任，因此贯穿黄鹤的主要公路是较早通车的，而且随着省际公路的贯通，黄鹤也围绕202省道形成了以路为生、靠路吃路的乡镇。黄鹤乡在1975年前没有公路，乡民们都是靠肩挑、用背背，徒步行走；1975年后，有石黔、石彭、黄洗的过境公路从山坪三战、鱼泉、龙门、龙泉下马武。除开汪龙村外，村村通公路。修桥补路成为农民乐善好施的一种功德。到 1996 年全乡拥有自行车 52 辆，拖拉机 10 辆，三轮车 20 辆，摩托车 55 辆，农用汽车 18 辆，交通工具正在逐步改善，使得乡民们的往来速度大大加快。

图 3-2　2014 年贯穿黄鹤乡三村的沥青公路全线通车

2000 年 9 月 19 日以乡民 TWY 为首组织、LSW 记账、LRX 设计，一共投劳 350 个，集资 1 250 元，修起了叫化岩石拱桥。2004 年 4 月 21 日以乡民 TWL、BTP、LWP 为首投劳 350 个，集资 7 500 元修起了通白果坝的铁索桥。相继团田人又修起了杨家丫口通团田的铁索桥。从 1987 年起修了全乡村组道路，到 2002 年底，全乡 3 个村全部通车，路况较好，村通路率达 100%，共修村、组公路 9 条 31 公里，村民小组通路率为 98%。

表 3-1　黄鹤乡村组道路修建情况表

时间		起		止		全长	投劳	集资	备注
年	月	村	组	村	组	（km）	（个）	（元）	
1987	7	龙泉	三房坝	龙泉	流母泉	1.5			
1995	3	龙泉	桐子湾	鱼泉	明寨子	5	5 400	4 500	
1997	11	龙泉	杨家丫口	汪龙	团田	2	1 800		
1997	12	鱼泉	大坝场	鱼泉	万家大田	2	1 500		
1999	3	来佛	马颈子	汪龙	菩萨坝	1			
2002	7	三战	马盘溪	山坪		12		22 万	国家投资
2003		汪龙	汪家榜		中岭	8.5			

以汪龙村为例，汪龙村的黑石坪地处高山，之前的交通很不方便，不通公路。通过村组长大力宣传，全小组的人共出劳力，修建一条机耕道。这条机耕道宽 3 米左右，为泥土路。据 Q 组长说，他们黑石坪的人都住在山上，但是大家的田土都在山下的坝子里面，步行下山 40 分钟能走到，但如果要背着东西

上山则要花费 3 个小时，所以这条机耕道对于黑石坪来说至关重要。这条机耕道已经修了 20 年，那时黑石坪的组长是王成华，他动员大家参与，全部是人们凭劳力修的这条路。黑石坪以上是鱼龙村的村民小组明寨子，为了交通方便，明寨子的人们接着黑石坪修好的路又向山上修去，一直接到明寨子。这条路加强了黑石坪的人们与自己田地的联系，现在，他们收到的粮食可以用农用车拉上黑石坪，每跑一次运费 100 元，所以人们时常会几家雇上一辆车拉回自己的粮食，它也是当地到达马武镇的重要通道，方便大家去马武镇赶场。

当时在修这条路时，黑石坪的人们要自己出钱雇挖机挖路，也需要对这条路经过的土地进行调整。修路的土地是本村人自己的就要让出来，不是他们自己的他们也要买来或者换来作修路使用。黑石坪的村民 ZGL 回忆说："上我们黑石坪这条路可能已经修了十七八年了，我记得那个时候我们挖了两个冬天。平时农忙都没时间，所以修路的事情就只有在冬天来做，两个冬天就挖成现在这个样子了，都是人力挖的。从路修好以后，我们的谷子就可以直接拖到对面那个垭口上，离到屋头还有 100 米远。这条路的主干是大家一起挖，但分到各家的分路则由自家挖自家的。我们就一直没挖，从垭口上到家也才百把米远，直到前年，他们（指自己的儿子）看我们也老了耐不活了，就把这条分路直接挖到家里来了，请挖机挖的，300 块钱一个小时，挖了两个小时。"

据汪龙村中岭的老人回忆说："以前从中岭步行到大坝场至少需要两个小时，远得很。很不方便。现在走的这条上中岭组的路是 2004 年开始修的，是从黄鹤老乡政府的地址处修上来的，一共花了 40 万左右，是由县扶贫办拨的款。从观音庙进入汪龙组的这条路 1999 年都已经修好了，村民自己出劳力修的，没有出钱，只是调整了一些田土用来修路。修好之后还不能通车。2001年政府又来扩宽，群众也没出钱，现在能走六轮车了。修芋头坝到白果坝的公路是 1998 年的事情了，那个时候芋头坝人 DTM 为了卖河里面的石头和河沙，就随便把那条路修了一下，当时拖拉机都已经可以下河床来了，但是后来他又没有卖成。于是白果坝花了 600 块钱将这条路买下来，并又将其扩宽，当时修路规定是一家出一个劳力。从芋头坝到白果坝的桥是由政府修的，以前没桥的时候人们直接从河里面过去到那边的公路（202 省道）。我记得我们去赶场，涨大水了，就把衣服裤子脱了，水打齐脖颈子都要过去。2001 年的时候，修了一个吊桥，现在有了这个新修的桥，那个吊桥已经很少人走了，但是涨大水了现在的桥还是会被水淹了，人们还是要从那个吊桥上过，虽然政府已经说了那个桥人已经不能过了。现在这个桥给我们很多方便，赶场去要从上面过，学生读书也要从上面过，拉点化肥也要从上面过，就是打米都要从上面过到三房坝去打。这个桥是一条主路，要到河那面必须从上面过。"

新修的桥极大地方便了当地的交通，笔者曾做过一个 12 小时内经过此桥的车辆统计，主要有 BTA，白果坝人，农用车，去年 6 月购买；BZF，白果坝人，农用车，去年购买；MXM，中岭，长安车，已经开了好几年了；ZMX，团田人，农用车，已经购买 3 年；MTK，白果坝人，篷布双排座，新购入的。这些车都必须从现在这条路上过，经过桥到对面的公路上，每天至少要跑一个来回。如果没有这条路、这座桥，根本都没办法过来过去。这些车一般都是给别人拉些东西，如果从河坝里面拉一车河沙到白果坝，一般都要收 50 块钱。

图 3-3 黄鹤的吊桥与公路桥

关于菩萨坝的桥，村民 HWQ 说："这个桥其实早就应该修了，要过河的人多得很。我们菩萨坝这块土地至少有 1/3 的人是住在三房坝的人家的，他们时常要过来做活路的嘛。去年三房坝的 ZCJ 过来这边摘海椒，过河的时候因为水太大了，差点就把她打走了，海椒全部打走了，人被救起来了。没有这个桥真的是困难，仔仔读书要过河，拖点肥料也要过河，水小的时候可以进来，水大的时候再是哪样车都奈不何，反正就说个实话，这边的人只要一出门就要过河。听我们父辈人说，在 30 年代的时候，其实我们菩萨坝这点还是一个重要的交通枢纽。黔江到丰都都是从这里过河，必须要经过菩萨坝。当时的菩萨坝就在我们洗澡那个地方有个铁索桥，当时有一家姓雷的人家在这里开了个店子（旅馆），有时候一晚上要住几十人。这些人都是商人，听说那个时候卖桐油的人比较多。黔江、石柱的桐油经过这里运到丰都，而丰都的百货、布匹等则经过此地运到石柱来。"

据当时的村干部 MSY 说："1984 年开始修公路，当时修的小毛路，修到了原中岭，2004 年公路扩建完善，当时修公路时考虑公路要绕着户走，写了申请规划路线，得到了批准，要尽量多围绕着全村（总共有六组：汪家坝、龙嘴塘——后合并成汪龙组，团田、菩萨坝——合并成团田组，中岭、六塘溪——合并成中岭组），县扶贫办总共只拨了 40 万，不够修到六塘溪，菩萨坝当时也没有照顾到，其他都照顾到的。但是菩萨坝在全乡算最好的地盘，才40 几个人，在河边，他们组各自修了路，他们自己投钱投力修；六塘溪就不肯自己投钱修，他们自发性不行，所以现在也没通路。"

三、黄鹤人的饮水

水是生命之源、发展之基。以前，居住在山里的乡民饮水是一个生活上的大问题，没有蓄水池，人和牲畜的饮水都出现困难。住在高山上的田某说："山上条件困难，以前经常缺水，冬天积雪厚，没有水的时候都是化雪水来喝的。"在政府实行人畜饮水工程后，乡民的饮水问题得到了很好的解决。关于黄鹤坝人的饮水问题，组员 YCH 提供的信息说：我们现在吃的水就是马路上面的一小股水，这点水完全不够我们用，我们有二三十户人的嘛，经常有人为了水的事情吵架。中央扶贫办的 XH，以前在我们这里做过的知青，五年前回来看这边的人，看到这里没有水吃，就要县上拨款 10 万来改善，当着县乡两级干部表的态，结果还是没有改善。现在实行的这个是政府统一管理。汪龙村现在有一个水池，打算一共修四个，现有的这个在白果坝，离村民居住的地区不远。在龙嘴塘几乎几家可以用一个小水井，这些小水井一年四季都不会干，但是龙嘴塘背后的堡上用水就稍微困难些。

关于生产生活用水的来源，住在堡上的村民 LZH 老人说："我们那里要比龙嘴塘住得高，挖不出水来，就只有吃堰水（山沟水）了。我们的水都是从我们住的右边的那个堰（山沟）里面引来的。一下雨就浑了，吃了就对身体不好。我 2005 年生的病，现在已经开了三刀了，现在都还出不得力。我那个病是肠结石和胆结石，那些医生都说可能是因为我常年吃的是堰水。天干了就引不来了，都要去挑，一年有 4 个月的时间是要挑水吃的，一挑水要走 20 分钟的时间。那条堰从我引水的地方上去至少还有七八百米才到水源地，就是我们后面那个山顶上。因为水不方便，我现在有 1 亩 8 分田就没种谷子了，改为土来种苞谷、红苕或者洋芋。"

此外，团田组的人畜用水主要来自其东南方向的瘌子沟，从瘌子沟将水引到新木湾，在那里修了一个水池，将从瘌子沟引来的水注入此水池，然后再从这里引到各个农户家里面。这个水池长 5 米左右，宽 2 米左右，深 2 米。从瘌子沟用一股 2.5 寸直径的黑胶管引水进入水池，从水池拉出 4 根分管，向南一根供团田部分地区使用，但未到菩萨坝；向北一根供狮子崖一带使用；第三根作为池满排水使用；第四根作为洗水池时排脏水使用。关于这股水源的取用，村民们有很多意见，其中，村民 MSX 说："瘌子沟引水那个地方一下雨就容易冲些泥沙把水管堵了，堵了之后就不会来水了。从引水的地方到新木湾水池一共用了 1 400 米黑胶管。那种黑胶管卖 6 元钱一米。这个饮水工程是今年的 4 月份完工的，管子也拉起了，水池也修起了。修的时候，要求凡是吃这个水的人家每个人头出 50 块钱。我们这个组一共是 298 个人，总共有 135 个人（这股水没有引至菩萨坝）投资用水。"除此之外，这股水源的投资者和使用者还有其他的意见，以案例形式记录如下。

个案 3-6：JCB，男，56 岁，对调查者说："新木湾这个水（从瘌子沟到新木湾水池）从修好到现在都是我在管，平时只要水池里面没水了我都要去看是啥子毛病，一般都是下雨涨水把管子堵了，现在从瘌子沟到新木湾的水管已经割了 5 个接头，隔一段割一个接头，一旦被泥沙堵了，就把接头打开，用气枪（给车轮胎打气的那种气枪）对着水管打，把里面的泥沙都冲出来再接起。时常都是那样，自己还没断过，但是为了排水罐里面的泥沙，已经割了 5 个接头。

"以前修水池和拉水管都是包给几个人搞的，不包给几个人搞不行，不包就只能是每家出个劳力，但是好些人家又说要吃水，又在外面打工不回来，不出钱没劳力来搞啊，所以按照人头，每人出 50 块钱，拿来买水管和劳力。每家的分管都是由包活路的那几个人拉的，有些在外面打工的拉水管的时候不在家，等到水管拉好了回来就说那个水管拉得他们不满意。本来每家都安了个水表的，说安个水表多少收点水费，这只是个约束，不然的话家家都拿这个水去灌田，你有好多水够用？但是现在好多人都对他们的水管不满意，所以收不起水费来，还有好些人家直接用这个水去灌他们家附近的田。也有几家没投资的，他们没用这个水，因为他们家住得比水池还要高些，水根本就拉不上去，所以没投资；河坝的罗久亮，刘二湾的李德凡，高粱坪的苏邓全，这些人也都没用这个水。

图3-4　公司化运营的黄鹤水厂与供水站

　　"牟队长、MG、MDB、MGX四家（狮子崖）于二十多年前共同从马武后的小峦沟里拉了一根水管，这个小山沟常年不会干，完全足够这四家用水，并且牟代兵、牟代学两家全部出去打工了，牟代兵全家在新疆，而牟代学家全家在石家庄，他们的兄弟牟代军本来也是与他们住在一起的，现在搬到了团田的老保管室。所以现在小峦出来的水完全足够牟世学与马刚两家使用。然而他们还是在今年与其他村民一起投资每人50元从水池（就是那个从癞子沟引来水的水池）拉来了另一根水管。'这是何苦呢？'马刚说，'要是有个万一，小峦的水就会不够使用，所以还是投资拉了从癞子沟拉来的水，以备使用。'尽管曾经说过，从癞子沟拉来的水是要收取一定的水费的，但是至今依然没有收过。新木湾住着两家人，蹇春毕（管水：从癞子沟到新木湾水池）和谭辉华。

这两家人以前从东东沟拉了一股水，时常堵塞就没有用了。"

黄鹤其他地方也普遍存在一些用水问题，调查组搜集了一些案例。

个案 3-7：三房坝，LXK，45 岁。"现在交通倒还好，就是水又成困难了。我现在和我侄儿还有谭天荣三家从我们对门的那个梁子上拉水来吃。那里已经是属于马武镇了，小地名叫狮子堡。水源地是一个小坑坑，从那里拉到家里我们花了七八百米的水管。断水的情况还是多，要么是人家在地头办庄稼的时候一不小心就把你的管子整着了，要么就是泥沙把水管堵了。我们这个队（三房坝组）有好些人家是吃的赶场梁子那个水池里面的水，那个水源和小河那个水源是一样的，上游是龙潭乡的老矿山区。现在还好点，上面的矿山也控制了，很少开发。以前（前头两三年）我们从小河里面过一趟，要不了多久脚都黑了，硫化矿污染太严重了。

"我们三房坝现在主要就是缺一个好点的水池，水源要好，还要专人管理。我看芋头坝的水好像比较好，但就是水量小。马武镇的龙王庙的水源也好，而且水量又大，可以说整条小河的水从龙王庙流出来的要占 1/3，不过那里可能又有点远。"

个案 3-8：居住在白果坝的村民饮水问题。"我们现在吃的水是从我们后面那个叫后头湾的地方拉来的，一直拉到我们后面的水池，这个水池离水源地后头湾可能有 300 米那样远。使用的是胶管，直径有 6 公分，也会被泥沙堵住。我们的水没有专人去管理，都是一家管上一个月，不收水费，也装了水表，到干天（旱季）就要限吨位；水没来了，轮到哪家管就自己去看哈是出啥子问题。那个水源地倒还不错，一年四季不会干。

"以前没修水池的时候，一家从那个地方引一根管子，水一小了，大家都去你拉我的我拉你的，搞出些纠纷矛盾。我们的水池也和团田差不多一起修的，也是人头收 50 块钱，然后把这个工程包给西沱的人来修。现在水池的一侧是一条水沟，一下雨就流水，时间长了就把水池的那面基础冲虚了。

"本来我们也是不允许用这个水来灌田的，但还是管不住，总是有那么两家用来灌田。"

个案 3-9：中岭崖蜂窝 LSB 家饮水情况："我们现在吃的水都是自己拉的，在我们后面的梁子上拉来的，那是一条沟，离我们这里大概有个 300 米远。现在这股水只有我们和李昭奎家吃，以前是李昭白、李昭奎、李永正和李永乾四家人家吃。这个管子还是二十年以前都拉好了的。没拉管子之前我们都要到李昭河家的门前去挑，那个也是一条沟水，十分钟挑不上来一挑水。"

个案 3-10：LSP，70 岁。"离房子 10 米远的前方有一口水井，平时都吃这个水（但是我们看上去感觉浑浊而不卫生，组长年世荣也这么认为），但是这个水也会干，如果干了的话，就要去马家土去挑水，挑一挑水一个来回要二十分钟左右。马家土的水也会干，那样的话，就要到田家屋（一个地名）去挑，那就远了，一挑水起码要走 1 个小时。门前这个水井干天六七月份会干，冬天冬腊二月会干；马家土的水六七月份会干一个月，腊月到正月之间又会干一个月；田家屋的水就不会干了，那是一股龙水（从半坎上流出，一年四季都不会干的水流就叫作龙水）。"

个案 3-11：观音庙干田榜 RQY 吃水问题："我们那个院子 6 家人吃一个水井，那个水井平时还够吃的，但是要办会事就不够了。干天 7—8 月份只是勉强够吃，到冬天大多时候要过挑，要下山去挑，一挑水挑上来走快点五六分钟，走慢了就要十分钟。2006 年在我们的后面的郭家沟修了一个水池，管子都是扯到屋的，但是那个水池不装水，没水来，我们只吃过一天那里的水。"

"现在我把房子建到这里（村委会的后面，小地名国湾），一是路方便，二来想自己重新拉一股水。现在就从黑石坪的吊嘴塘拉水来，可能要一千米的管子。上面还有一个叫做凉水井的地方，离这里可能 600 米左右，现在坎脚下的包良发、王德顺、黄永福和朱昭文四家吃这股水，也才将就够吃，我上去拉可能就不够吃了。"

四、黄鹤人的通信

在黄鹤人的日常生活中，发展最快的就是通信事业，短短几年，就从有线电话、无线电话到手机再到智能手机，黄鹤的通信事业以跨越的方式发展。1996 年全乡只有乡人民政府和龙泉电站拥有老式过时的固定电话，其他单位都没有。到 2002 年年底，全乡安装电话有 427 部，延伸到湖北省青龙村新安装 284 部，每月业务费均在 1.8 万元左右。黄鹤乡的移动通信是从 1999 年开始的，但那时覆盖面还很小，只有少数政府干部用上移动通信工具，到 2002 年实现全乡移动网络覆盖，据不完全统计，全乡的移动通信工具已经超过有 600 部。截止到今天，移动通信的发展已经很快，基本上达到普及，甚至是上中心小学的学生也有通信工具。关于黄鹤人的通信，我们分别采访了普通的通信工具使用者和通信店老板。

个案 3-12：ZGL，65 岁，其妻名郭志梅，汪龙村黑石坪下田湾："我有一个手机，是我的孙女给我的。她在重庆打工，今年 17 岁了，前不久回来半个月，她说她的手机不太好用，就给我用了。其实我们也用不了好多，自己屋头也是装有座机（无线座机）的，都装了三年了，我们这个地方几乎家家都装有这种无线座机的。一般都只是接下电话了，又不打多少，就只是花那一个月 10 块钱的座机费，有时候在外面打工的子女打电话回来可以接得方便点，最近一个月都没人打来了。手机没话费了我自己都可以拿到大坝场去充话费，只要把号码告诉别人就可以了，又不麻烦。"

个案 3-13：QY，黄鹤乡鱼龙村大坝场通信店老板："黄鹤乡的村民大多数用的是神州行大众卡 2009C，打电话是 1.2 毛，长途的是 2.2 毛（长话风暴功能，加拨 179 51 每月 1 元的功能费）。县境内接听免费。一般客户喜欢订阅天气预报、早晚报等。短信费是 1.5 毛一条。手机进货主要是在石柱海军手机销售公司，他们是从重庆进货，再送到我的店子里。

"我的店子有两个大方面的服务，一是移动公司的业务（话费充值等），二是手机公司的业务（卖手机等）。好多农户家里安装农信通，还有他们喜欢买送话费的手机。座机是移动公司进，卖一部提成 5 元钱。手机的袋子和装饰品那些是自己去进货，去离川大鹅厂家买，他们送货到店子里。手机的价格在 150 元到 950 元之间，多数为七八百元一部。"

五、黄鹤人的燃料来源

燃料的主要功能是提供黄鹤民众日常炊事能源和冬季取暖，以前黄鹤乡乡民在生活中所用的燃料均是木柴。政府在划分集体土地后，按照人口数量也划分了林地，家里的燃料皆出自于此。随着集镇的发展，电的普及和液化气、煤炭、沼气等燃料的使用，居住在集镇上的乡民在使用燃料方面更加方便和安全。关于家用燃料的来源，我们搜集了一些案例。

个案 3-14：居住在龙嘴塘的 L 某，今年 45 岁，是一名家庭主妇。她跟我们介绍说，现在家里分有两亩林地，砍点柴用于燃料是不需要得到政府的批示。但是要砍一根大的树就不允许，如果被别人发现，去告官那就不行了。"我们一般只需要在夏天砍一次柴，冬天砍一次柴，一年就够用了。不烧柴只是用电用不起，我们这里的电费要五角多一度，太贵了。"

图 3-5　黄鹤乡民房前屋后囤积的烧柴

黄鹤乡水资源充足且地形落差大，因此利用河流落差建立的水电站会很多，在全乡境内现共有四座水电站。这给黄鹤乡乡民的用电量提供保障，但有时会因为河流的水流量不稳而出现暂时断电的现象，还有就是这些水电站所输出的电并不都是用于黄鹤乡，还要输送到其他地区。

45 岁的 BZL 家住在龙塘嘴，距离集镇不是很远。他说道："我们烧火主要是用木柴，出去捡一天的柴还是可以烧五六天的，主要是用来煮猪食和煮饭吃。冬天的时候用的柴就要多些，捡一天的柴两天都用完了。"在当地团田的电费是每度 0.52 元，据团田人反映，他们这边几乎从来没有停过电，前年雪灾的时候，马武都停了电，但是团田却没有停。

居住在高山上的汪龙村黑石坪下田湾的 ZGL 老人，今年 65 岁。他说："上田湾那个地方有两根电线交叉的太近，有时他两个一相碰我们这里就停电。几乎是经常碰，只要一没电我们就过去看，时常都是那里出问题。我们就只有拿胶纸来裹，这样又能好一段时间。但是一有风吹，胶纸又会吹飞了，一碰又没有电。我们这里和白果坝用的电都是从龙泉电站拉来的，拉了有将近 9 年了，原来是从鱼泉电站拉来的，现在的电费是 0.52 元一度。"

个案 3-15：家居住在鱼龙村大坝场的村民 SDQ 讲述。"我们烧的柴是在大坝场买的，他们搞木料的那些人用不到的废柴就会拿来卖。前年买了一车柴，当时花了350元，现在买要400元。现在都还有些，反正一车柴可以烧两年。像我们这路边的人家烧的柴基本上都是买来的，主要是自家的林地离家远了，不好去弄柴，我们周围也没林地。四年前家里也拉了一车的煤炭，花了1 500元，现在买起码要2 500元。拉煤炭来只是到冬天烧火烤，不用它来煮猪食或者做饭。那车煤炭到现在已经烧了四个冬天了，可能还剩个2/3的样子。

"我们这里要两个月交一次电费，0.52元一度。数起来我家用电的还是挺多的，有电饭锅一个、洗衣机一台、冰箱一台、猪草机一台（砍猪草用）、打苞谷面的机器一台、电视机两台（大人看大人的，小孩看小孩的）、鼓风机一台、电磁炉一台、电炉一台。电器多两个月要交100元的电费，到冬天太冷有时候不烧煤炭就烧电炉，所以到冬天可能就要交150元左右。"

据村长介绍汪龙村中岭组的用电情况，中岭组是从1976年之前就开始用电，从龙洞沟电站拉来的电。电站电网首先是将电拉到三房坝，再从三房坝拉到中岭组。在1990年的时候，将木杆子换成水泥电杆，每户人家出了50元的"搭伙费"，因为要从三房坝的变压器上接电过来。另外每户还要出300元买各种材料，一共用去30根水泥电杆，每根40元；用电线200公斤，12元每公斤。村民不仅出钱，还要出劳力，因为竖电线杆前要挖坑，连同抬电杆都要劳力。2001年农网改造，中岭组是马武片区第一批农网改造的地区。农网改造之前是约0.5元一度电的电费，之后也才0.52元一度电。农网改造就是将以前的电杆电线完全换成新的，把线送到每家每户。

六、黄鹤的社会治安与医疗卫生

社会治安与医疗卫生所面对的群体，都是社会成员中比较特殊的一部分：社会治安处理的是违反社会约定而成的契约（在阶级社会通常指法律和法规）的成员；而医疗卫生面对的是社会成员中出现了身体或者心理健康问题的弱势成员。能否正确处理好这两类人的问题，对于地方社会的安定团结、和谐稳定具有重大的意义。

（一）社会治安

1986年以前，黄鹤乡未设立治安组织，社会治安工作由乡人民政府指派武装部长配合派出所协调抓管本乡的社会治安工作。1987年依据上级政府的指示，乡政府聘请了一名临时治安员和司法员，主要负责全乡社会治安秩序，打击刑事犯罪活动，维护社会稳定。后因多种原因在 1993 年撤销临时治安员和司法员的设置。治安工作由乡武装部长代管，马武派出所干警驻乡包片，共同配合管理社会治安。司法工作由马武司法所在大坝场设立的法律服务所大坝场接待站来接管，到 2002 年全乡共有治保人员三名，当年成功调解民事纠纷共 18 起。

因为黄鹤乡地处两省市交界地区，人口密集，社会复杂。在 90 年代常常会发生两个地方打架斗殴的事情，特别是 1996 年后新建大坝场集镇，大量外地人员涌入，增加了社会不安定因素，大坝场一度被称为"小台湾"。打架斗殴、偷盗扒窃等吃黑窝子的事情时有发生，通过马武派出所的配合，乡治保部门捣毁了吃黑窝子和违法作案的小团体，加强法律宣传来促进黄鹤乡的安定团结及社会稳定，确保经济建设顺利进行。

现在黄鹤乡的社会治安工作虽已上了一个新的台阶，但是如同其他省际交界地区一样，两方冲突的事情偶尔也会有发生。在笔者进行田野调查期间，就发生了一次两边的冲突事件。事件发生在 2011 年 7 月 17 日，起因是黄鹤乡有人开车带人去文斗医院看望病人，去文斗必须要经过青龙村正在修的村级公路。当时雇佣修公路的推土机正在挖石头，路就被挖断，车子过不去，黄鹤乡的人要求开挖机的司机先把挖断的路用石头垫一下，好让车子先过去，开挖机的是一个年轻人，就不愿意垫路，也不想让车子早些过去，就这样两个人你一言我一语的就吵起来了；当时车子上的人多，开挖机的人耐不过，就不情愿地把路垫好，让车子先过去了。但是年轻人心气好盛，不服气，就给在青龙村的朋友打电话，叫来很多人扬言要打黄鹤开车的人，并且已经纠集了一群人在桥上等；黄鹤的那个司机听说后，也叫了一群人来帮忙，两边人在桥上纠集起来。文斗的司机先已经把文斗派出所的人也叫来了。文斗派出所一看事情，就偏袒青龙村的人，并要抓黄鹤人，结果引起黄鹤的人反抗，大家说："你敢抓，就把你警车砸了！"有人看见事态严重，就给马武的派出所报警，很快马武派出所的人赶到，经过协商，事情和平解决。黄鹤这边的人说，若是文斗派出所的人要抓人，首先必须要经过这边的派出所，让马武派出所去抓人，或者文斗那边的可以作为协从参与抓捕工作，不允许不经过当地派出所就直接抓这边的人，这不是他们职权范围之内的事情。

社会治安工作是一个持续的工作，偷盗等事件时有发生。在笔者调查的期间，在汪龙村和湖北青龙村交界的地区，接连发生几起偷牛事件。有些人怀疑是外村人干的，他们利用一些办法把牛直接拉出去在上边路上上车，然后直接拉到石柱就宰了。也有的人认为是本地人干的，不然怎么会清楚哪家有牛、哪家没有呢。派出所一直在调查取证，到笔者结束田野时，事情也没有一点进展，仍处于调查中。以下是丢牛事件的记录：

HYJ，山河村三战赢人，牛在2008年梨洋芋地的时候被盗。

LTR，鱼龙村石马梁人，牛在2009年年初被盗。

YQL，鱼龙村姚家垭口人，牛在2009年年初被盗。

QLZ，黑石坪烂池坝人，牛在2009年被盗。

MST，毛坝人（属于湖北境内），牛在2009年5月27日被盗。

JQY，黄鹤坝人，牛在2008年10月19日被盗。

（二）医疗卫生

在现代医疗进入黄鹤之前，黄鹤人基本上靠自己上山采草药或者求助赤脚医生来治病。黄鹤乡乡民居住的地方包括有高山、丘陵和平坝地区，地形多样，适宜多种植物的生长。在乡民们的房前屋后以及周围的山里，生长着很多草药，这里很多乡民从小就可以认得很多中草药，有时在上山的途中受伤后就会自己采来认得的草药治伤。在赶场时，也有人专门卖从山上采来的中草药，并且会看一些小的病症。也有一些江湖郎中专门给人治疑难杂症，自己会带有各种中草药，有些是自己上山挖来的，有些是从老乡手里收购的。在全乡现有的三个村里，约有赤脚医生5~6人，他们会治一些小病小痛，主要是给病人配中草药和小剂量的西药。芭蕉塘开小食货杂店的WDX，今年64岁，是三级残疾人，家住汪龙村的黑石坪。他自己介绍说："我们王家是湖广入川时迁到这里来的，湖北的土家坪有很多姓王的，我们是分为三个宗派的，我们这一派到我这儿已传5代了，下辈有3代人，一共是有8代人，字牌表有20个字，是'秉公伟思德，勤学有名誉，家风进方明，兴福高贵远'。"WDH在芭蕉塘开了一个小店，不仅卖一些百货零食，也会给人看一些小病，看病的医术有些是家传，也有些是跟别人学习的，是年轻的时候跟师傅学习的医术。在货架上不起眼的地方摆放有很多西药，村民有时得了小病不愿意上集镇去买，就来他这里配药，对面湖北的人也会来他这里看病。

针对黄鹤的医疗情况，我们首先采访了一批当地的"赤脚医生"。居住在鱼龙村大坝场的赤脚医生YSH对记者说："一个场镇有这么多的土医生，竞争是肯定存在的。本来我是有义务举报他们这些个不按正常手续给看病的，而且

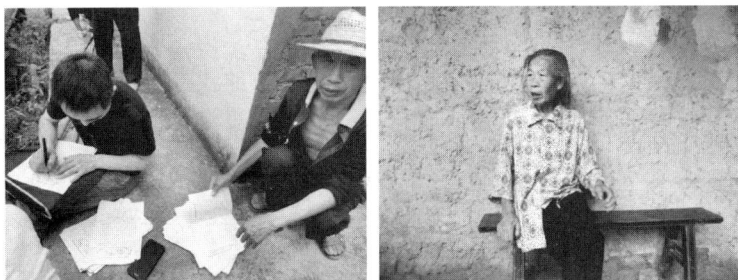

图 3-6　黄鹤的乡村医生与民间接生婆

还有奖的。但是我想的是他们有本事就做得来，没有本事肯定就不行。有了竞争对手才好，对手越多越好，才能体现自己的不足。两个人的力量总比一个人的力量大嘛。有时那个病我没有治好，其他人比如 TWZ 或 WQB 治好了就好呀，三个臭皮匠抵过一个诸葛亮嘛。2009 年 7 月，TWZ 自己就病了嘛，他自己医，自己给自己输液、打针都没好，结果呢，还叫儿子给他寄钱到石柱去医治。后来我给他医治就好了嘛，他就是重感冒、发烧、身上发抖，我连续给他输液 4 天，打针 2 天就好了。BTC 的妈妈生病没有来医院，是他的儿子来拿药，给打针、吃药，结果没好。我去到他家后，用了同样的药物，就治好了。总有些病是一个医生治不好，另外一个医生就可以治好，每一个医生都有自己的专长嘛。我是觉得好多老年人对医生实际上有一种精神上的依赖，看见医生了，病都好了一半了。"

个案 3-16：汪龙村村民 STW 讲述。"我是 1987 年就开始行医，药物是自己去山上采来的。我主要医治三类病，有小儿科、风湿麻木和中老年人的咳嗽、累、喘。我因为是要靠这个去生活，所以给人家看病要收钱。治疗风湿麻木是讲多少钱一个小时，2008 年的时候是四五元一个小时，用药引子烧，烧一个就要两个小时。我的医术是通过看书自学的，再有就是跟师傅学习，主要跟给他学习小儿科病的治疗。一般都是老乡自己到我家来看病，是很小的小孩子的话我就要上门治疗。自从有了合作医疗后，生意就少了。村里 TXB 的母亲在六七年前就患有风湿，而且一直很严重，是我去给他治疗好的，收费 200元。她之前去了成都、石柱、重庆都没有医治好。马武的 TTB 咳嗽得厉害，也常常会觉得累，她是我的亲家，我就给她免费治好了。"

个案 3-17：居住在汪龙村的赤脚医生 RHL 讲述："我出生于 1937 年，是一个土医生（赤脚医生），专治毒蛇咬伤、妇科病、劳伤劳损（跌打损伤）等，这是祖传秘方。我爷爷家在他12岁时乘船在长江上出了事故，家人全部被淹死了，就剩下他一个人。不久后遇到一位中药老医生，他就跟老中医学医，在学习了3年后，到15岁时，他就开始自己行医。我们家的传统是传儿不传女儿，而且只传一个儿子。我们家刚好是三代单传，祖父—父亲—自己三辈人。我是从40多岁开始行医，之前一直跟父亲学习，和他一起去采药，他就告诉我每一味药的药效。

"2004年、2005年的时候，县卫生局的人来了几次，要求我告诉他们医治被毒蛇咬伤应该怎么使用药方进行治疗，叫我写出处方并去山上把药一一对应摘来。我说现在山上没有那些草药。我找了一个借口，就说我不懂医术给推托了。我想的是要是我告诉他们了，他们就用我的药方去赚钱，那我就不行了啊。他们答应给我5万元作为交换，我都没有说。

"每年都会有四五个被毒蛇咬伤的人会来找我医病。例如在2008年时，大坝场的ZMS被毒蛇咬伤了，去石柱医院花了2800多元才医治好，他没有来找我，要是找到我，我在2周内只要几百元钱就给他医治好了。BZT的妻子，2008年夏天在家从包里拿衣服时，右手被毒蛇咬伤。BZT就用摩托车把我接到他家里看病，我就用我的草药把她医治好了。我先是用自己泡的药酒给她喝了3杯（最多1两），然后再用草药敷，一天一夜换一次药物，然后敷了3天就好了。我共收了他140元的医疗费。

"2006年彭水太原LFQ的母亲（50多岁）右脚脚后跟被毒蛇咬伤了，先后有十多个医生给他看了，结果都没效果，反而搞得右脚全部肿起来，还起了脓包流黄脓水。他的大儿子给在外打工的兄弟打电话叫他回家，说母亲的病情严重，二儿子回到家后，才晓得到我家里来找我。我花了15天的时间就把老人治好了，收费600元。我用的家传的办法，先在受伤的腿上抹上菜油，再把草药面面敷在腿上，要每天换药。再加1斤泡的药酒，老人喝了就好了。她的三个儿子把我感激惨了。

"早在2003年左右，来佛村WGW的侄子外出打工被人打了，腿被打肿了，搞了半年、找了几个医生都奈不何，没有医治好。他的家人来家里请我，告诉我他的情况，我人都没去，给他配了一副药酒，收费20元，喝了就好了。我们因为关系较好，我就收他的钱收得少，一般不熟悉的人凭那瓶酒我都会收他100元的。

"YBH的妻子在2008年患了白带病，他来找我，我给了他4副药，煎药喝了后就好了。一副药卖给他 50 元。我看病卖药的价格是由关系而定，关系好的话收费少，不熟悉的人的话收费高。

"要去木坪的大山上采摘药材，和同行一起去采药，一般是两三个人一起去。多数是在旧历的 8 月间去采，找个三五天就回来。刚采回来的药材要先晒一晒。药材要自己去找野生的才行，去县中医院买的那些药效不是很好，人工种植的是不行的。"

现在的黄鹤乡具有完善的医疗系统，所在的县、乡、村建立了三级医疗卫生保健网，村民的常见疾病可以得到及时的治疗，而且医疗卫生条件有了明显的改善。在乡政府的所在地——大坝场设立有乡卫生院，是一幢拥有两层楼的小四合院，一楼是就诊室和输液室，二楼有小型病房，乡卫生院可以承担一般的小手术和治疗常见的病症。特别是妇幼保健工作得到了很好的保证，乡里规定孕妇如果选择在卫生院生小孩，不仅可以得到政府财政补贴，而且一生下就可以给小孩上户口（计划内生育），乡里的孕妇都可以定期到卫生院或是县医院做产前检查。儿童的免疫率也大有提高，母亲和孩子的健康有了基本的保障。有重大病症的病人可以直接开车送往县人民医院进行治疗。此外，在黄鹤乡下辖的三个村内都设有村卫生所，可以医治常见的病症，并备有各种中草药及西药可以卖给村民。

图 3-7　黄鹤卫生院与驻院医生

鱼龙村村民 BZX 说："这边的人生病了，以前是吃点草药，现在都到黄鹤乡卫生院，因为有农村合作医疗的保证，可以减免一些钱。"在每年的 9—10 月，山上居住的农户家里都会晒有采来的中草药，最常见的就是五倍子，也有当归、黄柏树皮、杜仲，等等。村民牟世荣介绍说："这个树皮叫作黄柏树皮，是一味中药，我们这个地方有是有，但不多。要先砍树才能剥皮晒干做中草药，主要用于去火。还有杜仲树皮，可以拿来泡酒用于解除劳动过度的困乏。另外还有一种是厚柏，它的皮可以用来帮助消化。"

针对黄鹤的基层医疗卫生的实际情况，我们进行了较为深入的访谈。

个案3-18：汪龙村村卫生室负责人 MDC 讲述。村卫生室在 1997 年开设，1999 年的时候修建了现在的这个房子，把一间屋子做医务室，另一间屋子做医疗室，用于输液、打针等。医疗室里面设有电视机一台、桌子一张和柜子一排，没有床，仅有一个长长的凳子或可以称为"木头沙发"。医疗室的后面可以通往麻将室，那里面有 1 张机器麻将桌，面积不是很大。医务室和治疗室都大概有 20 平方米的面积。来输液的人多是坐在藤椅上或坐在凳子上输，也可以坐在沙发上输液，还有的病人不注意个人身体，会一边输液一边打牌抽烟，以此来消磨时间。

"我毕业于重庆沙坪坝的卫校，自己有医师证、药品上岗证、经营许可证。我父亲是中医，我自己在学校学了西医，我是中、西医都懂得来。店里约有 280 种药物，卫生室里有的医疗设备是听诊器、血压器、体温表、导尿管这些基础的，大型的就没有了，我们这种私人小诊所负担不起贵重的医疗设备。政府对我们这种卫生室是一点补助都没有。现在还没有安装电脑，主要是网费太贵了，如果县卫生局可以给我们出这个钱的话，我们就要安装。一年的网费好像是 400~600 元间。我妻子不是科班出身，跟着我学习医术，只是学学怎么打针、输液等基本功。当我不在家时，有病人来看病，她就要打电话告诉我病人的症状，然后再照我给出的药方给病人开药。目前，妻子正在石柱读护士班，等结业时去要参加考试，合格后就会发一个证书，就是上岗证书。

"我们进药是给现钱，统一在县中药材公司进货，一般是一个月进一次药。他们送来药物后我就付款。对于新农合的具体操作，县卫生局（新农合管理中心）是要求我们每个月报一次，自己先贴本，报上去了之后，县里再把钱给你。新农合医疗是直接上报到县新农合合管中心，我们每月底必须把登记表汇总上报。村民们看病一般在乡镇医院可以报销 70%，县医院可以报销50%。门诊一人最多可以报销 30 元，是以家庭为单位报销，在县、乡镇住院补偿可以报销 10 000 元。门诊和住院是分开的，慢性病住院可以报销 50% 以外，门诊还可以报销 400 元，结核病会报销得更多。

"按照新农合规定，不是所有的药物都可以报销，有些药物是不能报的，就只有自己贴了。在一次医疗中同一功效的药物只能报销一种，如果两种以上，那另外一种药物就不能报销了。我们的药物价格都是规定好了的，不能够随便地提价，比如说抗生素的药物，包括了青霉素、四环素、氯霉素等，这三种药物在同一次医疗中只能报一项。有时有的农户自己会提出一定要增加一项药物，自己没办法也只有给农户了，增加的那个就报不了，需要自己掏腰包。

"农村里的人不像城里人，一有病就马上去看医生。农村人主要的问题就是他们不会一发病就来看医生，都要拖一段时间，能拖好就拖好，拖不好才来医院看病，所以好多人来看病时实际上都已经比较严重了，这样的话用药就要重一些了，有时就需要同时用两种同一功效的药物了。比如吗丁啉和健胃消食片功用相仿，同时买的话就只能报销一种。还有就是同一个病人，我们这种门诊给他开上 3 天以上的药物就不能报销了。就是说，同一个人，在新农合的优惠下最多可以连续看病三天，过了的话就不能报销了。所以啊，有些人就连续输液 2 天或 3 天，等歇一天才来看病，这样就耽搁了治病的时间了。有些农户家离医院远了，有时一拿药就是开 5 天的，我给他们说后两天的药物不可以报销，要给他们做很多解释工作。

"每月上报给新农合合管中心的账目是我自己来做。实行新农合后，对一些药物的价格规定比起原来不是很合理，我们是真要亏本的。比如说一支无极膏的进价至少是 1.2 元或者 1.3 元、1.4 元，但是我们卖的话，要求只可以卖 1 元钱。就是说，对这一只无极膏的买价是这样构成的：病人给 4 毛，新农合报销 6 毛，自己再亏损 2 毛，加起来 1.2 元平衡了。所以啊，那个药物我是开得很少的，一般人来买我都是说没有那个药物。此外，还有一些常见的药物也都是很亏本的，有板蓝根、无极膏、红花注射液、氧氟沙星注射液、氨咖黄敏胶囊等。2007 年的时候，自己就亏了 2 000 多元的新农合款，所以 2008 年上半年我就把诊所关了，出去承包工地干活路半年。结果呢，半年后县合管中心给我打来电话说政策变了，新农合有优惠，我就又回来开了诊所。我其实是不想参加那个合管和新农合，想单干。2007 年我被罚款 500 多元，合管中心给说的是同一功效的药物不能用两种以上，我违规了 50 多元，就是多开出了 50 多元的同一功效的药物，合管中心说的是违一罚十，结果就被罚了 500 多元。那真的是冤啊，那个时候我们也不是很清楚这里面的细节问题。

"我们这里大龄男性普遍有肝硬化的病症，主要是饮酒太厉害了，一是喝酒太多，二是酒的度数高，这里我们主要喝苞谷酒，度数一般都在 60° 左右。自己的岳父和两个舅子都是死于肝硬化，我的岳父自己一次就能喝 2~3 斤白酒，这里的人一般都能喝半斤以上。肝硬化病主要发生在 50~60 岁的男性群体中，这是大家要值得注意的问题。"

除了上面说到的正规医疗单位外，黄鹤乡还会有外地来卖药的商贩。他们

图3-8　更多黄鹤乡民"治病"的方式只是在药店拿药

打着各种宣传和名目来黄鹤乡推销自己的药品，有治病的药也有保健品，卖的主要有：智力王、人参多维胶囊、高钙片、消痛贴、鱼眼油、灵芝虫草、肾宝、牛之乳等。当地乡民对这些商贩的看法褒贬不一，但是多数人还是采取不相信的态度。居住在黄鹤坝的一位乡民说："卖药的是他人一走，病人就又不行了，不吃那个药就不行，断了药就要反弹，不能彻底医治好病情。那个药就像吃鸦片，不管你是什么病，吃了都得行。那是万用药方，治好多种病。它是那个卖药的人在这儿吃这个药物就行，所以要天天发药。我还看到有人给曾医生（外地买药人）送红包、苞谷、洋芋粉、腊肉、汤圆、鸡蛋、米子这些吃的东西呢。"

汪龙村的JL阿姨说："那天赶场时，就有人问曾医生是否加了激素在药物里，或者加了安眠药其他什么的，他一直说没有。那个消痛贴昨天别人买的是10张10元钱，今天他就卖10张20元钱。他给我介绍的眼膏，说是越擦越亮，但是我擦了2次后，第二天早上起来后就觉得眼屎多得很，就没有再用了。本来还买了他的其他药的，但是两个女儿不允许我吃了。"

鱼龙村村民MTY表示，这样子进村卖药是一个新鲜事物，我觉得值得上市推广。但是必须要加强管理，要防骗。他们（外地买药人）是来送健康，基本断定不是骗人的，是来做好事的。村民BLX激动地说："看病实际上最整人的是医院，合作医疗的药费是发了水的，本来是简单的药物就可以治疗好的，医院偏偏要给你用高价药。我腿伤着了去大坝场医院开了2盒的云南白药，付35元。去药房取药时，说没那个药了，就给换成10元的药。一个医生说 10 元少了，就增加了 20 元的药，硬是吃了我 15 元钱。一个月后，我去给院长说了此事，他马上就叫人把我那 15 元钱退我了。"

神农集团的卖药人 ZXY 在赶场时宣传自己的产品说："别人说我风凉话，我们要走自己的路，随便他们说。药物的效果才是硬道理，胡锦涛及四川省领导人视察我们神农集团时语重心长地说：'希望你们多开发一些产品。'我们公司用了 2 800 万元的钱来做推销和广告告诉大家我们的产品。在全国各县、镇、村进行地毯式的宣传。我们的宗旨是只要当地 90% 以上的群众觉得我们的产品好时才能离开，不到 30% 的人说好我们就还要继续在当地宣传。刚开始时你们不信我，现在你们有人开始信了，我很高兴。对面湖北的王树基老人以前拄着拐杖走路，现在吃了我的药物已经能扔掉拐杖走路了。说实话，你们买我们的产品越多，我们公司就越亏得多。我们的产品是以质量说话，而且不谈价格，谈价格大家就不亲热了。神农集团把你们当作亲人，希望你们也把神农当作亲人。"

刚到黄鹤坝便碰上神农集团的曾祥云和刘群珍在原乡政府屋子里用话筒宣传药品，并用电脑的视频进行宣传。屋子里坐满了村民，等着他发药。他给满屋子的人免费发放人参多维胶囊。一些村民们用过他发的药后觉得效果还是比较好，认为药还是真的，一些村民认为他们是骗钱的，是变相搞传销。村民们普遍是为了得到免费的药及怀着侥幸的心理来听他宣传，大多数还是很怀疑他们身份的真实性。包中兴组长就要求他们出示证件，他们给了相关证件给他看。2005 年时也有药商到村里宣传卖药。包中兴组长认为还是新农合最好，农民有病还是应该到医院看，因为加入新农合后能够报销。

关于卖药人，LTZ 老人说道："2006 年有卖药的来到村里，他给了我清风油，说是治疗风湿的，当时用了还是有效，我就和 LKY、CYW 的老婆我们 3 个人凑起来买了 3 瓶，一人分得一瓶，各自出了 60 元钱。他不单独卖一瓶，要三瓶一起才卖。结果用了没有啥效果。从此我就不信那些卖药的了，也不去管别人是否会买那些药，怕得罪那些买药的人。"

通过调查和访谈得知，在黄鹤乡的三个村，会不时有外地人来推销药物，推销最多的就是保健品，而能够在村里站稳脚跟可以推销时间较久的人，都与当地人有一些关系，来保障他们在本地的安全。黄鹤乡政府和乡卫生院也有注意到此类情况的存在，对于私自卖药的商贩加强管理，并告知群众要相互举报且有奖励。

从整体上讲，黄鹤乡是一个从传统走向现代的典型乡镇代表，从医疗卫生而言，基层卫生院的设立，基本上使黄鹤传统的医疗被现代科学的医疗技术和做法所取代，各种先进的设备和技术正在逐步被用于乡民们的日常医疗卫生活动中，极大地改善了人们的就医条件。

第二节　地方与社会：黄鹤传统的宗族社区治理

黄鹤乡自古以来就是一个土家族聚居区，有很多宗族在这里繁衍生息。宗族经过子子孙孙的历代演变，很多权力都已经不复存在，但是宗族内部孕育的文化仍旧在影响着后辈人。这种在长期历史过程中形成的传统秩序，不论是在过去的黄鹤还是在现在的黄鹤都还在某些方面起着举足轻重的作用，当然，现在这些传统秩序的影响，更多采取的是一种合乎国家权力话语体系的方式，在可以预见的未来，我们有理由相信，这种传统秩序依旧会起到重要的作用。据田野调查反馈的资料显示，黄鹤的大姓宗族有明、包、周、冉、向、覃、彭、黄、秦、刘等十五个姓氏，以这些大姓为代表的黄鹤宗族式传统秩序，体现在对宗谱或族谱的重视和着手修编、重大人生仪式（如婚礼、葬礼等）中宗族源流的彰显以及各大姓后人在社区基层管理机构中占有重要地位等方面。而不同姓氏的传统宗族权力，体现在不同的方面，以下按各大姓氏的不同情况分类列出。

一、明氏宗族

明氏作为曾经的巴蜀地区的最高统治者，在重庆、四川地区多有支系，《利川明氏总谱》中利川嘉班公旧谱序中记载有明家来源：我远祖明嘉班，李孺人，生则同偕，殁则同墓，合葬于湖北省施南府，忠路司，长顺乡十五保（今鄂西自治州，利川市文斗区五峰乡青龙村）寨湾卯山酉向。

嘉班公生于康熙五十二年正月十四日，殁于乾隆五十七年正月十八日，享年八十岁。嘉班公系冕公明法尊之裔。大清雍正年假吾祖嘉班公同大伯祖嘉瑶，随曾祖土名公离湖入川至重庆里民府江北厅进官场铁炉沟郑家漕居焉，犹在重庆二十余年。

根据明姓修谱之人讲述：元末1363年明玉珍在现今的重庆建立政权——大夏国，明姓子孙在西南地区繁衍增多。等朱元璋统一了全国，为了避讳

"明"字，明姓人改姓氏为甘，自此，明甘二姓是一家。在明末清初的湖广填四川运动时期，有很多湖北的明姓人迁移到四川，我们的老祖明嘉班就属于其中一支。先是在一个叫兴隆坨的地方居住，后来因为那里明姓的人员逐渐多起来，就改名为明家山，明家山算作是我们这一坨的祖先起源之地，后明嘉班又带人迁移到毛坝并发动族人开发田土，把一个杂草坝坝开发成一大片水田。随着后人的增多，族人把田土逐渐开发到汪龙村的三房坝。现今居住在长坝、毛坝和三房坝的人是同一家支的三兄弟，分家后各领一支族人去开发田土。三房坝的

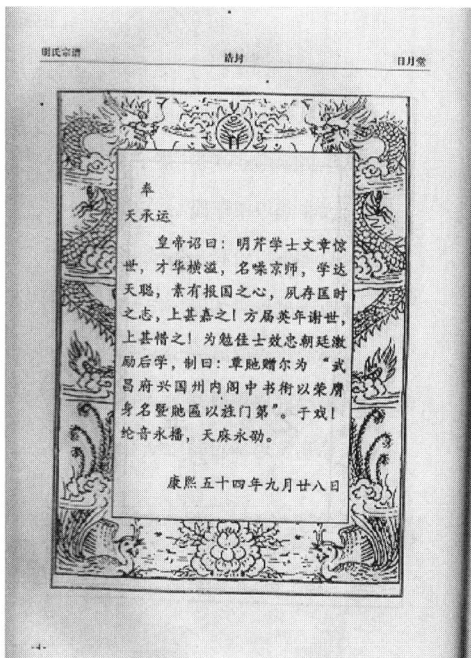

图 3-9　明氏宗谱记载的诰封

族人一开始住在山上叫老房子的地方，近几年政府倡导发展规模经济，改善交通等基础设施建设，有些族人就搬到公路边的芭蕉塘修新房去住❶。

由上可以看出明氏宗族的来源及发展演化。据明氏族谱记载，明家曾历代为官，家业昌盛，人丁兴旺。在族谱中还有"勅命之宝"这一章节，专门记录了明氏家族诰封的旨意，一共记录有 5 次；族人踏实勤奋，恪守族规，有一套完整的家族管理制度。

随着历史的不同发展，明氏宗族也跟着发生时代的变化。国家行政权力不断对基层组织的渗入，族人外出打工及其他姓氏的移入，导致明氏宗族不仅在地缘关系上的隔离，同时也产生在血缘关系上的疏离。在这样的环境下，黄鹤乡的宗族势力不再拥有过去的权力，甚至是家族老人应该拥有的权威都已消失。在日常生活中，族人更多关心的是自己家庭内部的生活水平状况。现在，明氏宗族已经不再祭拜祖先，只是每年春节时会祭拜自家去世的老人。

为了正本清源，明晰字派，让更多的明姓后辈人知道自己的来源并继承宗族文化，有族人 MTJ 提出修谱。据他讲述具体的修谱过程：第一次修分谱是

---

❶ 明姓家族内部发行. 利川明氏族志［Z］. 内部资料.

我父亲他们开始提出要修，是 1998 年的时候。在过程中因为负责写的明程鹏死了，就拖延下来没有完成。到 2000 年的时候，我们几个族人开会，我就提出这个问题，要不要再把修谱的事情继续下去，大家说可以，并一致推举我为负责人。我们几个分工负责，查阅县志、搜集资料、寻访老人、考证碑文，终于在 2003 年完成了修谱的工作，并把印好的族谱分发给明姓族人。修谱就是想我们这一代人还有这个精力，为后代留下点东西。我们的下一代人又不想去做，如果再不做，家族文化就不能传承下去，到我们这里断了，没脸去见祖先。若是后人有想做的也可以拿来当个参考，所以就重修了明氏族谱。

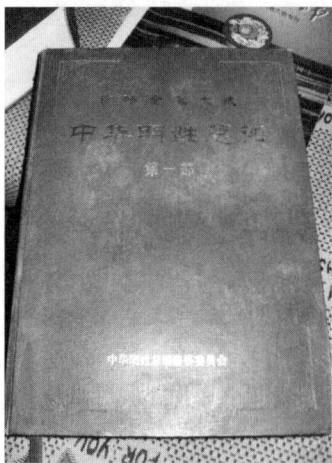

图 3-10　明氏族谱

此后，在 2003 年 8 月 MTJ 参加了修撰全国明氏总谱的工作，并担任恩施、宜昌分会的主任。参加完总谱的修撰工作后，MTJ 觉得根据总谱的精神和体例，有必要对原来修好的本地分谱进行修改，又加上原来分谱的某些派系不清及各支后代成员的增添，于是在 2007 年他又召集原来修谱的人员，不在的成员找新人补替，共 12 人组成二次编撰小组，对本地分谱进行第二次编撰。编撰小组本着严谨认真的态度在 2011 年 8 月份完成分谱修改。这两次修谱均得到族人在资金等多方面的赞助和支持。

在修谱过程中，还拟定了中华明姓统一的堂号——日月堂。堂号最初始于唐代，至宋已较为普遍。起初，某一姓氏或一宗支迁至某地后，由于繁衍，户齿日增，形成户族。为了祭祀祖先以加强血缘关系、团结族人、维系家族的统治，一般都会兴建祠堂。祠堂是一个姓氏的某一宗支的族人祭祀祖先和开展宗族活动的地方。有了祠堂，就得给祠堂命名，祠堂的名称就是堂号由来。日月堂被明氏宗族认为"充满光辉，充满朝气，尽扫阴霾，孕育生机；大地万物有了日月恩光的照耀，方能千秋繁盛，熙攘雀跃"；同时象征"我族与日月齐辉，与万物共荣，人文蔚起，且帜且昌，前程灿烂，业绩辉煌"。

明姓宗族只是黄鹤乡内一个宗族发展的缩影，其他宗族在历史发展的进程中亦受到影响并发生改变。这是国家行政权力与地方宗族势力在国家行政化建设的过程中，二者互动整合发展的结果，也是黄鹤乡社区管理发展过程中最不可缺少的一部分。

在百姓心目中为死去的长辈修墓是一件义不容辞的事情，而在此《中华明姓总谱》中，还有专门的墓地契约。在田野调查中，我们收集到了清乾隆年间明氏的墓地契约文本，现摘录如下。

《立送坟园地契约》：立送坟园地字人魏永福，因明邦顺自下江兴国洲道光六年，到淅川城东马蹬北边卧龙山居住。明家沟克（开）刘姓山坡地壹段以渡饥寒。只因祖母八十余岁而终，无有葬埋之所，邻亲魏永福是（应为施）舍坟地壹穴安葬祖母之后，邦顺邦安兄弟二任下世安葬坟茔。以

图 3-11 黄鹤明氏后代结婚时供奉的香火

后昌福、昌荣兄弟二人无故有（又）安葬所埋，只因到民国八年，安礼心中忍不过，无奈因清亲族人等税（说）合，永福之子全有、全胜（盛）、全名三人共同议良心发现议知又送胡（明）坟地一亩有余。安礼名下耕种，永远为业，永无后患，恐（空）口无凭，立送坟地字存证。

遂代粮目贰分照册过割。

二、蹇氏宗族

蹇姓就全国而言是一个小姓，但在黄鹤当地却是一个大姓。调查组通过一位蹇姓青年接触到了蹇家族谱的撰写人之一——蹇 YH。蹇 YH 老先生与他的兄弟蹇 YP 合作编写了蹇家的族谱。从交谈中蹇老表露出对族谱材料不完整的遗憾。他编撰的这本家谱，是对原本的誊抄和修订。由于蹇 YH 是上了年纪才有编写族谱的意识，他的身体已经不允许他大范围的收集资料，所以他主要是把黄鹤镇附近的蹇家人手里的资料收集起来并汇总。即便如此，我们仍然能看到相当完整的族谱。从族谱工整的书写誊抄和相对完好的保存中我们也能体会到其拥有者对它的珍惜。

在交谈的初期，蹇老对调查人员似乎还有戒备。在证实我们是合法的学术

田野调研并反复确认之后，他才放下心来与调查者交谈。与其他宗族的族谱类似，蹇家的族谱在"文化大革命"期间也受到了威胁。族谱都被认为是"牛鬼蛇神"，封建迷信的东西。蹇老告诉调查人员，族谱确实被收了去，但并没有被破坏，后来是"说了好多好话才拿回来的"。

蹇氏号称黄鹤的"土著"，但细究其族源，上亦不超过"湖广填四川"时来到黄鹤地区。《蹇氏族谱》序（节选）有记载蹇家入川的情况：

蹇叔始于春秋时期，秦穆公的大夫，历时2400余年，是姓的起源。1381年，蹇伯珠、蹇伯玉兄弟二人因甲申兵变，姚皇叛乱由江西吉安府泰和县十字街入湖广麻城孝感，后奉旨入四川重庆府巴县夫子池凤居沱居住。蹇容登立氏下未录。后分武隆县，一支复分一支。后乡坝蹇伯珠、蹇伯玉两兄弟前往四川东道直隶忠州丰都县南岸安仁里内十二甲地名蹇家坝上堡上落业。

图3-12　蹇姓后人在大坝场上开的超市

据大坝场居民所说：蹇家是大坝场原来的居民。蹇姓居民在赶蛮脱夷之前已经世代居住在此。赶蛮脱夷的时候小家族被赶出去，而蹇姓家族躲在附近的鱼泉洞，弟兄多势力大，没有被赶出去，所以这一个姓的人没有走。

三、秦氏宗族

石柱是中国唯一见于正史的女土司——秦良玉的属地，自明末至今，秦良玉及其家族在此地前后经营百余年，因此包括黄鹤在内的石柱全境，都分布有秦氏宗族。《重修秦氏族谱序》（节选）记载：吾族忠鄮石秦氏家乘尊安司公为始祖亦小宗法也。说明黄鹤地区的秦氏源自于忠州（忠县）的秦氏家族。另外秦家有一块在本地出名的墓碑记载：

> 维皇御极元年，英游宦之江任事新邑，接读家音得悉叔父修墓，英此时窃取幸甚，谓是不朽之举，经营创造，非有德者兴；涧壮崇阅，非有寿者不克享。叔父斯举，可谓有德7而兼有寿者也。总计生平，始居忠丰、继黔地，又迁石邑。勤苦数十载，积累数千金，居家涉世丰伦咸宜，处己许人刚柔姿协。族戚素钦其硕望里党，共祝以休声，今春七旬有余矣，乐闻精神益壮，饮食倍常，自有斯举是。叔父为子孙计者，前既创大来于不衰，为一已计，兼为叔母计者，复又修寿藏于勿替以言。夫德口碑载道以言夫寿额颂满堂，此举也成其殆与河山而据永偕，日月同辉乎！英以请假，故便笔之于书，遥以志不朽，并达颂寿之意云耳。

赐进士出身，现任浙江杭州府新城县知县——侄男秦时英敬题。

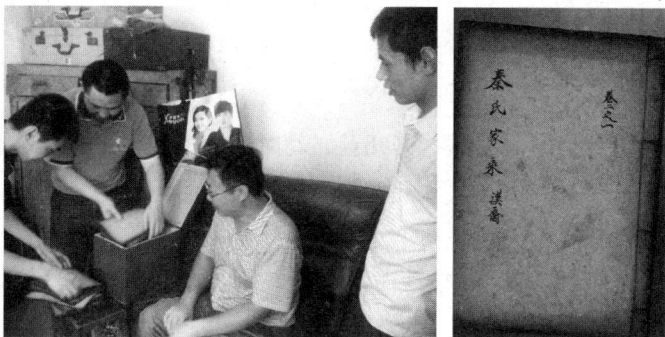

图3-13　《秦氏家乘》的发现

秦时英在同一块墓碑上还写道：

> 尝谓阴阳和而后雨泽降，夫妇和而后家道成。因是以思乾道为坤之网为治宝，外治之辅也如叔母为人。英未仕浙时，亲其懿德者最番兴家治产，甘苦备尝，和扬齐人，施舍不斩，约计一生赞助叔父之力居多由。而杜老二下数十年为干谋复为孙谋，抚育克勤，教诲克内居，修而困范于以力，自鄞而黔而石迁移数百里，为身计无为家计，纺绩不解、蒸炊不懈，坤道成而母仪于昭德之盛，为何如哉会几何时英任浙人年矣耳。叔母之寿与叔父并峙，询阕起居，康强犹如，昔年马语云，大德之人必得其寿，意在斯乎，而叔父创不朽之举，卜云其吉，以并穴闻，盖其德同、其寿同，则其乐哉。斯邱亦无不同爱林笔再

书，附作碑铭以彰盛事并垂诸人远云。

侄男时英再题，增生侄秦汝翼敬书。

此碑上还有其他秦氏子孙的题记，如：

屈指双亲岁月长，苍颜白发视汪汪。风前花烛真堪惧，寿域不图领末偿。客岁适修菊月中，匪朝伊夕针成功。经营从赖儿孙力，早夜还劳鹤发翁。壮涧崇宏不禅难，粼粼白石夹双棺。百年浪满同归后，泉下亲心谅也安。代远年湮万事悠，笔推寿域壮千秋。后人世守宜无替，题额铭碑性字晋。

辛亥孟秋男之屏书

又如：

同偕到老共牛眠，生结良缘死结良缘。红灯盏盏照前川，德应无边福应无边——男婿周世泽题词；崇对马鼠费经营，不是天成也似天成。坚光透雾泄精英，瓜瓞联荣甲第联名——生庠明刘诚题词；堪次曾短拥翠，还欣王带横秋，看来此处正当头，应走发亲福厚。卒得山川之秀，椿萱永楦不朽，可烦天子问斯邱，但顾儿孙世子——周兴岐题词等。

由碑文可以看出秦时英是一名知县，幼时成为孤儿被二叔二婶收养。在他们去世时，秦时英命令家乡人为死者修墓。传说为了运送这修墓碑的石头，在黄河对面运送过对岸这一点距离，运送者竟然吃完了一整头活猪。但自始至终秦时英并没有回到黄鹤监督修墓。可见当时秦家家族管理十分严格。因为秦时英做了知县，所以在家族中虽不年长却是极有分量的，这可以在《秦氏族谱》中可以得到印证："宗法氏族两制足以维系人心支柱国础。"

秦氏宗族作为中国唯一为正史所载的女土司——秦良玉的后人，在石柱曾经拥有强大的宗族势力和显赫的地位，在世袭罔替的土司地位形成的非凡家世影响下，也出过很多诸如秦时英的职官，显赫一时。回忆起秦氏曾经的荣光，很多秦氏后人至今仍津津乐道。黄鹤鱼龙村的 QWY 老人向调查组讲述了秦氏辉煌的历史。

个案 3-19：黄鹤鱼龙村老街的秦 WY 老人讲述中华人民共和国成立之前秦家在黄鹤的情况。"［秦家在］国民党时候是苦，我们是彭水清明山的人，那地方森林宽，好大的山，但是住在那里的人还是多，那地方面积宽。以前有个大军阀，叫罗塌鼻子，他领兵从清明山过路，他就要跟清明山的打个招呼。那个时候姓秦的人，有些凶得很。因为地势险要，他（罗塌鼻子）过路就要

图 3-14 秦氏墓碑、墓记与镇墓兽

打个招呼［给在山上的秦家人］：我们是过路的。秦文昌啊、秦义川啊都是土
霸王。那个时候就是喊的土霸王，有枪有势力。［秦家在四川］这里没得好大
影响，最多的姓秦的是山（清明山）里那边。那个时候姓秦的人没得正规的
好大的势力，但是那些人又凶得很，土恶霸。清明山有个秦义川，有个喊的诨
名叫眯五爷秦文昌，他们是在解放前就死了，如果不死，都要遭镇压。那些人
你说他凶他也不凶，你说他不凶他又凶得很。我们这个地方，大坝场［有个］
姓周［的］；这会儿这个湖北的有个姓张叫张 QB 的，的是个大地主，他死的
时候才 20 几岁哦。他是怎么遭的呢，他［私自］印钱。他还是相信人，他和
利川公安局的一个 LHC，他们是结拜兄弟。他印了钱说是用针把一摞钱订起，
他每一张钱有一个眼，把钱交上去就查到了。县利川公安局就来抓他，抓他他有
个狗腿子姓黄叫黄 CM，利川公安局就来一个探子，是 LHC 派来的。利川公安
局的兵就在山岳两头埋伏起，这个探子就说他是 LHC 派来的，请张 QB 去耍。

但是这个人这一晚上睡觉都不安宁，那个狗腿子就看出来了，他［对张 QB］说，大哥，今天晚上来那个客，好像有点问题。张 QB 说没得事，LHC 是我的兄弟。没过好久，［埋伏的］那些兵按进来就把他抓了。抓了过后事情了解清楚了，国民党还是污遭（污浊）撒，就把他放了回来。解放后是共产党把他镇压了的。

"所以再大再有势力的人他怕秦文昌、秦义川，因为清明山上召集很多人，你没得搞头的穷人，你就去给他当兵，他供你吃，一天就去打。他专门是劫富济贫，他的粮食从哪里来呢。写个条子，给管家，那个管家姓包，是我的亲嘎公，［条子上］反正是秦文昌的名字，［写道］'今天没得粮食了'，拿到张 QB 那儿，拿到马武刘 YS 那儿，拿到什么周 SP 那儿，他［们］规规矩矩就要出，不出下午枪就来了。他专门是搞大户。

"秦文昌的兵随便哪个吃不起饭的人都可以去。你反正穷得很，家里又没人，就可以去。那国民党抓壮丁的时候没得人敢去他那里捉哟，那些躲壮丁的人也往他那里跑。"

通过秦 WY 老人的讲述我们不难看出，除了像张 QB 这样以地主身份与政府关联来治理本地以外，像秦文昌这样自立山头也是社会治理的一种模式。秦文昌作为匪首，其影响力的形成，除了与当地地主的勾结和强悍的军事实力以外，秦氏宗族的背景也起到了重要的作用。在当地人看来，从感情上来说，秦文昌无非是秦家一个比较有势力的后辈，其所作所为更多是为了自己和家族的生存；从实际利益来说，以秦文昌为首的土匪首先是进行了财富的再分配，也就是秦 WY 所谓的"劫富济贫"。除此之外，山头土匪还收留了非常多的贫困人口。最穷最苦的人只要愿意去的都被收留了。这虽然不是社会治理的常态，但也反映了民国时期政府权力在地方的弱势，连军队路过也要打声招呼。也同样正是由于政府权力的弱势，才可能造就秦文昌这样的土匪和张 QB 这样的大地主。

个案 3-20：黄鹤鱼龙村老街的秦 WY 老人讲述秦家搬到黄鹤的情况。"在我们上面两三辈人，那个时候也穷。凶也只是那些人凶，我们上辈都是做活路（手工、农耕等），以前说叫赊田办庄。解放的时候我们被评的贫农嘛。那个时候蒋介石抓壮丁，我们的父亲就被抓过好几回，抓去有时候也跑了。我们老汉（父亲）也是三弟兄。我们是解放前就划下来贫农的。当时穷啊，就赊田办庄。在清明山上面没有田，我们的上辈也算本分，他就不去搞那一套（土匪），他就从清明山下来，在山底下找个烂房子住起，去赊别人的田土。意思就是说，你有田，你就把这田土拿给我种，比如［收成］500斤谷子，你雾嘟嘟（无缘无故）就得300斤，我种田的人得200斤，这就叫赊田办庄。我爷爷这辈子，不爱做活路，不爱干活；他就在外头唱京剧，在屋头种地他不行。只有我父亲这辈，他们在屋头行。

"我们屋头有九兄弟，我都是老九，老幺。只是有些过去得了病死了的，就剩我们两姊妹了。"

在这个案例中，秦老的父亲、爷爷认为强盗行为终究不是好事，所以才选择下山迁徙到田地多的地方，又因为山上少田，选择田地多的地方就能够给他们提供机会去给地主当佃户，从而养活自己。这就是秦老所说的"赊田办庄"的模式。可见，在这一选择过程中，人的价值观在秦家的迁徙中占有了重要的地位。

个案3-21：黄鹤鱼龙村老街的秦WY老人讲述大集体时代秦家的情况。"［大集体时期］我们不讲食堂，自己还是一家一户做饭吃。田土是公家的，没得食堂，还是自己家里做饭吃。一个生产队，劳动力起码有几十百把个，成天是一伙人在山上去做。人一多，大家做活路就偷懒，所以说天天做，但是生活就不行，粮食拿不上去。首先就是国家的粮食［要交］，公运粮得嘛，公运的你少不了嘛。哪怕你今年遭天旱、天干，假设说我们这一个队，拿五万斤谷子；国家要两万斤三万斤，哪怕是四万斤，你都务必要上［交］。毛泽东那个时候他就是讲的，他要任何人都平等，他是想的把全国搞住一样，但是硬是不得行。

"把国家的粮食交完了，剩了点，就我们自己分。你分三斤，我分两斤，就这么分。你说那够吃个什么啊？但是又没得任何人出门打工啊。一个家有11个人，那11个人都在屋。所以说现在的生活好，一方面他都到外头去打工去了，他没得好多人在屋头吃。但是那些田土多得很，你只要喜欢做，你就搞得着。那些年就是这样——剩了的粮食根本不够吃，那些知青都晓得。开始几个月国家一个还供应20斤粮食，他也不够吃。不够吃的话今天在我屋里吃，明天在你屋里吃，也造孽。知青那时候下来也造孽，他本身是大城市的人，他没到农村来过，尽是些仔仔，初中毕业。那个时候还不叫乡镇府，叫公社，公社还不是没得粮食。乡政府那些干部，他还不是没得粮食，就安排那些农民，今天把那些知青安排到你屋吃，中午又到我屋来吃。后来（多年以后）那些知青再来我们这里耍，他们说他们回去摆起（说起），他们那些娃儿都不信。当时知青有个口号，点起亮吃饭，天亮就开干，中午还不休息，晚上还加一班。一天到黑都在坡上晒着淋着，但是一天做了没有收入。还不是有人在坡上站起偷奸耍滑的。现在的农民呢，没有其他的要求，他也没得其他的想法，就像现在这样不受人管，有生活，吃得饱穿得暖，他就觉得高兴。那集体时代你必须去坡坡上干，不去你要请假，管得比现在的犯人都还恼火。

"［那个时候生活］过得不好，东西自己在屋里吃，吃了就去搞这些事情。那时候吃的都不行，公社也吃不饱。那个时候什么猪肉啊食物欠缺得很。乡政府公社这些他都吃不饱。那个时候不像现在什么贪污，那不敢，那毛泽东在的时候不敢。比如说，当时农村一个人分八厘土地，种点小菜。你只能在你这个范围内种点庄稼，你如果在坎坎（田坎）上点几颗豌豆，种了然后掉下来，不行。那些工作队的还说："你这是挖社会主义的墙角，你多挖多占。那是集体的，多挖多占，你不行。"

上面列举的公粮、生产队和知青的例子，体现了"文化大革命"和集体经济时期代表国家的公社集体将无论公、私的事务全面管理起来，让社会在国家的绝对权力中运行，这种国家权利无处不在的基层社会治理情况，极大削弱了生产的积极性，让社会的运行日渐生涩、僵化。

四、李氏宗族

李氏作为中国的大姓，在黄鹤地区也多有分布。黄鹤李 XZ 老人在自己编撰的《李氏族谱》中有宗族籍贯和地址的一篇：

从始祖到第四世祖，可知他们的居住地址是湖南省衡州府赧塘堡义新乡新西里。因为第四世祖李高泰是从湖南那个地方迁移过来，他于乾隆六年来石柱县洞源里四甲，即在石柱县马武乡八大队窑场生产组定居。高泰先祖亡后埋葬在窑厂后山，修有墓碑一座，现在完好，可查下辈根系，碑上还刻有他辈三房堂弟高缢、高相、高元、高耀四人名字，可是不知他们居住何地，现在无从考察。

高祖李宏枚字春芳、高祖婆黄老孺人死后均埋在窑厂生产组葱坝后山，当时都修有墓碑，可惜在文化大革命时被红卫兵摧塌只碑文尚存可查一些裔情。

在族谱中还提到了家族兴败情况：

从先祖李高泰起至李宏枚至李科杰三代人都是书香，老爷人家，富裕门户颇有名声，比如说高祖李宏枚亡后修建的碑文，作序者乃是陵江赐进士即用知县何荣楠拜撰。由此可见先人荣耀，也是我们后代人之光彩。据表叔明锦田说公辈李开化、李开仁、李开元等四兄弟为了争夺陈居士伯婆之产业，告状，打官司，大家拖累贫穷。以致造成田地房产卖尽一空。使其后人不得不东逃西走，故李开来、李明述上贵州居住，一在瓮安境内，一在眉潭境内。我父亲李名誉迁移黄鹤乡安居，他们各求生路，现在看来经过通信了解，几家人比较兴旺发达，子孙较多。

族人们现在居址：石柱黄鹤芭蕉知，湄潭九坝平定识。瓮安桂花凉水井，祖宗一脉人三支。

五、包氏宗族

本书正文开始就记录了包氏祖坟与飞天黄鹤的传说，可见包氏宗族在此地的势力之大、宗族之胜和影响之深。黄鹤包氏的包 LY 老人在《包氏入川家谱》中写道包氏入川的源流（节选）：

"包氏源流胥公后，祖籍上党时商纣。脉络九州流长远，圣谕会族谱肇修。嫌融文拯公辅主，宗功祖德至今留。文武精忠光史册，世代子孙荣华图。"第三公子子孙传至世泽公生一子包大宝，父子于顺治七年，移居贵州省，贸易年余又移居湖北省利川县长顺坝。打包公生一子包如才，包如才生一子包朝进，朝进公生四子包廷龙、包廷凤、包廷虎和包廷贵。朝进公留廷龙、廷凤二公守长顺坝产业，廷虎公已少亡，移居四川省丰都县义顺乡滴水坝，得买石柱县马武乡二保柏果坝、大寒二处产业定居，人才辈出，是黄河地区一大望族。

包氏还十分看重家神对联。包氏家神对联在族谱中被统一为：上党帝根发端启，胥公贵胄传姓由。或：文拯辅宋忠良相，蒙泉佐元庶御史。横批：祖德流芳。

家谱颂为：包氏入川家谱成，子孙一体遵遗训。尊卑亲疏唯宗派，贤肖美德家规定。家神对联名地位，耕读勤俭最为本。继志述事光史册，文武精忠显美名。

我们去采访包姓人家的时候，他们还给我们展示了包家的一块牌匾，中间的四个大字是"年符渭叟"。这块牌匾的主人公在《包氏入川族谱》中有记载：

> 包家天茎公生自嘉庆辛未年正月一十九，享年八十四岁。公于光绪十三年至十七年任石柱、丰都、彭水、黔江和利川等五县边区联防总团首，为人正直清廉，甚得上司信用和五县人民敬仰。光绪十六年正月十九日，公八十寿辰，五县人民为公祝寿，石柱一路在口口，丰都一路在姚家丫口，彭水一路在杨家丫口，黔江一路在半坡，利川一路在香花岭，各路燃放鞭炮，鼓乐喧天，到龙咀塘为公祝寿。石柱直隶理民府正堂，加五级纪录诗词，记大功十四次，刘为赠牌匾《年符渭叟》，至今尚存。

从这块牌匾可以看出，包家在建国前确实如族谱所说是一大望族。

图 3-15　包氏寿匾

六、孙氏宗族

黄鹤乡老街上居住着孙氏人口，考察可知应来自明末清初"湖广填四川"之时的鄂东地区。在《孙氏族谱》上写有来源：

> 以嵇派，衍三梦之后，族大湮，至明朝开始以来，朱太祖赶蛮夺业，三楚湖广均填四川，那是吾始祖自麻城县孝感乡搞架堰偶集托来丰邑北岸，孙家坝双碾磐住居，吾始祖幼配熊氏，及熊门二老一脉未传，孤生一女，吾始祖之岳父母，时刻嗟叹悲伤，如抱破镜之忧，须然家庭丰足，年老无靠，百年归逝，无有披麻戴孝之人，伤哉伤哉。生前无人侍奉殁后谁个追孝，二老无计可策，

心有意思，难以出唇。古人常云：有女不为孤，女男当半子，不如将田庄，该做嫁奁，半子作为己子，方将吾祖以接熊门之宗嗣也，吾祖更名熊朝孙，谁知年深月久，熊门二老限满仙逝，安葬已遇，追焉已毕。孝思场中儿女债满，从今夫和妇顺。

祖孙知圣公娶马氏，所生六子，长子文元、次子文忠、三字文政、四子文乾、五子文坤、六子文满。吾祖孙文政与六弟孙文满商议。古人云：大树要发桠，人大要分家，弟兄总要各奔前程，于是两人统一由丰邑孙家坪移到湖北利川县长顺乡拾五保。文政公在毛坝落业，文满公在李家湾落业。

由族谱可知，孙家记载是由湖北省麻城县孝感乡迁来，分支到了利川。

七、周氏宗族

周家在中华人民共和国成立之前，在黄鹤极有势力。根据周家老人口述："我们是由汝南堂（一个县名）迁到四川。最开始是迁到重庆巴县，当时我们家族都在那里。后来我们这一个分支就沿着黔江下来分散到这里。具体来说是我们的曾祖的时候过来的。当时我们周家族谱比较多。因为周家还是比较旺盛，什么区长啊、县长啊、乡长啊都有周家的人。

一个宗族还可以影响部分孩子的教育，例如周家在祠堂请先生办私塾，一位 DZH 老人讲述道：我是小时候家里穷，读书要一年 6 斗谷子，我们付不起。周家的好心人就让我去周家的祠堂读私塾。周家请了一个私塾先生教二三十个学生读古书。像这样的例子还有很多，请私塾老师，一般人承受不起，有一些大户人家便在家里腾出几间房子作为学堂请先生讲学，而大户人家会让其他请不起先生的小孩同时接受教育。

周家解放前最有名的便是周树屏，在我们采访期间，有数人提到周树屏，可想他对整个黄鹤的发展起到了重要作用。LGZ 老人对我们讲述道：整个黄鹤这一代，周姓是望族。其中比较出名的是周树屏，他当了三年的石柱县县长。

现在周家人口基本迁出，但周家还有一位在当地有名望的周 CH 老人。整个黄鹤周边一带第一个水电站（1973 年发电）当年就是周 CH 老人一手组织修建的。据他自己讲述："我只是想把这个地方改造，我不是干部，我只是协助。我看到这里水力很充足，想来修一个发电站。我们就和队长商量。队长说还要很多资金劳力。我们说你不要怕，我们只要落实下去，你承认要修，有好

图 3-16 周 CH（80 岁）老夫妇在家中

大的水利我找人来勘察，有多少钱我找国家贷款。当时基层干部是很同意。这个是我们第一个水电站。但是我只是协助他们搞。"

周 CH 老人能够在六七十年代有这样的远见，与他幼年在自己家以及周家祠堂学习过古书不无关系。

表 3-2 黄鹤乡主要宗族一览表

家族	迁出地	现居住地	历史名人
秦家	忠州（重庆）	清明山（商州）	秦良玉、秦时英
孙家	麻城县孝感乡	黄鹤老街（重庆）	
包家	贵州省	长顺坝（湖北）	
明家	兴隆沱、明家山（湖北）	青龙村（湖北）、大坝场（重庆）	明玉珍
蹇家	麻城县孝感乡	黄鹤乡（重庆）	
周家	汝南堂（据说在湖北）	青龙村（湖北）	周树屏

除了上述几个黄鹤当地的大姓宗族之外，调查组还通过个案访谈相关知情人士的方式，对新中国成立之前黄鹤传统秩序的运行方式进行了多方面的了解。

个案 3-22：从湖北嫁到黄鹤的张 SZ 老人讲述娘家的身世背景："我的娘家在湖北那边，有些田土，上辈人留下来的，有十几二十亩田，修个房子，让那些佃户到那边去住。[他们] 就给我们卖商店粮食。干庄的客户（估计是农工）就归 6 股，一千斤谷子，他们归 600 斤我们归 400 斤。我们那还是带了些人。因为我家平时跟邻居关系处得好，［父亲］被枪毙了我母亲也没遭（被）整。其他那些地主整得恼火。

"土改的时候我妈想得通，枪毙我老汉（父亲）的时候也不说什么，凡是五大财产全部拿出来。因为我的老汉张QB本来就是保护共产党地下党员的。我老汉就是看不清形势，还有我嘎嘎（爷爷）也是看不清形势。

"我当时没能读到书，我得和我妈一起做劳动。我哥哥也开通，我哥哥旧社会那个时候高中毕业，他也喊拿财产。他也动员我妈，管他啥子你都拿出来。有的东西还不是藏起来了，藏起的还不是他拿出来了。所以我哥哥也没遭整，我妈也没遭整，只有爸爸遭了，那有些一家打几个。因为我老汉是个乡长，老汉也不是四川的乡长，是湖北长顺坝的乡长。解放前，也不知道中央是哪些干部造的假币，［不］晓得怎么就在我老汉手里出现了，一上缴的时候就查出来了，我老汉就去坐了两三年牢，损失也要赔偿。我妈在家里就找亲戚朋友借，就把这个钱凑齐，把人救出来了。"

从该案例张SZ的叙述来看，她的父亲张QB无疑是个大地主，也是黄鹤地区乡绅阶层的一个代表。他有能力接济他人，当过乡长，与公安局有良好关系。张QB死后，仍然有他以前的佃户愿意资助他的后人，这也从侧面证实了张QB在当地的影响力。另外，张SZ也说到，她父亲的田地和财产也是上一辈和几辈人留下来的，这说明张氏在黄鹤乡已经有一定的根基了。依张SZ所谈，张QB似乎很注意与周围的人建立良好的关系。他既接济过共产党，也帮过佃户和相关村民，这正是乡绅在本乡建立影响力的模式之一。

个案3-23：黄鹤的张SZ老人讲述共产党政府进入黄鹤后家中的情况。"［政府成立以后，我家］没吃太大的亏。当时土改要改迁。有的人被改到上山搭个棚棚住，我们就是改到对面那个庙。那个庙子它虽说是个庙，但几层楼高，还是好的。我们没有劳力，就没有改到别处。那有些对群众不好的，那就造孽。

"当时［我家］有5个人。有妈妈，一个哥哥，一个兄弟，一个妹妹，还有我。那还不止5个人呢，还有个嫂嫂，有个侄儿。那时候是包办婚姻，我哥哥还有点瞧不起我嫂嫂。后来我妈一直在强迫，不准离婚。我外公的儿子读书回来也劝他把五大财产拿出去。当时我老汉也搞不清楚这个政策，我嘎嘎就说你是个败家子，几辈人都没把东西失了你把东西失了。［政府］还是给我们分得有田土，后来（土地被没收后）我们一年就翻了身了，就不差吃的了。国家还是好，给了我们八十斤粮食。政府还是好，他自己知道，不敢去找，［政府］直接就叫我们去湖北乡镇抬。后来土地纳入集体了，大炼钢铁的时候我去炼钢铁了，就是我妈跟我妹儿在屋里的。我们的庙子也被拆去做伙食团了，就给他们两娘女留一间住，就是这样。

"［我觉得］那还是自己种的时候收入好。大集体［的时候］说的嘛：几百人一把刀，几百人一口锅。他看到你屋子里有炊烟的话，那些村里的、乡里的干部就来了，就把你这些锅给提了。［当时］我跟我们屋的（丈夫）有个妈，是个残疾人，只有一只眼睛能看见，老汉也老了，嫁了个男人也死了。我有一天去伙食团吃了就拿个筒给他［把食物］提来。他（干部）看到我提的话，就把筒拽到河坝去了。他说：'来吃都来不到啊？你莫给他打，你莫给他弄。你自己一天吃饱就行了，吃饱就干你的活儿。'我当媳妇儿的怎么办呢。后来修路占了田，补了300多块钱。后来乡政府留着底子，现在又喊这些人去拿钱买户口，我就拿着这个钱去买的户口。"

从该案例张 SZ 的叙述来看，国家权利渗透到黄鹤地区以后，乡绅势力被破坏，田地被收归国有，政府掌握了农村最宝贵的资源，从而强有力地稀释了乡绅的权利。政府权力在乡镇的增加，导致了如张 SZ 所说的官僚主义——炊事员玩弄锅勺、乡干部强势霸道等，所以她自然怀念以前自给自足的生活。不过张 SZ 也提到了政府在赈灾方面的作用。由于土地收归国有，民众失去了很大一部分独立的生活来源，抵御灾情只好全靠政府接济。

个案 3-24：黄鹤的张 SZ 老人讲述自家的困难时期："［那个时候］不容易，这个房子还是我跟开仓（肺结核）那个男人的。［我男人去世后］他的老汉催我嫁，那时候七八年了我又不嫁，我们去嫁哪儿咯？哪儿又好哦？我们这一辈子还能哪个样哦，一直8年我都不嫁。他就把这个房子卖了，催我嫁。他逼我嫁。这些社员啊、农民啊好人心肠说，你把她赶到哪儿去哟？他又去［把房子］卖给信用社，三百块钱一间房子，卖了那个陈书记，在乡政府，我就去找他。我说陈书记，他逼我嫁我又不嫁，他看的人我又看不来，我看的人他又看不来，找个三分钱都数不清的好人我又瞧不起。我说我只好独自守寡，不是我上庙当和尚都要得。他（陈书记）就去问这个信用社，说这个房子要退。要逼别个女娃儿上梁山吗？陈书记就去问这个老年人（张 SZ 的公公）钱用了没有。他说钱用了，没得钱了。他（陈书记）说这个房子要退哟，你不是把你媳妇儿逼上梁山啊。他（公公）说那我不管。我后来自己到高山去开荒，我一件衣服拿去兑 5 斤洋芋，我去开了来栽洋芋。我去砍了一匹山来种苞谷，又种 250 斤苞谷，又种几百斤洋芋。"

从该案例中张 SZ 的讲述来看，家族生活是政府无法管理的盲区。乡政府杨书记对张 SZ 的公公花光了钱抵押房产的做法束手无策，劝说也收效甚微。综合前几段访谈，我们也看到张 SZ 最困难的时候也是靠亲戚来接济的。亲属关系仍然是农村最核心的关系。综上，亲属关系在农村是第一权威。乡绅权利不过是家长权利的延伸。张 SZ 的父亲张 QB 有余力，则与周围人搞好关系；张 SZ 的公公急需卖房，也利用长者权威强行达到目的。国家稀释了乡绅权利，却很难对家长权利产生更大影响。

第三节　国家与社区：黄鹤政府主导式社区的形成

黄鹤虽相对大城巨邑而言较为偏远，但从全中国的地理而言，还是属于西南地区偏东的大陆腹地。因此以中华人民共和国的建立为标志，黄鹤以宗族、家法为代表的传统秩序的破坏和以政府权力深入到乡镇为体现的国家主导的新秩序的形成，必然是一个不可逆的过程。但是黄鹤作为省际边界的跨境地区，与其说以独立的乡村为单位的政权结构，不如说通过一个跨境社区的形成，权力表现在不同的机构对这一社区的管理上。

从学理上说，社区管理主要是指一定的社区内部各种机构、团体或组织为了维持社区的正常秩序，促进社区的发展和繁荣，满足社区居民物质和文化活动等特定需要而进行的一系列的自我管理或行政管理活动。❶ 具体到地方实践，在黄鹤乡的社区管理就是指在乡境内曾出现过或是现今正在运行的机构和组织对其政治、经济和文化建设提出指导和管理。从重庆被设立为直辖市后，石柱县就成为重庆市的直管县，2001 年乡镇机构改革撤销马武坝区工委后，黄鹤乡由石柱县管理。

一、黄鹤乡社区管理的沿革

据调查得到的历史资料显示，最早对黄鹤进行有效管理的是清朝。清同治

---

❶ 唐晓阳. 城市社区管理导论［M］. 广州：广东经济出版社，2000.

初年，四川总督骆秉章在四川省创办保甲，规定每十家为一牌，置牌长；十牌为一甲，置甲长；十甲为一保，置保正。当时这里属于丰都安仁里内十二甲黄鹤坝，设立保正、甲长、牌长治理公务。宣统二年（1910），当时的黄鹤乡实行团甲制，黄鹤分团隶属于丰都县义顺乡。民国二十年（1931），推行乡镇闾邻制，正式设立独立乡的名称——黄鹤乡，设乡公所，置乡长、师爷、闾长、邻长各一人。民国二十四年（1935）推行联保制，改乡公所为联保办事处，置各级官员数名。从民国二十九年（1940）到中华人民共和国成立前，黄鹤乡改联保制推行乡保甲制，但仍设乡公所，置正副乡长、乡队副、民政干事、地籍干事、户籍干事、经济干事、调解员各一人，传达数人。在下属保的设置里增设副保长、保队副各一人。民国三十六年（1947）免去地籍干事改置主任干事。需说明的是，民国三十一年（1942）黄鹤乡由丰都县第四区即桥头区划归石柱县第二区即下路坝管辖，但是乡政建制不变。❶

　　1949 年 11 月黄鹤乡获得解放，在原乡公所处成立乡人民政府，设正副乡长、文化干事、经济员、公差、炊事员等职务，仍旧下辖保甲制，有保长和甲长数名。在 1950 年改保甲为村组，设立村长和乡政组长。1953 年国家实行大乡划小乡，改人民政府为人民委员会，设正副乡长、财粮干事兼文书、武装委员、治安委员、妇女委员，下设村行政组长。1958 年随着全国的发展形势建立黄鹤人民公社管理委员会，设正副乡长、武装、财粮、文书、会辅等职务，下辖管理区，设大队长。到 1961 年又改管理区为大队，大队下面管生产队，设正副大队长、会计、妇女主任、民兵连长、治保主任、生产队长、保管出纳、民兵排长、妇女队长。乡政府在经历"文革"时期的一系列变动后，在 1983 年改黄鹤公社管理委员会为乡人民政府，设正副乡长、武装、财政、会辅、青年、妇联、农技、计划生育等职务，改大队为村，设村长，改生产队为村民小组，设组长。1986 年乡人民政府设乡长、副乡长、武装部长、文书、财政、民政、计生、炊事员各 1 人，另设农经、农技、林业、广播等事业机构。随着政府机构不断地成熟和完善，直到 2001 年，黄鹤乡根据石柱县颁发乡镇机构改革方案实施意见的规定：黄鹤乡属于三类乡，设乡长 1 名、副乡长 2 名、武装部长 1 名。设党政办公室、社会治安综合治理委员会、人口与计划生育、安全生产监督管理等 10 个办公室。核定行政编制 13 人，事业编制 11

---

❶　黄鹤乡政府. 黄鹤乡志［Z］. 未刊稿.

人。在 2002 年经过县人民政府研究同意，将黄鹤乡辖区内 7 个村民委员会调整合并为 3 个村民委员会，将原来的 32 个村民小组合并为 20 个村民小组。这样的行政机构一直沿用至今。

二、社区管理的组织机构

从调查组收集到的乡政府的档案资料来看，黄鹤乡的社区管理组织有乡党委会、乡党员代表大会、中国共产主义青年团黄鹤乡委员会、妇女联合会、各村村委会、工会、教育工会、农民协会、扶贫协会、乡人民代表大会、乡人大主席团、民兵、乡人民政府。其中教育工会、农民协会以及扶贫协会组织现随着时代的发展现均已消失。在这些组织里起主要作用的是乡党委会、乡人民政府、各村村委会、乡党员代表大会、妇联。社区管理组织的核心是乡党委会。

具体到管理黄鹤的各个社区组织而言，新中国成立之后，在县党委领导下，黄鹤乡于 1956 年独立建立党总支委员会，下辖 5 个支部。1971 年黄鹤公社建立党委会，下辖 6 个支部。1984 年改为中国共产党黄鹤乡委员会，下辖 7 个支部，直到 2001 年。期间，党委会设有书记一名、副书记一名，组织、纪检、宣传、统战由副书记兼任。2001 年 7 月，黄鹤乡机构改革后，全乡设有 9 个党支部。到 2002 年 12 月经过一系列的调整，全乡共设有 5 个党支部，23 个党小组，有党员 171 人。乡党委会设有书记一名、副书记三名（其中一名为乡长、一名为人大主席）、委员一名，并设立纪检委员会，有纪委书记（党委副书记兼任）一名，委员四名。

妇女联合会是在党领导下的广大妇女群众组织，为保障妇女及儿童的权益为己任。黄鹤乡妇联成立于 1952 年，设立妇女主任一名。到 1986 年，妇联不仅设有妇联主任一名，还在村级设妇代会主任。2002 年村组建制调整后，各村不再设专职妇女主任，村妇代会主任由村党支部书记兼任。

2002~2011 年，乡人民政府机构的设置基本保持不变。乡人民政府的主要职责是全面贯彻执行党在农村的各项路线、方针、政策及国家法律、法规和法令；全面落实上级人民政府的决议和决定，并完成上级政府赋予的各项任务；指导、带领全乡人民完成乡人民代表大会赋予的任期目标；制定全乡镇的建设规划，抓好经济发展；加强基层民主政治建设，搞好村民自治、社会进步、科教文化等建设。

自从 2002 年乡镇机构调整后，黄鹤乡共管辖三个村，分别是高山的山河村，平坝丘陵的鱼龙村和汪龙村。村委会作为乡镇行政机构最基层单位，对于全乡政治、经济和文化建设起着至关重要的作用。由于村委会距离乡政府较近，群众有事情会直接到乡政府去办理，所以黄鹤乡各村村委会的机构设置都较精简，以场镇中心大坝场所属的村委会鱼龙村为例：鱼龙村村委设有村支部书记一名，村文书一名，计生员和会计各一名；全村一共有 48 位党员。近年来，在乡党委、政府的领导下，鱼龙村经济建设取得了一定进步，人民生活水平得到了大幅度提高。为加快城乡统筹的步伐，建设新农村，促进经济社会进一步发展，经过多方调查研究，结合"两翼"农户万元增收计划，村支两委对全村 2010—2012 年作如下发展规划：

1. 产业发展规划

1）目前辣椒种植面积 200 亩，三年内计划辣椒种植面积增加 50%。

2）大力发展林下经济，如林下种菜、养鸡、养牛、养羊等产业。

3）大力发展肉兔养殖，争取达到年产万只肉兔。

2010 年完成 30% 的农户实现万元增收，到 2012 年实现 95% 以上的农户达到万元增收。

2. 基础设施建设

1）新建、改建巴渝新居。计划新建、改建巴渝新居覆盖面要达到 40%。

2）沼气池建设。计划达到 30% 的覆盖面，2010 年达到 100 户农村居民用上清洁的沼气，到 2012 年实现让 85% 以上的农户用上沼气。

3）人畜饮水工程建设。计划到 2011 年，让 90% 以上农村居民用上清洁卫生的生活用水。

4）农田水利设施建设。整修蓄水、灌溉用水塘堰、渠道，保证 70% 以上的田土能灌溉。

3. 社会事业

1）新型农村合作医疗参加率达到 95%，到 2012 年新农合参合率达 99% 以上。

2）加大对农村低保户、五保户、留守家庭的扶持力度。❶

其他两个村委会也在乡党委、政府的领导下，依据自身的优势，因地制宜

---

❶ 鱼龙村村委提供．鱼龙村三年发展规划［Z］．摘自黄鹤乡鱼龙村工作报告．

地发展经济，并得到乡政府的大力支持，带领全村人共同奔小康。

表3-3　黄鹤乡行政组织机构表

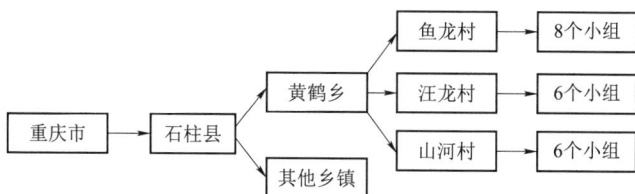

三、社区管理的政策及运行机制

我们的调查重点集中在作为黄鹤乡最重要的社区管理组织——乡（镇）人民政府，这级基层政府实施的政策均是由上一级政府传达而来。重庆从1997年正式挂牌成为市级直辖市，就像其他直辖市一样，会有很多中央政策在这里实行试点，因此有关的政策就会比周围其他省市提早一步实施。乡政府实行的政策有城乡社会养老保险、城乡低保和五保户、万元增收工程等惠民政策及计划生育、合作医疗、教育、安全、交通和通信等各项政策，这与相邻湖北村落执行的政策形成鲜明反差。

表3-4　渝鄂两地政府政策一览表

政府政策	黄鹤乡	相邻湖北
经济扶持	万元增收政策 微型企业资本金补助政策 辣椒生产合作社种植补助 肉兔养殖合作社养殖补助	无
惠农政策	城乡居民合作医疗保险 新型农村合作医疗 城乡居民社会养老保险 粮食直补款 村民购买农具补助	城乡居民合作医疗保险 粮食种植补贴
政府救助	城乡居民最低生活保障 城乡医疗救助	城乡居民最低生活保障 五保户补助

政府政策	黄鹤乡	相邻湖北
教育	国家"两免一补"政策 乡政府教师节给学校送2 000元的慰问金 每一位乡政府干部有相对应的帮扶留守儿童，会不定期的开座谈会及赠送学习用品。	国家"两免一补"政策 2010年村里花费5 000元为村小学毕业班的住读生每人免费发放床上用品一套。
交通	村村通道路工程建设完毕	正在进行村级公路的修建
通信	直播卫星户户通 为乡贫困户发放电视	电视在全村得到普及
人畜饮水	全村人畜饮水工程全部实施	刚开始实施，有些小组喝水困难
计划生育	独生子女、双女户国家农村奖励扶助政策 独生子女父母一次性奖励金	独生子女、双女户国家农村奖励扶助政策 独生子女父母一次性奖励金
安全	道路交通 食品、森林防火等安全	交通、食品、药品、森林防火、电力安全等

说明：此表中的相关政策以2010~2011年在两村实行的政策为表格内容。

上表体现了分属两省的乡村政府政策的区别，除了名目上的差异，在政策的实施方面，渝鄂两省也存在着较大的差异。从2010年7月开始，黄鹤乡实行城乡居民社会养老保险试点工作，全村年龄到60岁的老人均已投保，截止到10月起发放第一批养老保险金。2011年6月黄鹤乡试行微型企业创业扶持管理实施办法，就是对于在村里开办的、注册资金达到10万元的小型企业给予政府财政补贴，来扶持并鼓励村民发展经济。万元增收工程自颁布实行以来，逐步取得了一些成绩和效果，现在黄鹤乡不仅是县里的肉兔养殖基地，还是辣椒和烤烟的种植基地。乡民们会在政府政策的领导下发展种植业或是养殖业，并形成一定的规模。这样的政策，让黄鹤乡的老年人在生活上有保障，有创业想法的年轻人获得政府的资助扶持，学校教育设施良好，能够满足全村及全乡小学生的上学要求。村民们享受到饮用水、道路交通等基础设施的方便，也为发展微型企业提供条件。除了宏观上的施政差异，两省的政策施行，在具体个案中有更为直观的体现。

个案3-25：龙门溪的LTW现年58岁，是村组组长。曾做过大手术，切除脑瘤，又患有支端肥大症，手和脚都肿胀，不能下地干活，家里现有六口人，老两口和儿子媳妇及两个小孙子，家庭开支大，但劳动力少，属于困难家庭。他说："去年我是领了低保的，今年没有了，县里有规定村组干部和他们的亲属都取消评定的资格，没有低保。低保我们生产队今年有 11 个名额，经过县里和乡里的验收只剩有 6 个。它的程序是村组干部提名，大家来评定，然后上报乡里，乡里再上报县里的民政办，通过审查合格之后社员才能领到钱，县民政办的人要经常下来普查。每年年初的时候，通过大家评选就把人数上报给乡里，一个月之内给发低保证。然后要看上报农户的生产收入情况，按季度算，如果收入好就不给打钱，收入差，信用社就把钱打在低保卡上。钱数是要按照年龄的大小来给的，一个季度打一次。如果在年初选低保户时没有，但是在后来的生产中收成不好，确实很贫困，政府就会给救济款，一年有两次。"从中可以看出，黄鹤乡虽作为基层组织，但是处于行政组织机构的第三级位置，他实施的相关政策会严格按照规定来做，并受到有关部门的监督，尽量做到公平公正。

个案 3-26：黄鹤村民 MZT 讲述："以前低保是真正的很困难户吃不到，都是些凭人情关系的才能吃到咯。乡政府今年针对这个情况，在年初县民政局评定审核后，取消了 14 个名额，这些都是政府干部的亲属们享受低保的。今年规定每一年的低保户都要重新评定，就是一年管一年，要看申请人的家庭情况而定，它是流动的政策。"

个案 3-27：因为黄鹤乡与湖北文斗乡青龙村仅有一条河流之隔，而且两地有一些插花界地带，是杂居一起，所以两地政府实施的政策都会比较清楚。MSB 说："在重庆还没有变成直辖市之前，我们那边（湖北）的教育、医疗和生活水平都要比黄鹤要好一点。我们办什么事情都要通过恩施州，走的程序很多，很麻烦。到文斗乡政府就必须要经过黄土，因为文斗乡管的地方太大，乡里就在黄土设了一个干部工作点作为这一片村子的管理区，但是没有起到好大的作用，他们也是不管事。以前在文斗供销社时，路过黄土还是要去耍一哈，现在调到这里，黄土一次也没有去过，都懒得去。重庆这边的政策不仅好，而且还实施得快一些，你看这条明万公路（村组内部公路），前年说修，去年就修好了，今年又在倒水泥，重庆这边三年内要村村通公路。湖北那边的公路，都修好几年了，也没有修好。只是铺了一段路的水泥，还是很薄的一层，没走几天又坏了。上面（湖北政府）什么事情都不管。别说文斗乡的领导下来，就是黄土区领导也没有来过，群众都不知道哪一个是领导。"

社区管理的政策运行依托于乡政府各部门的工作人员。上一级政府出台的政策要想传达给基层乡民那里，就要一层一层、一遍一遍地宣传，才能达到预期的效果。以上列出的各种政策都要通过各级管理层来传达并运行。黄鹤乡只要是上面政府（县里）下达的文件或是工作，首先要在乡里召开村组长大会，通知给各个村和生产小组的负责人，然后再由他们回去召开组员大会并发放相关的宣传资料，来传达政府的政策和指令。比如鱼龙村芭蕉塘组的社员大会在明队长家里召开，龙门溪的社员大会在社员集中居住的沙树林召开，等等。此外，如遇到重要政策和指令，各个驻村干部也要下村挨家挨户地去传达。像一些基本常规的政策，如计划生育、养老保险、新农合等乡政府会在场镇赶场的时候，通过在广场表演、相关知识问答等形式进行宣传，使得广大群众能够知道乡政府实行的各项政策，来保障自己的权益。

第四节　小结：基于社会运行的社区管理变迁

我们从黄鹤的社区运行模式可以看到，无论是传统的以家族或宗族为基础的民间秩序，还是新的以国家权力为基础的官方秩序，其形成和存在的标准，都在于是否能够适应同一时间段基层社会的有效运行。改革开放以来，中国农村，尤其是南方农村的不少地区出现了家族或宗族组织公开恢复活动或家族组织重建的现象，对农村社会发展和农民生产生活产生了不容忽视的影响和作用。一方面，它保留了原有的家族制度的一些落后因素，因而不利于农村社会的稳定和发展；另一方面，它又努力注入了某些迎合农民物质和精神需求的新元素，以适应现有的社会制度和社会结构。尽管从外在特征和内在本质上看，当前农村出现的家族组织与传统社会中的封建家族制度在特征、成分、结构以及社会功能和影响作用上都存在较大差异，但对于当前农村社会和农民生活的影响却是客观存在并与日俱增的。❶

如前文所说，社区管理主要是指一定的社区内部各种机构、团体或组织为了维持社区的正常秩序，促进社区的发展和繁荣，满足社区居民物质和文化活动等特定需要而进行的一系列的自我管理或行政管理活动。在这里，社区管理文化仅指黄鹤乡乡民们对于政府实行权力及实施政策的一种认同。意在表达在少数民族农村现代化进程中，当宗族势力消亡、国家行政权力深度渗入到日常生活中时，广大少数民族对于政府及其所实行政策的一种看法。

---

❶ 袁北星. 家族制度对当代农村社会生活的影响 [J]. 江汉论坛, 2005 (10).

第四章　生活在边城：
黄鹤的婚姻与家庭

　　和全国其他地方的乡村一样，黄鹤社会（或者说社区）基本的运行"细胞"也是一个一个的家庭。这些家庭通过血缘或者姻缘连接在一起，构成一个以主要姓氏为代表的社会运行的"器官"。再通过不同"器官"发挥不同的功能，从而形成整体运行的社会。黄鹤的大多数家庭都还是以务农为主。人们每天都会过着日出而作、日落而息的生活。处于高山的村落，像山河村，外出打工的人很多，平时在家很难见到年轻人。只有种植烤烟的家庭人才会多一些，更多的家庭是老年人和小孩在家。每一年的春节是全村人最齐全的时候。从婚姻家庭角度来看，在黄鹤乡，自从解放后就推行一夫一妻的婚姻制度，以嫁娶婚为正常、正式的婚姻形态，主张婚姻自主。但是由于家庭条件和生存环境等具体情况不同，当地婚姻形态还有其他形式，如招亲、再婚，等等。在黄鹤，不论是核心家庭还是扩展家庭，都有完整和不完整的区分。

第一节　随"物"聚散：黄鹤婚姻
状况的历史与变迁

　　婚姻是建立家庭的基础和前提，也是一个族群增加人口和拓展自我联系的最常见手段之一。据调查，黄鹤乡的婚姻状况比较复杂，各种婚姻形式都有表现。这一方面体现了黄鹤省际边界的复杂人口状况；另一方面也表明，由于黄鹤相对较为便捷的交通，外来的婚姻观念较早传入当地，对传统的婚姻形式产生了深远的影响。

一、黄鹤乡婚姻状况

嫁娶婚是黄鹤乡婚姻形态的主流，是指女子出嫁、男子娶进老婆的婚姻。

图 4-1　黄鹤 MZ 嫁娶婚的场景和部分陪嫁

在黄鹤乡的婚姻形态中嫁娶婚占主流，而且是大家都认同的一种婚姻缔结形式。这种婚姻使得原本不认识的家族结为亲戚，组成一种姻亲关系网络。特别是在乡土社会，这种结合就是两个家族在血缘和地缘的联系。对于黄鹤当地的婚姻状况，我们进行了一系列个案访谈。

个案 4-1：汪龙村村民 QZL 讲述自己及子女的婚姻。他有一个女儿和两个儿子，都已经结婚。大女儿嫁在马武镇的朱家院子，二儿子和小儿子也都已经结婚并且各有两个小孩。现家里除了小儿子的一个女儿留在家里外，其他孙子孙女都和父母到福建的双沟去读书和生活了。两个儿子和儿媳都在当地（双沟）的一个花篮厂打工。

个案 4-2：鱼龙村村民 J 阿姨说："我的娘家是在马武那边，我们这一代人很多是从山下嫁到山上去的。那个时候只能吃苞谷，只有山上面产苞谷。我们小时候都会拿谷子去跟坡上的人换苞谷。我们都是自由婚姻，我老汉（父亲）不同意我的婚姻，从我结婚之后的两三年内就不跟我们来往了，不过后来还是来往了，现在就住在我家。现在就没有女的愿意从山下面嫁上山去的了。我有两个女儿，没有男孩。但是她们也不想招女婿，说是招一个回来太麻烦。大女儿小 Y 在外打工，还没有确定的男朋友。二女儿小 J 在深圳打工，今年回来探亲时，有亲戚给她介绍了一个，叫 Z，是湖北文斗乡人，家里是 3 姐 1 弟，17 岁就到黄鹤来学开挖机，中岭那条公路都是他们修建的。

"我先前看不惯他，觉得他太黑了。听说他会开挖机，而且和人合买了一台挖机，听说是要 40 万元，他们一人一半的钱。8 月 5 号左右，他还去大坝场买了一台二手的碎石机来挣钱。他们先是通过介绍人互给了电话号码，等小 J 回来后，Z 就给小 J 打电话，叫我们一家人去大坝场吃饭，说他办招待。我们就去了，吃了猪蹄和一些炒菜，吃下来花了五六十左右。饭后我就回家了，小 J 就和他们一起去耍了，他们第一次见面感觉还不错。

"小 J 愿意和 Z 在一起，她说：'只要包我一辈子不做活路就行了。'他们两个人也比较要得来。刚开始我和小 Y 都是反对的。后来我觉得他比较大方、耿直又勤快。前一阵子我生病了，他就给我 200 元叫我去输液。我说叫老公给 50 元去买一只公鸡，结果他就给了我 100 元，还说：'我给和叔叔给不是一样的啊。'这几天晚上他是在我们家住，他们家离这里远，他在大坝场开挖机。每天早上都是他自己一大早起床，还自己做早饭，离家时给我们打招呼。由于小 Y 是姐姐，一般农村是先把姐姐嫁出了，再嫁妹妹。小 Y 说不用管我，'妹遇到合适的对象就去（结婚）嘛'。我是等他们姐妹俩自己选择男朋友，再给她们参考。如果我来做决定的话，害怕她们埋怨我们。

"前几天 Z 打电话给我，说准备和小 J 结婚了。我说：'这样就结婚了啊，什么都还没有准备，家具至少是要买的啊。'他说：'不用准备，也不要家具，自己去石柱买房子，把家具直接做在墙上。'但是 Z 不愿意做上门女婿，等小 J 马上从深圳回来后，可能就要同意了。

"大女儿小 Y 现在有两个选择目标，一个是石柱的，另一个是马武的，这两个人小 Y 都基本同意，没有反对意见。石柱那个是大学生，但是没啥本事，在家开了一个副食店，爸爸是退休老师。他家的房子挺漂亮，母亲厉害。我们去他家时，他母亲半个小时内就准备好了一桌菜。他要等小 Y 把病治好了才肯进一步交往和结婚。马武的那个是教师，已经 38 岁了，离过婚。现在孩子都 15 岁了，工资一月有 1 500 元，有钱，觉得人还不错。小 Y 她现在那个样子，年龄又大，又有病，不好找好的人家了。我和她一起去石柱中医让老医生看了，他开了 6 服中药，我天天煎水给她喝，现在已经好了。现在他们在深圳的医院里，就不用动手术了。

　　"其实在 2007 年的时候，媒人给小 J 介绍了一个新乐向姓的男的，旧历 9 月 12 去他家取同意。我们总共去了 7 个人，J 的大伯娘、二伯娘及两个表姐和媒人，再加上我们娘母。当天男方给了 4 000 元取同意。刚开始说的是他可以上门，两边住都行。[说好] 取同意前男方答应给小 J 十万元做生意，但是取同意之后他们却说要等结婚后才给钱。实际上他家没有什么钱。他那时是在学剪头发，他爸爸是教书的，母亲整天打牌，妹妹还在读高中，一个姐姐已经嫁人。他人又长得不好看，而且吝啬得很。2007 年腊月初五我老公过生，小 Y 寄钱 1 000 元给父亲，腊月初四向打电话问：'小 Y 寄钱是干啥？'老公告诉他：'是我的过生钱，我明天过生。'我们以为他第二天会到家里来给小 J 的爸爸过生，但是他没有来，这点我就把他看淡了。他要是不知道生日不来还好，问题是他知道了都不来，就是怕出钱了。

　　"2008 年正月他打电话给我，说结婚，让小 J 嫁到新乐。我说：'我有 10 个女儿的话，最丑的那个嫁给你还差不多。如果硬是要结，就女儿女婿都不认。'当然我这句话是说来气他的，我女儿是肯定要认的。事情黄了之后，男方要求退 6 000 元钱。我只答应给 4 000 元钱。因为男方亲戚给小 J 的五六百元，我又没有见到，没有经过我的手，小 J 花钱又厉害，有钱就拿去石柱花了。那 500 元钱，是介绍人发给的，又不是男方直接亲手给我们的，是发给我的亲戚的，我不退。结果我就退了 4 000 元钱给他，他们也不再说此事了。"

　　个案 4-3：汪龙村村民 W 的妻子 B 讲述。"我 2008 年在广州的工厂里打工时认识了马武的 M，腊月她介绍了马武 19 岁的 Y 给我儿子做女朋友。儿子说女孩太胖了，不喜欢，还说现在结婚太早了。我还是比较满意那个女孩，喜欢她。因为毕竟是熟人介绍的，信得过，离家又近。他们总共认识相处了半个月左右。那个女孩子还满意我儿子，主动说取同意进家来看看。儿子的意思是说这太急了，大家交往的时间太短，彼此都不了解。女孩及家人听了这话就明白意思了，知道我儿子不同意。女孩就说开年后她继续出去打工。我觉得女孩子家太封建了，她们只是在去大坝场的车上看了我们家，她父母要求取过同意后，双方的孩子才能进家玩。女孩没有进过我们家玩，她的父母也不允许我儿子到家里去玩，他们交往都是女孩打电话给儿子叫他去马武街上耍。

　　"我自己是希望儿子在二十四五岁结婚。要他找当地的女孩，只要是本市的都可以接受。要是外省的话，媳妇多半不会在家里住，会经常回家或要求儿子去她家住。还有就是风俗不一样，有些地方会不习惯，怕他们吵嘴。外省的女孩的话，可能是在我们家生完小孩后，就和儿子一起出去打工了，把小孩甩给我们。再者是往返于两家不方便，车费贵，时间长。"

个案 4-4：青龙村村民 MDJ 和 MD 两兄弟的讲述。MDJ 今年 28 岁，是在浙江打工时认识家住石柱的妻子。2004 年两人结婚。当时她是看 MDJ 有手艺，又有房子（家里盖的楼房），就和 MDJ 结婚了。没有看钱，认为有了手艺哪里都能找钱。等二女儿长到一岁后，妻子会和 MDJ 一起出去打工，做他的小工。两人是结婚后就出去打工了，然后回家生下大女儿。等大女儿长到一岁后，又带着她出去打工了，接着在今年（2008 年）回家生小女儿。现在是生男生女都好，都能找到钱。等父母老了就不出去了，回家种田照顾老人。觉得还是男的年龄比女的大好些，古言说的是："男大一枝花，女大是冤家。"

弟弟 MD 今年 26 岁，在福建打工做鞋子时认识现在的妻子 FXH。在福建结婚，生小孩，今年正月回家来看望爷爷奶奶。是做了上门的女婿，岳父家只有一个独生女儿。母亲愿意儿子去上门，那些地方更好，他一辈子过得好就行。即使只有一个儿子也愿意他上门，在那边发展更好，在家不行。母亲认为找一个当地的要近，子女经常在身边好些，双方都好。[MDJ 说]："远了，来回的车费都不得了，耽搁的时间又多。像 MD 那样，我都没去过他家，更何况母亲怎么能去亲家呢，太远了，他媳妇不愿意来，我们也不愿意去。"FXH 说："在福建打工的四川、重庆人多，习惯四川口音。和 MD 的感情好，就结婚了。"

个案 4-5：鱼龙村 ZBG 老人讲述。"今年是我结婚 30 周年，我是在 1979 年结婚的，那时才是 13 岁就取同意，到 23~25 岁就要结婚。全凭大人说一句话，觉得对方女孩或是男孩要得就要得。那时那么小根本就不懂这些，全是父母说了算。那时结婚是不送钱的，要送被子、毯子、苞谷子、米、枕头、一把蔬菜、麦子、布料等。嫁女儿要的嫁妆主要有组合柜、碗柜、梳案、箱子、柜子、火盆等。

"记得是在 1981 年我们打发大女儿 XGZ 时才开始流行送钱的。办了八九十桌的酒席，收到 300 元的现金，都是很亲的亲戚送来的钱，一般是送 1 元或 2 元，最多的就是送 2 元了。那年的米卖 0.18 元一斤，80 斤的尿素肥料也就卖 18 元一袋。"

黄鹤乡还存在招赘婚的形式，招赘婚是指家里没有儿子或是儿子少，担心香火传承有问题而通过女儿或养女招进"驸马"的婚姻。这在黄鹤乡的高山地区比较常见。仅在汪龙村的团田小组里就有 SD、TW、J、CYK、

RCH、RCY、XZK 和 TMY 8 位"驸马"。对于这种婚姻形式，调查组也进行了采访。

个案 4-6：村民 CB 家住在黄鹤坝，生有 2 个女儿。大女陈中平今年 35 岁，招了彭水太原乡的 TMJ 为"驸马"。二女儿嫁到重庆江津。C 家没有儿子就招了一个"驸马"，想自己老了好有人照管。女婿 TMJ 有两个弟兄，家是在高山上的，家里条件比这边差。TMJ 很孝顺，对 CB 两位老人很照顾。

个案 4-7：组员 ZDW 老人 66 岁，老伴 WY 是残疾人，拄双拐杖。WY 的腿是因为去年路滑不小心摔坏了的。生有两个儿子，大儿子今年 41 岁，二儿子有 38 岁，被招赘到了山西。大儿子是在福建砖厂打工，孙子今年也有 11 岁，在山西的叔叔那里读书。

二儿子和儿媳妇是在山西纸厂打工时认识的。当时他 19 岁出去山西打工，26 岁时结婚，招赘山西。儿媳妇不愿意到这边来，说山区的条件不好，连走这边的路都走不来，他们那边平顺得很，又不用背不用挑的。

有结婚就有离婚，1949 年以前，黄鹤乡是很少有人离婚的。一是因为当时的婚姻多奉行父母之命、媒妁之言，即便是婚姻不美满，也只能凑合着过，或者是结婚后由于相处的时间长，两人日久生情；二是当时的社会和舆论普遍不支持离婚，认为离婚是一件不光彩的事（对于女性更是如此），只要是离婚，必会受到大家的指责和攻击。在 1949 年后，国家提倡自由恋爱，并颁布了新的《婚姻法》，允许大家有追求婚姻自主和个人幸福的权利，很受群众欢迎。此后，黄鹤乡的离婚率开始不断上升，离婚现象增多。"不幸的家庭各有各的不幸"，调查组也收集了一些关于离婚的案例。

个案 4-8：村民 NT，29 岁，讲述刚与妻子结束的婚姻。"我们结婚已经有 5 年了，和妻子感情一直不好，就说好去离婚。她人现在还在上海打工，是委托律师跟我打官司。她以前外出打工回来后就只回白果坝娘家，从不来我们家住。早在 2007 年我就要和她离婚，当时她不同意，她不离婚也是因为没面子。为什么离婚也不是一两句话说能讲完的。她个性太强，我们夫妻感情不和。2004 年结婚以来，只她打牌就已经输掉了七八万。所以我和她的钱是各管各的。现在离婚了，5 岁的双胞胎，大女儿 LJ 跟着我，小女儿 LL 跟着她，我们互相有探视权。就在前几天，舅子他们过来搬老婆的嫁妆，把家具、电视那些都搬走了。结果我又去买了新的家具、电视、电器，共花了 10 000 元左右。当时舅子还要把 LL 带走。但是 LL 不愿意去，她把门关了，还使劲地抱住奶奶的腿，不愿意去。"

听当地人摆龙门阵说："N 的妻子在没结婚前就是在外面做小姐，结婚后在上海也是做小姐的，N 是当过兵的，哪里失得下那样的面子哦。"

个案 4-9：TY，女，今年 39 岁，带了两个儿子，一个上初中、14 岁，一个上高中、18 岁。2008 年从湖北青龙村半坡搬到大坝场建了一栋房子，总共花了 70 万左右，钱是与前夫一起去杭州打工挣的。刚修房子时，没有想到要开宾馆。前几年得了子宫癌，治疗之后做事也下不了力，就想在街上找生意做，于是找人借钱开了宾馆。

雪上加霜的是，当他老公得知她的病，听别人说活不了几年，而且［自己］在外面还有外遇，于是就想离婚。她也很生气，于是就答应离婚。两人说好房子留给两个孩子，孩子由她照顾。自从离婚之后，前夫很少看孩子，生活费各种都不管，和那个外遇的女人在一起了。现在两个孩子也不认他是父亲。她为了孩子和自己的生存，这才开了宾馆。她对离婚看得倒也挺开，说："我一个人生活也挺好的，我要活得开心，活得长久给他看。"

在黄鹤乡同样有再婚现象，主要有离婚的一方因为一个人无法承担家庭的重压，或者是年龄还小、没有孩子的丧偶者，又或是因为丧偶、离婚后不愿孤单的一个人生活的，因此要与别人再结为夫妻。通过调查发现，黄鹤乡再婚的家庭，大多数是原来居住在高山地区的村民，而且多数是高山男子与山下失去丈夫的女性结为夫妻。

个案 4-10：汪龙村中岭组高山上的 LYY，找了个带女儿的媳妇。他媳妇离他家有 20 几公里路。他媳妇之前嫁过一户人家，叫作"过户嫂"。中岭组的 LZK，30 岁的时候找了比他大十几岁的媳妇，媳妇也是"过户嫂"。

中岭高山的 LZT，三十几岁找的"划石子"（今天跟别个男的，过了几年然后不干了，又走二处，再找其他的男的，有些还带了小孩）的媳妇。

个案 4-11：鱼龙村芭蕉塘两次再婚的 WDY 老人讲述。"我今年 72 岁，在30 岁左右时我的第一个老婆就去世了，留下一个儿子。在 50 岁左右时找了第二个老婆，是通过别人介绍认识的，她有 4 个儿子。二老婆和我生活了 15 年后离婚了，不久之后她就去世了。在 60 岁左右我又找了第三个老婆，她有一个儿子，是明寨子的，我们是自己认识的。刚开始我要找第二个老婆时，儿子还是反对的。我知道他是害怕将来的财产问题，会涉及财产和经济问题的纠葛。但是他也考虑到我的意愿和心里的难处，就不阻拦了，可能他也怕自己的阻拦会影响了我们父子之间的感情。

"第二个老婆死后是她的4个儿子负责埋葬的。如果第三个老婆死后她的那个儿子不管，我的儿子也会负责安埋的。我死后，他们5个都不管事也没啥问题，我自己的儿子埋了我就是，那是天经地义的事情，而且他也孝顺，也愿意这样做。"

个案4-12：汪龙村村民ZD老人讲述。"儿子TJF和儿媳妇FX原来的关系很好，但是在2004年时儿子不幸去世。那是在大坝场修建房子时，从3楼摔下地去世，主人家赔偿了我们10 000元的安葬费。媳妇是2007年找的芭蕉塘的Z，Z以前因为强奸案坐过牢狱的，劳改了14年。我曾给他说房子漏雨，说他少抽点烟嘛，花点钱把房子维修一下，昨晚上下雨我睡觉的屋就进了水，堂屋也进水了，还得用水桶接漏。我们的屋子是预制板盖的，时间久了，容易漏水。结果他说'修、修、修，修个卵子还差不多'，我就冒火了，他就打我了，把我打倒在了坝子边上。他今年去福建打工，最近被偷了8 000元（包括手机在内折价计算）。他这个人有点不讲道理，媳妇说不要他了，但是害怕被他捅刀子。

"2009年队长提了我的名，我才有了低保，一年540元。我的户口是单独的，儿子也死了。我有三个孙子，大孙女T嫁到观音庙，二孙女今年14岁，小孙子今年8岁。他们（媳妇和Z）没有结婚证，媳妇想离婚又奈不何，他要打你、杀你的嘛。那个男人没用，好吃懒做的，拿他没办法啊。

"今年旧历的3月19日，我借别人家的牛犁田，结果牛发脾气了，用牛角尖攻击我，在我的腰部划了一条15厘米左右长的口子。结果去马德彩那里治疗，看了3天3夜，花了350元。然后又去马武区医院，花了4 000多元才治好的。我自己出了1 500元，女儿出了3 500元，媳妇是一分钱没有出的。"

以下是当事人FX的自述："现在我后悔和Z一起生活了，他没有本事，神经有问题，还用刀威胁我。他出去打工是我的二舅子叫他出去的，我和他在一起经常吵架。2007年腊月开始一起生活，2008年10月的时候，他才亲口说自己是坐过牢的。当时我兄弟就说，你一个人，没有男劳动力，Z没有小孩，和他在一起还是可以。他刚来的时候，对我们还是可以，还给儿女一人100元钱。结果我和他生活了10天就觉得他不行。那年过年前就叫他走，结果他不走。半年后的一个晚上，我出去耍了。他在家就打我的女儿T，他用脚踢，把女儿的腿都踢青了。他是说女儿一天到黑光是耍，不应该吃饭，把碗给摔了，然后就打了。他晚上不要儿子看电视，也是打他，我叫他不要打孩子。结果呢，他就打我，还买了长刀，说要拿刀子杀人。他说如果你找乡政府或派出所的话，就杀你全家。反正我叫他干活路，他就吵，整天就爱睡觉。

"2009年正月间他去了福建打工，旧历的5月间，掉了6 000元现钱和2 000元的手机。目前他是分文没有寄回家。2009年，我们三娘母有低保。三儿子罚款了8 000元，还有2 000元没有上缴，乡政府说要在19号之前把2 000元罚款钱交了，才可以吃低保。我正在考虑这个事，看要不要交钱。低保三个人加起来一年应该有1 500多元。"

个案4-13：黑石坪组员ZGL讲述。"我今年65岁，和我家属一共生有四个娃儿，除了老二是女娃儿外，其他三个都是男娃儿。现在四个都已经成家了，女儿嫁到马武，有时候家里田地的活路忙不过来就可以叫她过来帮忙。但是她自己也有她的事情，我们得空也会过去帮她忙。

"三个儿子的全家都在外面打工，子女也都跟着去了。他们平时也都不会往屋头寄钱，但是过年过节或者我们过生（日）的时候，会寄个五十元、百八十元的回来。大儿子45岁，他的第一个媳妇是清明山的，生了两个娃儿。大的6岁、小的2岁半的时候，媳妇就跳（跑）了。那个时候他们在福建打工，大儿子和媳妇没在同一个厂，媳妇就和一个安徽的人跑了。现在的媳妇是对面湖北的人，也是他在外面打工时候认识的，现在还没仔仔。二儿子39岁了，他的媳妇是从马武嫁过的，那个是请媒人去讲成的。三个儿子家一家有两个仔仔，是完全带起出去的。"

个案4-14：汪龙村的LWB讲述。"我今年61岁，现居汪龙组油房里边。我父亲以前是会计，在很多地方干过，所以从小我们就跟着父亲到处搬家。在灾荒年间，母亲和幺弟因为长期四处奔波，身体又不好就死在路上了。母亲死后，父亲又找了现在的母亲，所以我们同父异母有5个兄弟姐妹。1963年我们跟着父亲来到这个地方生活，那个时候做活路是大集体劳动，大家都凑在一起。我们一来这边，这个队的人口就突然增加了3个，而土地面积又没有增加，很多人就认为我们来了会跟他们抢分口粮，所以大家好像看我们就不顺眼。在一起做活路的时候，人们就指桑骂槐地说我们是'飞来之鸟'，就连集体大会上他们都敢那样说，真的是很受气。后来因为生产责任制落实了，土地下放了，自己做自己的，自己吃自己的，大家也就慢慢和气起来了。

"我在1968年的时候与前面的那个家属结婚，生了3个仔仔。1980年的时候，生了 8 年病的家属就死了，3 个仔仔留给我一个人。我一个人带着仔仔过了 3 年，真的不方便，要照顾他们吃喝，又要劳动生产。后来就娶了现在的老婆 XSM，当时我就是想找个女人来照 [顾] 下仔仔，所以有娃儿的我就不会找，因为'两抱合一抱不好合'，前娘后母的仔仔带起不好办。因为我曾经有过这样的生活，所以我最了解，我不想让他们在这方面吃亏。我和二兄弟来到这边的时候，在外面要受别个的气，回来又要受后母的气。哪怕她现在还在世，我还是敢说这样的话。在外面别个说我们是'飞来之鸟'，她甚至会跑去跟别个吵架。但是回到家里，她也是像别个说我们的那样来说我们，说我们是木坪人，叫我们滚回去。

"所以我一直在想，有娃儿的都不得要。我和现在的家属没得孩子的。现在我女儿在外面打电话回来，先还要问下她妈（后母）身体好不好呢。假如我和现在的家属也有娃儿的话，可能情况就会不一样。

"我的儿子 LWH 先与 CFS（马武人）结婚。结婚之后的第 6 年，CFS 从外地打工回来，怀上了别个（别人）的孩子。于是回来引产，不是对门的 STW 给她用草药，恐怕她早就小命不保了。医好了之后家里人也都劝儿子，劝他不要离婚，但后来还是离了。离婚之后，儿子又谈了几个，但是都没成。2001 年经过木坪的一个算认识但不熟悉的人的介绍，儿子与 ZSF 结婚了，结了婚才知道，原来她是个有病的人，是神经分裂症。给她看病花了 38 000 多元，现在终于有所好转。现在儿媳妇在黄水帮公路建筑队的人煮饭，儿子在河北打工。"

按照上面的分类，单身是不属于婚姻的形式，但仅在团田一个小组里，单身的人就有 6 个，所以也是不能忽视的一个方面。这里的单身并不是因为独身主义，只是因为家庭条件、自身经济等原因造成他们仍处于单身的境况。我们选取了单身青年中较为典型的 ZCY 作为采访对象。通过调查，我们发现他的单身很大程度上是出于自己的人生选择，他还有梦想要去实现。

个案 4-15：ZCY 今年 29 岁，单身。他讲述："我自己平时喜欢看中央七台的《每日农经》《致富经》节目。2008 年 9 月与人去新疆库尔勒采棉花，10 月回家。回来时在库尔勒买了 100 多元的种子，也买了哈密瓜等种子。今年种上了哈密瓜。我觉得我们这里的气候还很湿、应该能行，今年主要是试一下。自己已经出去打工十几年了，打算今年冬天去福建鞋厂打工，那里一个月能挣到 2 000 多元。第一次去河北打工是 17 岁时，干了两个月，是叔叔带出去的，在纸品厂干活。

"出去打工后，觉得家乡人老套得很，一年又一年的就知道种植苞谷、谷子、萝卜、红苕那些，再养2头猪那样过生活。我去年去新疆买了100元的种子回家，准备种植，但是家里周围没有地。《每日农经》节目里面，讲一个青海的［人搞］大棚种植西瓜，5亩赚了20多万元。一个西瓜有的重70斤，一般还是四五十斤左右的重量居多，这就是靠技术吃饭呀。

"今年去了西安两个月（4月、5月），搞营销（传销）。觉得那个有真有假。我是没把握的事情不会做的。渭南市有五六万人是搞传销的，分为业务员、主管、主任、经理、总经理，每吸纳一个人收取60%的费用。那个是有胆量的人做的事。"

二、婚姻对于家庭的影响

婚姻对于一个家庭有重大的影响，究其原因，是因为婚姻在很大程度上改变了婚姻双方个人和所在家庭的社会关系。在乡村社会这种改变是如此的剧烈，在某些案例中甚至超过了原本天生固化的血缘关系。婚姻对于家庭的另一个影响是作用在婚姻的产物——孩子上的。这种影响更为巨大，体现在孩子生命的所有阶段，并对其性格的养成和爱情、婚姻观念的形成，产生直接或间接的影响。

下面这几个案例呈现了相对复杂的婚姻关系对于男方家庭影响的具体表现。

个案4-16：汪龙村村民HK已经69岁，老伴TTB是湖北人。HK共有四个儿子，"大儿子HJP 44岁，二儿子HJ 40岁，三儿子HJC 36岁，小儿子HJJ 26岁。HJP的大儿子HYH读完高二就出去打工了，今年21岁，读书期间经常晚上上网、白天睡觉，不想读了就在家待半年后和父母一起外出打工；他的二儿子HYC在石柱民族中学还没有读到半年就没读了；期间抽烟、上网，打了三四次架，最后一次被老师发现了，怕因为打架被学校处分就回家不读书了，选择外出打工。二儿子（HJ）在温州打工。三儿子（HJC）在安徽打工，全家外出。三儿子离婚后又找了一个老婆。第一次是和GGT结为夫妻，那时他23岁。与第一个老婆生活五六年后通过法律程序离婚，一直未生育小孩。他们经常吵架、打架，夫妻感情不和。［后来］他又找了一个老婆，带来一个16岁的女儿，现在在一起至少生活了7年，生育了儿子HYJ，组成四人家庭。

四儿子（HJJ）在福建打工，他的儿女跟着我们。四儿子读了初三上学期就出去打工了，那时 16 岁左右。在福建打工期间，认识了重庆南川的妻子，两人就住在一起了。在他 20 岁的时候，媳妇生了孙女，取名叫 HMT，然后就把孙女带回家，叫我们帮他们照顾，那时孙女才 4 个月大。原来我们是想要他找个当地的，乡里乡亲的也好有个照应。他已经在外面找了媳妇也就算了，我们也没有给他办酒会。因为年龄不够，又没有结婚证，孙女就上不了户口，去乡里上户口时要求出 6 000 元钱才行，我没有钱就没有上户口，以后孙女上学也麻烦。"

个案 4-17：道班居住的 TPZ，今年 73 岁。TPZ 有 4 个儿子，大儿子 TTR，二儿子 TTB，三儿子 TTX，四儿子 TTS。"老二不在家，两口子都在外面打工。我和亲家 DH 也和不来。四儿子出去打工已经有 10 多年了，自从他妈妈死后他就出去了，一直没有回来。我很担心他，今年他 36 岁了，还没有结婚。他出去打工后我就没有他消息了，可能和他大哥有联系。我又没有得罪他，不知道他为啥不回来。我是去年从老家搬出来的，现在觉得还是老家好，老家清净。在道班那里，晚上睡不着，车子多了，闹得很。把老家卖给了田兴成，自己每天或最多两天就回老家转一趟，不习惯啊。"

个案 4-18：观音庙 P 婆婆讲述："我今年已经 73 岁了，住在观音庙的老房子里，共有三儿两女。老公已死 15 年，三个儿子都在外面打工，自己跟着小儿子在一起住，家里有三儿子的仔仔在，孙子和孙女各一个。孙子牟××已经 12 岁，在上小学，孙女是 5 岁，只有我们三个人在家里生活。我自个儿在家，没有其他劳力，一个人犁田、插秧、打谷子。一个人种来三个人吃不饿，种谷子一年够我们三个人吃一年半。今年种了 8 分田和 2 亩土。去年有时间还种了点辣椒，背去大坝场还挣了 1 000 多元钱。

"大儿子在石家庄打工，搞电焊，今年 51 岁，媳妇是湖北那边的人；[他们的] 大女儿 24 岁，二女儿 22 岁，没得男娃。二儿子是在新疆打工，搞建筑，给人家做泥水匠，媳妇找的是马武那边的人；有一个儿子，已经 19 岁了，在新疆那边，很少回来。小儿子去福建鞋厂做鞋子，媳妇也是马武那里的人。他们怕我一个人孤单，也为省事，[小儿子] 就把两个仔仔送回来叫我看着。两个女儿一个嫁到菩萨坝，一个嫁到丰都，都不是很远，不时还是会回来看一下我。

"二儿子跟着他的幺儿子住，一般是两年回来一趟看我。平时他两三天就要打电话回来问：有没有钱花，孩子是否是好的，没有钱就邮寄回来。还问身体健康不。打电话就叫我不要做活路了，儿女都劝说我不要做活路了，每年他们都要给我拿 2 000 元左右的钱给我花，根本花不完。我就是自己愿意做，要不习惯，要多锻炼。我现在 73 岁了，没有任何病痛。我支持儿子在外打工，两个孙子在家读书要花钱，希望他们打工多挣钱。"

婚姻作为乡村社会一种打破血缘关系的圈子、建立血缘外姻亲联结的手段，其影响力很大程度上来自其形成方式。在黄鹤，最初的婚姻关系是如何缔结的呢？为此我们采访了一位特殊的老人。

个案 4-19：鱼龙村的 TDX 婆婆讲述。"我和 TDF 是亲姊妹，我们两姐妹嫁给了 Y 家亲弟兄。我嫁给了 YXF，我妹妹嫁给了 YXW。我在 1990 年结婚，妹妹是在 1993 年结婚，是我自个儿介绍他们两个认识的。

"我嫁过来时，兄弟 YXW 就叫我介绍个妹儿给他。结婚后，我们两家也走的近，妹妹常常到我家里来耍。兄弟就看上她了，叫我介绍，结果一介绍两个就成了。我们娘家在马武中学对面。我的儿子叫 YSP，他的媳妇也是别人给介绍的，是他的太婆介绍表妹给他的。他们的关系也很好，也是一介绍就成了，我们两家是有姻缘的。"

在上面这个案例中，TDX 婆婆自己缔结了婚姻关系，又作为介绍人促成了亲姊妹的婚姻，而 T 氏姐妹所嫁的 Y 氏又是亲兄弟，这种"亲上加亲"的婚姻关系在农村是非常普遍的，也被广大民众所乐见。究其原因，除了婚后两个家庭的关系更加紧密、可以互相照应以外，这种基于血缘关系的婚姻，对之前的血缘关系的改变是最轻微的，也最容易被婚姻双方的家庭所接受。

三、黄鹤乡通婚的范围

通婚的范围反映了一个地方的社会形成规律与社会交往观念。由于地形和历史的原因，黄鹤乡所属的三个村与对面的湖北所属的青龙村通婚很频繁。自古以来就处于同一地缘的两个村落，有着对生活习俗和生命礼仪的共同文化认同，这使得两方互相成为最先考虑的婚配对象。在当地人收谷子的季节，由于外出打工的人多，家里缺少劳力，又必须赶在雨天之前收完谷子，所以很多家庭都会和亲戚朋友一起换工，几家联合在一起轮流为其中一家收谷子，一直到这几家的谷子都收完为止。

在青龙村某一家的水稻田里，笔者发现在这家换工收谷子的队伍里不仅有周围的邻居，还有相隔较远的鱼龙村村民。和他们一起干活后才明白，原来是青龙村 M 姓两兄弟娶了鱼龙村 J 姓两姐妹，两大家族形成家族间的联姻。平时的红白喜事及生产时的换工等，两个家族都有亲密的相互来往。在随后的调查中，发现此种情况比比皆是。有一些大的家族因为家族发展扩大，在与另外一个村落的家族通婚后，常常会出现两个家族不同辈分的成员结婚，导致家族成员称呼的混乱。由于以前的婚丧嫁娶都要带有土地，因此在两村的界河边留下一段有趣的"插花界"——在鱼龙村的田地内突然会冒出一片属于青龙村的水田，在收获的季节，你会看到两村人共同合作的场景。为体现出两村通婚的范围，笔者从青龙村选取一个村民聚居区的通婚数据为代表来说明。

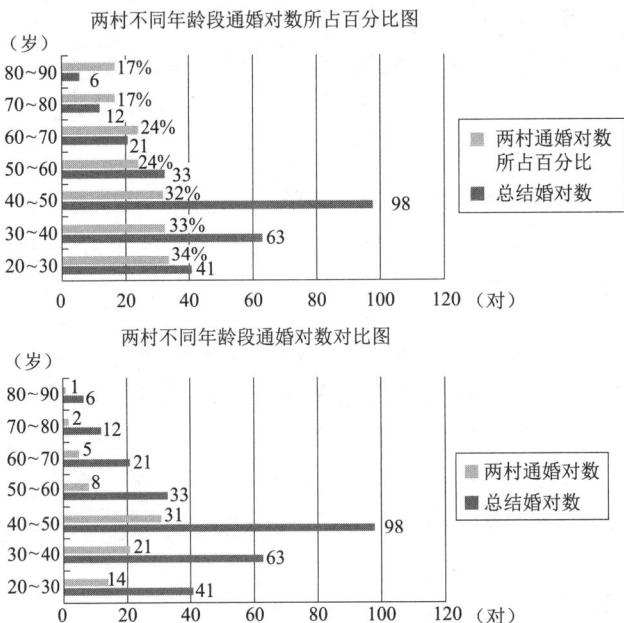

两村不同年龄段通婚对数所占百分比图

两村不同年龄段通婚对数对比图

图 4-2　鱼龙村和青龙村通婚情况对比图

说明：青龙村的村民聚居区共有 274 对结婚人数，按照十年为一个年龄段划分成七个阶段，每一个年龄段的结婚对数及两村通婚对数中都包括娶进和嫁出的对数，对数在这里仅指一对夫妻。

从图中可以看出，两村的通婚数量在从 80~90 岁到 20~30 岁呈现增长趋势。这说明青龙村在解放前的三四十年代和现在 90 年代出生的村民当中，有越来越多的人选择与鱼龙村的人结婚。在实际调查中，也发现相同的事实。在解放前，当地整个地区都处于落后的状态，村民以种田为生。如果选择与外村的人通婚，就会损失家里田地数量和劳动力。但是随着新中国成立及其之后的改革开放，由于土地制度及相应的生产关系发生了一系列变革，又加上人口急增、人多地少的现实，人们开始寻求其他的生存方式。除了种植业，村民们开始涉足养殖业和服务业，还根据当地资源兴办特色养殖场和外出务工。

重庆成为直辖市后的近十年内，中央实行的有关政策会选择其作为示范点进行试验，政府实行的民生政策相较于周围其他省市也会较早开展。在这样一个大背景下，村民选择与村外通婚特别是与实行政策较好的鱼龙村通婚是由很多因素造成的。首先，与鱼龙村通婚，可以转户口到鱼龙村，享受在场镇修房、申请社会养老保险及政府补贴等各项惠民政策，下面的个案就是其中较为典型的代表。

个案4-20：青龙村80后小伙MZT是一个勤学上进的青年，但因为家庭贫困，上完初中便辍学外出广州打工，干过各种活儿，也吃过不少苦。妻子娘家在鱼龙村，是自己的小学同学兼初中校友，很早就认识，并一起出去打工。在打工的过程中学会开车，给别人跑运输拉货挣钱。一边挣钱一边留心学习养殖技术，在积攒十几万元后回乡，用妻子的户口开办豪猪养殖基地，并以别人的名义自己出资开办了中药材种植基地，充分利用鱼龙村实行的政策照顾资源发家致富。此外还养一辆长途货车拉货赚取外快，成为村里小康之家的代表。现在已经在鱼龙村的场镇上修了新房，而且有一个可爱的女儿出世，一家人生活得其乐融融。

其次，很多外出务工人员都是跟着亲戚朋友或至少是本地人出去打工，平时很少接触到其他地方的人。相对于不认识的外乡人，年轻人更愿意找老乡，不仅有共同语言而且对对方的家庭环境也知根知底，两人的关系也会更加牢固并最终走在一起。

第三，婚姻不只是两个人的事情，而是两个家族的联合。选择两村通婚，就会建立起一个血缘和地缘相互交织的关系网络，在农村这决定着一个家族的地位和办事能力，对于以后小孩和老人的抚养和照顾也都有好处。下面的个案是较有代表性的一类婚姻情况。

个案4-21：鱼龙村的WYM是一个漂亮的90后女孩儿，她和现在的老公JCF是通过别人介绍认识的，认识已经有四年了。因为都在外打工，一开始只是手机联系，一年后回家过春节才见第一面。之后也是聚少离多，但两人的感情一直都很好。因为JCF的母亲年初去世，没有人照顾父亲，为了父亲有人照顾，他们提早办了酒席。JCF父亲老J是村里一个组的组长，对人热情开朗，办事公正、兼顾四方，在村里有很好的人缘，口才也不错。经常被别人喊去做会头的支客（红白喜事的总管），组员有什么争执也会喊他去调解。儿子JCF的婚礼从第一天开始筹备时就有很多人去帮忙，热闹非凡。当天的酒席一共有118桌，最后礼金有6万元，在当地这已经是一个不小的数目。JCF婚后继续外出打工，老J自村里党支部委员落选后，也就乐得清闲，去追求另外一段美好生活，但依旧有很多人托他办事。

在农业社会里，婚姻就像一条条纽带把不同家族的人联系在一起，织成一张错综复杂的关系网，人们在这张网下生活并从事生产。两村通婚数量的递增，说明在当地村民的心中，行政划分的边界不是很重要，它只是一个省际间的符号而已。他们更重视文化上的相续及血缘和地缘上的认同。这就为打破两省（市）之间的行政壁垒、建立区域经济协作奠定了基础。

第二节 因"缘"羁绊：
黄鹤家庭的形成与变化

如果说婚姻是陌生血缘的重新组合，那么家庭则更多的是按血缘亲疏排列的关系网络。按家庭成员的关系和规模，一般可以分为核心家庭和扩展家庭。扩展家庭又可分为主干家庭和联合家庭。主干家庭是上下两代夫妇共同居住，而联合家庭是同辈兄弟夫妇和长辈共同居住。家庭处在不停地变动发展中，而非一成不变。

一、黄鹤乡的家庭形式

根据调查，在黄鹤乡，一个家庭的户口簿和政府的户籍信息上的家庭成员与农户实际吃住在一起的成员有时不相符合。为了能够反映出黄鹤乡家庭形式的实际情况，也为了统计方便，在此以同在一个灶上吃饭为一家来进行户数计算。但受到外出打工的影响，黄鹤乡的在家人口变动很大，而且又因为调查时间的关系，不能全部收集到全乡家庭的实际情况。在此，仅从黄鹤乡三个村中各选出一个组作为家庭形式代表的数据统计。

三个小组分别是鱼龙村的万家大田、汪龙村的中岭组和山河村的山坪组，首先列举出三个小组各个院子的实际居住户，见表4-1、表4-2、表4-3。

表 4-1　万家大田各院子信息

院子名称	户主姓名	户数
1. 长田坎	明瑞华、明廷易、明廷辉、明瑞诚、明廷吉、明飞、魏光伟、明廷志、陶伟、明廷原、明廷普、明廷奎、明廷瑞、杨圣安❶	14
2. 院子	唐世军	1
3. 周家湾	周朝林	1
4. 小坝	周朝安、蹇锦杰、何朱凡、李顺理、李星华、李顺孝、陈志福、蹇育林、蹇锦学、蹇育忠、蹇育举	11
5. 白果坝	彭德生、侯华英、秦光礼、秦大树、秦大全、秦大君、代朝和、谭荣华、杨显明、周诚碧、李德堂、宿代群	12
6. 瓦长沟	王桂香、周柏林	2
7. 万家大田	蹇育红、蹇春德、罗文明、康清朗、林开碧、冉瑞诚、康贤顺、陈在权	8
8. 满家河坝	王义伦	1
9. 田家湾	蹇育普	1
10. 陈家院子	周廷建、周朝齐、周廷学	3
11. 大石堡	刘永兵、蹇秀常、谭明学	3

总户数：57

表 4-2　中岭组各院子信息

院子名称	户主姓名	户数
1. 盛家院子	隆仁奎、李少鹏、田为利、田为信	4
2. 幻想坝	田为仁	1
3. 朱家	朱广富	1
4. 李山屋基	李少友、李少明、李少清	3
5. 国坪	李少兵、李少强、李少田、李少白	4
6. 彭家	彭大泽	1
7. 新房子	包中安	1

❶　在长田坎的这些住户里，有些是从湖北青龙村搬迁过来的。这一地区处于两省交界的"插花界"地区，两村的农户穿插居住。

续表

院子名称	户主姓名	户数
8. 上中岭	包中路、包中仑、包太恒、包中庭	4
9. 保管室	秦庭其、牟代文、牟世权	3
10. 李家屋基	包中文、包太轩、包太友	3
11. 大田荡	李永南	1
12. 对门	李召兵、牟绪白	2
13. 柏树坪	田代江	1
14. 窝荡	李永南、李永北、李永中、秦中莲	4
15. 崖蜂窝	李召白、李召奎、李少河、李召鹏	4
16. 垭口	李世平、李召成、李召仑	3

总户数：40

表 4-3　山坪组各院子信息

院子名称	户主姓名	户数
1. 比尖山	刘尚文	1
2. 凳家垭口	马荣德，马艮德	2
3. 庙垭口	刘金成、刘光和、刘光海	3
4. 高中子	谭登现、谭地安，谭地和、彭正才	4
5. 水井湾	侯世文、何兴财、周年和、谭登金、李万财、谭仁发	6
6. 李家朝	马世岱、马培权、马育枝、马培玥、唐世全	5
7. 山界	周廷金、马泽斌	2
8. 白水子	张传龙	1
9. 梁家屋基	何玉林	1
10. 岩边	何玉吉	1
11. 花心子	张永坤	1
12. 草堂子	彭广才、彭广元	2
13. 大窝凼	马世贵	1

总户数：30

把这些户数按照家庭形式分类统计，见表 4-4：

表 4-4　黄鹤乡三个小组家庭形式统计表　　（单位：户）

家庭形式	核心家庭		主干家庭		隔代家庭		单身家庭	合计
	完整	不完整	完整	不完整	完整	不完整		
万家大田	20	14	7	8	3	4	1	57
中岭组	13	10	4	6	2	5	0	40
山坪组	8	7	3	4	3	5	0	30

（一）核心家庭

核心家庭是指一对夫妻与未婚子女共同组成的家庭，在黄鹤乡这种家庭形式是最为普通、最为常见的。从上表可以看出，核心家庭在三个村的户数是最多的，占有重要比例。例如，在鱼龙村万家大田居住的明廷志，临街开一个百货店，与妻子生有一个儿子，儿子在重庆上大学。山坪组的马荣德与从木坪乡嫁过来的家属共生有三个小孩，大儿子在西坨读高中，二女儿在漆辽小学读小学，小女儿现在是 4 岁；小女儿是超生，被罚款 18 300 元。居住在万家大田的周廷建，今年 56 岁，与妻子共生有两个女儿。大女儿招婿上门，尚未分家，有一个外孙，现在全家外出打工；二女儿也跟着姐姐一起出去打工，还没有结婚。

图 4-3　黄鹤乡的核心家庭平日一般只有母亲带小孩

不完整的核心家庭是指因为某种原因，构成标准的或是完整的核心家庭所必需的三个要素——夫、妻和未婚子女缺失而构成的家庭。据调查，黄鹤不完整的核心家庭主要有以下几种不同的情况：

（1）分家后老夫妻单独吃的家庭。这种家庭中只有一对老年夫妻，他们两个人自己开火做饭、共同生活。子女们都已经嫁出去或是成家后外出打工，故构成不完整的核心家庭。如在山坪组水井湾居住的李万财，今年46岁，共生有两个女儿，大女儿嫁到重庆，二女儿嫁到成都；家里只剩下他和妻子在一起生活，家里以种植烤烟为生。家住在高中子的谭登现和侯世明夫妇，年老，在家务农，没有体力再种烤烟；三个儿子，谭地安、谭地和都安家在石柱，小孩都在那里读书和工作。他们外出打工，老大俩口子去浙江打工，谭地和俩口子去上海打工；三儿子谭地海，外出打工一直没有回来。家里只有两个老人在一起生活，喂有四头猪，其中两个是猪崽，一共花费700元买回来；有一头小牛，今年买的，喂来耕地。

（2）单亲家庭。是指由于丧偶、离异或是分家的原因，一个家庭中只有夫妻中的一个和其未婚子女组成的家庭。在黄鹤乡，这种家庭很少。通过调查得知，很多离异或是丧偶的家庭都会再婚，不管是男方带着小孩上门还是女方带着小孩嫁过来，单亲家庭一般都会选择再婚。这跟当地人的生存手段有关——单亲家庭缺少劳力，一个人很难去应对一年当中的农事劳作，并保证农作物的产量。这样，一个家庭就极其需要劳动力。家住在黑石坪的左国亮，今年65岁，生有三个儿子和一个女儿。大儿子的第一个媳妇因为在外打工，时间一长，就跟同厂里的一个安徽保安私奔了，留下一个6岁和一个4岁的孩子。自从跑了之后再也没有回来。

（3）未婚已有小孩的家庭。在这里，这种家庭是指因为男女双方或者是其中一方还没有达到法定年龄，在无法办理结婚证的情况下，两个人就共同居住在一起，并生有小孩，过着"夫妻"共同承担的生活。在当地，有些家庭在不能领证的情况下就举办一场婚礼宴席，来宣告两个年轻人成为夫妻，也有的不筹办宴席，等到两个人到了法定年龄领取证件后再办酒席。这样的情况，多数出现在外出打工的年轻人身上。他们从小就在外打工，在外面认识了喜欢的人，经过长时间的相处，觉得双方适合就住在一起。当地的小伙子，很多在外打工后带回家里的不只是自己的媳妇，还有自己的孩子。

（二）主干家庭

被称为主干家庭的，主要是指由上下两代夫妇共同居住而构成的家庭形式。它包括完整的主干家庭和不完整的主干家庭。从表4-4可以看出，在当地除了核心家庭之外，主干家庭也是重要的家庭形式。主干家庭又称为直系家庭，因为主干家庭是由父母、儿子、儿媳共同组成的，而父子之间的关系是直系亲属，所以他们结合而成的主干家庭也就是直系家庭。

图4-4　黄鹤主干家庭的主要形式平时是由祖辈和孙辈组成

　　在黄鹤乡，完整的主干家庭是由父母和一个已婚儿子的核心家庭组成，或者是父母和一个已婚儿子的核心家庭及其他未婚子女组成。如居住在汪龙村黄鹤老坝上的李世平，今年已经有70岁，其妻秦光明的娘家就在黄鹤坝。在他们居住的地方现只有他们一户人家。老人有四个儿子，大儿子李昭能，出去十多年音信全无；二儿子李昭成，已经结婚，全家在广州打工；三儿子李昭兵，已婚，全家在武汉打工；小儿子李昭军，一直未婚，母亲生他的时候得了一些小病没有注意，结果他生下来神经就有点问题。大儿媳妇就是本队中岭组人，二儿媳妇是彭水人，三儿媳是同村的黄鹤坝人。又如鱼龙村万家大田组的罗文明，曾是队长，因为上了年纪就退休在家务农，待女儿们都嫁出去后，只有一个儿子留在身边。儿子结婚后没有分家，现在家里有七口人，他和妻子、儿子、儿媳妇及三个孙子。还有鱼龙村万家大田组田家湾院子的蹇育普，在家务农，有两个儿子和两个女儿。大儿子蹇锦喜和家属一起在浙江打工，有两个小孩在读书，现全家居住在浙江。二儿子蹇锦杰，曾在外打工，回来打谷，他家属是在福建打工，一个小孩读书，现家住小坝。大女儿蹇锦芳，嫁在明寨子生产队，在小坝挨着哥哥修房子。么女儿招婿上门，房子和蹇育普是挨在一起，吃饭在一起吃。

不完整的主干家庭是指，因为某些原因，在构成完整的主干家庭的五个角色中，即父、母、儿子、儿媳妇和孙子中，缺少其中一个角色的家庭。据调查，在黄鹤乡，导致家庭成为不完整的主干家庭有以下几种原因：

（1）因为年纪大或是疾病的原因导致年老的夫妻中有一方去世，或是因为感情不和等造成年老夫妻离异等，都会形成不完整的主干家庭。如万家大田的康清朗，今年70岁，退休在家务农，家属刚去世；共生有五个子女——三个儿子和两个女儿。大儿子和三儿子都已经去世，儿媳妇又招了其他人上门。老人和四儿子康贤顺在一起生活，家中有儿子和儿媳妇及两个孙子，共五口人构成一个不完整的主干家庭。山河村山坪组的刘尚文，全家有五口人，有他和妻子、一个上初三的儿子、一个读小学的女儿及一个年老的父亲。父亲在家里负责喂猪，他利用高山和平坝的季节差种植蔬菜，再拉到集镇上卖。居住在汪龙村团田组的熊家，有母亲周世桂，70岁，生有 XWZ、熊文志、熊文明、熊文成四兄弟。熊文志的小儿子11岁，现在已经小学毕业；熊文明的女儿13岁，在马武小学毕业；XWZ的大女儿10岁，在马武小学读三年级，小女儿才3个月大；熊文成未婚。山坪组的马荣德家里有六口人，只有母亲在屋帮忙干活，今年83岁，父亲已经去世。马荣德的妻子是从木坪乡嫁过来的，两人生育有三个小孩，大儿子在西坨读高中，二女儿在漆辽小学读小学，三女儿只有4岁，超生罚款18 300元。

（2）在子女一个个地结婚与父母分家后，老夫妻要分开与子女们生活，他们分别与一个结婚的子女生活在一起，结婚的子女也要同小孩生活在一起。即是分开的老年夫妇要和子女及孙子生活在一起，从而使每一个家庭拥有一个老人而形成的家庭情况。在黄鹤乡这样的家庭很少，一般分家后都要与小儿子或是招婚的小女儿生活在一起，或者是老年夫妻两个人自己生活。在山坪组居住的马世碧老人，生有一个儿子和一对双胞胎女儿。女儿都外嫁其他省份，儿子和儿媳妇跟着女儿在宁波打工。马世碧的妻子在石柱居住，以便照顾上学的孙子，他一个人居住在山坪组种植烤烟。两个人是分开住的，不在一起吃饭。是属于这种情况的一个特例。

（3）新婚的儿子与儿媳妇尚未生育，从而组成缺少孙子的不完整的主干家庭。在黄鹤乡，这种不完整主干家庭的情况也很少，更多的是小夫妻还未到法定年龄便生育有小孩。居住在鱼龙村大坝场的明建军，媳妇是马武人，两人在外打工时认识。在调查时，他们已经结婚两年，但是还未生育小孩，家里有父母亲和他们两夫妻共四口人。

（三）隔代主干家庭

隔代主干家庭是指，在一个家庭中，夫妇之间的联系是直系关系，夫妇的对数有三对，即是祖父母夫妻、父母亲夫妻与儿子夫妻或是女儿招婿的夫妻及其儿子或是女儿的未婚子女构成。在这种家庭中，三对夫妇中有一代人因为外出或是亡故而不能在一起生活，但是家庭成员的关系并没有因为缺少的一代人而断裂，而且这些外出或是亡故的夫妻并没有脱离与家庭成员的联系。若是存在隔代，而且其他存在的夫妇都没有缺失，就称之为完整的隔代主干家庭。若是那些隔代的夫妇中有人缺失，就属于不完整的隔代主干家庭。

完整的隔代主干家庭是指除去最下面的未婚子女那一个代系之外，其他的代系都夫妻双全，但会有一代夫妻不在本地或全亡故。这种情况的家庭，在黄鹤乡是普遍现象。因为外出务工的人员增加，几乎每一个家庭都会有一起出去打工的夫妻，而留下父母这一代的夫妻和自己的未婚子女或已经结婚的子女。如山坪组的马世贵老人，今年 69 岁，家属陈光英从下路嫁过来，今年 70 岁。两位老人在家办烤烟，一共生育五个儿子。大儿子已经去世，老二泽玉和老五泽余均到六塘乡上门，老三泽江夫妇外出打工，老四泽海夫妇也在家办烤烟，并有两个小孩，一个读高中，一个读小学。家里共有 7 口人。汪龙村的郭少平一家，共有 9 口人。大儿子郭德林，分家后现居观音庙组新院子。二儿子夭折。三儿子郭德敏和四儿子郭德蒙夫妇在大坝场做生意。小儿子郭德志在浙江打工，今年正月间寄了 1 000 元钱回来孝敬老人。"那些媳妇、孙媳妇有时候也会给老人点钱，不是固定给的，想给就给点，今年到现在为止，已经给了一共 350 元钱。"鱼龙村万家大田的秦光礼，今年 77 岁，在家务农，共生育有三个儿子和一个女儿，现家里共有 7 口人。大儿子在当小学老师，其他两个儿子在浙江打工，留下小孩在这里上学。女儿秦大君，招婿上门，与他们住在一起。外孙曾在广东打工，回来后在石柱结婚，外孙媳妇已怀有小孩。鱼龙村万家大田的周朝安今年 70 岁，依旧在家务农，与家属共生育四个子女。大儿子和幺儿子均在杭州石矿场打工，全家都去。大儿子有两个女儿，幺儿子有一个女儿。排行老二的是一个女儿，已死。排行老三的儿子周廷贵，是现任万家大田的队长，周队长有两个小孩，一个男孩一个女孩，均在上学。

不完整的隔代主干家庭是指在构成隔代主干家庭里的夫妇，由于离异或分居或丧偶，而使所处的代系或是几个代系上的夫妻缺少一个，从而形成不完整的隔代主干家庭。在黄鹤乡，这种家庭如山坪组的谭登金，他和妻子在家里办烤烟，只有一个儿子外出打工十多年，已经在外结婚，但是很少和家里联系。家里还有一个老母亲要谭登金照顾，现在家里只有三口人。又如在汪龙村居住的文永云老人，今年70岁，老家在团田熊家土，是朱明清支书的母亲，分家后和小儿子朱明星在一起生活。现在家里有常住的两口人，即是文永云和小儿子朱明星的幺儿朱永健，今年11岁，在马武小学四年级；朱明星夫妻都在福建打工，已经去了五年，只是去年的腊月十九回来一次，腊月二十六又走了。

（四）单身家庭

单身家庭是指一个人自己生活的家庭。在黄鹤乡所辖的三个村内，单身家庭只占很少的一部分。据统计，全乡五保户共有15户，其中汪龙村有9户，其他两个村占的比例较少。一些不适合结婚的人，比如神经病患者或者生活无法自理的残疾人，一般由家人照顾。在万家大田居住的李德堂老人，已经有80多岁，只有独自一个人在家生活。听老乡说他有一个儿子，叫李云旭，但是已经全家外出打工，就没有人管老人。还有一个女儿，偶尔会来照看他一下。山河村山坪组吴家朝的谭仁发老人，今年有70岁，是全组里唯一一个五保户，无儿无女。

有的单身家庭则是由于与配偶及子女们分开吃饭、生活而形成。居住在汪龙村的黑石坪小组的明永兴，今年有75岁，除了耳朵有些背之外，身体还很健康。因为儿子们全都举家外出打工，而女儿们又外嫁，所以他只能是一个人生活。

二、黄鹤的分家

很多少数民族聚居区的人为了不削弱家族的实力和财力而不愿意成家后的儿子分家，但黄鹤地区是有分家习俗的。虽然黄鹤的乡民也在观念上认为有几代人同堂的大家庭最好，儿孙满堂是全家人的福气，但是在实际生活中几代人住在一起的大家庭并不多见。而且一个家族只有通过不断的分家才能运行起来，家族的家支才能不断发展和扩大起来。

在黄鹤乡，一个家庭的继承权除去家里没有儿子的家庭，其余的都是以儿子为主，等长子成家后就要实行分家。通常的情况下，都是年长的儿子先分家出去，父母与未结婚的儿子们住在一起。有时也会是等家中所有的儿子都结婚后，几个兄弟再平均分配家产，长子在合适的情况下可以多得一些，但是不能超过其他兄弟所得的一半。这时，父母双亲一般都不会给自己留财产，以后的赡养费由几个兄弟共同承担，每一家要规定好给父母多少粮食或是钱；父母或是仅留下一小部分给自己，用作两个人单独生活的来源。分家后，父母双亲被子女们分开赡养，就是一方跟一个儿子的家庭生活，另一方跟其他儿子的家庭生活在一起。

在决定分家时，属于家中的不动产（田地、房屋、林地等）及家庭里喂养的牲畜和用于生产的工具等，都要按照兄弟的人数来进行平均分配。家里的女儿一般是没有权利要求分得家产的，她们是属于要嫁出去的人，不能够带走田地。只有一种情况，就是一个家庭里没有儿子，只有女儿，为了继传香火及家庭后继有人，女儿要招婿上门，女婿也可以得到同样的继承权力。

在以前，就正常情况而言，若是新婚夫妇能够与自家的父母和未成年结婚的兄弟姐妹和谐相处、关系融洽，就可以先不分家，等到其他兄弟们长大成家后再进行分家。但是如果新婚夫妇不能够与自家的父母及其他兄弟姐妹和睦相处，姑嫂之间、婆媳之间或是叔嫂之间关系恶劣，就要分家出去，避免更不好的事情发生，父母也会同意，不强迫新婚夫妇保持家庭一致。根据调查的资料来看，如今，大多数的新婚夫妇在结婚后都会要求另起炉灶自己过。他们认为，这样做不论是对于自己还是对于其他的家庭成员都会比较方便，而且也可以避免关系不融洽的情况出现。家庭中的父母一般对这种做法也不会强求，由儿子自己决定。关于黄鹤分家的具体情况，我们收集了一些较有代表性的案例。

个案 4-22：汪龙村的罗文斌，今年 61 岁，由他讲述自家的分家。"我的老汉（父亲）以前是马武供销社的会计，就是打算盘的。其实他还做过其他地区的会计，所以我们时常搬家，我老汉走到什么地方工作，我们就跟到什么地方去住。灾荒年的时候，我的母亲和幺弟就是死在一直在走的路上。大概是1963 年的时候，我的父亲来到汪龙村的这块地界，和我们现在的母亲包良桂结婚，然后又生了两儿一女。所以我们现在是同父异母的五姊妹。

"我们几个兄弟姐妹的关系都还处得很好，关于分家，我们也是大家在一起商量后决定的。我们最开始只有三间房子，我结婚之后分了半间房子，二兄弟结婚的时候也分得了半间，其他的两间因为父母还在居住，就一直没分。前年老汉死了，但是母亲还在。我们现在就是五姊妹供养老母亲，一家一个月80 元。现在剩下的两间房子等到母亲过世再由五姊妹来平均分配。母亲健在的时候不好分，［因为］老人她可能最希望的就是最后在自己的屋里咽气。我老汉死了之后，罗奉就把母亲接到北京去供养了。我们其他四家，一家每个月寄 80 块钱过去。"

个案 4-23：山河村山坪组的刘金成的分家情况。刘金成今年 65 岁，妻子比他小一岁，两个人都符合乡政府实行老年人满 60 岁就可以领取社保的年龄要求，每月每人可以领到 80 元。在分家时，老人把家里的 19 亩土地都分给两个儿子，自己没有留土地。现在老人种的土地是拼别人的（别人送的），队里有人外出打工，迁出了户口，土地就荒起交给队上，村组就决定把这些荒起的土地集中起来，送给没有土地的人来种植。刘金成就拼到了 21 亩，用来种植烤烟来维持两个老人的生活开支。

从汪龙村居住的包忠义一家的家系变化可以反映出分家对于一个家族家支扩大的影响。包家从包良胜、陈优书夫妇一家，在 1907～1978 年这 71 年中，随着子孙的繁衍，变成了三代 15 人的大家庭，并继续分家出去。

个案 4-24：汪龙江包忠义家的家系变化。包良胜，生于 1907 年，是包忠义的父亲；陈优书，生于 1912 年，是包忠义的母亲。包忠义长兄叫包忠平，现居石柱南宾镇，今年 75 岁；二兄叫包忠礼，现居汪家榜，今年 72 岁；包忠义在家里排行老三，现居黄鹤坝，退休教师，今年 69 岁；包四（小名），包忠义四弟，很小夭折；包忠仁是他的五弟，现居下汪家榜，今年 63 岁；包忠志是其六弟，现居下汪家榜，今年去世，时 60 岁。沈珍香是包忠义的妻子，现居黄鹤坝，与他在 1962 年正月初八结婚，今年 67 岁。大女儿包秀嫁在石柱，是石柱移动公司食堂的采买，1963 年出生；二女儿包太和，是高中毕业文凭，在洗新小学当教师，1966 年出生；三子包卫兵，在石柱移动公司开车，1969 年出生；四子包卫国，现在石柱中学任教，1972 年出生，属于涪陵师专毕业；五子包卫东，在石柱中学任教，也是涪陵师专毕业，1975 年出生；最小的女儿包红英，嫁到达州，1978 年出生，现在她自己买了个出租车，平时拉客，有时自己也用。

三、黄鹤乡的认干亲

黄鹤地区还有认干亲的风俗，认了之后的干亲，虽然不是天天在一个灶上吃饭，但是却属于所认家庭的一分子。逢年过节时，晚辈们要去拜访干亲，并要送礼，认的干亲也要回送晚辈礼物或钱。晚辈结婚时干亲要作为新人的本亲来上礼钱。总之，认了干亲就是很亲密的一家人，有一些家人的礼节要遵守。

认干亲有很多原因，但是最为常见的一个说法就是，当地人认为给自己的小孩儿认了干亲后，就会给小孩带来保护或是祛除祸事。像有些小孩儿刚生下就会哭闹个不停，医院的大夫也找不出任何原因，孩子的家长就会在某一天的一大清早出门，将碰到的第一个人认作孩子的干亲——当然一定是一个成年人。除了这个原因外，也有其他原因，如小孩和一个成年人因为某事很有缘分地碰到一起，就会认为干亲。在调查期间，碰到几个具有代表性的个案。

个案4-25：汪龙村居住的MDJ，大女儿MSS拜同村的ZQB为干爹，在MSS一岁的时候就拜给ZQB。那时候MDJ和ZQB他们一起在河北打工，在建筑工地上ZQB看着MSS长得很乖巧就很喜欢，MSS也喜欢和ZQB在一起玩。ZQB就开玩笑说："干脆把她拜给我做干女儿。"结果两人就拜为干亲了。MSS办月母酒（满岁酒）时，ZQB还请村里的ZCM写对联，并送红包钱给MSS。

个案4-26：团田组居住的XWZ，他的女儿XXQ现在11岁。刚出生就拜了村里的ZBG为干妈。XWZ的妻子生第一胎是一个男孩，但是在一个月之后就夭折了。有人说，新出生的孩子不好养，不如你们干脆给即将出世的孩子找一个干亲，就会好养大些。周围人都在这样说，家里的人就相信了，就找了ZBG做干妈。XQ对ZBG也是直接叫"妈妈"，叫她的丈夫为"爸爸"。一年当中，在中秋、端午节和春节时XQ会给ZQB送礼物以示孝敬。

个案4-27：鱼龙村的LFQ说："我一共有五个干亲，分别是在我1岁、2岁、7岁、12岁、19岁时拜的。一岁时我父亲与干爹甲喝酒，酒桌上开玩笑说就拜了。19岁时自己外出在建筑工地上打工，给师傅做小工。他说你做活路累，我又没有女儿，干脆做我的干女儿吧。结果就拜师傅为干亲，之后做活路就轻松些了。有时那些大工会故意整你，让你做重活路，让你去提灰浆。拜了［干亲］之后，干爹有时还帮我做一些活。其他的那些个干爹，我记不清是因为什么要拜他们为干亲了，反正拜干亲有好处。"

个案4-28：在鱼龙村居住的34岁的YBH，家属MZF是从马武嫁过来的，她说："今天是我干爹TMF的生日，我是来给他祝贺的，每年都要过来给干爹祝寿。我自己在十七八岁左右生重病有半年，一直都没有好过，家里人很担心我挺不过这一关，就给我拜了一个干爹，以保平安。我干娘的妈妈是我外公的亲姑妈。我是同时拜的干爹干妈，不分拜的是谁。一般拜干亲时给送面条和白糖那些吃的就可以。"

第三节 小结：物与缘——乡村社会"关系"形成的主因

在前文讨论了黄鹤的整体概貌和赖以为生的经济基础之后，本章聚焦于黄鹤社会关系形成的方式。通过田野调查和人类学的分析，我们不难看出，主导黄鹤乡村社会的关系网络形成的因素，不外乎"物"与"缘"两个方面。所谓"物"，是指每个家庭在缔结某种关系（婚姻、干亲等）时，所考虑的物质方面的因素，更直接地说，就是出于是否对于本家庭有金钱方面的帮助；所谓"缘"，是指与生俱来的血缘关系，这种关系不随贫富而变化，这就形成了某些家庭异常而吊诡的关系——基于血缘的家庭成员之间还没有基于金钱关系的家庭成员之间联系紧密。已有的研究表明，新中国成立前后的土地改革、50年代中后期建立的集体经济制度、改革开放之初实行的农村家庭承包责任制，以及随之而来的城市化、市场化、工业化都使得农村的家庭结构、家庭功能与家庭关系产生巨大变化。❶结合黄鹤乡的具体情况，婚姻家庭乃至整个社会关系形成的变化，具体表现在以下几个方面：

一、从包办到自由的婚姻缔结观念变迁

在改革开放前，从整体上说，农村婚姻是以包办婚姻和同意婚姻为主体，自由婚姻还不普遍。相应地，在观念上，人们普遍认为，婚姻大事由父母做主是古之常理，天经地义的事情。婚姻缔结，"父母之命不可违，媒妁之说不可无"，而且把"媒妁之说"当成必要环节，视为一种必然规律，有所谓"天上无云不下雨，地下无媒不成婚"之说。在人们看来，不经父母做主同意认可的婚姻、不经做媒自主的婚姻都是不道德的。因此，儿女的婚事应由父母包办替代，即使所谓的同意婚，父母也起着决定性作用，个人意见仅是参考。自由恋爱受到很多人的反对，甚至被认为是有伤风化的行为，当事人往往受到父母、亲属的强烈反对以至粗暴干涉。这种婚姻家庭观念是导致不合理婚姻和家庭质量不高的主要原因。

---

❶ 王跃生. 社会变革与当代中国农村婚姻家庭变动——一个初步的理论分析框架 [J]. 中国人口科学，2002 (4).

改革开放为改变以往的婚姻家庭观念奠定了社会基础。第一，经济体制改革促进了农村商品经济的发展，多种经营使农民从土地的束缚中解脱出来，农村由封闭走向开放，人们的社会交往日益广泛。第二，婚姻法的宣传和普及提高了农民的法律意识。第三，城市文明的广泛传播，冲击了传统落后观念。因此，使人们不仅从伦理道德、文化观念上重新认识和改变了婚姻缔结的传统，而且从法律上认识到了婚姻自由的合法性和包办婚姻的违法性。青年人开始争取个人的婚姻自主权、自由权，一些文化素质较高者大胆追求自己所爱，用实际行动向恋爱禁区进行了挑战。老一辈人对儿女婚姻包办的思想也开始淡化，增强了法律意识，自觉接受了时代所赋予的进步思想。近年来，自由婚姻的比例在不断提高，农村自由恋爱已成为普遍现象，谈情说爱已经没有人在背地里说三道四了，当事人多数能够得到父母的支持和社会的理解。

通过本章列举的案例，我们同样不难发现，在黄鹤，传统的父母包办婚姻在现代的年轻人中已经很难看到，年轻一代更倾向于通过自己的接触来逐渐认识、交往和选择结婚的对象，婚姻的自主性在现代社会得到了强调。哪怕本是包办婚姻的老人，也觉得让年轻人自己去"搞对象"更好，社会上也普遍认可通过较长时间自由恋爱的婚姻。

二、从物质到爱情的择偶标准变迁

婚姻基础是男女两性结合时选择配偶的条件和因素，是由一定社会生产力的发展水平及与之相适应的生产关系决定的。在"人民公社化"时期，农村生产力发展长期停滞不前，经济落后，大多数地区的农民温饱问题尚不能得到解决，在这种情况下，生存的物质需求是第一位的。对每一个农民来讲，解决温饱、养家糊口是最基本的需要。由于体制原因，多少年来，在农村无论男女老少都同工同酬，日出而作，日落而息，为吃饭穿衣而劳作。这就决定了在婚姻缔结过程中，无论何种婚姻形式，"经济因素"都是择偶的首要条件之一。父母择婿（或儿媳），青年人择夫（或妻），往往把家庭经济状况、本人是否踏实能干作为婚姻标准，"爱情"因素仅是一般参考条件。

农村实行联产承包责任制后，解放了生产力，提高了劳动生产率，使农民摆脱了贫困，有的走上了富裕的道路。基本生活需求的满足使人们开始追求更高层次的需要，由物质需求转移到精神文化需求。因而，经济对婚姻的制约力减弱，人们的婚姻基础观念和择偶标准发生了显著变化。男青年选择妻子不只是要身体好、"会过日子"了；女青年择夫也不再是"嫁汉、嫁汉，穿衣吃饭"了，更注重的是本人的能力、文化素质和个人发展。年轻人更多地追求感情融洽和精神和谐，即通常所说的情投意合。爱情的基础地位在不断地确立和提高。对一部分文化层次较高的人，"爱情"已成为在婚姻关系中起决定作用的支配因素，而且这种观念正广泛地在农村拓展。可以预见，随着改革的深入和农村经济的进一步发展繁荣，以爱情为基础必将逐渐成为整个社会婚姻的本质和主流。这无疑是对传统婚姻基础的重大改变，必将使婚姻建立在更加牢固的基础上。

同样的情况也发生在黄鹤这个边远的小镇上。随着妇女在家庭中和社会上地位的不断提高，黄鹤女性的谋生能力开始逐渐显现，某些特定的行业（如首饰厂、电子厂等）更倾向于招聘心灵手巧的女工。物质基础的提高，使女性逐渐在恋爱和结婚中掌握了主动权。通过本章的案例可见，现代农村的单身情况，几乎全部发生在男性大龄青年群体中。这种情况也滋生出女方向男方索要高额聘礼、刁难男方家属等现象，从另一个侧面反映了黄鹤乡女性在婚姻中的地位。

三、从重男轻女到男女平等的生育观念变迁

生育是人类繁衍和种族延续所必需的，是家庭的重要职能之一。在中国农村，"不孝有三，无后为大"的思想根深蒂固，传宗接代、重男轻女、多子多福在相当长的时期内一直是人们生育观的主流。人们把生育看成是个人的私事。生男孩可以继承香火、养老送终，这已是人们的共识。所以孕妇十月怀胎，生男生女无论对其家庭，还是对其本人来说都至关重要。如果一个女人一生不生男孩的话，将受到歧视甚至虐待，这样的实例屡见不鲜。在人们看来，清贫可以忍耐，无子则无法承受，"绝后"是最大的不幸，甚至有人因此死不瞑目。

改革开放后，农村社会全面发展，农民不仅经济上富裕了，而且精神上也充实了。物质生活的改善、文化教育的发展、社会的文明进步，为革除陈腐的生育观念创造了条件。特别是青年人，他们思维活跃、善于思考、接受现代文明快，最先挣脱了重男轻女生育观的束缚，在家庭中树立了男女平等观。生男生女对绝大多数人来说已看得很淡。在对待子女的爱抚、教育以及在家庭中的地位方面已无厚此薄彼现象，没有贵贱之分，能做到男女并重，一视同仁。老一代人经过改革开放以后的新观念、新思想和大众传媒的熏陶和影响，重男轻女的思想也已经淡化。除此之外，目前的农村在观念上虽然还不能接受"一对夫妇一个孩子"的生育政策，但是生儿育女已不再被看成是完全的私事，

多子多福已不为人们赞成，两个孩子被认为是最佳生育选择。这也是生育观念的一个质的飞跃，具有进步意义。

在黄鹤，重男轻女的现象虽然较新中国成立之前有所减轻，却依然存在。黄鹤的独生女家庭很少，尤其是在上了年纪的老人心目中，家中无子是很难接受的。但值得注意的是，在黄鹤现代的年轻人的观念中，生男生女已经是"无所谓"的事情，甚至在场镇附近，还流传着从城市传来的"生男是建设银行，生女是招商银行"的戏语，说明了重男轻女观念的逐渐淡化。

四、从从一而终到结离自由的婚姻道德观念变迁

以"三从四德"为代表的贞操观是中国封建社会腐朽的伦理道德观念，长期以来，一直是套在妇女头上的枷锁。男人可以三妻四妾，女人只能"不嫁二夫"。贞节观念要求女子一生只能委身一个男人，即从一而终或夫死不再嫁，遵从所谓的"妇德"。这一观念在农村极其普遍，影响颇深，时至今日仍有一定社会基础。比如农村普遍流行的"嫁鸡随鸡，嫁狗随狗"，"生是夫家人，死是夫家鬼"的说法较深刻地反映了这一思想。又如，改革前农村包办婚姻和同意婚姻占据主体地位，有些家庭夫妻根本没有感情，或夫妻关系已名存实亡，但是很少有离婚者。这里除经济因素外，贞节观念和家庭伦理道德起到了支配作用。因为在人们看来，妇女离婚是伤风败俗、辱没门庭的"不贞"之事。一般说来，父母可以接受子女自主缔结的婚姻，但万万不能容忍子女、特别是女儿的离婚行为。

近年来，改革推进了农村工业化、社会现代化的进程。多元化的社会生产和劳动分工，扩大了人们的社会交往，开阔了视野；国内外先进科学技术和文化的传入，城市现代文明的传播，促进了文化观念的更新，调整了人们的伦理道德观念；科学教育的发展提高了人们的素质；法律和制度的不断健全，调整并完善着人们的社会规范体系，为人们的婚姻家庭行为提供了法律依据（比如离婚、再婚受法律保护）。这一切，都强有力地为革除腐朽的贞操观创造了良好的社会和政治环境。在农村，人们开始勇敢地运用法律武器保护自己，用现代文明审视自己的婚姻家庭现状，重新认识、评价家庭道德观念和行为，最终从传统的观念束缚中解放出来。离婚已不再被看成是丢人的事，而被认为是个人的权力，开始为社会理解和接受。一些当事人的父母及兄弟姐妹对不幸婚姻的解体大多持支持态度。这一观念的变化是导致近年来农村离婚率上升的重要原因之一。不仅如此，青壮年妇女丧夫再嫁已经普遍，老年人再婚也不是新

鲜事，并得到社会的理解。尽管这些现象有多方面的社会经济因素，但不可否认，贞操伦理道德观念的改变也是重要原因。

黄鹤的婚姻自由除了自由恋爱、自由结婚以外，另一个重要的方面就是自由离婚。虽然由于家庭、子女、经济等原因，难以做到绝对的自由离婚，但本章提供的案例中呈现的状况是，如果婚姻的某一方或者双方有坚定的离婚意愿，基本上都能达到离婚的目的。离婚也从之前的不被社会所接受，转变为现在已经逐渐为亲人和周边熟人所理解的现象。

五、从重感情到重利益的血缘亲情关系变迁

商品经济的发展，使金钱在人际交往中的作用更加突出，传统的"重义轻利"观念逐渐被商品经济中的等价交换原则所取代。近些年来，在农村经济活动中，不论是亲戚还是兄弟之间的交往，人们往往首先考虑的是"利益"而不是"感情"。过去亲戚之间有困难互相周济，借钱、借物，把亲情放在第一位，只看情，不看利。现在即使是父子、兄弟之间也是钱归钱、情归情，明算账。这种变化是发展商品经济的必然结果，就其意义而言，主流是好的，能增强人们的商品经济意识，促进社会竞争，调整人们的社会关系，有利于提高生产力；但由于人与人感情的淡化，也容易导致人际关系的淡化和紧张，助长人们的拜金主义思想。血缘、亲情观念的变化还表现为：在家庭中的亲子关系的轴心地位向夫妻关系转移，夫妻关系取代了父子关系的主导地位；封建宗族观念淡化，宗族血缘对人们的束缚力越来越弱，在某些方面已经消失；传统的大家庭已不复存在，家庭继续朝小型化、核心化和多元化方向发展。❶

黄鹤现代的农村家庭，正逐渐从以父子关系为核心的大家庭过渡到以夫妻关系为核心的小家庭。从血缘上说，并没有血缘关系的夫妻之间的亲密度大大超过了拥有血缘关系的亲属，在一些外出打工的家庭中，甚至超过了直系亲属之间的亲密程度，这也体现了现代生计方式下黄鹤亲缘关系的转变。

总之，在社会变革背景下，带有强烈政治性质的经济运动使传统家庭的存在基础受到削弱，由此引起婚姻家庭行为发生变动。婚姻行为受到新制度更为直接的影响，政府虽并未对家庭类型施加影响，但通过改变生产资料占有方式，触动了传统家庭的存在基础，家庭核心化局面在短期内逐渐形成。在社会变革环境下，家长权力和家庭成员平等观念相互消长，导致婚姻家庭发生变

---

❶ 郭显举. 浅谈我国农村婚姻家庭观念的若干变迁 [J]. 学术交流，1995 (3).

动，特别是传统家庭的维系方式发生了改变。在仍以农业经营为主的乡土社会中，农民家庭发生了只有近代移民社会和工业社会才会出现的变化。集体经济时代农民的生活水平并无实质性改善，但其生存能力明显提高，从而增强了家庭赡养人口的能力。从 20 世纪 40 年代末到 70 年代末，多数农村的劳动生产率并无根本提高。通过改变财产占有方式和生活资料分配方式、提高对弱者的生活保障水平，政府使集体组织下农民的生存能力增强。农村人口的迅速增长与这种社会和经济环境有密切关系。从形式上看，当代婚姻家庭有一些方面表现出对传统的保留，其实质是农民乡土生活环境的体现，并不是社会变革乏力所致。随着经济转型和体制转型并存时代的出现，农民谋生方式的改变也会使婚姻家庭出现新的变化，城乡社会的趋同局面将会发生。❶

---

❶ 王跃生. 社会变革与当代中国农村婚姻家庭变动——一个初步的理论分析框架 ［J］. 中国人口科学，2002（4）.

第五章 成长在边城：黄鹤的教育

表现为区域文化的地方民众生活样态的形成，需要一个较长的时间，要从历史的点点滴滴累积中逐渐凝练成型。这一过程往往跨越几代甚至十几代人，因此，教育作为文化的主要传承手段，就成为当地人生活样态形成的主要载体。无论是正规的学校教育，还是融入日常生活中的社区教育和家庭教育，在地方文化的形成过程中，都有意无意地起到了传播地方性知识、传承地方文化精神和传达本族伦理道德规范的作用，这也就是为何一个地方教育事业的发展最能体现出该地经济文化的发展水平。教育，从广义上讲，是指增加人们的知识和技能、影响人们的思想品德的活动。狭义的教育，主要指学校教育，是教育者根据一定社会（或阶级）的要求，有目的、有计划、有组织地对受教育者的身心施加影响，把他们培养成为一定社会（或阶级）所需要的人的活动。狭义教育的类型包括成人教育、技术教育、特殊教育、终身教育等。

第一节 "村到乡"：黄鹤学校教育的变迁

黄鹤的学校教育具有悠久的历史，形成了良好的教育传统。然而，我们调查发现，近年来学龄儿童人数急剧减少。随着当代中国乡村社会的"空心化"，黄鹤的学校教育，尤其是义务教育遇到了一些问题。

一、小学教育

现在黄鹤乡的学校教育主要是小学教育，全乡一共有3所小学供全乡适龄儿童上学使用。分别是位于大坝场的黄鹤乡中心小学、黄鹤老街的龙泉村小、文河组的文河小学。其中黄鹤乡中心小学是最大的一所小学，也是黄鹤乡唯一一所乡属级别的学校。2010 年黄鹤小学合并文河村小和龙泉村小。文河小学属于中心小学管辖，龙泉村小是为汪龙村周围年纪较小的孩子而设立的学校，只有十几个学生。

图 5-1　已经被酒厂承包的黄鹤乡中心小学旧址

　　黄鹤乡中心小学成立于 1937 年，位于黄鹤老街的关庙。1957 年，应广大群众积极要求子女入学的请求，学校秋季开始招收高年级。1981 年，附设幼儿班，当时全校共有十个班，学生 427 人。1998 年中心小学的木房遭到洪水冲毁，第二年，搬迁到现在的校址——大坝场。学校占地面积 3 328.19 平方米，其中建筑面积 1 348.03 平方米，包括办公室 7 间、教室 11 间、学生食堂 3 间、教师宿舍 1 000 平方米、运动场所 1 500 平方米、绿化园地面积 160 平方米。当时的驻渝部队捐资 30 万元左右修建 4 层综合教学楼，2000 年正式投入使用。2002 年由县财政集资，县教委牵头管理，为学校新增加一幢 4 层教学楼，2003 年投入使用。教学楼预期投资 22 万左右，从使用到现在投资款陆续投入，学校教学设施在不断完善。现在正在建的是一幢 4 层学生宿舍楼，属于政府实行的校安工程，由国家投资 53 万，从 2011 年 3 月开始修建，现在主体已经基本完成。学校计划上面 3 层用于学生宿舍，每层 5 间，一共 15 间，底层一楼暂作综合用途。

　　学校现共有 22 名教师，有一半是石柱县城人。星期一来黄鹤上班，星期五再回去。学校实行六年制，6 个年级除一年级有两个班之外，其他年级都是

1个班。学前班分大小两个班。一年级一共有70人，其他年级每一个班平均有50人，全校共有学生330多人，其中近邻湖北的学生占1/4。近几年学校每年招生的人数不定，主要是因为务工人员流出及外来人员流入导致人口浮动较大。有些外出务工的家长会把小孩也带出去读书。黄鹤乡正在进行的场镇建设，特别是二排街的建设，由于交通便利等优良条件，吸引了很多像湖北一些乡镇的村民搬迁来此。学生的流动对学校招生和年级分班造成了很大的影响——学校规定每个班平均50个学生，如果超过60人就要分班。

学校现行的行政建制包括，支部书记一名；副书记一名，兼任工会主席（工会主席去年调走了，暂由副书记兼任）；少先队辅导员一名。中心小学实行校长负责制，校长一名，副校长一名，教导主任一名，教科室主任和副主任各一名，语文、数学和艺体的教研组组长各一名，以上中层领导共12人，包括在22个教师中。领导也要代课，但是有时公务繁杂，基本上是两个人合上一门课程。剩下的人员包括有两名学前班的老师和各班班主任。学校配有音体美老师各一名，都是音体美专业毕业的专职老师。

按照县教委的规定，老师的职称是按现有编制的老师的比例分等级，比如高级教师要占总数的3%。教师评定等级参考的标准很多，几乎包括其在学校里的一切活动行为，像教师每年的教育、学习、科研及获奖等众多情况。学校现有8~10级的教师各2名，11级7名，12级5名，还有4名老师是新来的，还没有评定职称。职称的评定直接跟薪级工资挂钩，关系薪级工资和教师教龄岗位工资，构成了教师的基本工资，占收入的53%。教师工资还包括绩效工资，占收入的47%，其中17%按照每一位教师的职称给，剩下的30%由教师在学校的平时工作决定，每一个老师每月的平均工资有1 500~1 600元。乡民们常常教育自己的小孩：你要好好学习，最不济也要当个小学老师撒。这表明老师这个职业在乡民心中的地位。

学校课程按照教委规定的科目来设置。小学生的课程有10门，基础课程有语文、数学、音体美、品德与社会、科学（从三年级开始上），地方课程有安全与法制、健康、社会实践。语文课每个年级一周要上12节，数学上8节，音体美一周要上4节。学校老师较缺乏，领导又多，课程安排很满，一个老师上不过来，就要其他课程的老师代课。很多教语文、数学的老师要代其他副课，如教语文的同时又要代思想品德，教数学的又要代社会实践。学校没有设英语和计算机课程，也没有专职的英语老师。曾经安排其他不是专门学英语的老师代课，致使学生的英语发音不正确，上初中后，很难再改过来。又因为在学生上初中时会有专门的老师教英语，给他们正确的发音指导，所以小学不再设置英语课程。计算机课程在 2002 年到 2007 年上过 5 年，后来因为机器老化，学校没有资金更换新的计算机，这门课程就暂时停止了。

学生的学费按照国家规定实行"两免一补"政策，学生不交学费和学杂费，政府补贴生活费。每一学期开学时，只需要交 12 元作业本费、25 元保险费和教学材料费（练习材料）50 元，学生一学期的伙食费是 300 元。伙食费、保险费和教材费在原则上是自愿交，但是据统计，除了特别困难的学生之外，学生基本上都是交了的。学校里没有住读的学生，都是走读学生。学生中午在学校吃午饭。住在高山地区的学生距离学校远，来回不方便，会有家长在校外租房陪读，平均一个年级会有 3~4 个学生是家长陪读的。

每年县教委都要对老师们实行"绩效工资"考核。具体方法是对全县的小学进行抽考，春季抽考三年级，秋季抽考六年级。三年级是一个过渡的阶段，六年级是最后的收关考试。今年全县实行考试改革，把全县的小学划分为几个片区，同属一个片区的学校要进行比较。考试的时间一样，并要集中在一个地方改卷，监考老师还要在片区内换地监考。马武片区教研中心包括 4 个乡 1 个镇，有黄鹤、洗新、新乐和龙潭及马武镇。今年上学期黄鹤乡小学二年级的语文和数学取得全片区第一名，四年级的语数、五年级的数学和六年级的语文第二名，三年级的数学第三名。在学校里，除了语文和数学实行分数制之外，其他课程都实行等级制，不用期末考试，依据学生平时成绩而定。在每一年学期结束后，学校会发表格到家长手里，让他们对学校和学生任课教师做出评价。

学校出台了一系列政策捐助相对贫困的学生，有贫困女童补助款，就是免除一些贫困女学生的作业本费用；还有困难学生生活补助和免除部分留守儿童的午餐费，让他们享受免费的午餐。对于留守儿童出现的教育问题，学校成立了家长教师联合会，主要是组织家长来学校听课，午饭时给学生打菜，或组织家长在学校和学生聊天谈心等活动，意在创造家长和学生相处的机会，让双方有更多的了解，以增进感情。学校定期给在同一个月里过生日的留守儿童举办集体生日，让他们感受到大家的温暖和关注，并提供温情电话让学生给家长打电话。此外学校会组织一些比赛活动，鼓励留守儿童参与，并有奖品颁发给获奖的留守儿童以激励他们积极向上。乡政府每学期也会慰问留守儿童。上学期乡政府、乡团委及乡司法部门分别在学校针对留守儿童召开座谈会，跟他们谈心，并赠送学习用品。

  黄鹤中心小学在搬迁到大坝场后，原建筑留作龙泉村小学使用，它位于黄鹤老街的北头。因为从汪龙村到大坝场有 2 公里远的路程，小学生上学不方便，就设立一座村小。龙泉村小现占地面积 2 893.56 平方米，建筑面积 611 平方米，有办公室 2 间，教室 4 间，教师宿舍 160 平方米，运动场所占地 1 800 平方米。在教室前有两个篮球板，场地没有硬化，是泥巴地。现村小有一个学前班和一个一年级，学前班有 7 个学生，一年级有 18 个学生。全校只有两名教师，一位是住在黑石坪的郭老师，55 岁；另一位是包老师，52 岁，平时爱喝酒，因为酒精的缘故，神经有点问题。

  文河村小位于黄鹤乡高迁坝，原有两间旧木房。在 2002 年重新修建，现有办公室 2 间，教室 2 间，总占地面积 328 平方米，其中建筑面积 103.2 平方米，运动场所 250 平方米。

  在黄鹤乡的三个村组内，鱼龙村的小学生去大坝场的中心小学就读。初中要去马武读，去石柱的少，部分学习成绩好的学生会去石柱县城的中学就读。汪龙村的小学生主要去两个地方就读，以龙嘴塘和白果坝为分界。白果坝的小学生由于距离马武镇近，出于安全等方面的考虑，主要还是在马武小学就读。住龙嘴塘上面的小学生都来黄鹤读，年纪较小、家里又没有人能够接送的学生就在龙泉村小就读，等到上初中时去马武中学就读。山河村位于高山，距离中心小学较远，交通不便，且村民居住分散，小学生不能够全部入读黄鹤乡内的小学。设立在文河乡组的村小也只是住在周围几个小组的学生去读，远在山坪组的小学生只能选择较近的漆辽小学就读。山坪原来是漆辽乡的一个村，包括新院子、高洞子、吴家嶂和草堂子这四个小组。2001 年撤并乡镇后，山河村整体划入黄鹤乡管辖。在 2002 年村组建制调整时将原山坪村和文河村合并设山河村，原山坪村、文河村分别调整为山河村的一个生产小组。小学毕业的学生，成绩好就去石柱县城就读初中，大多数是在马武中学读初中。

  据了解，高山上的教育状况不好，师资、设备都没有山下好，更有些高山上根本没有学校，孩子读书要走很远的山路，这也是很多高山上的人迁移到山下的原因。比如原住在鱼龙村明寨子、在 2007 年搬到大坝场住的李家。李阿姨说，搬下来的主要原因就是为了娃儿读书，想娃儿方便点。其实山上挺好，宽敞，可以喂猪、牛，又有柴烧，环境也好，高山上主要是娃儿读书是个问题。住在高山上的田姓女孩也说了："我读到初二就出去打工了，以前读书条件太苦了，早上 7 点开始走路读书，要走到下午才到学校，偶尔有车太贵了又坐不起，也只能住校，很久才回家一趟。"

还有 2008 年从湖北三河青龙村山上搬到大坝场的周家。访谈中周阿姨说，他们以前从山上走到山下要花一两个小时，搬下来是为了学生读书。现在家里孩子读书经济压力大，家里 4 个孩子，两个在读书，两个还小。有个孩子读四年级，不住宿，一个学期要花 500 块；大的孩子上六年级，住宿，一个学期要花 1 000 块左右。孩子爸出去杭州打工找钱去了，前几年她自己也出去打工，孩子交给老人带。今年老人生病，自己才回来照顾老人带孩子。她觉得现在孩子到山下读书很幸福，想到以前自己在山上读书，那才是辛苦。每天天一亮就起来，先去放牛，然后再回来吃早饭，大概七八点就走路去上学。那个年代，山上有个小学校，现在那个学校拆了。当时学校又不正规，随便教下，两三点就放学了，然后回来吃中饭，接着就跟着大人去干活，割猪草、牛草，天黑了就回来吃饭，吃完坐下大概 9 点就睡觉了。现在自己的孩子是 7 点起床，然后吃完早饭就去读书了，中午 12 点在学校吃饭，下午继续读书，四五点放学回来，写下作业，7 点多吃晚饭，然后看下电视，去耍下，9 点多睡觉。

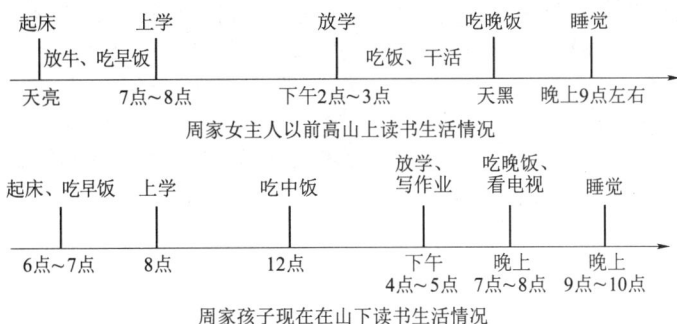

图 5-2　黄鹤普通学生在不同年代、背景的作息时间

二、成人教育

在黄鹤乡还开展了一种特殊的教育形式，即成人教育。黄鹤乡成人教育的主要内容是进行文化教育、农业技术培训及指导、基础文化的补习和扫盲教育等。从 1986 年至今，乡里一直没有成立专门的成教学校，也没有固定的成教专干。黄鹤乡成人教育采用一种灵活方式来进行，主要是成教专干根据群众的技术需要来准备教学内容，并采取院坝活动的形式进行讲解，做到学用结合，取得很好的效果，2002 年一年参加成教培训的人达到 1 200 人次。

此外，各村村委会为了提高村民的文化水平、加强村民对各种技术的掌握，同时也为了丰富村民的日常生活，在村委会办公室内都设有图书室，但是藏书量和规模大小会有不同。

据汪龙村村委 ZMQ 讲述："我们村委会图书室一共有 2 000 本书，是两个月前'农家书屋'项目配送的。儿童书要多点，学生学习方面的书就要少点，农业知识方面的书也要多点，现在是我专门管理这些书。"

图 5-3　三村的成人教育点都设在村委会

在历年举行的成人教育中，最大的集体成绩当属于全乡的半文盲及文盲率下降，也不乏有个人成绩优秀者，特别是 1998～2002 年，详见下表。

表 5-1　黄鹤乡成人教育优秀成绩表（1998～2002）

参加培训时间	人　员	优秀成绩
1998	姚昌群	抛稻秧 1.5 亩，增产 100 公斤
1998	冉华	引进新畜种成都板角黄羊，增加养殖数量
1998	冉玉晏	采用先进技术护理老白果树，使树木价值提升 6 倍
1999	彭德军	种烤烟 4 亩，产 1 400 斤
2002	马华德	种辣椒 2 亩，产 4 300 斤

除了上表反映的黄鹤成人教育的总体情况，我们还针对这一方面的教育情况进行了个案调研。

个案5-1：MSX，56岁，在家务农，团田组组长。他讲述：我们小时家里穷，不能够进学堂上学。在70年代，国家恢复高考并且开始重视对成年人的文化教育，在全国开展扫盲运动。我们这里也积极响应，大家白天干活，晚上就上课，教书的老师都是下乡的知识青年，现在还记得，当时我们的老师是叫魏中正、刘定刚，还有几个知识青年也当过我们的老师，名字不记得了。那个时候，大家的学习热情都很高，很积极。上了两个扫盲班后，全队人的名字我都会写会读了。那时候上完一年的课要考一次试，就是考识字，马武区区长秦国兵亲自来监考，我都考了优秀的。上扫盲班都是凭自愿的，就在队员的屋里上课，团田加白果坝两个地区有16个学员。

第二节　主体缺失：黄鹤的隔代家庭教育

家庭教育是终身教育，更是学校教育与社会教育的基础，它始于孩子出生的那一刻。婴幼儿时期的家庭教育被称为"人之初"的教育，在人的一生中起着奠基作用。等孩子上了小学、中学后，家庭教育既是学校教育的基础，又是学校教育的补充和延伸。可以说，孩子在一生的成长过程中会受到家长潜移默化的影响。

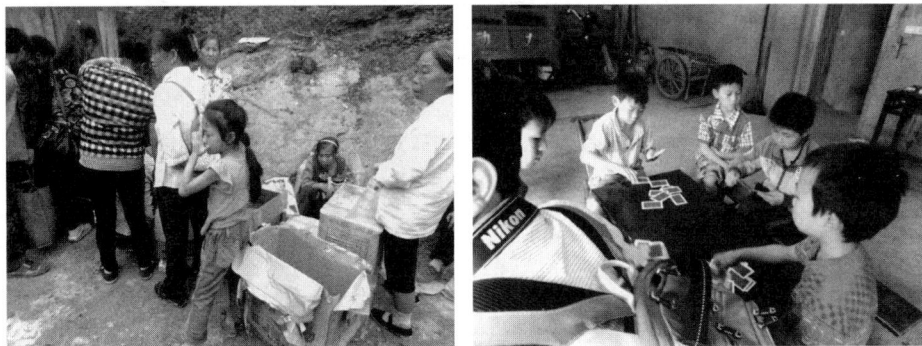

图5-4　两种"家庭教育"

随着外出务工的经济潮流，黄鹤乡也有越来越多的家长外出务工。除去没有人看管的小孩会带在身边外，其他的小孩儿会被留在家里，成为留守儿童，且多数是由家里老人看管，这就造成了黄鹤乡当地隔代教育的盛行。

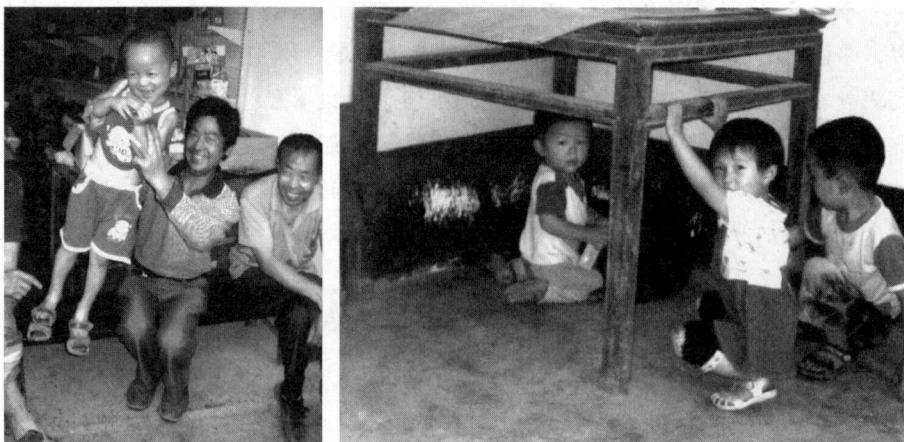

图 5-5 隔代教育和被忽视的乡村学龄前教育

隔代教育产生的主要原因是年轻的父母需要通过外出打工来养家糊口，将不便跟随在父母身边的子女交给祖辈抚养。这就造成了父母这一家庭教育的主体在绝大多数时间中的缺失，使儿童这一被教育对象长期处于文化教育的空白和感情上的空虚状态，从而形成了一些由心理原因导致的问题。

关于这些问题，黄鹤当地的村民和教育工作者都发表了自己的看法。

个案 5-2：山坪组马大叔讲述：我们有一对双胞胎女儿和一个儿子，一个女儿嫁到贵州，另一个女儿嫁到宁波；儿子和媳妇结婚后，就被女儿介绍到［宁波］那里去打工。已出去三四年了，家里只剩下一个孙子和我们老两口。孙子现在石柱实验小学上学，觉得太小了，生活不能自理，就得要有一位老人专门住在石柱给上学的孙子做饭。孙子是从一岁时就跟着爷爷奶奶住在一起，不认识爸妈。现在他爸爸打来电话都不接，就跟我们亲近。去年带孙子去宁波找爸爸妈妈，晚上都不和他们睡在一起，要和爷爷奶奶睡。

个案 5-3：汪龙村团田组人 TL，12 岁。TL 的父亲是团田组人，母亲是湖北人。她一出生父母就一起外出打工，是跟着自己的祖父母一起生活并长大的。她对祖父母的依赖远远超过对父母的依赖。2001 年，TL 的父亲被查出患了肝硬化，使原本比较宽裕的家庭背上了沉重的负担。从此，外出挣钱的任务落到了母亲一个人的肩上。2006 年，TL 的爷爷去世，紧随其后的第二年，TL 的奶奶也去世了。生活中最为亲密的两个亲人先后去世，使爱撒娇的 TL 开始变得沉默，开始会自己想一些事情。2008 年，TL 的父亲也在熬了七年的病痛中去世。母亲为了挣取生活开支，去北京打工，TL跟着姨妈生活。等到她升初中时，母亲回来改嫁到马武。TL不愿意到那边去，宁可一个人在家或是去姨妈家。她说："我平时都要住在学校，一个月放4天的月假，我就到姨妈家来耍。不想在马武，因为现在的奶奶时常不让我大声说话，我走路响点就说我影响着别个。但是她自己平时就大声说话，走路也响，我不喜欢她。平时上学时，我喜欢早早地去学校，觉得在学校要比家里安逸些。"

个案5-4：LGZ，小学语文教师，原为彭水三义乡人，后入赘到汪龙村。他讲述道：我觉得现在小学教育存在的问题很多，但是感触最深的还是留守儿童问题。我教三年级，有这样一个学生，他妈、老汉（爸爸）都在外面打工，跟起他婆婆（祖母）住。从五年级降到三年级，本来是说降到四年级的，但是四年级的那个班主任知道这个仔仔难搞，根本都没要。我又觉得应该没多难搞的学生，我们三年级就把那个学生接收了。在我们班来上课之后，我才发现这个仔仔真的是不得了，在我们所有的测验当中，语文他从来没有考超过2分，数学最多考个5分。

从后来的观察中了解到，这个学生每天上课从来不听讲，无论你采取什么方式（当然你又不敢打他），他都是不听。作为教师，你管什么都可以，但是学生在想什么你就是不能管，你管不了。他每天必偷一次。很奇怪，他一天不偷好像浑身不自在。最严重的一次，他一共偷了班上同学的几乎所有的笔，一共是80多支！

后来我经过和他一路的学生仔仔知道，他的婆婆知道他在学校偷窃后，直接把他拴在晒坝里面打。打的时候他乖得很，只要一打他就痛下保证，说以后绝对不敢偷了。但是打完了回到学校，他还是要偷。有一次校长把他叫到办公室去谈话，等他走后，校长才发现在办公桌上的三块钱不在了。校长就叫我去查。我找他谈话，开始的时候慢慢地温和地问，他一口咬定钱不是他拿的，后面我提起一根长条凳做个要打他的姿势（其实肯定不敢打他），他马上就承认了，说钱是他拿的。

个案5-5：LGZ，事实上我们班还有另一个仔仔可以作为案例。那个仔仔不是偷，而是有点暴力倾向，时常打架。听别的仔仔说，他走在路上，看到别个的南瓜在路边上，二话不说跑上去就一脚踹碎。不仅下课在路上会打架，就是在上课的时候他都闲不住。我在上面讲课，他就认真地坐在下面。我一回头在黑板上写字，他直接就拿书去拽别个，在我（班主任）的课堂上就发现过无数次。没办法，打电话去给他的父母沟通，后面他的母亲就回来了。只是半年的工夫，他就好多了。他母亲从回来后就接送他上学放学。他的母亲会在路上和他聊天。如果他和别的仔仔打架了，他的母亲也不打他，就跟他说，本来凑了些钱给他买什么什么（就说那些他最喜欢但是又没有的东西）的，现在他打架了，只能拿去给别个开医药费。不但不打他，还要从另一方面鼓励他向好的方向发展，就跟他说：不要紧，这次犯了就犯了，我从今天又开始凑钱，等哪天够了再给你买，但是如果你又打架了，那就没有了。这样搞真的是有效果。

像刚才我说的那个偷东西的仔仔，其实用打根本就不管用的。但是他的婆婆，可能在她那一代人的理念来说，不听话了就打，所以只能用打的方式来解决。换着是他的父母，可能就会因为所处的时代不同，对教育的看法不同而采取一些更有用的措施。给我的感觉就是，现在的公婆（爷爷奶奶）要么就是对娃儿用打的方式来教育，要么就是舍不得说他一句，太溺爱第三代人了。

个案5-6：WYY，70岁，汪龙村团田熊家土。讲述孙子的教育情况：孙子ZYJ还是算乖的，有时候我在坡上去捡点柴或者做点其他的，时间晚了还没回来，他就会自己把饭煮起，等我回来。他也会去煮猪食喂猪。他有时候也会挨打。有一次他拿起一根棍子当街一路的耍起来，把路边别个的瓜尖打断了好些（很多）。我清清楚楚地看到的，但是问他他就是不承认，我就拿起一根条子要打他，只要一打他就会说："不敢了不敢了。"其实也不会打好重，一个孙子舍不得打，再说别个说"一代不管二代事"，也不必教育多严。

读书的时候回来还是会做点作业，我也会叫他做。但是我又不懂，他做了我也不知道。我一天学堂的门都没进过，大字不识一个。他自己还是会做，他不做第二天回去老师不饶他，要罚站。他自己说以前站过一回，还是害怕老师。作业做完了就看电视，喜欢看电视。

我就是不愿意照（看）仔仔，万一出了啥子（什么）事，咋个办？明寨子有家的仔仔就是给他的公婆（祖父母）照（看），嘎婆（外婆）又把仔仔带到她家去耍，耍了几天，仔仔在车路上给车压死了。现在仔仔的公婆要嘎婆（外婆）赔钱，说那个仔仔才两岁，不随时带在身边就是大人的责任！那个不是冤孽？所以我在大坝场给她们照（看）仔仔的时候，上坡做点啥子事情都把几个仔仔喊在身边，小的还要背起，那房子前面就是公路，车来车往的，万一出事了，我也不好交代。

从以上个案可以看到爷爷奶奶和爸爸妈妈在教育方式上的差异。对于那些从小就没有享受到父母关爱的留守儿童来说，即使有祖父母及其他长辈的爱也是不够的。部分留守的孩子由于没有父母的陪伴而缺乏安全感，性格上易产生自卑、怕跟人接触等缺陷。另一个极端是部分孩子性格张扬，天不怕地不怕，喜"惹是生非"，成为家长和老师都难以管理的"问题学生"。有的孩子是因为缺一个对他而言有威信的人来管他而尽情"放肆"，有的孩子是想借着这些出格行为引起父母的关注，后者说来何其心酸苦楚，有效的家庭教育终究还是需要主体的回归。

第三节　现实的困境：黄鹤教育的
问题及影响

黄鹤乡学校教育的发展历史悠久，特别是小学教育一直在随着时代的变化发展而在不断地完善，但是它在发展进程中仍暴露出许多问题。

一、黄鹤乡教育问题

有关黄鹤乡学校教育出现的问题，我们访谈了各个小学的教职工。据中心小学的教师 HSF 讲："现在的学校最重视的第一个是学生安全问题，学生每周要上安全课，一开大会也都在提安全问题，教委等领导们来了也要谈安全，可以说你教学不是最重要的，最重要的就是学生安全。第二个重视的就是卫生问题，每天学生进校就要强调他们的卫生，教室的卫生是永远也不能落下的，曾经就是因为卫生问题，教委差点叫校长下台。那是刚建校时，工程还没有完，水泥坝还没有修好，赶上下雨，学生进校时脚上就踩了很多的黄泥巴，把教室搞的很脏乱。教委来检查，正好看到这种情况，当场就指责校长。从那以后，卫生就是一个学生在校的重点。第三就是要应付上面各路领导的检查，要准备各种材料和填表。之前是普及九年义务教育，现在是留守儿童问题，中青年的教师每天都被这些杂事儿缠着，哪有时间教学啊？现在，我们这里的老师就是烦和累！每天的行政任务烦琐！"

有些从教几年的教师了解乡里及学校的情况，总结了现在学校存在的教学问题。

（1）乡里不重视教育，而领导管理机制属于外行管内行，有些校长根本不了解学校的教育情况。

（2）教师的繁杂事情较多，用于教学的时间很少。特别是中青年教师，任务最重，工资却不是最高，有职称也不能给予实际的待遇。具有高级职称的中年教师，要等到现有的高级教师退休后才能落实高级的编制、工资才能提升；而且学校现有的高级教师都在带学前班，也就是等于他们拿着最高的工资却干着最轻的活。这对那些年轻的教师是一个打击，让他们倦怠自己的工作，没有工作的热情。

（3）为了保证学生的安全，很多学生的户外娱乐活动被取消了，导致学校的学生缺少生气。以前还会有带学生外出野炊春游的活动，现在都取消了。以前上美术和语文课会带学生去室外上课，现在也没有了。学校里的学生做一些体操也是在应付上面领导的检查。

中心小学的副校长YSC也反映说："外来人口的流动性给学校带来很大的影响，主要有影响教学质量、学生心理素质的培养和班级学业成绩。学校现在主要存在的问题是，缺乏年轻师资队伍，很多老师年纪偏大，出现老龄化。还有就是编制问题，很多老师的编制职称已经评上，但却得不到人事部门的认可，特别是在工资待遇方面。学校里缺少专职的教师，教师专业结构欠缺，有很多课程都没有专业毕业的老师，由其他课程的老师勉强代课教学。"

两个村小的教师就是否应该体罚学生有自己的看法。大多数老师是反对体罚学生的，认为不能从根本上解决问题，如果处理不当，还会出现相反的效果。有些学生家长也不能正确处理孩子的问题，总是认为"棍棒出孝子"，不仅在家里常以打骂方式解决问题，而且还支持教师体罚学生。

曾任黄鹤坝小学校长的HWQ说："我在黄鹤坝做校长的时候，当时有个老师叫LXM。他上课的时候有个仔仔在跟别个仔仔说话，他从后面扯了那个仔仔一把。他可能也用了力点，而那个仔仔又一点防备也没有，一下就把那个仔仔的手扯了拖起（手臂脱臼）。我就把他（LMX）叫到办公室，批评他说：'你教书教得好与不好，那是你的责任问题；但是你要知道，学生仔仔学得好与不好关系到的是他以后生活的好与不好的问题，而他身体的健康、健全与否则关系到他以后是否能生存的问题，你一把把他的手扯了拖起，万一弄坏了他的身体，你要养他一辈子吗？还要看他是不是愿意给你养。'当时LMX老师直接就被我说哭了。"

马武小学的MXH讲述学校生活时讲道："我们学校的老师偶尔会打学生。比如学生打架了就会被老师用竹棍子打。"此时，其父亲MSG接嘴说："学生不听话就是该被老师打，要长记性。"

就读于马武中学二年级的 WX 讲述："我们老师经常打学生，我觉得打人还是不好。好的不用打，不好的打了也没用。那些女老师会打男学生，男老师也敢打女学生。一般学生吸烟、打架、耍朋友（交男女朋友）会被打，就连上课不听讲有时候都会被打。我们班主任是女老师，凶得很，她是连打带嚷（骂），打女生就是揪别个的头发。她经常会说：'我把你的祖宗十八代嚷起来。'有回她嚷一个男生，那个男生说：'你嚷我可以，但是你不可以嚷我妈！'然后她就去打那个男生。我们学校有个'德育处'（机构部门），我们没进去看过，不晓得里面咋样，但是在里面的老师都凶得很，听说里面都是用钢管打人咯。"

汪龙村的 LXZ 是一位中青年教师，从教已经有十年。他说："我觉得仔仔调皮也不能用打的方式，其实我都很少用消极的（指批评的）方式来对待学生，主要的是一些鼓励。对真正成绩好的学生，在公开场合对他鼓励是最有用的。而对于那些调皮的仔仔你就要有另一种鼓励方式，对他们你不能公开鼓励，公开鼓励他们就会使好的那部分仔仔不知道方向，他会觉得成绩无论怎样都会受到鼓励，没有什么区别。所以对调皮的仔仔我采取的方式是：装成不注意地在哪个他单独的地方碰到他，比如上学路上，先跟他聊一番，接着才说到学习，然后对他说：'其实你在我们班是很聪明的，假如怎样怎样（这就是你实际上的要求）做，你一定比某某（指出一个班上学习很好的学生）的成绩还要好。'这肯定比打骂更有用。我一直认为：对付调皮的仔仔，公开的批评永远达不到私下鼓励的效果。"

二、黄鹤教育对人生的影响

知识就是力量，实行教育的主要目的就是使受教者能够运用所学到的知识来增强自身的实力去应对生存问题。这不仅是一个学习知识的过程，更是一个塑造自我素质的过程。在乡村社会，学习知识是改变命运的唯一途径，很多乡民以此来激励自己和后代人。调查组收集到几个当地人经常挂在嘴边的实例。

个案 5-7：LWB，今年 61 岁，现居汪龙组油房边。他讲述家里幺弟的故事："幺弟 LF 是我同父异母的弟弟，1968 年出生。在黄鹤坝小学读小学，读完小学考到马武读初中，毕业又考上石柱十一中读高中。高中毕业被郑州的一所军校录取，他那个时候大概 22 岁的样子。毕业之后就在北京工作，具体做什么工作的不很清楚，但是好像是在搞科技。他读书的时候我们的家庭情况真的很困难，就只有靠我父亲做会计的那点收入。父亲的收入很少用于家里的生活开支，大部分是给他读书用了。现在他工作很忙，从出去到现在只回来过五六回，主要是探下家，有时候他的家属（妻子）也跟着来。他的家属是黄水人，他们是在石柱读书的时候认识的，后来又考到同一所学校，毕业后结婚，一起在北京发展。去年我老汉（父亲）死了，他还回来和我们一家团聚。"

个案5-8：教师BZY从教经历自述："我1941年农历六月十三出生于黄鹤乡汪龙村汪龙组龙嘴塘，是家里第三个儿子。2001年退休前，曾任马武中学的总务主任。1952年和二哥进入了黄鹤中心小学就读。二哥读完了初小就没再进过学堂，因为他初小毕业那时黄鹤小学尚未成立高小，要读高小只能到马武小学就读。我是因为在二年级的时候留级了一年，恰好赶上了黄鹤小学成立高小，于是我就顺理成章地读上了高小，到1959年高小毕业。

"回想起来，当时由于班多教师少，初小一共是三个班，有100多个学生。所以很多情况下我们实行'复班式'教学。所谓复班式教学，就是一个教师同时给两个班上课，将两个班的学生同时安排在同一个教室，一个年级坐成一个组。老师在给其中的一个班上课的时候，另一个班就自己做作业或者看书，但是没有教师兼教两门课程的情况。那个时候严格规定不准打骂学生，假如学生犯了错误，那么对学生的惩罚就是打扫教室或者留下来做作业。

"教师无论远近一律不准回家，他们有自己的教师宿舍。教师回家难免会耽搁教务。即便是近处的老师也不能回家，因为到了晚上老师们还要组织学习思想政治内容，而且还有给学生批改作业等事情要做。

"那时9：00开始上课，9：00开始就要做广播体操或者跑圈圈（跑步）。远处的学生［上学时］起码要走20多里路，至少要走两个小时，比如那些中岭、龙门溪和三战营的学生就比较远。中午12：00左右下课，远处的学生会拿出早晨从家里带来的饭菜吃，到中午时候就是冷饭了，还是要吃，没办法的。近处的学生到中午就不吃了，因为他们距离学校近，早上没走多少路，并不是很饿，而且下午放学走几分钟就到屋了，立马就可以吃饭。当然有些近处的学生会悄悄地跑回家泡碗冷饭吃了又回来上课，老师都不知道。后来学校要求学生中午要睡午觉，但是根本无床铺，只能趴在桌子上睡。下午13：30上课，17：00左右放学。放学之后还不能立即回家，还要集合，校长站在台上讲纪律，要求学生在路上不准打架，不准损害农民的庄稼。一条路线还要选上一个路长，让他来维持这条路上学生的秩序。除了路长之外，老师也有护送的职责。向下送到观音庙一带，向上送到滴水塘一带，然后就交给路长负责。

"我们家住在龙嘴塘，每天读书就要过河。那时没有桥，都是搭三根杉木，水小的时候就可以从那上面过，而涨水淹过杉木就过不去了。这时候老师就会过来接我们，一个一个地从这边背到那边。放学了又从那边一个一个地背过来。如果水涨得太大，连老师也过不来接，我们就开始沿着河流往上游的方向走，一直走到现在的黄鹤乡政府后面，那里有一座木桥，桥上面还盖了瓦的，在那里面可以歇凉。走到那儿过了桥，又要往回走，要一直走到龙嘴塘的对门，就是学校的位置。

"读书时候的作业不是很多，但是要背课文。也没有什么半期（期中）考试，只有期末考试。星期六的早上上半天的课程，上完就是周末。老师都要无定期地家访，如果哪天下午不开会老师就要家访。远处的去得比较多，近处的老师与家长经常遇得到。我家老师就去过几次，无非是说我在学校里面犯错误的情况，但是很少因此而被父母打。记得以前的老师和学校还是关心学生，我们六一儿童节的时候还给每个学生都发一个泡粑。

"1959 年，我高小毕业，成都军区下来招兵，应征入伍。部队是成都军区 54 军 130 师 389 团化学排，师部设在雅安。同年就去西藏昌都地区的洛隆县参加剿匪战争。1961 年，剿匪战争结束。1962 年 12 月 20 日夜，又进入麦克马洪线地区的茶愚县与印度人交战。经过一个星期的战争，又回到雅安，我已是班长并代理排长。

"考虑到家庭问题，1965 年复员回家。当了汪龙大队的民兵连长，训练民兵。1971 年，国家开始重视教育，要求大量的转业军人、知识青年充实教师队伍。我被选派到到县教育局培训半年，1972 年到悦来区龙沙公社中心校任教并任校长。1974 年到马武区石柳公社中心校当校长。1977 年，又被调到漆辽乡中心校任教。1978 年，调到洗新小学当上校长。从 1979 年到 1983 年在新乐小学当校长。1983 年到退休，一直在马武中学，任学校总务主任。"

个案 5-9：黄鹤乡中心小学前任校长 HWQ 自述从教过程："我老家是马武葫瓶口，为了租赁当时中岭地主秦颖川的田土种，我们家从葫瓶口迁至现在的菩萨坝，以后就一直居住在菩萨坝。小时候，我有一个亲戚当私塾先生，要到处走教书。家里人觉得我还小，又做不了啥子，就让我去跟了那个亲戚到处走。他在哪里教书我就跟到哪里读，他也不收我们的钱。大概也读了两年左右的古书。1951 年开始到黄鹤乡小学读书，因为在黄鹤坝读书不好过河，当时又没有桥；在 1953 年就去马武读，那里有座凉桥，我们过那个凉桥去上学就要方便得多。

"因为以前读过几年古书，去读小学从二年级开始读，1955年我就小学毕业。之后考到石柱十一中初中部上初中。那时候能够读上初中的仔仔不多，因为大家要种田土才活得下去，家庭也困难，本来是一个好好的劳力，送去读书家里就失去一个劳动力，并且每个月的生活费也是家庭一笔不小的开支。但是我的父母还是送我去读书。国家会以家庭的困难程度来补助我们的生活费。像那些个孤儿只要考上去的，几乎每个月有5元钱的生活补助。

"1958年我直接考进十一中高中部，到1961年考大学没考起。灾荒年，工作都找不到，我回家务农。1963年开始到当时的万宝乡第4村村小教书，我一个人教12个仔仔，分三个年级，三级复式教学，一年之后去当时的漆辽中心学校教书。1965年，马武办了个农中，调我去教书。1968年，马武又办起了个公办中学，去农中读书的学生就少了。农中停办，我只好又到团田小学去教书。1976年，到黄鹤乡农中教书，一直到1980年。1980年5月，我通过了石柱县文教局组织的考试，从民办教师转为公办教师，然后就到黄鹤中心校教书。同一年被提为黄鹤中心校的教导主任，直到1983年。1983年，黄鹤中心校前校长吴华仁被县教育局征调去整理材料，我开始代理校长职务。后来吴校长留在教育局工作，于是我就成了黄鹤小学的校长，一直到1996年我退休为止。"

个案5-10：村民ZJM，56岁，家有两个儿子。大儿子ZYH，现年22岁。曾在马武读初中，西沱读高中，后考到重庆工程技术学院。只差一年就毕业的时候，赶上北京武警交通队来学校招兵，他应征入伍。从那时候进部队到现在才回家过一次，还是因为出差才能回来，就住了一个晚上。现在昆明支队搞探测，一个月工资是2000元左右，衣食住行全由国家包。

ZYZ是次子，13岁，在马武中学初中一年级。5岁的时候就开始读书，后来因为生病，降了两个年级。他们年级一共有600多人，他现在的成绩能够占到100名左右。

ZJM在讲到两个儿子的教育时说："现在最大的投资还是送孩子去读书。有读书的机会，他们就可以走出农村，改变一辈子搞田土的命运。"

除上面这些已经改变人生命运的人之外，现在还有正在接受教育准备改变命运的人。自提高教育水平以来，黄鹤乡只汪龙村走出去的大学生就有十几名。今年要毕业的就有三名：湖南长沙某大学三年级的QZY，重庆市西南大学一年级的YY，已经毕业于湖北孝感高级护理系的ZF。

　　教育可以改变人生的命运，也可以给乡民们带来希望，但教育方式不当也会给孩子带来负面影响。黄鹤乡没有中学，那些小学毕业后的学生大多数都去马武中学读初中。马武中学平时管理很严，学生没有周末，只是一个月会有两天月假。学校里没有学生活动的娱乐设施，在平时不上课时只提供电视看。学生说："我们学校有两个篮球场，一个单杠和一个双杠，但都是坏了的，乒乓球桌有两个，打的人不多。女生有时就打哈（一下、一会儿）乒乓球，但是要自己得有拍子才行。我们班用班费买了两个篮球，都是男生拿去打，女生都很少打。"一位教师说："记得我们读书的那个时候，好像课外活动比现在多得多，各种体育比赛就占了好多时间。过多的课外活动也不是很好，毕竟仔仔主要是学习文化知识。但是一个学校不能只是教知识，还要教仔仔怎样做事，怎样做人。像现在的学校课外活动就很少，仔仔被天天关在学校里。好不容易回到家可以放松一下，家庭条件好一点又要给仔仔安排各种各样的学习，增加仔仔负担，产生厌学情绪，越学越傻。家庭条件不大好的呢，仔仔课余时间一充足，又没啥事情来干，家长也不会时时管着，仔仔就去上网、打牌。学一些不良的嗜好。"

　　马武中学的作息时间安排为：每天7：00上早自习；8：15上第一节课；11：40上午放学，学生吃中午饭，睡午觉；15：00上第一节课；17：35放学，吃晚饭；19：15上晚自习；21：45下晚自习。每个星期天不安排课程，但学校规定学生不准回家，必须待在学校里。开设课程有语文、数学、英语、地理、生物、政治、历史、物理、体育（一周三节）、美术（一周一节）、音乐（一周一节），学校每天的课程安排很满。一位上初二的女生说："我们初二年级共有10个班，我们班有52个人，男生27个，女生25个。平时作业老师会留得比较多。特别是放月假回来的作业，起码要做一天才能做完。学校里到星期天不放假，我们只能待在学校里，在食堂里有电视，可以整天在那里看。我还是想回家，电视在家里面可以看，而且在家里面还要自由些。我也没想过高中要在哪里去读，反正肯定是要读的。在哪里读都一样，都是作业多的写不完。以后只是希望有个稳定的工作就行，具体要做啥子都没想过，原则就是要轻松，不像学校这样。"

　　这些孩子长时间在学校里，很少有时间跟父母沟通交流，更何况父母对子女的学习也不懂，不能够提供指导性建议。汪龙村的村民说："我的大女儿今年17岁，在马武中学读初中，现在刚刚毕业。她自己从来也没跟我说过想到哪里去读高中，反正她自己想去哪里读就让她到哪里读，她要去打工也随她。

我们也从来没有看过她的成绩单，今年中考的分数我们也不知道。读书还要花钱，如果读不下去的话读了也没用。"

山区交通不便，给很多居住在半山区的孩子上学造成困难，学校也不能够提供相应的措施来保障孩子们接受教育的权利。小学生每天从早上 7 点就开始上课，对于路远的孩子来说，通常会早起两个小时来赶路。实在没有办法的，家长就把孩子寄托在学校附近的人家里，每月给房东钱，负责孩子的伙食。家长 LSG 说："我们仔仔今年 7 岁，在马武小学读学前班，马上进入一年级。远了也没办法，反正到了该学习的时候还是要送他去读书。我就在学校旁边找了一个老人，请别个带起。刚开始那两个月每月给了她 300 元，帮他洗下衣服，早晚照顾他吃饭，中午在学校里面吃的。后来每个月给她 250 元，也是她自己说要不了那么多，所以才减了 50 元。"另外一位家长 YSG 说："仔仔今年 11 岁，读小学五年级。他们小学没有学生宿舍，就在外面给他租了个房子住，480 元一年。他一个星期回来一次，都是走路回来。他们一个学期的学杂费是 330 多元，包括每天中午的生活费。早晚饭就是他在租的房子里自己做饭吃。每次回家来都带油和海椒去，省点钱，吃也方便。其他的就在那边买了，像米和菜就要在那边买，从这边带下去太困难了。"

第四节 小结：乡村教育资源
分配的公平与合理

从田野调查收集到黄鹤教育的现状与问题中我们不难看出，农村常住人口的减少导致适龄入学学生的减少是农村基础教育面临的主要问题，随之而来的教师待遇、职称、学校建设等方方面面的问题，都是困扰乡村学校发展的现实问题。与之相对的是，由于在大城市外来务工人员子女的上学难、上学贵的问题，造成了黄鹤大量适龄儿童不能跟随父母进入城市生活而成为留守儿童。这充分说明我国教育资源的短缺并非绝对的供需问题，而是相对的城乡、地区分配不平衡的问题。尝试从制度层面解决这一区域的不平衡，就能在很大程度上破解农村教育的发展困境。

然而，农村教育的不公平是当前社会存在的事实，而教育资源的配置是实现教育公平的核心问题。农村教育资源配置的不公主要表现为农村教育供给投入不足、办学条件差、教师整体素质较低等。基于农村学龄人口持续下降和国家积极发展农村学前教育的新形势，我们应该在考虑教育公平和教育均衡发展基础上重新审视原有的农村学校布局调整政策，研究和探讨新形势下的农村学校合并及农村基层教育资源重组与利用问题。❶

　　总之，教育公平是社会公正价值观念在教育体系中的延伸和发展，也是人类不断追求的社会理想和教育理想。如果教育本身是不公平的，将会导致更大程度的社会不公。在我国建设社会主义新农村的进程中，农村教育发挥着重要的作用，是推进农村发展的有力手段。从公平的视角出发，实现农村教育资源的有效配置，才能真正把农村教育纳入持久、健康的发展轨道。❷

---

❶　刘欣，等.“后撤点并校”时期农村教育资源的重组与利用——基于对湖北省郧西县的调查 [J]. 中国教育学刊，2013（10）.
❷　王华，魏凤. 公平视角下农村教育资源配置的路径选择 [J]. 湖北社会科学，2011（1）.

第六章 精神世界中的边城：
黄鹤的宗教与信仰

据调查收集的资料显示，黄鹤乡的宗教信仰受汉族民间信仰的影响深远，形成了祖先崇拜和其他多神崇拜相互杂糅的信仰体系，这些对当地的民间文化、社会经济及人们的心理等方面都产生了重要的影响。例如，土地的收成不好了，农民会拜土地庙；家里有人生病了，有人去求等（摆）在山崖边上的观音菩萨，求她保佑病人早日康复；有时也会有人会去请专门给人看病的"神医"，祈祷不用吃药病就可以好，等等。

第一节 对自身来源的终极追问：
黄鹤的祖先崇拜与祖灵信仰

一、以宗族为基础的祖先崇拜

在我们的调查走访中发现，祖先崇拜是黄鹤乡乡民最为重要的信仰，祭拜祖先也是在日常生活中较为常见的一种活动。在黄鹤乡的每一户人家的堂屋上都供有"天地君亲师"的牌位，它是家神的整体象征。敬奉的对象分为两类，一类是自己本姓氏的远祖，另外一类就是自家的近宗。这两个敬奉对象是用一副贴在牌位两旁的对联表示出来的。每一个姓氏都有一句关于自己姓氏来源的介绍，对联的其中一边就要写上此内容，另一边就会相对应地写上有关近宗的敬奉语，这是家神的组成部分。家神对联每年都要换一次，就是每年请道士重新写一张，并把它贴到原来的位置，以达到家神保佑全家人的功用。

在黄鹤乡的村民当中仍保留有一套完整的祖先（家神）祭拜仪式。首先是"叫饭"，也就是请已故祖先回来吃饭，这是最常见的一种仪式。在一年中，每逢节日、耕种大事、家人生日、小孩降生、婚丧嫁娶及亲族相聚等时候，乡民都要在堂屋里家神牌位前的桌子上摆上丰盛的宴席，举行叫饭仪式。待酒菜摆好之后，要盛上四碗饭分别放在桌子的四个角，摆好筷子之后，仪式开始。在以前，要求妇女和小孩回避，但是现在不用了，妇女可以在场。由男主人（同族的其他男性长者也可以）斟茶，并在桌子的四方的地上各洒一点，请祖先们喝茶，然后斟满四杯酒分别放在桌子的四角。之后，要点燃桌子下面的一堆纸钱，同时烧袱子（纸钱）的男主人要口念请辞："请各位列祖列宗一起请！"仪式完毕后，女主人就要换掉碗中的饭，重新盛饭，请主宾客开始用餐。现在，仪式没有那么复杂，被简化了。在吃午饭之前举行叫饭仪式，桌上摆几个碗，放一些酒菜，再摆上一两双筷子和空碗，烧香、烧袱子之后，就结束了。其中烧袱子，在当地又叫"化袱子"。黄鹤乡自古以来就有写袱、化袱的宗教活动，先用纸封上板子钱，凡是在大小事的场合都要先给阴灵化袱求得家神庇护。过年为岁毕之期，正月初九为上元之期，过清明为扫墓之期，过端阳为蒲节之期，女嫁为于归之期，自生为母苦之期，男接女过礼为亲迎之期（见图6-1），亡人生期为冥寿之期，此习俗延至今日仍然存在。特别是在腊月三十、七月十二和结婚期，各户都要备以酒菜、饭，在香火当门（前面）烧纸化钱后才能开饭。

图6-1　婚礼上的叫饭与袱子

其次是立碑、修坟和上亮。先辈去世后，子孙们就要开始张罗给先辈立碑了，即使经济实在困难，修坟也是免不了的。立了碑，定期修坟也是必须要做的。现代家庭只要是勉强过得去的，都会给祖先立碑（见图6-2）。碑打好后，

图6-2 黄鹤包氏墓碑

家人则要另择吉日立碑,一般是大寒前后。立碑是一件很隆重的、程序繁杂的活动,它仅次于丧葬。一般是有钱人家给祖坟打碑石,写碑刻序,叙述亡者生平业绩以裕后嗣。在腊月三十开始每晚给祖坟上亮,清明时给祖坟烧纸挂青,也有请道士敲念的,名曰谢坟。

再次是丧葬。现在黄鹤乡附近的乡镇,亲人去世后都实行土葬,并会严格按照丧葬礼俗进行。等长辈落气后,所有子孙都应到场送终,这样祖先就会保佑每一位子孙。还要大声哭诉长辈生前业绩和事迹,哭诉后辈们对先辈的无限眷恋之情。子孙后辈要请道士为死者做法事、"开大路"(见图6-3),由孝子陪同。到晚上,请来的道士等一班人马要举行闹丧仪式,一般都会和邻里乡亲一起参加,很是热闹。停丧一般是三天、五天、七天,被称为"押三朝""押五朝"和"押七朝"。在停丧的几天内,若是家庭条件好的人家,会为死去的长辈请道士来办道场,又被叫作"打绕棺"。其中的内容较为复杂,形式也较为烦琐,葬前一天为"大葬日",要坐夜,死者的亲戚邻里朋友都要前来吊唁,丧家也要准备宴席来款待前来悼念的人。这一过程大概经过几道程序:开路、荐亡、交牲、上熟、散花解结、辞灵、扫屋等。

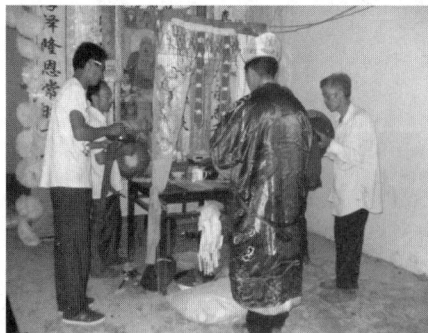

图6-3 道士开路与丧家绕棺

　　根据调查得知，在黄鹤乡主要有三种宗教：儒教、佛教、道教。儒教主要是顶敬孔夫子，佛教是顶敬释迦牟尼佛，道教是顶敬李老君。三教做的法事程序大同小异，庙上打醮，又叫作会；民间良星朝斗做亡斋，又叫作道场。新中国成立前，在黄鹤乡活动的主要是儒佛两教，道教很少在本乡活动。儒家亦称文坛，在1950年黄鹤关庙打醮后已被政府杜绝。佛教在1950年3月，在家住观音庙的魏论贵死后就已经息业。一直到1981年1月11日，湖北青龙村黄河生的母亲去世后，由黄河亮给公社干部打了招呼，公社干部同意不加干涉，由张启朝、张启堂等人作了一个昼夜法事后，佛教才又逐渐流行起来，并蔓延到川湖边隅的黄鹤乡、黄土乡、洗新乡、漆辽乡、马武乡、三义乡。做亡斋，新中国成立前起码要做3天，现在有做5天、7天、9天、11天，甚至有半个月之久的，最常见的是做5~7天。1983年后，黄鹤乡有李星德、冉正和的各班人马，另有马武的刘远高（见图6-4）、洗新乡的周开丰及邻近湖北的王成万、三义乡的李明丰等在活动。这些都表明在黄鹤乡的丧葬礼俗中作道场的重要性和普遍性。

图6-4　活跃在黄鹤的马武道士 LYG 和他的弟子

　　以上这些说明祖先崇拜、家神崇拜在黄鹤乡的宗教活动中有很高的地位，这些活动与乡民的生产、生活是分不开的。乡民们的宗教观念直接反映在这些活动上，体现出黄鹤乡乡民虔诚的敬仰祖先的态度，同时也体现出他们信奉多神崇拜的宗教观念。他们对丧葬活动的重视则说明这里的人们具有善恶分明、豁达乐观、重生的人生观。

二、以寺庙为基础的神灵信仰

我们了解到，黄鹤乡在新中国成立前曾存在过很多寺庙，修建的年代都较久远。一些寺庙的香火旺盛，每天前去求助的村民络绎不绝，即使在新中国成立后这些寺庙及其里面的菩萨被毁坏或是被烧了，仍还有人会在山崖边的岩洞内摆放石头来充当菩萨，进行拜祭和还愿活动。

双庙子，又名天佛寺，修建于清朝光绪年间，它是一个很典型的四角天井坝。整个寺庙分为正殿、经堂和玉皇楼，经堂中国供奉的是观音菩萨，两边是十八罗汉，下边是韦陀尊者。玉皇楼供着玉皇大帝，天井里有化钱炉，门外有山门土地等。有庙产16石（十斗为一石），和尚4人，每天早晚会撞钟击鼓。后因年代久远，又没有及时修缮，最终破败了。

红庙子，又叫万泉寺，修建于清同治年间，是一正两横带下厅的四角天井坝。民国十七年（1928）寺庙被火烧掉，民国十八年（1929）重新修建于他地，共有五层，很是壮观。寺里主要供奉大佛三尊，有观世音菩萨等，为了避免大轰炸，民国三十四年（1945）拆掉两层，以保底下三层。1984年成立石柱土家族自治县之后更名为黄鹤楼。

洪湖寺，修建在明寨子的寨顶上，有七柱木的瓦房三间，修建于明末清初，神龛上供有川主、土王、药王、财神、山王、文殊、普贤、观世音、十八罗汉等。庙产1石2斗，和尚1人，在民国二十二年（1933）被拆除。

关庙（见图6-5），又名武圣宫，建于民国五年（1916），由当时的多位

图6-5 已改为酒坊的关庙旧址

会首共同筹集资金建立，是一正面横有下厅戏楼的四角天井坝。正殿正中供奉的是关圣帝君，右边是恒候大帝，左边是燃灯古佛，门外有山门大地，庙产 2 石。庙内有龛司 1 人。民国时期，乡公所、中心小学、无线电站、一贯道都曾在这里设立活动场所。新中国成立后，它成为乡中心小学的校址。据村民 ZYQ 回忆："关庙是 1951 年还是在 1952 年的时候就被毁了，记不清楚了，反正就是那个时候。那时不准信迷信的嘛，我们还是十一二岁的学生仔仔，他们把里面的那些木菩萨拿出来烧火烤，里面的菩萨毁了就当学校。我们那个时候就在关庙里面读的嘛，那个时候的校长叫 LHZ，那是个远处人，后来我记得好像是 1979 年的时候重建的学校吧。"

这些曾经带给黄鹤乡乡民众多希望的寺庙和菩萨，因为时代的变迁而没有被保留下来，这不能不说是一个遗憾。现在的人们也只能从老年人的口中来回忆它们的雄伟和壮丽，此后再也没有这样大的寺庙出现在黄鹤乡。虽然有关寺庙及里面的菩萨都被拆毁和烧成灰末，但是人们心中那份对菩萨的敬畏和对神灵寄予的希望却没有被毁灭，庙会、香会等宗教祭拜活动在经历了低潮后，现在又开始兴盛起来。

图 6-6　黄鹤的观音庙及庙里供奉的神像

每逢农历正月初一和正月十九的上皇会，很多善男信女会穿着洁净的新衣，带着香帛纸烛，虔诚地去寺庙内烧香。六月二十是川主会，要给川主菩萨烧香挂红，举行香会活动。这是因为很多人根据传说，认为观世音菩萨是二月十九子时出生，六月十九得道，九月十九坐莲台。到了每年六月十九，黄鹤乡的乡民会举行本地香会（见图 6-7），届时家长带着儿女、更换新衣，拿着香帛纸烛前去庙里烧香，烧香有烧拜香和烧散香之分。

汪龙村的村民 ZYQ 说："今天是旧历的 6 月 19 日，这是本地开香会的日

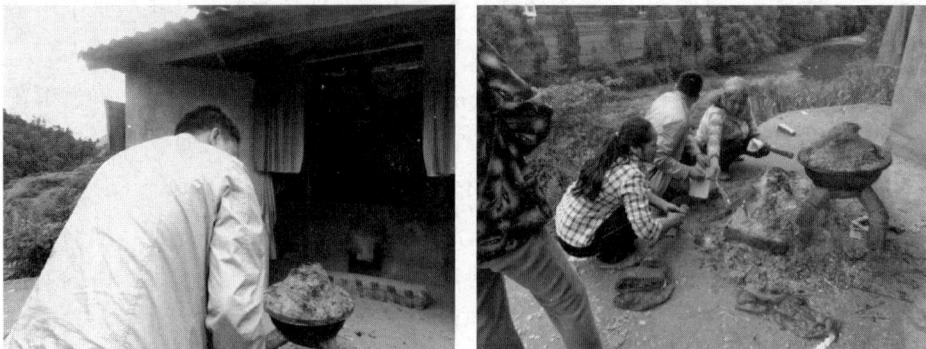

图6-7 黄鹤阴历六月十九拜观音

子，我昨晚（凌晨）三点就上山烧香了，到四点多下山。每次都是我第一个去烧香，去得越早就越好。我去给菩萨跪拜，供了酒和茶，还在山上喝了二两酒才下山。那个观音菩萨是我1983年去万县买回来的，当时花了300元钱，放置观音菩萨的位置是有讲究的，放在山上保佑当地村民，放在寨堡是因为它的风水好。"ZYQ一边跪拜，嘴里一边念着："保佑家里平安，六畜兴旺，走路不摔跤，走得稳，烧个平安香。"她还说："我就觉得这个观音菩萨灵。别人不想我的钱，我也不想别人的钱，不想不义之财及赊财。"ZYQ祭拜菩萨的过程是，先是把带来的纸钱等分散开，然后烧纸，再给菩萨上香，接着放火炮，最后跪拜。还要在整个过程念叨祈求菩萨保佑的言语，主要是在烧纸时边烧边说。

三房坝YXW的两个女儿（还是读小学的小孩子）因为父母要忙其他的事情，不能来上香，所以让她们来代替父母烧香送纸钱。可以看出两人是经常来参加香会的，她们知道具体的步骤，也很熟练。她们拜菩萨的过程是，先点燃带来的纸钱，就着纸钱点燃的火来焚香，纸烧完了，香已点燃，然后给菩萨敬香，再磕头，结束。

第二节 宗教信仰的现实寄托：
黄鹤的法师与"法术"

我们采访相关人员得知，在黄鹤乡对法师的统称为道士先生、算命先生、唱喇嘛（佛教）或直接称先生。法师在这里分为两种，一种是可以做丧葬法事的，有道士先生和唱喇嘛的人；另一种是给人治病的法师，不同于一般的医师，他们不用把脉和望闻问切，只是随便一拍就知道你是哪里不对、不舒服，就能说出治疗的方法，当地人称这种人为"神医"。而且法师能够得到神灵的帮助，通过做法事或者给人看病来展现的能力，就称之为"法术"。

一、黄鹤的法师

由于黄鹤乡人口流动性很大，所以无法统计出黄鹤乡的法师到底有多少，而且在自称为法师的人当中，不乏有冒名顶替者。在这里只举大家经常去找的几个法师作为典型案例。

个案6-1：汪龙村的ZBQ是当地的法师，他的主要工作是阴宅阳宅的选址、婚丧嫁娶、修房建屋以及看病、捉鬼等。他家里有佛法僧三宝，还有令牌和卦。在去给别人做法事时，如果是佛法就不讲价。一般是5个人一起去作道场，做一天一夜，每人各收100元。

他还介绍说："从风水上看，三房坝是一个龙脉，是风水宝地。前面的地形是一条龙，后面（寨子堡）是一个堡。菩萨坝桥修好了就更好。菩萨坝那边也是一条龙，寨子堡在二龙之间，桥一通，那样就是'双龙夺宝（堡垒）'了。不修桥的话，寨子堡发展就要差一点，修建了的话发展就要好一点。"

个案6-2：居住在大坝场的PGH，在家里的堂屋里供着一个观音菩萨，是儿媳妇三年前在赶场时买的，10元买了三个，一个观音，一对金童玉女，都供在家神的旁边。每个月逢9号的日子就要给菩萨上香。每一年的2月19、6月19和9月19香会时，也都要给菩萨烧香，传说这三天菩萨会下界。遇到过端午、月半和清明节时都要给菩萨供吃的和烧纸钱。虽然PGH是一个党员，但是自从他残疾后，就买书在家学习算命和画符。堂屋里贴的一张符就是老人自己画的，是要避免火星，让全家避开灾难。平时也有人叫他给算命，他就帮忙算一下，没有收费标准，看算命的人给多少，不给也可以。PGH说："信义积德，人间通用。"老人还会看各种病，只用中药治疗，买山上人采来的中药给病人配药，什么病都治的活，这也是他看书自学的。

个案6-3：在大坝场赶场时，街上还有一个摆摊给人算命的法师，是专门靠给人算命来维持生活的人。老家是湖北那边的，刚搬到大坝场住，今年60岁。他就是靠给人家算命看八字挣钱养活家人的，他的家属办一点田土，他只管算命。

图 6-8　法师家中的纸扎"豪宅"

个案 6-4：在沙湾有一个很出名的"神医"，叫 LTJ（见图 6-9），信她的人都喊她"刘神医"。她是一个双眼看不清东西的"神医"，今年 48 岁左右，本来是洗新乡人，后来在黄鹤大坝场抽神仙牌（算命的一种类型）发家，最

图 6-9　使用民俗安慰疗法的法师 LTJ

后用草药给人看病，也就是民俗医疗。曾有一段时间周围几个乡镇都在传她算得很准，有很多外地来的人都要请她算命。车子在她门前都挤不下，有些人都是在那里等了几天也没有排上队。后来因为乡政府的干涉，把她的药和一些病人送的锦旗都没收了，说她是一种迷信，本身连字都不识的人，怎么能给人看好病？从此，找"刘神医"看病的人就不是很多了。她给人算命或是看病的时候，都是说有特异功能，可以跟观音菩萨问话，问菩萨这个病要怎么治疗，菩萨可以得到她的感应，并给出回复。当然，这些只有她一个人知道，然后她就给人抓药，还真有让她看好病的患者，所以，在她堂屋里还挂着很多锦旗。

二、法师的"法术"

黄鹤乡除了家神崇拜是日常生活中最为常见的信仰活动外，还有其他民间信仰活动。通过调查，在当地有很多人都认为：这些信仰行为你信则有，不信则无。

（一）安土地庙

安土地庙就是修缮黄鹤当地一座简陋的土地庙（见图6-10）。不同的乡民出于各自的诉求，在"高人"指点下进行此项活动。特选取几个较有代表性的案例说明具体情况。

个案6-5：居住在汪龙村的王德树讲述自己安土地庙的缘由："我们屋旁的土地庙是我修的。在1998年病好了之后，就叫老婆去山上找石头，找来我自己修建的。我1958年出生，在1998年的时候，就莫名其妙地生病，并且身体瘫痪不能动，在床上睡了9个月后才好起来。那时都不能走路了，接着就开始像小孩一样学着走路。当时我是听阴阳先生的话去修的土地庙，他说去哪里修就去哪里。自己修了土地庙大家都可以来朝拜，就像做好事一样。

"那个土地庙修了很灵，特别是小孩子在几个月一岁大时，爱哭，家人来拜土地庙很起作用。我孙子9个月大时，连续哭了两个晚上，结果我去找了'刘神医'（鱼龙村的女盲人）。她说在某一个时刻去土地庙烧香就可以了，我去烧了之后，当晚孙子就不哭了，灵得很，我很信'刘神医'。

"还有外出打工的人也信。我儿媳前年在广东打工，腿突然疼得厉害，连爬楼梯都不行。她打电话回来告诉了我们，我们就去问'刘神医'。她告诉我们，烧香过后两天腿就好了。"

个案6-6：鱼龙村MZF："祭拜土地菩萨，我们一般都要在2月19日、6月19日、9月19日及春节去土地庙拜。这是一种迷信，但是我们农村还是信这些。2008年2月18日的晚上，儿子半夜醒来突然哭得厉害，我当时就反应过来了，一定是白天的香会我忘记了给土地菩萨准备东西，菩萨怪罪下来了。结果第二天早上我就去大坝场买了一把香和2元一块的白豆腐，还准备了刀头拜土地菩萨，结果第二晚就没事了。

"2007年儿子发烧40度，还流鼻血，去打针输液都没效果。那时我们家还是土墙，厨房的一堵墙被雨淋了，垮了一个洞。第二天我去找到'刘神医'，她告诉我土墙垮了的原因，说方向不和，占了杀机，要去拜土地庙。拜了之后，结果第二天儿子没有打针吃药就好了。以前老公从来不信那些，但是经过这事后他也相信了。"

图6-10　土地庙与安土地庙

调查期间，看到有很多人在土地庙前祭拜。住在黄鹤老街上的一位老人说："我们原来也不是很信这个，但是别个说很灵。我们还是去拜过的，结果真的就灵了啊，我们现在还去经常还愿哦。"

个案6-7：村民讲述安土地庙的具体操作。要在居户屋前或屋侧用木头或是石板做一土地庙，内设两尊公婆石木偶像，没得工匠雕刻的石木偶像也可用一个人形的石头代替，又可用木牌写上"当方土地理域都官香位"。对联是："五行么者，三才二先生。保一方清净，佑四季平安。公公他问何处好，婆婆答曰此处高。咦，我听见火炮在响。哦，莫是他们在过年。"横批是"土地堂"。一般在过年腊月三十日都要备以香蜡纸竹、刀头酒肆敬之，求保家门清吉、人畜平安。

个案6-8：鱼龙村村民WQM讲述："谁还没有一个头痛脑热的啊，自己就是在10年前生病了，是肠胃炎和十二指肠炎，生病半年。阴阳先生告知亲家说修土地庙可以免灾，于是就修了。等病好之后，每年会至少维护一次土地庙，并且要给它除草、修葺等。"

个案6-9：汪龙村村民BLF讲述："家里的很多药材都是我自己上山采的，挂在我家门口的是牛舌片药材，这药的药效非常好。我平时没事就去山上转，基本上一天到晚都在外面的山上捉蛇、采中药材来卖。采来的药材主要有木通（主治周身血管及伤风感冒）、三通、通花、川芎、胡豆林、当归、一口血、血立见、灯碗儿提、云南一口盅、土茯苓、血茯苓、山仓梗、一把火、鱼腥草、苟皮、穿甲、穿白、贝母、脂批、柏山崎、杜仲、黄柏、厚柏、桂枝、三栖、云母香、金钩林、石豇豆、蛇身、黄狗头、吊莲花等。捉蛇十几条，已经卖了100多元了。这边山上的蛇非常多，常见的有霸王蛇、狗皮蛇、乌缫蛇、青竹标蛇、野鸡号、岩板蛇、赤脚蛇、翠蛇、五棒儿蛇。

"两年前我自己修建了一个土地庙，修建它的目的主要是行善。我们常常说家神和土地庙保佑我们一路、一生平安。平时要多做好事，把好事做到儿女面下，希望儿女好些。这个土地庙分为家里的土地庙和山坡上的土地庙。那些山上十字路口上的土地庙可以保小孩子说话清楚、早些时间说话。屋前面比屋的地势低的土地庙是保佑孩子，屋子后面的土地庙是保佑全家。当请愿的人愿望实现后会去还愿，可以在愿望刚达成后就还，也可以在相香会时或过年时还愿。"

个案6-10：RLH，观音庙人，今年72岁，祖辈是悦来乡人，他讲述：

"办香会的那个菩萨是那些信的人去搞的，搞好之后那些信的人就去许愿。有时候哪里有个大病小病的就去那里许愿，病好了就买点香蜡纸烛去还愿。虽然生病了那些信的人去那里许愿，但是另一方面还是要看医生，两处下手。"

（二）清山

黄鹤乡民说：凡余杀年猪都必须请清山先生。在堂中挂好神案，设香坛，吹海螺，进行摇铃大祭，名为敬山王菩萨，以保佑六畜兴旺，不被老虎吃。先生一人，其法事有请师、放生、请神下马、却酒、小回熟、领牲献串、大回熟、推遣保福、献斋、送神回师、安香火。仪式做完之后，主人要以3斤以上的一块猪肉酬谢。清山习俗在1950年后已基本绝迹。2002年腊月，汪龙村的LZS杀年猪，请来三义乡的LMX在堂中铺设坛场，设香案挂神案，吹竹筒海螺，进行摇铃大祭，这种现象在其他地方没有发现。

（三）安家神

安家神又叫写香火，在后文有详细介绍。

（四）算八字

我们采访过程中还发现黄鹤有算八字的人，算八字属于我国古老易学的一种，是一种生克制化阴阳五行学说。它利用每一个人的生辰八字来推算人生命运及福祸旦夕。黄鹤本乡也有两三个先生可以推出八字单，但有一句俗语"岩鹰不打窝下食、蜂子不打眼前花"，所以他们从不在本地给人推算挣钱。1986~2002年每逢赶场之日，都有一两处，有时甚至是三四处摆地摊给人算八字的外地先生。根据当地人的回忆，概括起来他们采取以下几种办法给人算八字，从而来求得算命钱。

（1）正宗算法。将求算者出生年月日时，用五虎五鼠循的办法排成八字，用十大财官装修四柱，将大小命宫和十二星宿安好，写好当年主事并安好，将下送运脚排好。如小儿要推童限，参照各种关煞，小儿要看：四柱关、四季关、鬼门关、急脚关、百日关、千日关、断桥关、鸡飞关、汤火关、落井关、将军箭、金锁关和铁蛇关等。将以上排好后就开始断命，将十大财友中的正友、正偏财、正卯、食神作为喜神，将七杀、羊刀、枭神、伤友作为忌神，发逢喜神是好运，逢忌神是凶运。以大小命宫和当年主事断当年运气，以童限关煞断小儿命几岁落根，以追魂划度断老年寿像，以长生掌断子孙多少，以天罗地网断人凶灾等。此种算法与《子评》书有挂钩，但相信的人很少。

（2）以第一种的办法用财友装好四柱，并按天下统一的八字单排好。以八字单作为幌子，采用似是而非、模棱两可的条子话，对算命者察言观色、顺水推舟、设计问题，从谈话中获得讯息，从而骗得钱财。

（3）让求算者报出生年月日时，不用排八字，接着按当今社会的自然规律结合当地的风俗习惯，说了求算者本人的自然规律情况后，又令报出配偶的年龄，继续说模棱两可的话后，又令报出子媳的名字，会说一些惯常使用的顺口溜后，再令报出父母年龄说了自然规律的话。这时就要抓重点突出说了一番后，根据求算的相信度，定价收钱。算命的人会根据求算者说话的语气打攻心战，又根据求算者自己说出的实际情况，采取收进来再卖出去的办法，即将求算者自己报出的实际情况用命理的顺口溜给求算者再说出来，就等于是算出来的结果。以上功夫奠定了骗钱的牢固基础，这步工作就是诈说；后面还有一步凶运难关，或者再根据求算者的口气加一步好运。此时求算者公开提出如何解决凶运、如何得来好运，届时算者已达到骗人的目的。算者就会以同情、关心的面孔出现，算者也很注意千万不能露出骗钱的蛛丝马迹，会用"隔空打牛"一招，就是告诉求算者如果要避免灾害，就要在某年某月去拜见怎样一个先生，用哪些祭品、要念哪些咒章、要哪些诀法，如此等等。把内容尽量繁说，让求算者以现有的实力根本就达不到要求。所以，求算者自会道出困难来求助，算者也会表演得很到位，就会告诉求算者还会有一种方法可以帮助他。求算者已经露出诚恳的希望企求——就请先生给解决。算者心中暗喜，但装出难为情的面容，软口软言迟迟难以答复；最后答允"我给你想个解决的办法"，随后就将原来印好的符拿出来，装模作样地在符上画画，眯着眼睛嘴皮不停地翻动，表示默念的样子，再用左拇指不断地在食指上抹来抹去后，将一道符纸拿在口上吐三口气。为了达到求算者不讲符价的目的，再嘱咐一番，令求算者心诚则灵，将符带在身上或化水吃，或是贴在某处，任其便说。此张符条卖他180元，求算者也心悦诚服，临走时还叫几个多谢。

给小孩算命是最容易骗钱的。首先按自然规律说他的长相，然后说他的性格，如果求算者回忆起来并报出小孩出生时的天气，算者就会用顺口溜说出生的天气，更使小孩的父母信服，再一步夸奖这命是一栋梁之材，在25岁上必坐高官，此时要同他的父母共享幸福之乐，可惜有犯官煞难过关，要买一符带回去就会百事大吉。这些父母们也不会心痛几十块钱或百八十块钱买自己小孩的一条贵命，这样，就是骗财成功。

黄鹤乡曾来过一位双目失明的人，他以摸骨算八字为幌子，使求算者心悦诚服。他采用的方法是先让求算者报出出生年月日后，再去摸骨得知此人的年龄、个子高矮，将求算者的命理条子以模棱两可的夸张话说了一番后，再提问：根据你的命中注定应修五间房子后才过得到老，你现在修的几间？根据求算者报现住房间数，再估计门数，说大概数来核实。你家门数在3~7扇、7~11扇、11~15扇中处于哪个范围内？算者屈指连说专门的门名联算，果算得求算者家的门数，使求算者感到惊讶。此后，再根据求算者报出人口以同样办法来算他的床数，求算者就更加感到惊奇。算者清楚了门和床数，基本上知道了他房子装修的情况，再来肯定地说：灶台在哪一方、粮食放在哪一方，说得犹如亲见，求算者听后会完全信服，再给几元钱也心中满意。算生病的孩子何时痊愈是最好骗钱的，先是诈，才能达到骗。有乡民LYP病了，算者说是被阎王勾魂了，只有在阴司政部才能保全生命，否则性命难逃。其家人不惜钱财花费330元请双目失明的八字先生来做法事，就是将碗铺在地上呈两路，让LYP踩在碗上走一转，就说已经给病人改了部，病就会好了，但不到几天LYP还是因病去世了。

（五）看地

"生死之外无大事"，黄鹤大部分法师是与丧葬联系在一起的，其中比较"专业"的是看地师傅（见图6-11）。看地属于华夏的古老文化——易学其中的一种，有一套完整的理论，有"笑和的八字，忤逆的阴阳"之说。天下统

图6-11　看地师傅与镇墓灵符

一的八字单，其阴阳共有 11 个派别，虽各用公式不同，但是万法不离其宗，都离不开"河图"和"洛书"的规律。除外来阴阳先生外，黄鹤本乡就有 10 位，他们的相关知识知道的很少，都不是正统出身，是半路出家自学的看地本领；最多是在罗经上略知一二，其他的就不知道了，甚至连二十四山向都不懂。

在汪龙村有一位专业的地理师给包姓的坟碑上刻震山兑向，没做好，把坟葬在两家水田中间不便耕种，挑起两家打架斗殴。在 20 世纪 70 年代乡民有算命看地的行为，政府就出面干涉，越干涉群众越感到神秘，屡禁不止。80 年代后，大量相关书籍出版，使得算命看地的人越来越多，看地之风一度兴盛。到 2000 年以后，随着群众文化水平的提高和外界社会的影响，对其中的内容也逐渐有所识别，使之走向淡化。

（六）辟邪

黄鹤人除了在堂屋里供奉家神、祖先、神灵以保佑全家人的安全外，还要避免将凶神恶煞招回家里。为了抵御邪魔入侵家人的生活，黄鹤乡民还使用很多可以辟邪的物品来防止凶神邪魔的侵害。

如居住在鱼龙村的 JCB 家里母猪刚下了小仔仔，下了 6 个。因为怕一些心术不正的恶毒女人看了母猪后，把母猪的奶水带走，就要在母猪生小猪或即将生时，在猪圈上方挂一个装满清水的瓶子并倒贴两个鞋垫。倒贴鞋垫是因为谁看了就走不动、带不走了；瓶子的水是谁看了之后就把里面的水带走，这样就带不走奶水了。如果母猪的奶水不够吃，就要去 7 户人家里讨猪食，一般米、苞谷、菜等都行。在母猪没下之前也可以这样做。为了保胎，把桐油挂在猪圈上是为了猪不怕牛鬼蛇神及八方鬼怪，可以安心吃食。

又如鱼龙村 JYP 老人家新修了房子，是三间两楼一底的楼房。因为楼房的正面对着前面的大山，主人家就在楼房面对大山的那一面挂了一面镜子，以祛除对面大山带来的厄运。凡是房子正面对着的山和水，在当地都会认为是不吉利的，山水会被看做穷山恶水，所以主人家要挂镜子来辟邪。

此外，还有在新婚夫妇的房门上要贴有辟邪符，是要专门请道士先生用符水画辟邪符才能管用，这个符用来镇住那些想要对新婚夫妇不利的邪物。

第三节　小结：边城民间宗教
信仰的内涵与功能

　　民间宗教信仰的内涵，是指源自社会历史，以自然崇拜、图腾崇拜、祖先崇拜以及其他地方神灵崇拜为核心，缺乏统一信仰体系和宗教经典，具有分散性、自发性、民间性的非制度化的自然宗教及其相关信仰习俗。民间宗教信仰是民族文化的重要组成部分，它既有稳定性的一面，也有变异性的一面，而且稳定是相对的，变异是绝对的。任何民族的宗教信仰在人类文化演进的长河中，都呈现动态变迁的状态，处在不断发展的过程中。当前，中国正在从传统的农业社会转化到以工业为主体的现代社会，自然宗教、祖先崇拜丧失其生存的物质基础，宗教文化的现代转型并非以人们的意志为转移。当人们的物质需要得到满足之后，必然追求更高层次的精神需要。经济改革发展到一定程度之后，定会引发文化思想的变革。如果说经济改革是解决国民的温饱问题，那么精神文化包括宗教信仰的改革是否受到应有的重视、是否成功，将关涉到国民的精神寄托和精神幸福问题。一个经济高度发达的国家，不可能没有精神力量的支撑。❶

　　黄鹤的民间宗教信仰是人们在长期的社会和生活中逐渐积累而成的、类似宗教的一种综合性的信仰传统与民俗，例如对神灵的崇拜、祭祀、祈祷，目的是趋吉避凶、化苦为乐、消灾祈福。它通常没有一个统一的宗教组织或独立的宗教仪式，没有统一的思想和实践体系。这种信仰有宗教的色彩，而且普遍流行于大众之间。但是，它往往带有实时性，也就是说，这种信仰不同于基督教或佛教，不一定是信仰人的终极关怀，是人们为了解决当下社会和人生所面临的问题而产生的一种神明依赖或由此而引发的活动。它虽然有一般宗教的神圣性和虔敬性，但更有人文宗教的现实性和入世情怀。当这种民间信仰在一段时间内广泛流行或经创造性组合后，就会构造出一套独立的经典、仪式、习惯和组织制度，进而演变成一种教派性质的民间宗教。

　　与中国其他地方大致相同，黄鹤的民间宗教信仰大多源自儒、道二教的思想，如祖先崇拜、自然崇拜、家庭祭祀等，后来又吸纳了一些佛教元素。黄鹤

---

❶ 覃德清. 中国民间宗教信仰现状与改革的思考 [J]. 民间文学论坛, 1997 (4).

的民间宗教信仰在对社会秩序的整合及人的价值理念的影响方面发挥着独特的作用。

以血缘为纽带的宗法关系从古至今一直未有中断，而祖先崇拜或祖先信仰一贯处于民间宗教信仰的核心地位。黄鹤的民众把祖坟和祖宗牌位看得如同生命。在他们眼里，祖宗是保护家族兴旺最可靠的神灵，故对祖坟和停放祖宗圣像牌位的祠堂与供奉神仙、佛、菩萨的庙宇同样崇敬或更为重视，逢年过节都要焚香祀拜、供献祝祷。除了对祖先的崇拜，对大自然的崇拜也是黄鹤民间宗教信仰的重要组成部分。黄鹤农民把对各种自然崇拜的行为形成习惯，变成民间宗教信仰的传统内容，使自然万物成为崇拜的神灵，如天有天神、玉皇大帝和王母娘娘，地有土地公，山有山神，河有河伯等。初看起来，民众的自然信仰确有迷信的内容，与科学的唯物论背道而驰；然而，从价值观或生态环境来考察却蕴含着深层次的意义，特别是对敬畏自然、保护山林河流湖海、反对乱砍滥伐、反对破坏生态环境、实现人与自然的和谐方面具有重大意义。

此外，黄鹤的民间宗教信仰对于社会转型期的人们起着心理安抚作用。社会转型期由于巨大的变革带来了许多新问题，在发展的同时也沉积了诸多问题，如社会的结构性紧张、心理的波动、家庭危机、伦理失序等，亟待为此提供相关服务。在基层文化服务不到位的时候，也许人们更容易从宗教领域寻找心灵的寄托。在实际生活中，民间宗教信仰体现了人类的社会心理需求，这种信仰主要是通过由此激发的道德感或道德性而进入社会的，这是一种从过去到现在转型的完整过程所需要的文化忠诚，在此，宗教道德发挥着重要的桥梁作用。

总之，黄鹤的民间宗教信仰不仅仅是意识形态，还是文化系统，在历史传承的过程中负载着一个民族或一个群体的伦理道德和价值追求，不仅能够为个人生活提供精神食粮，而且能够为社会提供价值导向和行为规范等公共产品或社会资本。❶

---

❶　陈巧云. 略论民间宗教信仰的内涵、功能及现实意义［J］. 中共郑州市委党校学报，2010（3）.

第七章　传统的边城：
黄鹤的风俗习惯

　　传统是经过千百年历史的筛选，或淘汰、或扬弃、或改造、或流传而形成的某些固定程式、观念、习俗，积淀为理想、追求、情感、价值取向和生活观念的器物、货品、技术、思想、习惯及价值。民风民俗来自传统，从传统延伸而来的民间习俗也是传统的重要组成部分。在相对短暂的调查期间，我们无法完全融入当地人的传统之中，但我们能够深刻感受到传统在现实生活中的表现与深远的影响。在黄鹤乡，带着浓郁民族特色和地方特色与当地民众日常生活息息相关的风俗习惯构成了边城黄鹤的传统。这些表现为民风民俗的传统就是区域文化的精华所在，也是当地民众生活样态的精神核心。当代中国农村正处于从传统社会向现代社会过渡的转型期，黄鹤民间传统文化的生存、适应、演变、转型、消亡等问题是该区域当前经济社会发展中不可回避的重大问题。

第一节　衣食住行：黄鹤人的生活习俗

　　日常生活、生活样态和生活习俗，实际上是民众在特殊时期存在方式的三种不同层次的表现：日常生活更接近口语，意思也最浅近直白，就是直叙平时的生活；生活样态的关键词在"样态"这一借用存在哲学的专业术语，更贴近生存状态的哲学层面；而生活习俗则属于上述概念中的一个部分，但是具有极大的内涵和外延，大到某些学者提出民俗的"生活世界"概念，将日常生活中的所有样态都纳入民俗的范围之中。本书使用的生活民俗取其狭义范围，黄鹤的生活习俗主要包括与当地民众日常生活关系最为密切的衣食住行等各个方面的民俗事项。

一、服饰习俗

服饰上的变化反映的是时代的改变。黄鹤乡的服饰从新中国成立前的民族元素（见图7-1），到新中国成立后的现代流行元素，这些都见证了不同时代的发展阶段。

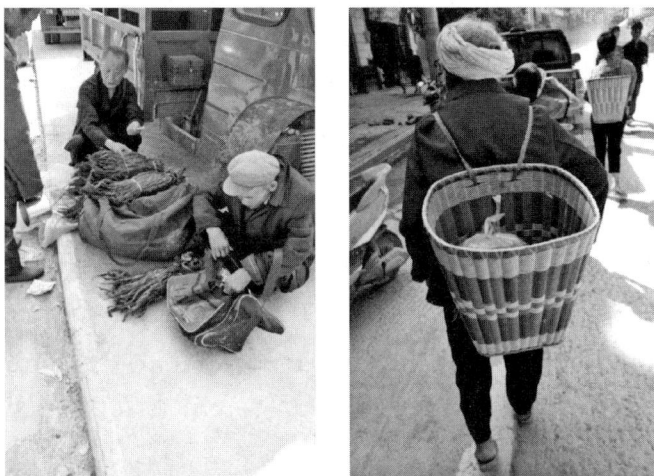

图 7-1　身着传统土家族服饰赶集的老人

黄鹤乡乡民在新中国成立前除少数人披蓑衣外，男女都是穿右边开襟的衣服。男冬天穿七至九颗纽扣的长衫子，暑天穿五至七颗布纽扣的短装，一般都是兰花色，也有穿长短不一的，叫"二马居"。女穿超襟恰遮过屁股的短装，袖口、领口都较大，在外穿"外托肩"，在袖口和下摆绣上图案，胸襟前用彩线绣上花纹；女性结婚后穿一种短装，一般是蓝色的衣服下边现出二指宽的红布，名"夹衫"。男拴布腰带，女拴绣花围腰。1943 年，富家男有穿细纱斜纱洋布，名"安安布"。女性少数穿超襟长衫，衣服贴身，凸显身材。50 年代机关干部、学校老师都穿前面三个和四个荷包（口袋）的制服，农民叫这些人是穿二尺五的人。在 60 年代逐渐普及制服，穿长大衣、短披衣。1986 年上级给乡干部发一件中山装，从此开始流行中山装。90 年代逐渐流行西装，女性穿裙子，各种毛线衣、秋衫普及全乡。

进入 90 年代，西南内陆地区才开始实行改革开放政策。随着黄鹤乡经济的发展，人们的审美水平也在不断提高。外出打工使得年轻人的眼界开阔，认识到山外面的世界，对于衣服的穿着讲究也趋于潮流。他们成为乡镇潮流的风向标，不断带回新的事物。妇女们会要求衣服更加体现身姿体态的美感，男人们不再局限于西装，休闲夹克衫和套衫成为流行趋势。

在调查中，有人表述道：在民国时期，黄鹤乡的男女都不喜穿内裤，都是大裤脚大裤腰，上端没得布扣，白布上腰，穿时用布带将白布裤腰一头拴在腰杆上，就不会掉下来。女裤在膝盖下要挑绣"杨柳吊"，称"吊吊花裤"。在80年代，女性穿两边开口的穿带裤子，男女穿细裤脚、喇叭裤盛行一时。现今，内裤成为人们的必需品，秋裤是秋冬驱寒的最佳保暖品，而牛仔裤则成为男女老少都喜欢的一种裤装。特别是年轻人，更加追求牛仔裤在设计上的个性，越个性的他们越喜欢。清末民初，乡民们都是用棉花自纺自织自浆的粗窄土布料做衣服，喜好青蓝色，也有少数富人穿羊皮和绸缎。1943年后，有进口的纱洋布，又名"安安布""学生兰"，毛呢料也很流行。1978年后又出现有"的确良""的卡""腈纶"等材质的衣料流行。现今，复古潮流大盛，有很多衣料重新开始流行，像毛呢料等。

新中国成立前，在春夏两季的雨天里，一般男性多打赤脚或穿草鞋行走；冬季雨雪天就要穿牛皮做的靴子来保暖，以防冻伤。妇女们会在室内穿泡鞋，外套尖尖鞋或是绊绊鞋，在剥笋壳或苞谷壳时会套草鞋。女性会用布从脚上缠自脚踝，男性要从脚踝缠到膝盖，被称为"缠裹脚"，军人要在裤外面再缠裹脚。大多数人都穿自缝的白布袜子，很难见到的绒袜套被叫作"机口袜子"。进入70年代，男性穿废胶轮底板凉鞋，很少有人会穿尼龙袜，也有部分人穿胶鞋。到80年代，胶鞋已经没有男女之分，解放鞋、龙田鞋、球鞋、水胶鞋、桶桶鞋、皮鞋、塑料底布鞋、锦纶涤袜等已经成为普通用品，大家都能穿到。从90年代开始，妇女们穿高跟鞋、尖头鞋等时髦鞋子。

有关冠戴，黄鹤乡也经历了一个改变。新中国成立前的顶子帽、博士帽、大尾巴帽、瓜皮帽在1952年均已消失，尚存的撮撮帽又被称为遮阳帽。青壮年包白帕和青绿帕，复员军人戴回盘盘帽和船形帽；小孩以前戴风帽、狗头帽、圈圈帽、肥帽。在90年代已基本消失，大家都是在商店去买各种线帽和冬天戴的毛棉帽。

发型是一个人精神面貌的集中体现。清末民初，黄鹤乡的中老年男女大多是长辫子，显示出清朝遗迹，后逐渐由小孩蓄发发展到蓄东洋头。到1954年，男性长辫已基本绝迹，女性长辫还在。妇女们的长辫子在头上的挽法与是否结婚有很大的关系：未婚的头后和发辫尾上扎上头绳，盘旋用帕子包在头上。已婚的将头发挽成牛屎巴髻，用青丝绸别上簪子吊在后颈窝的上边。农民剃光头，青年学生蓄分头和平头。90 年代流行戴帽子，包帕子逐渐减少。男性的发型发展到 13 种，即麦穗式、新潮式（平鬈脚，斜鬈脚）、墨菊式、自然式、中年式（新潮式）、双花式、云海式、方便式、运动式、青年式、波涛式、波纹式、卷曲式。女性有 18 种，即自然式、螺旋式、春兰式、流线热肩式、凌云式、海燕式、吊兰式、长波浪、童卷式、运动式、春兰鬈、云海式、蘑菇童花式、东方式、飞燕式、浪花式、荷叶式、丹凤式、单胶发鬈、自然长发、如意鬈、云纹鬈和龙凤鬈。这时已婚与未婚妇女在发鬈上已经没有区别。

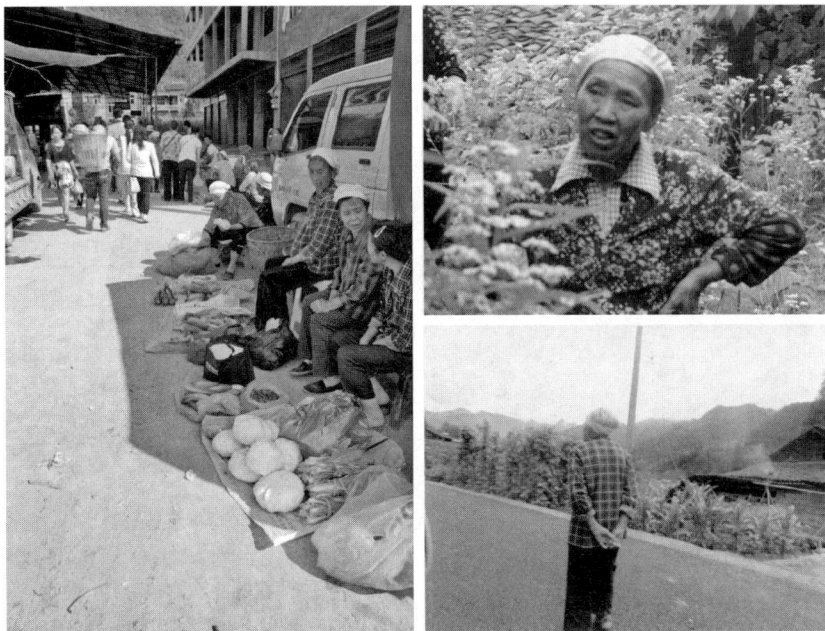

图 7-2　黄鹤的老年妇女都习惯包头或缠头

在 50 年代以前，已婚妇女在鬈上多别有银质横簪、倒簪、立簪、包包簪，要戴耳环，手指还要带 8 个银手圈和玉石手圈。结婚时妇女头上要插金花银花，戴银牙套，安金牙齿，拿白铜红铜水烟干，贫穷人家有插竹簪，用烧料珠等来代替耳环。小孩戴的手工帽子的耳上边有两块银质帽牌，正中额上是坐佛，坐佛两边有各种装饰，如十八罗汉、金玉满堂、荣华富贵、富贵双全、长命富贵、百年长寿、福禄寿喜、八洞神仙等。有的在帽后有一对响铃，前面吊有猪牙角等以做装饰。在 90 年代后除戴金戒的习俗尚存以外，其余的基本上都消失了。

二、饮食习俗

日常生活离不开一日三餐。新中国成立前，乡民生活以苞谷为主，大米为辅，参食杂粮；以稀饭、菜羹当顿，普遍很难吃到面食。1959～1963年以蔬菜、野菜为主。1963年后政府鼓励放干水田种小麦，又以苞谷、大米、薯类为主要食粮。1983年后田土产量普遍提高，以大米、面条为主食，苞谷、薯类用来做酒，剩下的可作为精饲料，酒用于红白喜事筵席。1983年以前，红白喜事的头一天很少能够看见荤菜，要到第二天才能见到。从1996年开始，头一天和第二天的宴席都是满桌烩肉（见图7-3）。每一桌上有12个盘子不等，一盘全鱼，甜酒、啤酒和豆奶是每桌各一份，另上白酒，一律使用一次性的杯筷，有的人家会在馆子以120元包席，方便得很。

图7-3　黄鹤婚宴的席面

黄鹤人喜吃麻辣味，离不开花椒和辣椒，也喜欢吃酸味，家家都会有泡咸菜、醡海椒、醡鱼、酸醡肉等醡酸味食物。农村平时待客一般是煮腊肉、推豆腐、上苞谷酒，也有啤酒。鱼泉洞盛产鲤鱼、鲢鱼，逢初涨水，沿河两岸居民就可以下河捕捞鱼虾。黄鹤乡鱼味鲜美，名传各地。逢年过节喜吃汤圆，打糍粑（见图7-4）。如家有客人，在茶余饭后围桌聊天，桌上放满核桃、板栗、花生、葵花子、糖果之类，一同喝酒，畅谈天下大事。

图7-4 黄鹤当地部分特色美食

三、居住习俗

黄鹤乡多数地区属于山区，房屋多坐北朝南，且修在山水环绕之地，建房以杉树料为主。这里也残存着清代用马桑、枫香、柏杨修的木房，因那时无杉树。房屋的高度多是一丈九八、二丈一八、二丈二八，一丈九八高的木房最多。高山地区的木房是一丈五八，房子低可防风吹雪压。当地有一种关于房子高度的传说："要的发，离不开八。"房子的样式是正方三间，有四角天井，另修八扇朝门。

现今在高山地区的黄鹤乡民们大多数居住的是木房子。这些木房子的构架不用铁钉，而是用木钉固定。选用好木料修出的房子很坚实，通常可以住百年左右。木房子都是请当地师傅来修，是祖传的技术。村民 BZX 说："我们家的这种堂屋称为敞堂屋，整个堂屋是敞开的，没有前墙。这样修就为屋里阳光好，空气也新鲜，还可以晒谷子，下急雨也不怕。敞开没门没墙也不会怕偷，别人要是想偷你的，有墙照样要着偷。再说里面都是放些板凳，有人来就在这里坐。然后就是放些猪草、背篓，都是些时常要用但又不值钱的东西。摩托车也可以放进来，进出方便。"前任汪龙村党支部书记 CMH 说："我们全村有五六十家土房子，木房子可能有 100 多家，李方国的房子有一半是石头砌的，石少平、石少华两家的房子都是石头加土墙。黄鹤乡老乡政府的房子就是石头砌的。"

家住黑石坪下田湾的村民 ZGL 说："我们现在住的这个木房子是从 1968 年开始修，一下子修不起来，是慢慢积累修起来的。共有 3 间，是敞堂屋。那个时候用的木也都是过批的，批好了就到集体林地里面去砍，后来批得不够还买了一列木。请木匠来立架子，价钱是每天 0.5 元，我们请了三个木匠才做完。装板壁就要贵一些，一个木匠一天要 1 块钱。修到房顶上面盖东西就麻烦了，一开始哪里买得起瓦，首先用盘杉树皮来盖，都是从湖北蹇千坝和清明山这些地方去搞来的。"

70 岁老人 WRY 回忆说："我们住的这个房子已经修了 42 年了，那时候我老汉（父亲）还在，他是 16 年前死的。最开始才修了一间，后来慢慢修了五间，是敞堂屋，一楼一底，土木房子。木料都是从清明山亲戚家里拼的，土墙是他自己慢慢筑的，楼板和板壁都是我的两个哥哥（他们都是木匠）来帮我们装的，瓦是我们生产队那时候给烧的，一共花了多少钱我都不记得了。现在这些房子就分给两个儿子，各占了两间半。"

我们在茶馆中听到几个老年人摆龙门阵讲的故事。说："王朝兴这个老木工，已经死了有六十多年了，他家就住在大坝场。他的技术相当高，以前这周围的桥、庙子几乎都是他领头来修的，因为他时常修庙子，所以几乎没有人请他来给修民房。他修了太多的庙，给别个的感觉就是，他时常修庙子，只要是经过他来领头修的建筑都是庙子，你说哪个愿意自己住的房子给别个说成是庙子？据说他修桥、修庙子是要钱的，不要钱他也活不下去，但是他要的少，他就是想做点好事。那个时候的人只要说修桥修庙子是积德的事情，大家都很积

图 7-5　老渝鄂街上的全木结构房子

极，所以他修的桥几乎都是大家积德凑钱来给他修，不够的有时候他都力所能及地补起。虽然他的木工技术相当好，但是他一直没有收过徒弟。他到老了的时候，发现马武的一个小孩子很有木工的天分，才有 6 岁，就把墨线弹得又直又准，所以他就把这个娃儿收了做唯一的弟子。这个人现在也已经死了好几年了，一直住在马武给别个修房子。"

图 7-6　鱼龙村移民新村的楼房与村民民族风格的私房

盖房材料也依贫富而定，有盖瓦片、杉木皮、茅草、稻草、苞谷秆、箭竹的，在 70 年代也有人用牛毛毡，少数土墙房在胶纸上撒泥土。原黄鹤乡政府的办公楼（黄鹤老街处）是用利川市文斗来的工人砌乱石墙修起的，之后黑石坪夯方学会砌乱石墙，这种砌乱石墙房成为大家的所爱。

70 年代，砌乱石墙的房子已经没有多少人在修了，而且黄鹤乡内用于修

图7-7　木质吊脚楼与砖混结构吊脚楼

房子的大石头也不是很好找，土木结构（土墙木壁）的房子开始流行。80年代供销社罗应洪培养一批人在大坝场修起了砖木结构的转运站，从此黄鹤乡的房子逐渐向砖木结构发展。1985年全乡修起了73间砖木结构房，至2002年全乡已修砖木结构房171间。在很多外出打工者回乡建房的带动下，砖瓦结构的房子成为当地修房的首选，近年来，修房子有越修越高的趋势，现在在场镇的房子平均都是四层（见图7-6），而且配套设施齐全。我们在调查中选取了两户较有代表性的村民，对他们修建房屋的过程进行了个案比较。

个案7-1：村民MSX讲述：现住的房子为土木结构，大约110平方米，始修时间为1973年。一开始只是修的两间，才花了80元钱，另一间是1975年修的，修这一间没花钱，都是自己慢慢搞的。泥土是就地取材，木料当时是集体林木，需要大队审批，按照直径来算，2.5元可以买一棵直径为7寸的树。房子是请团田的ZZY带人来筑的土墙。瓦是从中岭、石榴两个地方买来的，也不贵，7分钱一片，一共用了11 000片左右的瓦。那个时候的房子好修，没有钱，就自己一个人慢慢地修，一次修一点，就修好了。

个案7-2：白果坝村民BTA和BFL修房花销对比（见表7-1）。BTA讲述："我们现在的房子是2007年修起的，一共是两间，两楼一底，有12个小间，包括堂屋。以前的房子是四间木房子，是一楼一底。我们弟兄五个，一个一间都占不到，我们修现在的这个房子着实花了些钱。"

BFL讲述："新房子2007年开春时开始修，下半年就修好了。一共232平方米，二楼一底，两个洗手间，后面有阳台，另有一个灶屋30平方米。老房子是三间土房子，30 年以前就建了。筑土墙的时候也是和别个换工筑的，都没花钱。木材又是从清明山上亲戚那里买的，要便宜点，没花多少钱。现在还在住老房子，没有搬到新房子里，要等以后装修好再进去住，现在搬进去住还要装修，搬来搬去的太麻烦了。"

表 7-1　BTA 与 BFL 建房花销一览表

住户	BTA		BFL		
总面积	两楼一底，120 平方米		两楼一底，232 平方米		
修建时间	2007 年修完		2007 年开始修		
修建程度	建好并装修		建好未装修		
项目	单价（元）	花销（元）	项目	单价（元）	花销（元）
砖	0.25/块	10 000	砖	0.36/块	18 000
水泥	320/吨	6 400	水泥	24/包	19 200
预制板	80/块	5 760	预制板	58/块	13 804
铝合金门窗	600/套	6 000	铝合金门窗	125/个	1 250
木匠工钱	22/小时	3 800	木匠工钱	33/小时	3 300
琉璃瓦	0.25/块	5 500	瓦	0.2/块	1 300
沙	100/吨	10 000	沙	50/吨	3 000
挖基础		1 500	挖基础		2 000
买涂料		3 600	油漆	130/桶	130
买钢材		6 500	买钢材		13 500
粉墙		3 500	铁钉	2.5/个	150
建房工钱		15 000	焊条		50
			地基石头	50/个	4 000
			碎石	50/个	3 200
			玻璃	170/块	4 800
			买地基		360
			平地基		750
			木料		700
总计		77 560			89 494

说明：表中的价格均是按照两家修房时各项目当时的物价计算。

BFL 的新房还没有装修，如果按照当地人修房的标准，装修这么大的一栋房子在当时至少需要 4 万~5 万元。现在在黄鹤乡修二楼一底、200 平方米左右的房子大概需要 15 万元。这说明随着生活水平的提高，农民对于住房要求也在提升，也从侧面反映了物价上升的速度。

图 7-8　黄鹤塘子坵移民新村的商住两用房

除了上文所展现的村镇集市附近的"原住民"之外，另外一支对修建自己的房屋有"刚需"的村民来自高山移民（见图 7-9）。下面两个案例较具代表性：

图 7-9　黄鹤乡高山生态移民定居点规划

个案 7-3：LXK，将近 50 岁，搬迁前居住在三房坝组山洪坝道班以上近 20 米处。"2007 年 11 月，我们开始建设自己处于 202 省道旁边的新房，和自己侄儿以及洗新乡的副书记的房子连在一起。经过一年的时间，房子终于建成了。新房一共是两间，三楼一底，最上面一层用琉璃瓦盖。当地的习惯是房子最上面的一层不住人，只是用于放杂物，因为上面的那层会设计的比较矮，空间也小一点。所以住人的只是下面两层。现在每一层有四室一厅，前后都设凉台，每层都有一个卫生间，而且也都可以洗澡。房子后面有一个专门的灶屋（即厨房），还有一杆猪圈，这栋房子花了十二三万。

"盖房子用的沙都是河沙，需要自己到河里面去涝来筛，然后再开车拖来就是。忙不赢（忙不过，没时间）去筛，就去买点别人筛好的拖回来就是了，不过算下来还是自己筛要省好多钱！屋外面的地板硬化使用混凝土3厘米，里面就要厚得多，混凝土是10厘米。砖大概用了10万块左右，是在石柱买了4万块，又在马武买了6万块，那个时候的砖卖每块0.25元。水泥就都是从石柱买来的了，当时要400块钱一吨，我们大概用了20吨左右的水泥。

"原来的老房子都没拆。有5间老房子，都是木房子，就在小河边的电站旁边，现在都没住人，都是放了一些农具什么的。不打算拆来卖，就给放起，拆了也值不了多少钱，说不定放着20年之后它就是古董了。"

四、民俗生活用具

20世纪50年代，乡民们晚上用桐油、松树油、漆蜡油烛照亮。夜行用杉木皮把子、柏木皮把子、黄篾条把子等火把点亮照明，也有少数人打电筒、提马灯。1955年黄鹤乡以煤油灯代替了桐油照亮。1958年"大跃进"时，晚上做农活用电石灯，直到1973年8月16日乡发电厂建立后，全乡开始通电。

1954年，供销社收购了铜顶罐、铜茶壶、铜酒壶、铜盆子、铜锅、铜炊炉子、铜烟盆、铜瓢、铜铲、铜勺子、铜烟杆、铜烟盒等，用来大炼钢铁。尚存铁锅、铁顶罐、铁炉、铁瓢、大碗、木瓢、木黄杠、石水缸、晒席、挡席、打斗、摇箱、簸箕、背箕、回筛、米筛、吹火筒、土碗、坛子、炉缸、铁火钳、竹夹等。现如今，乡民家里多是用钢制铝化盆、塑料盆及其他塑料制品的容器，用烧制瓷碗、竹筷、铝蒸笼、木蒸笼、电饭煲、电炒锅、电磁炉、砂锅等轻便餐饮用具。此外，原来乡民们做饭是用木材点大灶炉蒸饭，菜也用大灶炉做。木柴等要去山上砍或是捡树枝来烧火，用不起煤炭就很少用，除非冬天家里很冷的时候，才会用一点煤炭烧来取暖。厨房和住房连在一起，每做一回饭，烧的烟灌满整间屋子，烟熏得人都难以睁开眼睛，很多人因为长时间待在这种屋子里而得眼病。现在，居住在场镇上的人，在家都会用液化气灶、电磁炉或是电炒锅做菜，做饭用电饭煲，既方便又省事很多，冬天也会用电炉取暖。居住在村组里的人，也比原来的条件要好些。现在修房子流行把灶屋单独修出来，就是会在住房的外面另外再加一个灶屋。这样一来，做饭菜时即使烧柴，屋子里也不会有烟进来。

在以前，贫穷乡民的卧具是平床、架子床、青篾席、黄篾席、棕毡、苞谷壳。有钱人用的是蚊帐、被条、各种毯子和枕头。现在，卧具主要是木床、铁床等，家家户户都有被条、枕头、毛毯、凉席等其他舒适卧具。

1983年以后，原来的部分用具被逐渐淘汰（见图7-10），大部分家庭穿衣柜、碗柜、柜子、木箱、皮箱、分案、抽屉、桌、椅、板凳、茶椅、方凳、圆凳、高组合、矮组合、上海床、铺笼帐被，沙发、热水器、茶瓶、电饭煲、液化气、电冰箱、洗衣机、省柴灶、龙头水管、翻沙炉、铜饭炉、猪草机、炒米机等生活用具也大都完备。木匠改用电力操作，鼓风机代替了吹风筒，烧电炉代替了各种灰笼火盆。修路用挖土机、推土机代替了原来的嬷锄、挖锄、簸箕和撮箕。改料用圆盘锯，写字用电脑打印，80%的家庭用上了电话和手机，

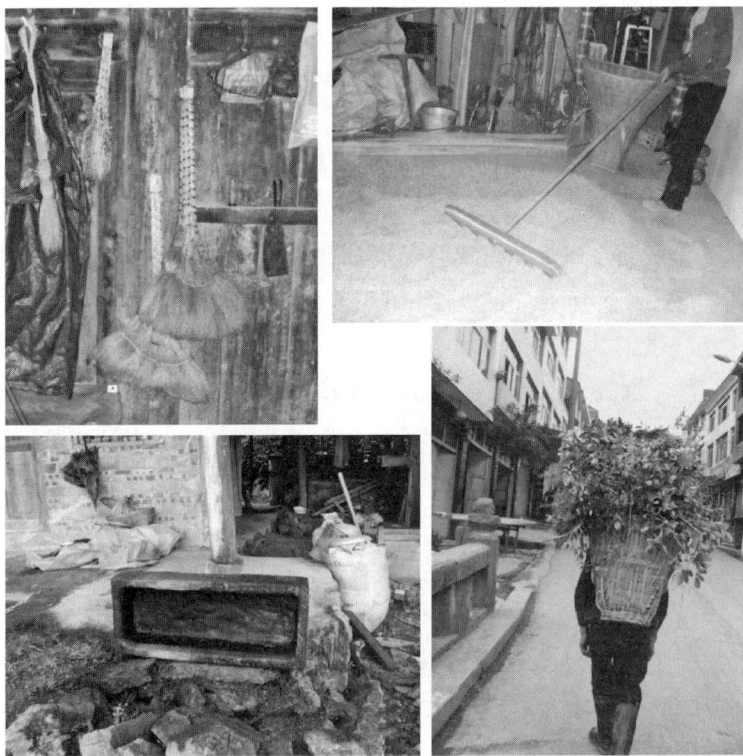

图7-10 黄鹤部分木制、石制、竹编、高粱编生活用具

缝纫机还有 112 台。人们的文化生活逐渐提高，全乡收录机有 154 台，1998 年全乡普及电视。

石料类的家庭用具主要有石猪槽、石磨子、石晶子、石碓窝、石碾盘、石香炉、石火盆、石砂木、石砚台、石狮子。农用工具有砂刀、镰刀、斧头、锯子、鉴子、推刨、钻子、山铧、水铧、造耙、薅锄、挖锄、啄子、铜钎、二锤。雨具主要有蓑衣、斗笠、纸伞、布伞。50 年代，很少人穿雨衣。寒天有铁锅火盆、土筑木具火盆、火笼取暖。暑天有篾把扇、纸扇、老鹰扇解暑。各种娱乐乐器有吹的角号、海角、弯角、羊角、抱铜角、竹筒、大号、笛子、竖吹箫、胡琴和唢呐。打击乐器有铙、钵铰子、大锣、吞锣、当锣、猪牛皮鼓。打猎工具有鸡子网、野猫网、安索、过路夹、火枪。马戴的铜铃、串铃、牛戴铃、铁棒铃、木棒壳、奇铃子。打鱼有渔网、安毫子、钓鱼竿、鱼叉。缝衣有针、啄、剪刀、熨斗、烙铁、市尺块。文书有纸、笔、墨、砚、文书以及笔架等。

交通方面，黄鹤乡在以前很多地方都没有正规的大路，都只是人和牲畜走出来的羊肠小路，交通极不方便。地处山区，即使有大路也没有运输工具，靠人力搬运走大路要浪费很多时间和精力，所以人力运输多是走小路。以前的人力运输工具是背篓、背篼，马腹背加打杆、羊马、三锅架；抬石料用木杠，完全是靠人力背运。现在乡里基本上实现村村通，道路宽敞便利，很多乡民家里都有摩托车，代步出行。长安车、农用四轮车、小货车、柴油三轮车，长途客运车等在街上都随处可见。有些家庭经济好的，像木料厂、餐馆老板等都有自己的私家小轿车。

第二节　迎来送往：黄鹤人的人生礼俗

前文反复提及，日常生活是非特殊时期人们的生存状态，而除了衣食住行的日常生活，在黄鹤民众的人生之中，婚、丧、嫁、娶等特殊的人生阶段，也有很多相对应的民俗活动。这些民俗活动当然也属于生活民俗的一部分，这也是生活样态在特殊时间节点上的一种表现。

一、婚嫁习俗

在采访当地一些老人的过程中我们了解到，新中国成立前，黄鹤乡主要的婚姻制度是一夫多妻制，头妻为妻，二妻为妾、小婆子、三婆子等，还有童养媳。兄亡弟收嫂、弟死兄收媳，称之为填房。妇女丧偶后，媒人直接与本人联系，男女双方有意后直接面对面互给手圈银镯作纪念。有句民谚是"嫁出门的女，泼出门的水"，寡妇再嫁，与娘家无关，是由夫家的族人管事。有时只要男方看中女方，不管女方愿不愿意，只要夫家族人同意，就可以强抢寡妇做妻子。

而一些熟识地方历史文化的老人介绍，在改土归流后，土家族的婚俗受到汉文化的影响，发生了很大的变化。婚俗逐渐发展成为一套完整的体系，包括求亲、问话、订亲等众多步骤。彼时男女婚龄有一个限制：只准女大十岁，不准男大一岁。开亲时间从母怀孕的时间算起，未生被称为开怀亲，出生后两个是男做弟兄，两个是女做姐妹，一男一女做夫妻。出生后为则称之为开奶亲。当男方在 10 岁以下时，由父母请媒人到某家走动提亲事，如果女方家未说推口话，那男方第二回去就送礼物及疏子（用红纸折成纹封式，现出一点纸条）。后由女方父母或亲人考虑要"门当户对"就只放一碗米的尖子，而且女方亲人要不约期到男方家访查，这叫采户论。如女方有异议，就可以将疏子送回来。若无异议，男方即备大蜡烛架子、火炬及衣服茶食等物件，用抬盒装好抬至女方家中，在中堂香火当门，由一对没有丧偶、死过孩子的夫妇，各点燃一支大蜡烛，将男方抬去的一切礼物摆在桌上。由发烛的夫妇验收后，把架子火炮挂在长竹竿或高树上，点火炸了火炮后，叫作插香，这就代表从此男女双方的婚姻就订好了，不能轻易变动。

"父母之命，媒妁之言"，"嫁鸡随鸡，嫁狗随狗"，是新中国成立前乡民遵守的婚姻乡俗。如果嫁到紧挨着湖北地盘上就要去开亲，要插两次香，头一次为插毛香，第二次就叫插火香。常言说："不开亲是两家，开了亲是一家。"逢年过节生朝满日，男方到女方家参拜岳父岳母，即称亲娘亲爷。女方则不能到男方家去，在婚前女方要躲避男方，不能让男方看见女方。男方满十一二岁后要请媒人去拿女方的八字单，叫作讨庚。将庚单拿去请人择期，然后将红纸期单用布包好，由媒人取了代送至女方。在婚期前两天，要拿礼物请媒人到女方家取陪套单子拿来，叫作"起媒"。

男方在婚期头一天请来一切帮忙的人，帮忙的人叫作"齐夫"，又曰乡帮酒。按照女方的陪套多少，给抬行嫁等帮忙人每人一双草鞋，备齐一切包杠绳索。那时有专门出租花轿的人家，包括朱衣（嫁衣）、盖头、彩旗在内。娶亲队伍包括抬大轿 4 人，打锣、打鼓、打大锣、打马鼓各 1 人，吹唢呐 2 人，打彩旗 4 人（见图 7-11）。

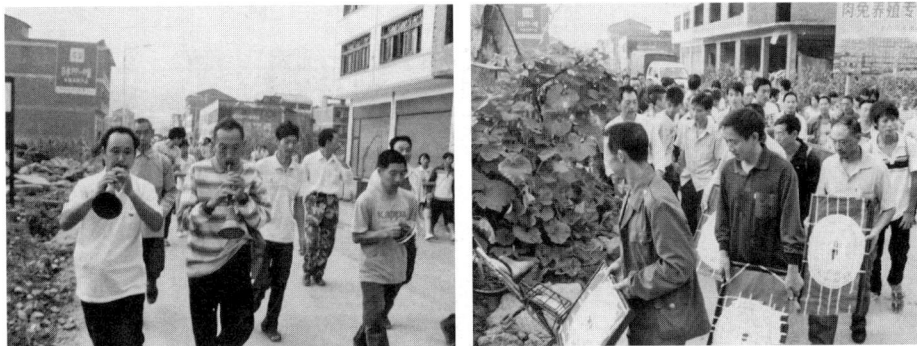

图 7-11　迎亲的队伍

如到洗新、六塘娶亲，则要打两面开锣，押礼先生和娶亲夫妇要 5 人抬竹竿。女方可派有双娶双送——娶亲夫妇和送亲夫妇要各两对，主人还要给两名吹唢呐的师傅戴上三尺红绫。将一切茶食衣物等件用毯子包好，叫作毯包，即聘礼。还要把钱用红纸包封，包封的名称有见面封、宾封、摆机封、桥礼封、梳头封、上厨封、下厨封、写袱封、化袱封，女方一切帮忙人等都收到红纸包封。一切准备齐全后就要等明日早饭后出发到女方迎亲。另要有一人提着篮子装三个铁炮，用半节水牛角装着火药提前先走，过弯过岭都要放三炮。女方听到炮声即在房内大哭，亲友族戚的女性都来陪哭（见图 7-12）。陪哭的内容主要有：一哭父母要离别，二哭亲友承帮忙，三骂媒人管闲事，等等。接亲队伍在迎亲的路上打锣吹唢呐都有节拍和曲调要求，要在女方家吹"大开门"

图 7-12　陪新娘哭嫁的好友

（见图 7-13），离别时吹"小开门"，梳头吹"离娘调"，过河吹"隔河喊"，平时吹"喜乐调"。

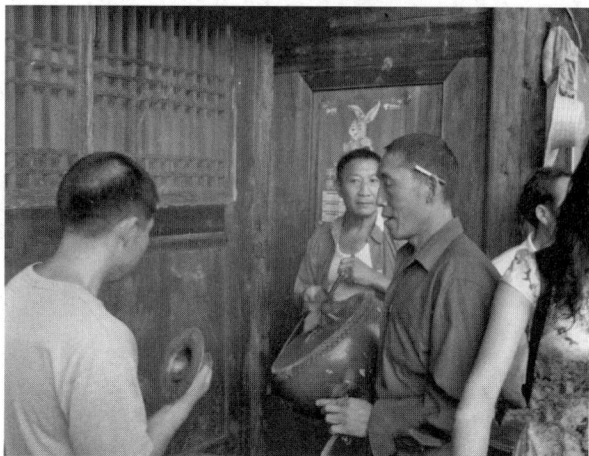

图 7-13　新娘家门口的吹打

　　待迎亲队伍临近时，女方早在地坝摆好迎风桌了，其支客师（仪式主持者）待男方押礼先生走至地坝，双方打拱手礼说客套话后到中堂参主，俗称"说六礼"（见图 7-14）。把迎亲队伍请到书房装烟倒茶休息一会儿后，由送亲夫妇在香火台前各点燃一支烛，押礼先生将男方背去的毡包打开，将一切茶食衣物等件摆在香火当门的桌上，押礼先生和送亲人相互打拱手礼、说客套话，女方按礼单上所列礼物验收，名曰摆礼、桥礼。吹乐放炮结束后，女方支

图 7-14　说六礼

客师和送亲夫妇对娶亲和押礼先生装烟倒茶、歇宿关心备至。

女方要按照期单上的时刻梳头，用两根麻丝绞去面上汗毛，叫开脸；将大辫子挽成半圆髻，用青绿绸绑住，然后别上倒簪、玄簪、横簪、包包簪，戴上银耳环、银手圈、手镯，穿朱衣，盖盖头。女方要请读书人将男方贴在轿门上的上联"宝马香车迎淑女"对出下联，是"笙箫鼓乐宴嘉宾"，并贴在轿门的左边。按照期单的时刻由娶亲娘子带客，就是去把房内的新娘带出来在香火当门下跪。由父亲或是长辈封赠后，轿夫就将大轿的轿杆抬来搁在大门槛上。娶亲娘子扶着新娘，洒泪退出大门，坐进轿内用布带绑好，谨防新娘晕轿滚下来。

关上轿门后，由女方的两人抬起交给轿夫4人，他们前后站好用扁担穿轿。待4人抬轿起来后，由女方的亲人提壶在轿子的四方淋酒后才能动步走，走在路上有报路词。押礼先生作为迎亲的头目，要走在队伍最前面，放炮人仍要提前先走。中堂摆好的一切陪嫁，每一样由女方的人抬在大门口交给押礼先生，再交给帮忙人等（见图7-15）。

图7-15 新娘身后抬陪嫁的队伍

彩旗在大轿前后各两面，乐舞师和打锣打鼓的要尾随大轿之后。娶亲夫妇和押礼先生要在香火当下传疏（男方准备的婚礼单子）后，才能辞主辞宾回程。

迎亲大轿抬到男方的地坝后，要将香蜡、纸烛、刀头、酒礼摆在轿后的高板凳上，由巫师念咒用尖刀在虚空画符，名曰"回车马"，意为要赶走沿途附在新娘身上的凶神恶煞。送亲娘子把新娘扶出轿门，此时原在家等待的新郎，穿着新长衫、脚穿新鞋新袜、头戴新帽出门迎接新娘。由娶亲夫妇点燃一支烛，叫作发烛。这时赞礼生站在大门槛上高喊："请父母大人堂前授礼。"待父母大人坐定后，新娘新郎跪在双亲前，举行拜堂。一拜天地，二拜祖亲，三拜父母。拜完父母后，会有人送上一个小茶盘，里面放两碗米，米上有钱和两双筷子（钱米由新婚夫妇自食自用），由父母授予新人。新娘新郎要跪听父母的良言并接受封赠。紧接着便是新人要逐个高喊父母亲双方的亲戚表示认亲，亲戚长者会回敬红封。亲人们给新郎用七尺红绫挂在肩上，两头挽在侧边腰间。另有一人记账——收拜礼红封。

拜堂结束后，赞礼生宣布入洞房。待新郎揭开新娘头上的盖头帕子后，两人就要争先入洞房，抢先坐新床大的一边，这叫作"结纳抢房"。当地人认为谁先抢坐在大的一边，以后家里就由谁主事并管理家里一切事务。新人入洞房之后，男方支客师和送亲主席同样要说六礼，互打拱手礼、说客套话，亦要装烟倒茶，以礼相待。期间，主席会将送亲夫妇和带领的兄弟姐妹及其一切亲人和帮忙人的随带份单（送亲人的送钱名单）交给支客师，乐舞师会一直在门外吹奏，作乐鸣炮后结束。

晚上，新娘新郎的同辈开玩笑、闹洞房。新娘新郎坐在连在一起的两张桌子上边，桌上放满核桃、板栗、葵花子、花生、糖果等。由闹者提出各种问题和要求，都是刁难新郎新娘，多是羞于启齿的问题，如题上联"荷叶莲花藕"，要求对下联。当新娘含羞对出对联，并满足闹房者的各种要求时，闹房才会结束。此时要在家神台摆上荤酩酒醴，新郎要作揖磕头，祭拜家神，叫作烧袱子（见图7-16）。还要在外面泼一碗水饭，给外面的孤魂野鬼。烧袱子时要给乐舞师红封，并吹打闹热一番，叫作应期。

图7-16　拜家神与烧袱子

第二天吃早饭时，新郎新娘要敬茶给长辈。饭后由送亲主席和送亲夫妇在堂前交亲，支客师拱手、说客套话后转身回程。男方要按份单上给以送亲的平辈晚辈打发钱。送亲主席走时要给乐舞师造堂封、息炮封，也要给新郎送客封。男方家族有宗庙或是祠堂的，新人要去祭拜祖先或者去祖坟祭拜，还要按照顺序依次拜见亲戚好友，叫作见亲。

女子出嫁的第三天要与新婚丈夫一起回娘家看望父母，叫作回门。新郎骑马或坐滑竿，新娘坐凉棚，另一人背财盒礼物等。新郎参拜岳父岳母要喊亲娘亲爷。回门回来的第二天早晨新娘要焚香参灶。只有参灶后新娘才开始煮饭，名为拜茶早饭，新娘新郎要吃拜堂时饭碗里盛放的米，至此，一对新人的结婚仪式才算全部结束。

新中国成立以后，婚俗发生了变化。新郎要带领秧歌队去接新娘，媒人改称为介绍人，在堂前举行结婚典礼。1956~1963 年国家提倡节俭节约，婚礼也要求完全从简，反对铺张浪费，新婚双方只要双方自愿互给帕子做纪念。男满20 岁、女满 18 岁就可以到区或乡政府领取结婚证，不请客不包酒。1964 年后逐渐有所恢复，政府出面加以干涉，酒席限制在 10 桌以下，超者要收筵席费，不准铺张浪费。乡里于 1978 年 11 月举行过 12 对新人的集体婚礼。

1982 年后，黄鹤乡里出现招赘婚，即经双方约定，男子愿意到女方家作家庭成员，又叫上门纳婿（见图 7-17）。原来男接女，男为迎亲家，女为送亲家；现在女接男，女为迎亲家，男为送亲家。原来的有些婚俗也发生了改变，"采户记"改名"看地头"，"插香"改为"取同意"。取了同意以后若无异议，双方到村文书那里填好《婚姻状况登记表》，到乡政府领取结婚证后，就择期并通过口说和下请帖两种方式请亲友族戚届时赴宴。在聘礼、彩礼等方面比先前丰富许多，陪套嫁妆有柜子、箱子、穿衣柜、碗柜、抽屉、份案、火盆、洗脸架、大小桌子、高板凳、向火凳、方凳、圆凳、沙发椅子、茶椅、高

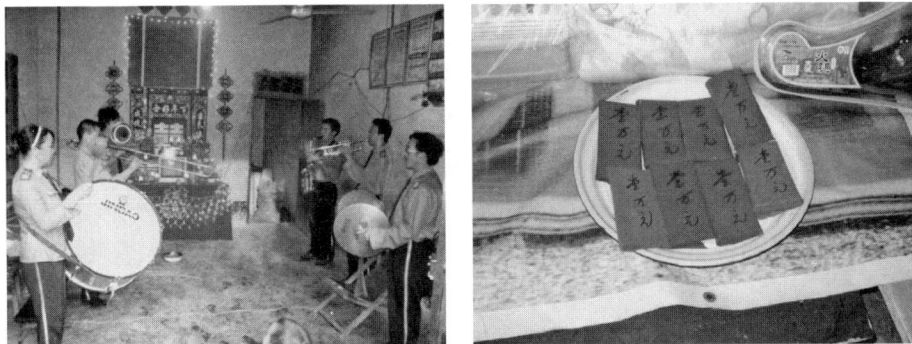

图 7-17 一场招赘婚的婚礼与聘礼

组合、矮组合、脚盆、洗脸盆、铁锅、茶瓶、茶壶、茶盅、各种细瓷碗、手表、缝纫机、电饭煲、高压锅、液化气、洗衣机、电冰箱、自行车、摩托车和上海床。一般是女方操办陪套嫁妆，如果是女接男，就要由男方办陪套嫁妆。彩礼、聘礼有高档商品、花费几千元上万元不等的，还有少数不买商品作彩礼聘礼，有的干脆以人民币为准。

1989 年后，当地婚俗又废除原迎送亲友相宿一夜的风俗，改为迎亲家早上去、吃完早饭后回，送亲家吃早饭和吃午饭后当天回转。打围鼓，请乐队代替原来的唢呐锣鼓。用车辆迎娶代替原来人力轿去抬新娘，婚车都有记号，车头贴有大红花和喜字，少则两辆，多则七八辆。近年来，由于外出打工的特殊情况和受外面社会的影响，男女双方再也不需要父母包办，也不用介绍人专程介绍，而是自由恋爱。双方若在恋爱期间互无异议，等到了法定年龄就到乡政府领取结婚证，结为夫妻。结婚后又要外出打工就暂不举行婚礼，待生小孩后，仍按照生男捉鸡公、生女捉鸡母的习俗，由自家人送到亲家那里报喜，届时将会筹办酒席，意为把婚礼和小孩的出生酒办在一起。要请所有的亲朋好友前来祝贺，这叫作"送饭"，又叫"汤饼会"和"三朝酒"。通过以下系列案例的描述，我们基本还原了黄鹤婚礼习俗发展演变的全貌。

个案 7-6：女方是居住黄鹤乡大坝场的 WH，男方是邻近湖北青龙村尖山沟的 MZ。两人是通过朋友介绍认识的，[开始] 没有见面，先通过手机联系。双方都感觉不错，就约定春节时见面。婚前两个人都在外面打工。不在同一个地方，所以很少见面，只有过春节时工厂休假，回家后才能见上几面，一直都是靠手机联系和维持感情。

婚礼定于农历 7 月 26 日，照常是 25 日这一天的一大早周围团转的人就要去帮忙。支客看来帮忙的人有多少和需要的人数来安排工作，并且要在红纸上列出每一个帮忙人的名字和分工，并贴墙公布，以便于发报酬。这次主家给的报酬是每一个帮忙的人都有一包价值 6 元的龙凤呈祥烟、一块立白洗衣皂及现金 5 元。主家说，东西不在多，在于主家的一点心意，感谢大家能够来给他帮忙出力。帮忙的一共有 87 人。因为新娘的娘家距离新郎家不是很远，只几分钟的路程，新郎雇车划不来，就决定全体娶亲队伍步行出发去接新娘，并且还多带了很多人去帮忙抬新娘的嫁妆（主要是家具）。所以，接亲人需要在上午确定抬女方嫁妆的人员名单，一共需要 67 人，分为：高组合柜 14 人，餐桌 9 人，梳妆台 4 人，床 13 人，茶几 4 人，电视柜 4 人，沙发 12 人，洗衣机 2 人，电视 2 人，冰箱 4 人，微波炉 1 人，饮水机 1 人，被条 8 人。这些都是些周围团转的人凑个热闹就填写名字，每人给发一包烟。

主家还会请书法写得好、年龄大一些的人来帮忙写门上贴的对联和祭拜家神用到的袱子（见图7-18），主人家请明平凡老人写袱子。

7月25日，是帮厨人最忙的一天，至少要准备婚礼两天——25日和26日的6顿宴席，其中迎接新娘那天的中饭最为重要，也最为隆重。新郎家宴请的亲朋好友都是那天中午来吃席。主人家准备一头400斤的肥猪，鸡鸭各20只，鱼100斤，牛肉100斤，各种蔬菜豆类若干斤，家里不够的话直接从场镇买来。当地人喜吃活水豆腐，所以宴席用的豆腐都是当天现做，要准备100斤左右。

今逢完婚之期虔俻冥财

奉上

日月堂上历代高曾远祖及内外姻亲瓜葛等地来享

词男明廷卓叩

公元二○一一年七月二十六日化财

**图7-18　黄鹤乡婚礼中使用的
祭神袱子样式图**

7月26日一早7点去娶亲，队伍很庞大，最前面走的是新郎官和接亲的代表人，也就是喊大家搬嫁妆的人，还有新郎这边的接亲人——两个叔叔、一个婶娘和一个嫂嫂，再后面就是4个手端礼盘和背着送给女方亲戚礼物的人，共有7人。然后是鼓乐队6人，帮忙的人走在最后。队伍浩浩荡荡走到新娘家的院子里。新郎等一干人等在女方亲戚的陪同下进到堂屋，和众亲戚相互递烟。男方送去的礼物是9条猪肉、两把挂面及新娘的新婚装。背篓还装有一只猪肘，但猪肘是要背回去的，取谐音的要"肘"（走）之意。

女方的支客要在吃饭前祭拜祖先、烧袱子，并且还要在外面泼冷水饭。男方的礼金是4万元，猪肉和挂面是送给女方姑、姨、舅等嫡亲的礼物。女方的嫁妆除了3万元现金外，还有家具、被条、电器等一应俱全的生活用品，一共花费10余万元。接着女方送亲的哥嫂要给祖宗点香和蜡烛，包括两根长蜡和两根短蜡，然后收下礼金。新郎的一个婶娘要亲手把新娘的新衣交给新娘的嫂嫂，并解开包袱给新娘的嫂嫂收验衣服的物件，好方便新娘更衣。最后是新郎要用自己带来的香和纸钱来祭拜女方祖先，而且婶娘等娶亲的众人也要在桌子的左右两个角点短蜡烛、上香并放火炮。

男方请来的鼓乐队以杜家寨的人为主，有彭广余、陈德文和汤忠兵，分别是铜锣、号和小镲的演奏者；另外3人都是吹唢呐的，其中有两人是黄鹤坝的

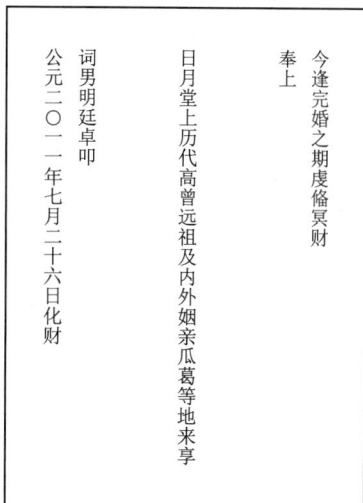

人，另外一人是毛坝人。这6个人经常组合起来在婚礼上给新人吹奏，增添热闹气氛。乐队从早上去娶媳妇之后直到回新郎家送走送亲的人吹奏一天，每人是100元的报酬。

等去新娘家的所有接亲人吃完早饭，新娘穿好婚纱之后，新郎与新娘手拉手退出堂屋时，迎亲队伍才要接新娘回新郎家。到上午11点，迎亲队伍开始启程。在鼓乐队的带领下，迎亲人之后是新郎和新娘挽肩并行，然后是送亲人，大概有三四十人。除了新娘的父母，其他底亲都可以去，有女方的姑、干爹、叔、姨夫、舅、兄弟姐妹等。搬家具帮忙的人本是要走最后的，但家具太重不好搬就先行回到新郎家。此时，也是礼房最忙的时候，新郎的亲朋好友都要在今天吃席前给新郎送礼钱，主家会回赠每一位送礼人一包喜糖和一支烟。凡是送亲的底亲都要把在新娘家上的礼金记到新郎这边的礼账上，并把钱交给新郎的礼房。新郎的两个姐姐各送新郎一条毛毯，而且每一条毛毯上挂有用4 000元现金拼成的喜字图案，这是新郎收到的最高礼金，新郎一共收礼金6万元。

当新郎和新娘走到新家的堂屋，有司仪出来为他们主持结婚的拜堂仪式，三拜之后是送入洞房。新娘送给男方叔叔婶婶等长辈的礼物是一双布鞋和一条毛巾。此外，糖、瓜子、花生和米粑粑这些东西也是由女方提供给众多前来祝贺的小辈和周围邻居好友。

14点准时开宴席，放火炮，支客要在饭前烧袱子和泼冷水饭。酒席摆有20张桌子，一桌坐8人。轮番坐席，一共有118桌。每桌有23个菜，菜品包括：热菜3个，肉炒木耳、洋槐、苞谷粒；汤菜8个，炸豆腐汤、牛肉汤锅、笋子汤、绿豆南瓜汤、绿豆白菜汤、酥肉汤、蹄花汤、猪腿；凉菜8个，黄瓜、皮蛋、猪耳朵、虾子、鸭肉、牛肉、鸡爪、炸鱼；蒸菜4个，烧白、炸扣碗、肉丸子、喜沙肉。

酒席结束后，新人送走众亲戚朋友，婚礼全部过程结束。现在婚礼不讲究回门的礼数，只要新人愿意，什么时候回娘家都可以。

个案7-7：汪龙村三房坝明家媳妇WY讲述自己的婚姻。

我是1989年结婚的。结婚时心情很不好，就像是完成任务一样，觉得冤枉和委屈。现在要不是为了对家庭负责，早就选择和他离婚了。那时我21岁，老公23岁，从我14岁时开始谈给他。其实，当时我有自己喜欢的男孩子，在清明山上。我们俩是初中认识的，他很关心我。我知道他喜欢我，我也喜欢他。那时就是觉得喜欢和他说话，想和他说话，哪怕说半天的话都不会觉得烦人。那时男孩子家里穷，不敢请人到家里来说媒，怕被我父母驳回。婚后第一年我回家拜年，遇到他，他说："早知道你是嫁给了那样的一个人，我早就应该跟你提亲了。"我当时听了，心里很不是滋味，转过身就走。要是现在的话，我肯定会选择和那个男孩子在一起了，那时就是父母说了算，自己没有权利。而且我很听父母的话，很乖巧，是从小家教严格被训练出来的。我觉得一个人的环境是可以改变的，人的心态和生活态度却很难改变。现在我都对我的儿子说，一定要找真心喜欢的女孩子，不要太看重对方的外表。如果是真心喜欢一个人，就不要轻易放弃，否则会后悔一辈子的。

那时做媒人不给钱。娘家家境不富裕，但还是尽力给我办了嫁妆，嫁妆有穿衣柜、碗柜、自行车、缝纫机、被子6床、大锅、铝锅、火盆、盘子20个、大碗10个、小碗10个、筷子20对、牙膏、牙刷1对、漱口盅1对。

个案7-8：汪龙村LSQ的女儿婚礼。LSQ说："早上共摆了36桌左右。帮忙的人主要是周围的邻居，都是昨天来的。人家热心来给我们帮忙，我们也是要表达一下意思，给点小报酬。一共有56人帮忙，不论男女每一人给一包七匹狼烟和一条毛巾，还要给2元或4元的红包。

"嫁妆就是在马武街上办的，买的有冰柜1800元，洗衣机700元，饮水机300多元，电磁炉400多元，床和床垫1200元，被条12床和毯子4床（花费3000元）。还有洗脸盆、茶壶、洗脚盆等那些小的家用物品。

"酒席上的花销要有10000元左右，主要包括：自己杀猪，有230斤的猪肉，卖的话是6元一斤，价值1400元左右；自己杀鸡，按照市场价格12元一斤来算，一共有20斤，是240元；啤酒6件，是山城大件装24瓶的那种，30元一件，共180元；烟共21条，45元一条，花945元；白酒在田茂余那里买40斤，3元一斤，花120元。人家给人情钱时，我们要回赠喜糖和胡豆各一包，买了喜糖、胡豆各4大包，一袋喜糖摊下来是3毛，一袋胡豆摊7毛钱。酒席花销和收礼（见表7-2）的钱数一般是打平的，虽不赔钱但也多不出多少来。一般都是家里的宗亲和娘舅家的给得多，周围乡邻也就意思一下。

"按照我们这里的风俗来说，从嫁女的经济层面说，女方是亏本的，男方是赢钱的。我们除了嫁妆外，还给男方999元，象征长久、久远。男方今天来娶时给的礼物，就包括给女儿的一套价值300元的衣服，猪肉七八斤、一把面和一斤酒、现金1000元，还有10000元的过礼钱属于我们。

"写香火请的是杨光，昨天他到家里来写的，在写'天地国亲师位'时，'位'字的那一点一定要坐下来写，要写端正，写其他字就可以站着写（见

图7-19）。"

表7-2 LSQ嫁女婚礼礼单

姓名	关系	姓名	关系	姓名	关系	姓名	关系
秦光仪	舅舅	朱跃荣	侄子	徐仁安	外侄女婿	秦林	堂侄女婿
李方国	侄儿	舒修群	干女婿	包中涛	包小川后爹	陈方国	侄女婿
李方泽	侄儿	包中海	亲房舅子	包太国	内侄子	李少兵	亲兄弟
李方华	侄儿	包中湖	亲房舅子	黄文举	外侄子	张庆坤	亲家1 000
黄朝富	姨妹夫	李少鹏	大哥	黄文军	外侄子	秦中兴	马武同学
马勤武	侄女婿	牟代文	外侄子	李少田	内侄子	黄代林	亲老表
谭明	侄女婿	向尚田	外侄女婿	徐国成	外侄女婿	黄代友	亲老表

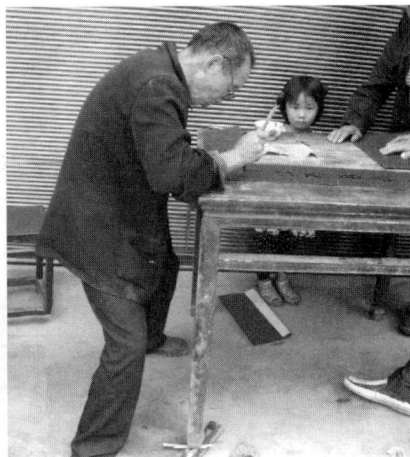

图7-19 收礼金与写香火

个案7-9：鱼龙村芭蕉塘LD讲述两代人婚姻。"儿子LXY 26岁，儿媳妇WX是湖北那边的人，小他一岁，是他嘎婆（外婆）给他介绍的女朋友，孙子LK有3岁大了。本来是把媳妇介绍给其他人的，结果那个人不干。我妈去W家退信时，看着媳妇人好就说干脆介绍给外孙，然后两人就交换了手机号并上网看人。当时儿子在福建打工，媳妇在浙江。他们是2005年月半节时开始联系，到冬月间儿子便去浙江将媳妇接到了福建。2006年冬他们3个人回到家，去乡政府领了结婚证后，在腊月办酒席。孙子是2006年农历八月二十九在福建出生的，那时他们还没有办结婚证和生育证。2007年去乡里给孙子上户口，就把孙子的年龄少报6个月，要不就属于非计划内生育，要罚款4 000元。

"我和他爸是 1982 年结婚，那时的嫁妆简单，有柜子 4 个，箱子 1 个装衣服，一套大桌子和板凳，被子 6 床，一副大碗 10 个，一副小碗 10 个，筷子 8 双，抽屉 1 个，立柜 1 个。我们亲姐姐介绍我们认识的，那时取同意不送钱，男方只送了我 6 块布料。这边地方平，条件比湖北老家好，又和姐姐一起挨得近，好办事，父母也就放心。当时结婚在 L 家办了三四十桌，人情钱有送 1 元、2 元、5 元的，最大的人情 10 元，那个时候物价低，大米卖 3 毛一斤，苞谷 1 毛一斤，我们办酒共收到 390 多元的人情钱。"

个案 7-10：山河村马盘溪组 CDH 儿子的婚礼。"儿子 CFH25 岁，儿媳妇 TXR23 岁，已经有一个孙子，今年 2 岁。2007 年儿子结婚，两人是儿媳妇的表姐介绍认识的。2007 年 9 月介绍，腊月初四就结婚了。刚介绍时两人都在外面打工，通过电话联系，之后就在一个地方打工了。也是儿子运气好，娶到了一个好老婆，也算我的福气好。

"女方家父母在种植烤烟，家里比较有钱，他们不要我们送礼金。儿媳妇的嫁妆有电饭锅、电磁炉、冰箱、彩电、摩托车、饮水机、两副碗筷，被子 16 床，200 元左右一床，至少要花 2 万元。2008 年农历八月孙子出生，是儿子给取的名。在石柱县医院剖腹产生的，5 天时间就花了 3 000 多元。之后儿子去岳母家报喜，他骑摩托车带了一只公鸡去岳母家，亲家回了母鸡一只、猪腊油 15 斤、猪肉 30 斤、鸡蛋 20 个。办月母酒时亲家给了 2 000 元，我们也给了 2 000 元，办了 15 桌的酒席。"

个案 7-11：大坝场 LGZ 家嫁女。男方请了 16 辆车来接新娘，女方请了 2 辆车去送。男方到女方家后上了香火，跪拜刘家堂屋的家神，给女方 4 万元的聘礼，女方父母给女儿 6 万元的现金作为过礼。

女方的嫁妆包括有现金 6 万元、组合家具、电视、沙发、床、公鸡 1 只、电饭煲 1 个、盘子 20 个、小碗 10 个、大碗 10 个、猪蹄肉 25 斤左右、筷子一副、被子 20 套左右、面 2 把、酒 2 瓶（伏牛白酒）及牙膏、牙刷、漱口杯水瓶、水盆各 2 只，酒席一共办了 150 桌。

婚礼当天新娘不出屋子吃早饭，等离家出嫁时才能出堂屋。女方的嫂子、婶婶、姑妈、姨妈等作为送亲把新娘接出屋子，送去新郎家。新娘出嫁走时要退着出堂屋，意思是要尊敬祖先，就像古时大臣们朝见皇上时退朝要退着走一样。出门后不能回头，回头的话出生的孩子就要像舅舅。也有人认为，退着走是表示转面时进财，代表财运亨通。

个案 7-12：鱼龙村万家大田 LN 娶儿媳妇。"2006 年冬月十四儿子结婚。2004 年时妻子喊她表妹给儿子谈一个媳妇，结果就谈到了 QTC。不久表妹就去 Q 家说了这事，亲家认识我们，也知道我们的家境就同意二人交往。起先他们根本不认识，一个在广州打工，一个在浙江打工。二人互通电话，并邮寄相片认识交往。2004 年腊月二十六取了同意，2006 年冬月十四办酒席。

"当天儿子给女方父母 1 000 元钱，送亲时带头的又把那 1 000 元返回给了儿子。他岳父包好一个红包给送亲的头儿，让在送亲离开男方家时把红包给女婿。送亲的人要给男方礼金，一般是 20 元左右。女方也得给送亲的人回礼金，一般是 10 元或 20 元。

"结婚当天儿媳接到家时认父母并磕头，当时给了 120 元红包。儿媳把一床被条、毯子、枕头、两双布鞋给了我妻子，我们又给儿媳一个 400 元红包。

"第二天回门，儿媳要见亲喊我们，我们得分别给儿媳红包，一般是 40 元或 120 元。回门时男方一般送面条、肉、糖等给岳父家。儿子叫女方父母时，他们也得分别给他红包。

"一般是生小孩 3 天后去岳父家报喜，女婿送猪蹄、肉、面、油、蛋等，生的女孩就送母鸡，男孩则送公鸡。返回时，岳父家要送相反的鸡，表示希望下一胎生个相反性别的孩子。由岳父家定月母酒的时间，孙子 2007 年正月十四出生，正月十六儿子抱公鸡去岳父家报喜。办月母酒当天岳父家给了 5 000 元现金，并买了 1 000 元的礼物。"

个案 7-13：三房坝 WQF 家招"驸马"。"WN 是我们家招的'驸马'。我们家只有两个女儿，没有儿子也舍不得女儿，就想招个'驸马'，找个女婿好防老。2009 年 2 月他们结婚，男方办嫁妆，买了沙发、家具、音响、彩电、被子 4 床，没有给现金。结婚是女儿去接的'驸马'。女婿家里是两弟兄，在湖北的高山上住。"

个案 7-14：明寨子 ZSG 讲叙自己及女儿的婚礼。ZSG，女，家住明寨子，已经结婚 30 年。她 1979 年结婚时是 23 岁。13 岁就和男方取同意，她说："大人说一句话，觉得对方男孩要得就要得。那时小根本就不懂那些，全是父母说了算。我们那时结婚是不送钱的，只送被子、毯子、苞谷子、米、枕头、一把蔬菜、麦子、布料等。我的嫁妆有组合柜、碗柜、梳案、箱子、柜子、火盆等。"

1981 年 ZSG 打发大女儿时就开始送钱了，办了八九十桌的酒席，收到 300

元的现金，是自家本亲送的钱，一般是送1元或2元，最多的就是送2元了。那时米卖1.8毛一斤，80斤的尿素肥料卖18元一袋。

个案7-15：龙洞沟X家儿子的婚姻。X家的婆婆姓Z，生有四个儿子，那个年代家里劳力多，享福不挨饿。但是四个儿子的婚姻却经历一番波折。Z婆婆的四儿子XC16岁开始取同意，女孩是三战营的PAC，也是16岁。因为Z婆婆觉得儿子太小了不太愿意，结果半年后女孩出去打工，就不欢喜儿子了。三儿子WQ也是16岁取同意，和女方交往了两年多，之后女孩外出打工就吹了。后来，儿子经人介绍找了别人，22岁时儿子结婚。二儿子WX还是16岁开始取同意，取同意两年后女孩外出打工。女孩出去打工后不干了，要了4年多。打工回来后说去办结婚证，女方就不欢喜了，原来她和福建人好上了。大儿子WZ16岁开始取同意，未果。当时他姨娘看见他有泥水匠手艺、人老实、不打牌又顾家，就把自己的亲妹妹介绍给他了。

"现在还是结婚晚些好。早了吧，男女的身体都还没有发育好，生育的后代身体长不好、长不胖，长得不强壮、不健康，结婚晚点的孩子都要聪明些。我觉得男的和女的在24岁、25岁左右［结婚］比较好，那时男女的身体都发育成熟了。现在计划生育只能生两个，比以前生得少了，不像以前生的孩子不好的话可以随便再生，现在不能多生了。结婚晚一些生的孩子更聪明，优生优育。男的岁数大一些更好，像哥哥带妹妹一样，更能体贴人疼人。男的岁数大些，更成熟，更能谦让女的。两个人一样大的话，就容易互相不谦让，容易闹矛盾。女孩看男孩的条件主要是不赌博、不违法犯罪、为人处世（要混得开，社会关系好），要有文化或技术、有房子和本事才行。男孩看女孩要有人才（身材、脸蛋儿）、工作、作风、亲戚关系、生育功能、健康。"

二、丧葬习俗

生老病死是不以人的意志为转移的自然规律，死亡是人生旅程的终结。土家族几千年来形成的丧葬习俗既是生者和死者的对话，又是两者之间念祖怀亲、相互联系的结。在改土归流之前，土家族实行火葬或是悬棺葬。现在龙河中下游两岸都可以找到悬棺葬的洞穴，特别是下路乡三五大桥至三店乡四方石约40公里的龙河岸石上，尚存岩棺群130多处。改土归流之后，土家族成为典型的山地农耕民族，以农业为本，视土地为生命，认为把死者埋于土地之中他们的灵魂才会得以安息。因此，土葬成为普遍实行的丧葬形式。

黄鹤乡作为土家族主要聚居区，自然不例外。但其丧葬习俗随着时代的发展变化，也经历过一段先禁止后恢复的过程。从1950年3月乡民WNG去世，家里人做了昼夜的道场以后，乡政府就杜绝人们举行一切形式的丧葬活动，称这些为封建迷信。1959~1962年，乡里逐渐形成沟死沟埋、路死路埋的丧葬形式。在1963年4月12日汪龙村YYS去世以后，亲友族戚送孝彩、打行李、放鞭炮、吹唢呐开始，操办丧礼在黄鹤乡又逐渐走向繁盛。在80年代，紧邻湖北的青龙村村民HHS的母亲于1983年12月31日去世，即腊月初六坐夜；同胞兄弟HHL已提前给公社干部打过招呼，要求不加干涉，由张启堂、张启朝领头做了一个佛教昼夜法事。从此之后，做法事流行到川鄂两省边界的黄土乡、洗新乡、漆辽乡、三义乡、黄鹤乡和木坪乡。但若死者是共产党干部，葬礼就是由书记致悼词开追悼会，请乐队、围鼓和狮子，高奏哀乐，不做其他法事。

老人去世，在黄鹤乡俗称"白会""白喜"。从清至今，当地的丧葬习俗形式大致都要经过送终、停丧、坐夜（又叫坐白）、安葬、复三坟等仪程。所谓送终，当老人在弥留之际，孝眷人等必须将其由病床移至中堂或堂屋，平躺在事前准备好的木板之上，子女等跪围在死者的身旁，聆听遗言，并要不断地在死者的头和脚的方位烧化纸钱，好言安慰死者。等人气一咽后就要放鞭炮，烧落气板子钱，满屋的孝眷人等大哭，并即刻用温水在死者的胸前、背心、手脚腕处各擦洗三下，名"抹汗"。如果死者是男士，还要请人剃头。将之前准备好的鞋袜、衣帽、棉被、盖套等拿出来给死者一一穿上。穿衣件数是1、3、5、7、9、11层不等，穿单不穿双。老人一般穿7层，无扣。男士内穿白外穿青，女士内红外青，男要头戴布叠方巾，女士死者要戴布叠小帽，浑身上下忌带铜铁。老人死后梳洗用过的洗澡水不能直接倒掉，要放在棺椁下边（见图7-20），待发丧后，让老人的亲戚中的几个妯娌们共同伸手倒掉，据说这样做有助于妯娌间的和睦相处。

穿洗后要把死者抬进中堂入棺，死者面部盖上纸钱，平抬放入棺内时，忌见天。用一盏桐油灯照在棺椁底下，并用炭筛盖着，名为"地府灯"。家人要请阴阳先生看期，选择安葬吉日，避开一切凶星恶煞（见图7-21）。请风水先生看地，选择埋葬的风水宝地。

入殓毕，家人要张贴讣告，向各处有关亲族通知丧事。亲友族戚收到消息后就买火炮、火花、孝龙、孝彩、孝对前来吊唁。在以前，孝家"发丧伙事"都会张贴讣告，形式如下：

图7-20　棺椁下的洗澡水

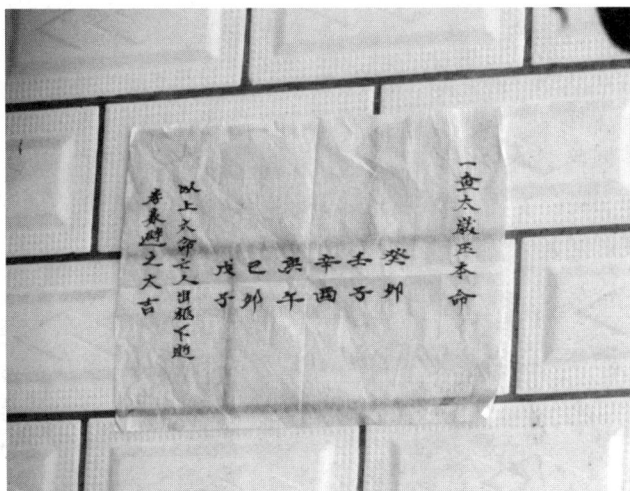

图7-21　葬礼之前风水先生贴出哪些年份出生的人需要回避

发 丧 伙 事
孟子见梁惠王孝家今日撤孝堂

请亲百客来吊唁，团转四邻来帮忙。你们今后有好事，孝家一百来承当。
两头劳力站齐全，前后左右通商量。注意安全要稳当，切忌不可比高强。
锣鼓狮子齐跟上，孝家叩头理应当。孝家发起前引路，送老归山名远扬。

众位君子齐达力，伙事已毕，起。

随着现在通信设施的完善，张贴讣告已经由手机或者电脑全部代替。凡来者，不论男女老幼、尊卑贵贱一律都要在灵堂前逐一下跪磕头。受礼者则伸手扯起叫一声"发起"。1990年后，丧礼改为由支客师在高音喇叭上喊"来的客人孝堂请受礼"。所有客人中男客同孝子、女客人同孝媳妇，在灵柩位子前一同下跪磕头。

图7-22　黄鹤刘家葬礼中吊丧的队伍

待亲友族戚与遗体告别后，方可用皮纸封闭棺盖口沿，俗称"褙殓"（见图7-23）。棺材褙殓之后，葬礼进入停丧阶段。停丧的时间长短不等，一般3天，长者7天，最长者可以达到三个月甚至半年之久。

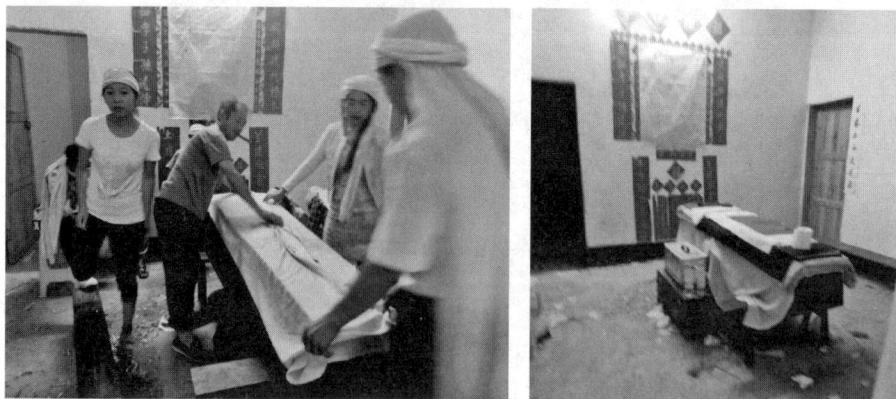

图7-23　褙殓与停丧

在停丧期间，家中人要请儒、佛、道三教做昼夜，或做上山道场，或做冷道场（见图7-24）。上山道场即将死者埋葬后，按自家经济条件而定，最少做

3 天，也有 5 天、7 天、9 天、半个月不等，一般是做 5~7 天。

图 7-24　做昼夜与上山道场

做冷道场是将死者安葬后，待家里经济条件好转后，先派 2~3 人到水田坝买火纸。定下埋葬的日期后，提前请内外庄严（佛教用语），内庄严的人做五方，人夫轿马，龙旗遮伞。如请佛、道两教要做隔坛进门，外庄严的人是造纸钱、编钱箱、票箱和衣箱。儒、佛、道三教认为：人必须经过生、老、病、死、苦各阶段，在生前有不孝父母、怨天恨地、呼风骂雨、明瞒暗骗、大争小斗、轻出重入、打僧骂道等，死后必坠入地狱受苦受罪。所以家人要请儒、佛、道三教弟子作道场，让死者超亡拔苦、剔除罪咎、得生境界，借以达到阴超阳泰、生顺死安的目的。

棺材停放之处称灵堂（见图 7-25）。灵堂布置一般为棺前置大灵，大灵用整张红纸书写死者牌位，贴于木板之上，左、右、上三边贴白底孝联。大灵前置供桌，桌上紧挨大灵供四开红纸写成的灵牌，灵牌前用木升装米，插点香、烛，再前为果菜等供品。大灵左右两侧后置哭丧棒，孝子男左女右伺候，便于

图 7-25　灵堂（屋外与屋内）

随时接待前来悼念的亲朋。棺下燃点脚灯，日夜不灭，象征长明。灵堂外大门上贴孝联，父、母死横批多为"当大事"三字。

停丧期间，白天至傍晚，打耍锣鼓或围鼓（川戏坐唱）陪伴亡人，傍晚至次日凌晨唱孝歌，或打绕棺陪伴亡人（见图7-26）。孝歌又名坐丧，歌者多为民间业余歌手，三五人、七八人不拘。唱词有即兴创作和传统唱段两种，内容以死者生平及境内风物为主，是一种当地乡民喜闻乐见的灵前说唱。绕棺又名跳丧，一般由女婿出钱，在临出丧前的几夜举行，是一种绕棺举行的古老歌舞。其引领者为道士，跳者宜单不宜双，一般5~7人。以前是群众自由参加，民国以来，逐渐形成专业班子。歌词的主要内容分为即兴创作和传统唱段两种，包括男女情爱、生产劳作、狩猎采摘及图腾崇拜等，深受大家喜欢。随着与汉文化的交流融合，丧葬习俗除了孝歌、绕棺外，还举行八大礼、三献礼和歌诗。

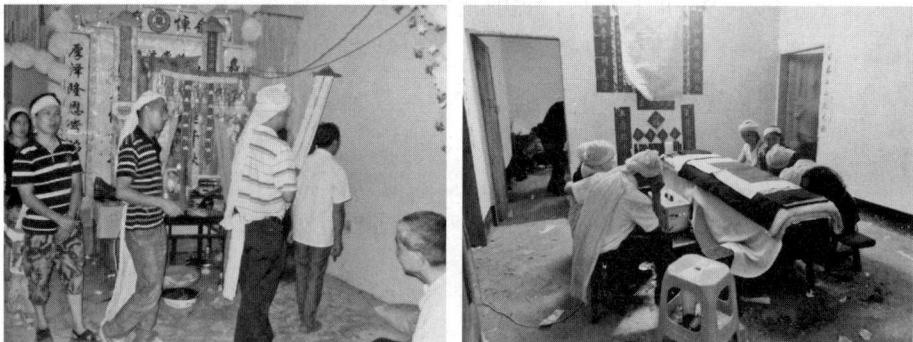

图7-26 绕棺与坐丧

坐夜（见图7-27）是仅限于安葬前一天的傍晚至深夜零点举行。坐白可以连续三个白天举行，开支很大，一般人家多不举行。坐夜或坐白是亲朋族戚祭奠亡人和孝家集中答谢客人的高潮。坐夜或坐白时，亲戚朋友齐来拜亡人，并要按照与亡人关系的亲疏远近，带来鞭炮和各种表演队伍前来凑热闹，给亡人增添人气。凡来者无论辈分大小，孝子们皆要恭请入席就餐。每轮开席前，总管都要领孝子至席前跪拜答谢来参加丧席的人，总管也要说四言八语来答谢。在以前当地保留有"偷碗"的习俗，即如果死去的老人满70岁以上，来吃席的人会在吃完饭后将用过的主家饭碗暗中拿走。他们认为将饭碗拿回去给自家的小孩盛饭吃了之后，小孩就会得到长命富贵。这种习俗在1996年后改变为凡是在礼房登记簿上有名的乡民，每个人都会得到主家送的一个碗。深夜至凌晨后，除孝歌和绕棺继续举行外，礼房等要停止收礼，一切人情来往终止。这一夜孝歌的内容要以亡人为主，孝子孝女要一个个依次跪在灵前，由唱孝歌者唱告别歌词。

图 7-27　坐夜、哭孝、发丧、滚井

　　安葬是指坐夜次日凌晨，要道士做法事抽灵发丧，上山安葬死者。灵枢上要有很多纸糊篾扎的装饰。男性死者要扎白鹤，女性死者要上扎莲花。锣鼓、幡幢、狮龙在前做导引，长子捧灵牌，其他孝子孝女要扶哭丧棒在灵枢前躬身前行。灵枢若有停顿时，就要转身跪伏以示尊敬。灵枢之后是送葬人群。在上山路途中，哭泣声、锣鼓声、鞭炮声掺杂在一起，十分热闹。安葬棺材的上坑，当地称为"井"。棺材入井之前，先由孝龙和孝狮滚井。棺材下井之后，由孝子跪在棺上，正、反各挖三锄泥土，以示孝意。安葬当晚，孝子要用稻谷草编制成龙的形状，死者有多少岁就编制成多少圈，在天擦黑的时候摆在坟上燃烧，目的是不让死者的灵魂把火带到家里来，俗称"送火焰"。安葬后的第三天，孝子要再次上山祭奠，给坟培土，称为"复三坟"。葬礼结束后，孝子要按照礼俗送道士先生转身，即送道士先生出门。道士先生要先在主家家神龛台上秉烛焚香，由掌坛师和孝眷打拱手并一边说："宗祖脱化，孤人超生，阴魂得度，阳春浮悬，万缘如意，百福并齐。"然后道士先生对孝子进行封赠，说："亡魂升天，孝子迪吉，家门清吉，人畜平安。"之后道士先生方能转身离去。

整个葬礼期间，孝子孝女皆要头披白布孝帕、腰缠麻丝。孝帕长短因亲疏远近关系而不同，除去子女等正孝子的孝帕要与棺材等长外，其他孝子的孝帕一律为三尺或一尺长。

按照当地的习俗，凡是非正常死亡或夭折者，丧礼会从简，不能够依照正常死亡者的习俗来办，而且尸体都不能停放在堂屋。

被请来在本地做佛事的法事班子分有派别。属于一个派别的有三义乡的李明祥、五峰乡的王成万、洗新乡的周开封、本乡的李星海和冉正和，各有一班人马，派曰：智慧清静、道德圆成、真如性海、寂照普通。马武镇的刘远高又成一派，此派曰：圆宙光宇世，玄，凤香今古应，益月现千江。各派掌坛师依学派取法名。儒、佛、道三教做的昼夜法事名称基本相同，有请水、祀灶、开方、召亡、请圣、安土地、上孝、禳赏、选棺、圆满、送圣、辞灵，特别是60岁以上的老人都要实行这一套法事。如鱼泉村退休工人 JXQ 生前已买了许多的火纸白纸，积钱 10 000 余元。他死前嘱咐后辈，待自己命终后，要用积攒下的钱给他做 5 天道场。老人于 2002 年 12 月 8 日 19 时去世，儿孙们履行他的遗言，在 12 月 12 日即冬月初九请李明祥及其弟子做了 5 天的道场。做完道场老人所积攒下来的钱已经所剩无几，最后只留下一条裹脚布和一本账单簿。很多乡民认为这样做是为人之道，是小辈应尽的义务。本地乡俗有"死父好埋，死母不好埋"的说法。母亲死后后亲（娘家）来祭拜，会有专门的一套用于迎风酒席的说辞，由后亲和孝家来完成。当孝家坐夜吃迎风酒时，后亲要发问于孝子，孝子要下跪并一一作答，不得怠慢。后亲发问："生事之以礼（看生前孝顺供养如何）？死葬之以礼（死后看衣食棺椁朱酒孝帛备得怎样）？祭之以礼（要求做几天的道场、烧多少纸、念多少各种经章，要求孝子承诺后才叫发起）？"孝子依次回答后，后亲们还要瞻仰死者仪容，检验尸体。待敞开棺木盖，后亲们绕棺材从右到左走一圈看了死者，心里不生怀疑并复位后，敬酒装烟给孝家才算结束。

现在传统的丧葬习俗逐渐走向淡化。据粗略统计，全乡有 30% 的人属于顺应潮流随着大家做佛事，以免不做昼夜佛事被别人议论，落得一个父母死后痛钱不办丧的骂名；也有 30% 的人认为人死后请几个人陪亡就是起一个热闹的作用，并无其他意义。各种道士先生为了本派坛门兴旺，不求提高打唱的效率，只求请的人多，从减少工钱来吸引顾客，造成恶性竞争。原来做一个昼夜的工钱是300元，逐渐下降至280元、200元，甚至150元。工钱越少越贱，逐渐走向淡化消亡的道路。原来坐夜流行唱孝歌、放电影或是放录像，现在已基本绝迹。电影和录像跟不上时代，都是一些看过的黑白片，没有人愿意看。现在流行请各种乐队来办丧事，给葬礼增添热闹的气氛。调查组通过走访，记录下黄鹤丧礼的全过程，并收集了一些村民对于丧礼举办内容的看法，以个案的形式陈述如下。

个案7-16：汪龙村的LXM讲述自己家举行过的葬礼情况。"我妻子ZGY死于2004年腊月十四。我们这里有一个风俗，家里外嫁出去的女儿，如果是后家的亲爹娘、伯父伯母、堂叔叔娘、婶婶、亲兄弟姐妹等死了，就要请自己居住的村组内的村民来凑名集钱给孝家办丧礼的坐夜。当时妻子的葬礼我们没有请乐队，就请了狮子队来表演。总共来了6路人，都是ZGY的亲兄弟姐妹。包括：

"第一路是ZGY的姐夫，LQB和ZGS一家，他们请来了22户，凑名325元，买鞭炮等支出164.5元，余160.5元；

"第二路是ZGY的亲兄弟，ZGH、ZGC和ZGF三家，共请69户，凑名1 505元，支出901元，余604元；

"第三路是ZGY的亲妹，DWQ和ZGR一家，请76户，凑名1 085元，支出865元，余220元；

"第四路是LXM的亲妹夫，是ZZC和LXJ一家，请26户，凑名370元，支出117元，余253元；

"第五路是ZGY的亲妹夫，YXB和ZGB一家，请47户，凑名550元，支出353元，余197元；

"第六路是ZGY的亲妹夫，JQB和ZGL、JQH和ZGX两家，请65户，凑名925元，支出462元，余463元。

"一共剩余1 737元钱，他们都交给我了，用来置办葬礼上的其他物品。这个请人凑名都是为了孝家能够办好葬礼，大家的一点心意。另外就是礼尚往来的事情，大家住在一起，别人都出钱了，你不出，以后还怎么在这里住啊。这回别人给你处理，轮到他家时，我们还不是照样要出，不然咋个做人嘛。上次青龙村的LKY死，她是我的亲伯娘。坐夜时，我们共请了81户，凑名了1 670元。我买了245元的毯子，买了30元花圈，450元火炮，烟花55元，糖是 40 多元，一共花了 900 多元，剩下 770 元都给了孝家。

"乐队表演一般是女儿出钱请来的，在以前女儿还要哭孝，现在都是请乐队来哭了。请乐队哭丧的话，哭 30 分钟左右需要多给 100 元的哭丧钱。我是认为死人请乐队不好，那样就破坏了那种庄重严肃的气氛，等有空的时候，我会写文章批判这种做法。请乐队影响孝家守孝，孝家没有人守孝，都看乐队去了。我给乐队的总结就是六个字：你死了，我欢喜。死了人不应该朝贺，应该哀悼、哭丧。有了乐队，一些女儿就不哭孝了，可以说乐队继续发展，女儿可能更不孝顺。乐队是破坏了我们的传统，死人不应该欢歌笑语，应该悲痛。还有就是白会不应该穿红，红会不应该穿白，红会的话请乐队闹热还可以。毛坝有一家坐夜时，他的亲儿子就穿了红色 T 恤，这叫什么事情嘛。"

个案 7-17：以下是村民有关请人凑名的看法。在 L 家谈到村里请人凑名时，来串门的 TMF 就说了自己的想法。他说："我就觉得请人坐夜不太好。自己的岳父在 2006 年 7 月间死了，就只请了 20 多户，没有把组里的人都请完。请的是自己的亲戚和宗族的人，是最亲的亲戚。我是觉得岳父死了自己要出 1 000 元就出 1 000 元，要出 10 000 元就出 10 000 元，凭自己的本事和能力来决定送多少，就不去请其他人了。本来请一个院子、一个姓氏的就行了。整个三房坝的人就多，去请的话像讨口一样。凑名字是不太好，是浪费。还有就是受到打工潮的冲击，人情味更淡薄了。有些人常年在外打工，他有事就回家请你，你有事的话就请不到他了，他已经到外面去了。别人没请过我而我却请了他的，我会自觉主动地给他送人情钱去，那样好平衡。"

个案 7-18：邻近湖北青龙村的 LKY 老人去世，子女们为了便利的交通而居住在汪龙村，这是一个跨省边界居住的大家庭。LKY 老人生年 99 岁，老公 MHD 已过世，共有四儿三女，大儿子已死，二女儿嫁湖北本地，三儿子和四儿子均居住于汪龙村，五女儿嫁汪龙村的 QZF，六儿子在外打工，七女儿嫁中岭 MSQ。老人家生前已经是四世同堂的大家庭。

她的葬礼是由几个子女共同分担操办的，儿子 MST 说："母亲去世，是我们四兄弟平均出的钱安埋。总开支是 11 000 元左右，把收的人情钱算下来抵消算的话，每人补贴了 200 多元。我们四兄弟最初经过商量后决定母亲的葬礼就不请客，就请母亲的后家及她的三个女儿。在外面打工的人就不通知了（包括自己的孙子、孙女），他们在外面打工回来路费都要花很多，不划算。结果 MSQ 和 QZF 那两个女婿不同意，说要办，要请客，他们说：'你怕麻烦的话，我们就埋了老人回家吃饭就是。'MSQ 的两个女儿在广东打工都已经通知他们了，其中一个女儿都回来了的，外孙女都通知了，孙女孙子更应该通知。那样我们才办的，我觉得办酒会麻烦得很，不想办。"

孝家自己去定了 800 个碗，送给来祭拜的亲朋好友及周围邻居。又买 83 条毛巾，每一个帮忙的人发一条。

坐夜当天，孝家请湖北本村的道士 5 人给老人超度亡灵，共做法事（活路）两天一夜。道士主要负责看下葬日期、阴宅选址及做道场等有关的法事。工资是 800 元。还请大坝场的 QL 来录像，主要是录坐夜的情况，从当天最早来祭拜死者的第一路人开始至抬棺上山埋葬完毕，共计两天时间，费用在 400~450 元。因为明家有很多人外出打工不住在本村，所以要求刻录 20 张光碟来送给亲戚好友，每一张收取 20 元作为光碟费。在刻录的内容上孝家也做了要求，要少收录一些乐队表演的内容，多录各位亲戚在葬礼中的活动。孙子及外孙等晚辈是从外地赶回家的，都要在一两天后返回工作单位，所以对光碟的时间要求很急，要求在两天内赶出，以便带着光碟返回。

每一路人来祭拜死者都会送礼品，包括猪肉、棉被、糖果、鞭炮、花圈、烟等。地方离得远的话，还需要主人家包车接送。在进到坝子时，请玩狮子的人玩耍狮子增添热闹。如果是专门从自己家请来的狮子队，一般得花 100 元钱。如果是在现场请的狮子，一般得花 50 元。据舞狮子的 BZL 说："今天他们明家坐夜，我已经跳了 6 次了（被来客请舞狮子），来客大概有 30 路左右。我们每跳一次，都会给一包烟。"葬礼中的乐队是死者的女儿、女婿几个共同请来的，表演 4 小时的费用是 1 200 元，是来自石柱的时空乐队来表演。

乐队表演从晚上 18：30 开始，到 22：40 结束。有幕布、灯光、音响等设备，共有 7 个人，四男三女，他们各有绝活和分工。其中年龄最大的一男一女做节目的主持人，两个年轻男孩和两个女孩负责唱歌和跳舞，剩下的一个男孩负责弹电子琴。表演内容分为三个篇章，依次为追悼篇、综合篇、纪念篇。节目有：《疼爱妈妈》《孝舞》《孝歌》《率亲属致哀》《为了谁》（男女变唱）、现代舞《我的心在等待》《山路十八弯》《藏族舞》《恭喜发财》《好汉歌》《走进新时代》（反唱）、《365 个祝福》《印度舞蹈》、小品《包青天》、小品《潘金莲西门庆通奸》《从头再来》《女儿情》《妈妈的吻》《民族舞蹈》《纤夫的爱》《教育小品》，等等，其中也包括有一些低俗的节目，混有很多搞笑的情节。观看乐队表演的大多为中老年人，本村的人居多，还有孝家的亲戚。人们觉得请乐队就是为了热闹，这是一种风俗和习惯，孝家也表示请乐队其实也是为了留住来客，这样晚上守灵才不清寂。看的人越多，孝家越会觉得有面子。

此外，葬礼上的腰鼓队是孙女婿请来的。MSY说："在我们这里，办葬礼请乐队就是为了热闹，乐队一般都要女儿请或者孙女请，而其他的安葬费则是由儿子承担，女儿不分担。儿子出钱办丧事，女儿请本村、组的人和亲戚坐夜。干女儿也会请人坐夜。人死后的前几天都是自己的家人在家干活。坐夜的前一天才请人来帮忙做事（见表7-3），孝家请人时要下跪。"

表7-3　明家葬礼各项事务帮忙人数及红包金额

	支客	礼房	饭房	厨房	打盘	添饭	洗碗
人数	2人	7人	3人	12人	7人	7人	5人
红包金额	40元	2元	5元	5元	2元	2元	2元
	洗菜	办柴	倒杂菜	摆餐具	上酒	管孝堂	香烛师
人数	4人	2人	9人	4人	4人	2人	1人
红包金额	2元	2元	2元	2元	2元	2元	2元
	管水	放腌菜	安桌凳	管安全	接孝彩	烧煤球	总计
人数	1人	1人	2人	2人	2人	2人	76人
红包金额	2元	2元	2元	2元	2元	2元	279元

说明：每一项下面的钱数是每一个帮忙的人所得的钱数。

村民还告知调查组："其实，这些泡酒办会头（酒席）主要是泡亲戚，因为亲戚给的钱比较多。实际上到头来还是泡的是自己的，因为你要还礼啊，一句话说到底，就相当于是换活路。有亲戚朋友，就有天有地。泡酒的话，如果请在餐馆里，一般就是一户去一两人作代表，而请在家的话，一般就是全家都去。"除了以上的内容，调查组还详细调查了丧礼的细节。

个案7-19：芭蕉塘挨前坝LZL老人葬礼细节。LZL老人因为脑溢血突发，在2011年8月10日晚8点去世，当时家里只有小儿子在家，而大儿子和女儿都身居外地，不能及时赶回来。老人入殓的事项均是由小儿子及周围团转帮忙的人做完的。老人的寿衣是早就准备好的，上身穿7件衣服，下身穿3件，一般人死之后都是要穿单件数的衣服。是周围邻居帮忙和小儿子一起给老人穿的衣服，因为死者是男性，就没有女的在场。孝家请了马武的刘远高看期，包括下葬的日期和上山的具体时间。主要根据老人的生辰年月及死亡的时间，选出良辰吉日。刘推算出棺要停放3天，第4天早上6点上山。夏天天气热，这3天死者都要放在租来的冰棺里。

11 日的一大早孝家就开始布置灵堂，派人请周围邻居来帮忙并向亡人的亲朋好友发布消息，前来悼念。很快支客就确定了帮忙人的名单，并张榜公示（见表 7-4）。

表 7-4　LZL 老人葬礼分工安排表

支客	礼房	检房	厨房煮菜	饭房	淘菜	添饭
1 人	3 人	1 人	12 人	4 人	5 人	7 人
盛菜	管孝堂	打盘	接彩	上酒	抬碗	抬饭
10 人	3 人	7 人	4 人	4 人	4 人	4 人
烧火	办柴	安桌凳	管安全	清餐桌	装烟	总计
4 人	4 人	2 人	2 人	2 人	1 人	84 人

说明：支客是整个葬礼的管家，负责全部事务；检房主要负责检查饭席的桌凳碗筷是否够用，是否需要找邻居借用；管孝堂是负责给来客发孝帕和烧纸钱；打盘是饭席端盘；接彩负责接收来客送的彩礼；管安全负责来客后燃放鞭炮和疏导灵堂前的交通。

来帮忙的人都是周围邻居，大家都是自愿主动来帮忙的，一共有 84 个人。这 84 个人要协助支客筹办孝家葬礼，以保证葬礼能够顺利进行。帮忙人准备守夜那天的宴席和葬礼有关的一切事务。

8 月 13 日守夜，当地是白天守夜，守夜主要是亲戚朋友来祭拜死者。在以前是晚上守夜，帮忙的人就要一直忙到凌晨，现在为了帮忙的人可以轻松和方便一些，就改为白天守夜。今天来的每一位亲戚都会自带火炮在灵堂外燃放，并要找耍狮子的队伍一起敲锣打鼓走到灵堂前祭拜。有的狮子队是自己带来的，有的狮子队是在孝家请的。狮子队每带客人走一回，就会得到专门管账的人发给他们的辛苦钱，一般是一次 1 元钱。孝家这一次请的耍狮子队是来自黄鹤老街的五个人，他们各有分工，一个敲锣，一个吹号，一个打镲，剩下的两个舞狮子，略有些简单。耍狮子主要是图一个热闹，为葬礼增添一些气氛。当亲戚朋友进入灵堂时，外面火炮声响，孝子就要跪在旁边答谢，年纪和辈分比亡者小的都要给老人磕头。管灵堂的人烧纸、给来客发香。亲戚磕头后就要上香，然后是绕棺材走一圈，出灵堂，祭拜完。坐夜这一天是亲戚好友祭拜死者的高潮，从一大早一直到下午都有来客来祭拜。

15：15 的时候，死者家属的侄儿侄女请来了石柱飞天歌舞团的人开始表演歌舞节目（见表 7-28），表演一次要收 1 000 元。应孝家的要求，歌舞团最后又加了两个哭灵的节目，就是要乐队的人带领所有的孝子孝孙为老人哭灵祭拜。这个另外算钱，两次共 100 元，直到 19：30 歌舞表演结束。

图7-28　葬礼上的杂技和歌舞表演

此外，死者的儿子们还请来马武看期先生刘远高及他的4个徒弟来为死者唱佛经，为死者祷告。据刘远高师父说，他们这是正宗的佛教，通过上面的师父们已经传过好几代人，石柱文化局还来人专门采访过刘，并在石柱电视台播出。刘师父说，他们唱佛经可以分为3天、5天、7天不等，主要看孝家想唱什么内容或是看死人停放的时间，而且每一次唱经看的书也不一样，传下来的将近有30多本经书。像这一次主家主要是请他们来做昼夜，是唱一个晚上，包括3本经书。白天唱《佛门科范》和《佛门绕棺科》，晚上唱《佛门开路科》。一直唱到凌晨5点上山，这3本经书都是刘师父自己亲手抄写佛经书得来的。

晚上唱开路科的程序是请水、参灶、请圣、安土地、开方、召请通三品金桥、安灵、上孝、绕棺、通殿、十五疏、变忏、圆满、上车关赏力士车夫、辞灵。

到19点左右，刘师父就要招亡，即请死者回来吃饭，桌上要摆满饭菜和酒，孝子烧纸和上香磕头，之后就要召请——沐浴桥——安灵——上孝。这些程序是唱完一个就休息一到半个小时，然后再开始下个环节。上孝就是要所有的孝子、孝孙、女儿及媳妇一起跪在灵堂前烧纸，刘师父带着徒弟照着书在旁边唱，敲的是鼓、钵、铙和锣，木鱼和鼓是刘师父敲打，持续40分钟唱完。到23点时绕棺，除去儿媳妇其他人都要参加，大儿子手拿引魂幡，二儿子手拿牌位，其他人手拿香走在唱经人之后，先是顺时针绕棺，之后是逆时针绕，到23：50结束。

00：25开始通殿，首先是要在冰棺两边放两条长凳，然后要在每条长凳上摆放6炷香，旁边是白色纸钱和符条，棺前也要摆一炷香，一共是13炷，还要拿一只白蜡烛指引老人亡灵。同样是大儿子拿引魂幡、二儿子拿牌位跟着唱经师后面，不需要其他人；每绕棺一圈后，就要跪在香前，唱经师帮着点香、烧纸钱和符，然后移动蜡烛到下一炷香前。一直要把所有的13道香都烧完，才算通殿结束（图7-29）。

图7-29　道士通殿

1：40开始十五疏，这时就要其中的一名唱经师穿服装，还要准备3纸"文书"，意指让老人升天。然后穿服装的唱经师就要烧纸，并且开始唱词，其他人在旁边敲打乐器伴奏。此后由刘师父带来的徒弟们依次唱完剩下的所有佛经内容，一直到凌晨5点。孝家要全部人等准备抬棺材送死者上山后，孝子再进行复三坟后，葬礼结束。

坐夜这天刘家中午的饭席一共有22个菜（见图7-30），包括扣碗2个，炒菜2个——肉炒木耳和青椒，凉菜10个——主要是卤肉和凉拌菜，汤菜有8个——炖骨头、鱼、豆豆菜、海带皮、豆腐、火腿肠白菜汤、豆油皮和芋儿汤。当地有一种说法是丧事不做7、只做9，也就是7生9死，即是葬礼的饭席除去7这个数量的菜不能做外，其他的数量都可以做，而打发女儿结婚的就不能做数量为9的饭席。在葬礼中不能有喜沙肉，在以前葬礼还要求不做下锅炸的食品和不吃扣碗，现在已经没有这种讲究了。来孝家祭拜的客人不能穿红，穿白的最好。饭席一共摆有14张桌子，一桌8个人，共吃席68桌。

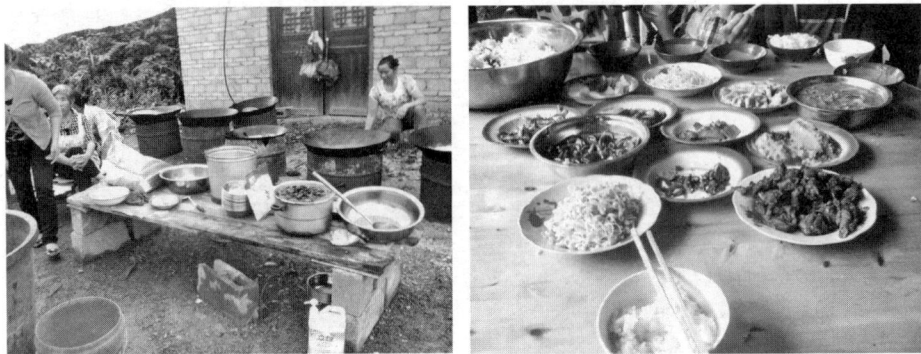

图 7-30　葬礼上的临时厨房与席面

三、民间礼俗

"人无礼而不立"，随着现代社会的高速发展，传统的伦理价值在中原文化的核心地区反而不显，唯有"礼失而求诸野"。黄鹤作为一个"野"的土家族乡镇，在留有很多少数民族的生活习俗的同时，又经过与汉族风俗习惯数百年的交流融合，最终形成具有自身特色的风俗习惯。特别是民间礼俗方面，乡境内的各行各业都有自身所遵从的行业礼俗。这是一个比现在很多大城市与经济发达地区更注重礼俗的社会。

（一）写香火

香火代表了一个人或者一个家庭的身份认同。在黄鹤，写香火也叫安家神，是在一整张红纸中间写"天地君亲师位"六个大字，并贴在自家堂屋的正中间位置。逢年过节和家里有红白事都要祭拜家神。1991年后逐渐将"君"字改为"国"字。六个大字两旁各附一列小字，有简繁两种写法。简体字写有"灶君夫子，四官财神"或"是吾宗支，普统供养"。如果家族里有两个姓氏则会写"二姓门中，福神香火"。繁体写有"九天司命灶王府君，南海岸救苦天尊，七角文昌梓潼帝君，关圣夫子伏魔大地，山王父母伏虎尊神，大成至圣孔子先师，药王会上名医尊神，汝州得道鲁班先师，酉汉得道四关财神，五丑大力牛王菩萨，零氏堂上历代昭穆，黑虎出坛赵公元帅"。从四川省内来本地的家族可写"万天川主惠民大帝"。将写好的六个大字贴到堂屋大墙壁的正当中，在六个大字下面贴土神，用 A4 大小的一张红纸中间写"中宫土府九鼎高皇大帝位"，两边小字写"长生土地，瑞庆夫人"，对联写"土中生白玉，地内生黄金"等，横联写"戊己宫中"或写"琼花宫中"。香火陪神对联有通用和姓氏的两种不同写法。通用的有"钦哉不忘五个字，敬失长存一片心。宝鼎呈祥香结彩，银台献瑞烛生花。三炷信香通天地，一盏明灯照乾坤。击磬烧香求吉庆，清瓶酌水保清平。金炉不断千年火，玉盏长明万家灯"等。姓氏陪神对联的写法是把本姓的杰出代表人物的典型事迹嵌作楹联，以事歌功颂德。例如：

左姓：庆延登科妻辞非偶，大冲作赋妹亦能文。

邹姓：鲁郡为钟灵地，邹屠乃迁徙乡。

姚姓：寨主子终皆贵妇，刺史女得偶相公。

冉姓：承先敬后武陵郡，继往开来忠孝堂。（忠孝堂）

王姓：秋水落霞惊四座，桐花栖雨服群贤。（三槐堂）

余姓：芦林岸上分携手，风景桥头连椰枒。

李姓：武功开国从高祖，文学传家继嫡仙。

隆姓：宗派从南阳诏敕，学涯自东鲁传来。

陈姓：文章世泽太邱长，经济家声关内侯。（义门堂）

黄姓：自古江夏为第一，从来山谷镇乾坤。

秦姓：武功开过从叔宝，文学传家继少游。

刘姓：功德庇神汉高祖，威震赤县刘皇叔。

田姓：兄爱弟敬三荆茂，子孝孙贤五世昌。（紫荆堂）

包姓：龙图辅宋为首相，胥公佐楚封大夫。（万卷堂）

严姓：万石贤姬扬名东海，三休居士高卧中林。

蔡姓：琴声字体中郎业，荔谱茶笺学士风。

谢姓：江左称风流宰相，程门称重学先生。

吴姓：三让两家天下，一剑万事千秋。

孔姓：安富尊荣公府第，文章礼乐圣人家。

曹姓：平阳世泽三章约，子建才高七步诗。

杨姓：四知情操惭贪吏，千古文坛重草玄。（四知堂）

辅姓：慷慨千金酬一饭，正言一表重千秋。

袁姓：才捷当庭赋铜鼓，节高卧日对梅花。

肖姓：制律功高能固汉，选文心萃继伟经。

苏姓：唐宋八家三席占，指挥六国一身荣。

杜姓：梦醒扬州甘涅槃，心忧社稷老风尘。

朱姓：爱民良吏称千载，善学殊功注九经。

冯姓：才难自显方犟角，位不稍迁老作郎。

吕姓：老弃钓竿荣佐帝，少交中雀喜多才。

祖姓：名垂青史圆周律，揖击中流报国心。

宗姓：杀敌渡河垂死愿，乘风破浪少年心。

陶姓：位显九州犹运壁，门栽五柳乐归耕。

徐姓：中论雅能邀帝赏，曹营终报向刘心。

周姓：三军左袒安刘氏，一锯东风逞将才。

纪姓：代主舍身真赤胆，经书华国乃鸿儒。

方姓：事后师名传宇宙，稽贼正气壮山河。

范姓：责君碎斗显忠爱，后乐先忧法圣贤。

钟姓：品诗论调如刘淼，献王书华匹魏文。

岳姓：守土君拔垂钓手，抗金天鉴赤忠心。

左姓：铁筑肺肝忠贯日，赋齐衡固字如珠。

白姓：四关铁桶因良将，十首奏念继国风。

郑姓：名商艺苑何云怪，德威黄巾不入乡。

许姓：清泉洗耳辞言禅，鲜字成书贵殷笺。

孟姓：难辨七篇尼父志，清诗五字社稷称。

唐姓：大节全由母教，侍儿幸配文魁。

蹇姓：千里引师老臣进谏，三朝着绩赐印增彩。

谭姓：七岁能登上第，三子尽作大夫。

张姓：忠义勇实为皇权弟，智谦称不愧汉王师。

赵姓：派衍天皇家传清节，门边朱旅后继廉耻。

马姓：铸铜标而载功绩，设奖章以授圣徒。

汤姓：长沙恺湘水之清，彭蠡毓都阳之秀。

曾姓：得休昭百年前辈，精勤侈万卷藏书。

写香火的习俗自古以来就有，在新中国成立初，该习俗被作为迷信活动而被取缔。在黄鹤乡是从1957年开始逐渐消失的，在60年代，堂屋贴家神的地方已经普遍为毛主席像的油画或者海报代替。进入80年代后，全乡才开始恢复原有的风俗（见图7-31）。

图7-31　黄鹤几个大姓堂屋中的香火

（二）踩桥

黄鹤河贯穿黄鹤乡，故而这里自古就是水多桥多的地方。新中国成立前，黄鹤乡有滴水塘、大坝场、大场和铜钎坝等地方修凉桥，待修桥竣工后，会有踩桥的习俗。即等大桥建好后，远近的乡民都要来庆贺新桥落成，并由其中一名踩桥人和木匠说吉利话来庆贺桥建成并请相关神仙保佑桥的安全。主要对话的内容如下：

甲：开天辟地盘古王，分下天地人三皇，天皇二万五千岁，地皇四万八千春，人皇三万六千岁，果老二万八千春，三皇五帝把桥踩，寿高北斗万万春。

乙：哪位仙家下凡尘，从头到尾说分明，此地新桥才修起，不乱凡人乱来行。你把实言说我听，好叫首人出来迎。

甲：吾是岁年巨江王，七岁封神上天堂。变了玉皇亲勒令，镇守江河水茫茫。

乙：此桥圆满先工程，来位江王踩桥人，余人暂时不相信，到底何川何县人？姓甚名谁说我听，父母又是什么名？究竟做得啥好事？然何七岁就封神？

甲：君问我的名和姓，我今从头说分明。大孝曹安是我父，至今生在曹川城，母亲又是官宦女，夫妇引孝奉双亲。一遭灾难有三载，二遭水灾有七春。祖母得病想肉吃，吾父设计去卖身。王家员外心不忍，出钱几百不卖身。走在黑松林前过，遇着拐子拐起行。回家无肉奉祖母，珠泪滚滚湿衣裙。上无兄来下无弟，单身回乡是我名。是我舍身救母命，头顶一刀命归阴。孝字感动天和地，天上封我江王神。山妖水怪不敢过，斩妖宝剑带随身。自从今日踩桥后，日月同在万古春。

（三）立木房说福事

在农村，上梁建房子与城市买房子一样，都是每一个家庭成员一生的大事。在新中国成立前，黄鹤人修房子，等木匠将木房做好后，主人要择期请周围邻居来帮忙修新房，亲友族戚要准备好布彩和火炮前来庆贺。立房的头一天晚上，木匠要敬鲁班菩萨，木匠掌墨师主动请石、木、雕、画、泥、砖瓦、兽鼓皮的手艺人共吃鲁班饭。第二天早上由木匠说福事，说福事表示两种意义：一是祝贺主人家财旺人兴，二是指导来帮忙的所有人要集中精神、使力一致，共同修好房子。木匠说福事的内容非常丰富，包括屋梁、鸡、米粑、门窗，等等。

首先是开篇，向上天的神灵汇报起房的事情。这一部分包括两个内容，其一是总叙起房的事宜：

天开黄道大吉昌，主家今日立华堂，一要祖师显灵应，二要众亲来帮忙，凶星返位吉星降，帮忙君子站两旁，前面脚道要打稳，迎列送列通商量。三亲六戚人义广，团转四邻来帮忙，主家华堂立得像，子子孙孙状元郎。

福事已毕，起！伏以。

其二为称赞此房，包括称赞房子风水好、修房子的帮手多、主人家的人缘好、房子有神灵庇佑、能够福泽子孙等内容：

不说金带自由可，说起金带有根生。昔日唐朝孙大圣，他到西天去取经。隋代竹米回原那，屋前屋后撒半斤，二三四月生竹笋，七八月间长成林。砍竹要问姚三姐，花蔑要问寸三娘，一刀划作两大块，两刀划作四半边。

细细划来细细派，拿给主家扭金带，金带扭起软如绵，黄龙背上缠两缠。
左缠三转生贵子，右缠三转出状元，文状元来武状元，立起华堂万万年。
福事已毕，起！
五更鸡叫天又明，闻听人马沸沉沉，眼睛珠子不识认，此处不知多少人。
老的出来叫伯侄，少的出来弟兄称。石木瓦匠三兄弟，同锅吃饭一家人。
不要核桃分干干，人不亲来行道亲。众位满堂都有请，远近亲友都来临。
一来你变主人请，二来帮助我师人。你们今后有好事，主家异日都来临。
令府择取黄道吉，立起华堂万万春。
福事已毕，起！
五更鸡叫天门开，鲁班仙师下凡来。来到此处罗盘摆，这座阴宅生得乖。
左边青龙把尾摆，右边白虎把头埋。青龙摆尾发得出，白虎埋头志向开。
说的好来发的快，老板娘子大出怀。年纪不过二十代，生下几个太子来。
长子朝中当元帅，二子朝中坐金阶。三子朝中把兵带，四子朝中坐席台。
自从今日发列后，子子孙孙状元台。
福事已毕，起！
太阳出来喜阳阳，照见主家立华堂。立起中堂立两旁，立起走马转角梁。
中堂立起好字向，子子孙孙进考场。初中高中来考上，读了大学去游洋。
后来你们把福享，幸福生活万年长。
福事已毕，起！
一不早，二不迟，正是主家竖立时。天上金鸡叫，地下子鸡啼。
鲁班云中很欢喜，人间幸福多安逸。党的政策好无比，责任放下数第一。
帮忙人等听到起，众位君子齐挞力。这座华堂来修起，子子孙孙穿朝衣。
福事已毕，起！

开篇以后就是福事的正文了，包括夸赞房子的材料精良、做工考究、风水上佳、有神灵保佑等内容：

说　梁

不提梁来自由可，提起梁来有根生，此木昆仑山上长，此木昆仑山上生。
生在昆仑山又大，占了昆仑山半边。上有九支朝北斗，下有七支透黄泉。
头上乌鸦不敢站，脚下老蛇不敢缠。张郎过路不敢砍，李郎过路不敢沾。
鲁班弟子佛法大，行正步决到树边。大斧砍了三个月，小斧砍了半年春。
才将此木来砍倒，斧头锯子闹喧天。张郎前去砍一斧，李郎随后一锛锤。

砍得砍来锛得锛，刨子口内出光生。白木头里黑墨线，锯子口内撒揪弦。
你一牵来我一牵，两头不要要中间。此木拿来何处用，拿与主家作栋梁。

画 梁

莫讨匠人口，细听匠人言。孟子见梁惠王，我叫匠人画神梁。
奉举张郎和李郎，手提神笔画栋梁。两头画的鱼凤尾，中间画的像凤凰。
大梁高上画点黑，子子孙孙出老爷。大梁中间画的宽，子子孙孙做高官。
大梁高上画得圆，子子孙孙出状元。今日画完了，脚踏楼梯步步高。
手提仙桃半中腰，我将仙桃来架起。主人银利好无比，玉皇赐我八百金，
我与主家进九分，财发人兴年年有，幸福日子万年春。

说 鸡

此鸡不是非凡鸡，身穿五色花花衣。生得头高尾巴低，唐僧西天带来的。
带回三双六个蛋，抱出三双六个鸡。大哥飞在天上去，取名就叫凤凰鸡。
二哥飞在海中去，取名就叫龙王鸡。三哥飞在山中去，取名就叫拖山鸡。
四哥飞在竹林去，取名就叫竹斑鸡。五哥飞在田中去，取名就叫田子鸡。
六哥弟子手中去，取名就叫点梁鸡。一点点在梁头上，子子孙孙举贤才。
支起华堂千万载，子子孙孙坐高台。二点点在梁腰中，八仙过海显神通。
生产战线做模范，国防线上出英雄。言寡尤，信寡悔，弟子三点点梁尾。
子子孙孙出富贵，锦上添花美上美。
一不早来二不迟，正是主家抛梁时，天上金鸡叫，地下子鸡啼。
鲁班仙师云中过，正是弟子抛梁时。一抛天长与地久，二抛地久与天长。
三抛状元吉利，四抛四季发财。五抛五子登科，六抛六位升高。
七抛天上七姊妹，八抛八大洋财。九抛朱红笔架，十抛状元回来。

说 粑

不提粑米自由可，提起粑米有根生。正二月份犁耙响，三月四月正栽秧。
五月六月出谷子，七月八月满田黄。家家户户挞斗响，九冬十月收进仓。
南京请个巧美女，北京请个巧姑娘。大粑办起千千万，小粑办起万万双。
此粑拿来何处用，拿给主家抛栋梁。一抛抛上天，半天云中鲁班仙。
二抛抛下地，地脉龙神受领祭。三抛中央戊己土，子子孙孙坐知府。
脚踏云梯上一步，子孙求登青云路。二步紫薇高照，三步三元结弟。

四步四季纳财，五步五子登科。六步六合同春，七步七子联芳。

八步八仙过海，九步九长寿喜，十步十全十美。

十步梯子我上完，立即就要上头川。上了头川上二川，犹如平地上高山。

四步云步已走上，一步一步登上梁。快把主人找拢来，又进宝来又进财。

主人双手衣牵起，发财就从今年起。虽然几句抛梁话，众位君子来架粑。

我将粑粑来抛东，子子孙孙坐朝东。抛了东来又抛西，子子孙孙穿朝衣。

抛了西来又抛南，主家云华代代传。抛了南来又抛北，主家子孙出老爷。

抛了四方又中央，主家富贵得久长。架起粑粑打嘎嘎，拿回家去诓娃娃。

老的吃了添福寿，少的吃了发大财。

其 二

忆往昔，看今朝，弟子端粑把梁抛。子孙永远多荣祗，脚踏楼梯步步高。

手扒楼梯往上瞧，脱了蓝衫换紫袍。上了一步又一步，儿孙永登青云路。

不提粑来自由可，提起粑来有根生。神农皇帝制五谷，轩辕皇帝制衣裳。

三四两月种下土，五月六月把苗匀。天宫娘娘叫他长，地母娘娘叫他生。

八字宪法作保证，又把粑粑来做成。此粑拿来何处用，抛梁庆贺万年春。

粑粑抛给主人家，好比锦上又添花。主人粑粑来接到，金榜题名去过考。

太阳出来四方明，万里风光万里云。华堂立起千万载，重重喜事入家门。

太阳出来照四方，照见主家立华堂。子孙提名登金榜，五湖四海把名扬。

自从华堂立起后，子子孙孙状元郎。

　　至此，起房过程中的说福事告一段落，待主人家将木房板壁装好后，就要按照惯例择期钉大门，届时也要邀请亲友族戚来庆贺财门落成，这叫闹财门。具体过程类似婚礼中的拦门：说福事的木匠师傅将新门关好，由一人用茶盘端着钱、米、酒、食物等供品站在门外，另一个人要站在门内，待这两个人内问外答后才能开门进出。我们在调查过程中遇到两次闹财门的仪式，第一个仪式是这样的：

　　甲：门外来的是谁人，或是仙来或是神。从头一二说我听，说与小师听分明。门外来的是谁人，说与小师得知闻，主家财门才钉起，今朝不准乱人行。或是仙来或是神，从头一一说分明，不要就在门外等，好叫主人出来迎。

　　乙：吾是三界财白星，闻听主家立高门，骑着白虎云端看，话不虚说果是真。因此腰缠千万贯，来与主家进金银。

甲：你是天上财白星，姓甚名谁说根生。哪朝所管到而今，哪个封你为财神。从头一二说我听，好叫主人出来迎。

乙：吾是商朝赵公明，精忠报国保朝廷。兴周灭纣去打仗，遇着古佛那燃灯。大点七元归天界，太公封我为财神。

甲：说得清来听得明，你今本是福禄星。一路共有人三个，那边又是哪一人。从头一二说我听，好叫主人出来迎。

乙：吾是上界长寿星，商朝所管都有名。寿星三百七六岁，头不白来眼不昏。受了玉帝亲勒令，来与主人开财门。

甲：你今道是长寿星，说的明来道的清。三一位是哪一个，把你来由说分明。从头到尾说我听，好叫主人出来迎。

乙：七曲文昌本年封，为封入教与童神。宗师为魁做玉帝，玉帝封我天下门。凡间无子送麒麟，士子读书杨公明。闻说主人门钉起，才送富贵子孙荣。闻说主人门钉起，才送富贵子孙荣。

甲：既是天上财白星，何年何月何日生。

乙：我是天上财白星，生我之时起祥云。荣华富贵都齐备，加官晋爵万万春。

甲：你今既是财白星，你将财星讲我闻。财门已是何人星，又是何木来做成。

乙：昨日鲁班云中过，采得梭罗木一根。又被风雷来打散，倒在凡间这地方。四海龙王桥一块，拿来做个钉海钉。文武百官桥一块，做个朝廷拜明君。主家今日桥一块，又请鲁班造府门。鲁班造起门两扇，一扇金来一扇银。打开财门与我进，金银财宝滚进门。

甲：三位仙家胜贤人，主家未曾远来迎。小师肉眼不识认，不知三位是真神。因此才把财门开，真正三位是真神。

乙：新钉财门明落成，当门桅杆是麻林。远看恰像是竹笋，近看犹如柳川城。打开财门与我进，金银财宝滚进门。手拿钉子犹如银，主家与我进财门，手拿钉子十二颗，钉起龙虎状元门。左钉一扇金鸡叫，右钉一扇凤凰声。金鸡叫来凤凰声，主家来迎财门星。天上金鸡叫，地下子鸡啼。一不早来二不迟，正是主家开门时。左脚入门生贵子，右脚踏门贵子孙。身边随带珍珠宝，手里拿的金和银。打开财门与我进，金银财宝送进门。天上三皇下九重，主家财门很兴隆。慌忙草率休见怪，失其远迎礼不恭。一杯美酒来敬奉，诸凡百事都兴隆。财神一步参进来，多召吉利广招财。似如晚上腾云起，才是春风送雨来。

自从仙家来米过，百般顺遂福禄至。自古有名长寿星，日月同老不计春。男寿如同张果老，女寿如同观世音。福禄寿星皆封赠，财也发来人也兴。

第二个仪式问答的内容又有不同：

外：日吉良辰，星君降临，随代仙罗银子，来在事主门前，请事主开门开门。

内：你是什么人叫开门？

外：我是来的财白星君叫开门。

内：你是财白星君，头戴什么帽，身穿什么衣？

外：我头戴乌纱帽，身穿滚龙袍。

内：你那踏的什么鞋，腰系什么带？你来做什么？

外：我来给施主踩财门。

内：你是何时出门，何时进城？

外：我是寅时出门，卯时进城。

内：你是谁人给你引路？谁人给你挑担？谁人给你执盘？

外：我是屋檐童子引路，四羯谛神挑担，吕洞宾执盘。

内：你是旱路而来？或是水路而来？

外：我是腾云驾雾而来。

内：你打从水路而来，经过多少河，多少滩？

外：经过二九一十八条河，二九一十八条滩，见一铁背球龙，拦断滩头，我才划船上岸，打从旱路而来。

内：你经过多少岭来多少湾？

外：我经过二九一十八条岭，二九一十八条湾。

内：路上多少桃李树，多少甜来多少酸？

外：二九一十八根桃李树，九根甜来九根酸。

内：甜的拿来做什么？酸的拿来谁人食？

外：甜的拿来供佛圣，酸的拿来敬鲁班。

内：鲁班仙师吃酸的吗？

外：鲁班造门三尺三，白日开来夜晚关，白天只许人进来，夜晚不准鬼来闻。

内：你知道天有多高？地有多深？

外：天有三十三重天，地有十八重地狱。

内：你知道谁人制五谷？谁人制衣襟？谁人制人烟？

外：神农皇帝制五谷，轩辕黄帝制衣襟，伏羲姊妹制人烟。

内：你知道天上梭罗谁人栽？地下黄河谁人开？

外：天上梭罗王母栽，地下黄河禹王开。

内：你知道门闩又是什么料？

外：门闩是天上梭罗木，张郎过路不敢望，李郎过路不敢砍。六元秀才剃了一根梭罗木，张郎前面来执斧，鲁班后面把门造。白天只许人来进，夜晚不许鬼来入。

外：门神门神细听分明，唐王登基下勒令，命你二位大将军。左门神来胡进德，右门神来柳将军，屋檐童子前引路，来在施主财门前。抬头看见二财神，来给施主踩财门。

内：左开一声金鸡叫，右开一声凤凰声。两扇财门齐打开，金银财宝滚进来。

外：左脚踏门生贵子，右脚踏门贵子生。两脚双双齐踏进，男生富贵女聪明。一进堂屋抬头望，主家香火在中堂。天地君亲当堂坐，四官财神在两旁。太白星君参拜你，安安稳稳镇乾坤。一张桌子四角方，张良设计鲁班装。回面设计云牙板，中间焚起一炉香。香烛点的明亮亮，鲁班仙师供中央。星君到此来参主，要请施主在一旁。星君赐你一盘金，荣华富贵万万春。星君赐你一盘银，子孙富贵显门庭。星君赐你一杯酒，子子孙孙出公侯。星君赐你二杯酒，金银财宝年年有。星君赐你三杯酒，荣华富贵镇千秋。星君这贺富贵荣华，桌子高上一把瓶，不是金来不是银，本是矿山石一块，工人大哥巧做成。上头做个小蒂蒂，脚底做个圆圆型。里头装得甚何杨，装得葡萄酒一瓶。此酒谁人来造起，杜康仙师来造成。杜康造下神仙酒，万古流传到如今。此酒拿来何处用，师人面前敬三杯。一杯酒你喝，师傅有着落。东家请你修房子，西家请你打圆合。人人都说手艺好，多少徒弟向你学。二盅酒一喝，师傅很高明。东家打马又来请，西家打马又来迎。这家不请那家请，阳雀过山远传名。三盅美酒通大道，师傅手艺真正高。天上请修皇宫院，地下请修罗元桥。师傅敬酒已先毕，转来又把施主提。发财就从今年起，兴旺发达福寿赐。赐给施主一盅酒，施主今后年年有。赐给施主酒一盅，荣华富贵万万春。三盅美酒赐圆满，施主年年有存款。存款存起千千万，子子孙孙用不完。财白星君要转身，施主财发人也兴。当门赐你摇钱树，后头赐你聚宝盆。摇钱树，聚宝盆，早落黄金夜落银。初一起来捡四两，初二起来捡半斤。财白星君要掉头，一股银水往屋流。

财白星君要回程，要给施主送麒麟。麒麟本是天子生，送给施主坐儿孙。财白星君上天堂，主家今日喜气洋。财白星君辞别后，荣华富贵万年长。

（四）祝寿

黄鹤是闻名遐迩的长寿之乡，因此黄鹤祝寿的习俗也有悠久的历史。现乡民包良余家尚存有一块完好的硬匾，匾的正中间写有四个大字"年符渭叟"。这块匾是光绪十六年正月，时任石柱直隶理民府知县刘峰赠予包家祖先的。

祝寿也算是民间红白喜事中的一种，民谚说："大德之人必得其寿。"在以前，男的生辰叫作悬孤令旦，女的生辰叫设悦佳辰。五十称为半百，六十为花甲，七十为古稀，八十称耋，九十称耄，百岁就是期头。寿缘越高，越表示其德高望重。凡是父母健在的人不能祝寿。平时亲友族戚携带糖、酒、鸡蛋、面粉等食物来，名曰"吃生期酒"。有时晚辈与寿者见面要磕头下拜后称呼给××拜寿。家里的老人年满七旬后，稍有宽裕的家庭就要宴请亲友族戚来祝寿，在当地的俗话称为"放火炮"。

在寿星生日那天，亲友族戚们要备齐寿衣、寿鞋、寿碗、寿糖、寿匾、寿对、寿席及一切茶食等贺礼。有仪式主持人 1~2 人。寿堂内外要布置整洁一新，每一扇窗户和门上都要张贴红纸楹联数幅，张灯结彩，堂屋内要点燃众多寿烛，灯烛辉煌。香火堂下要贴巨型"寿"字，条案上呈放祭祖信袱数封，烛光闪耀，整间屋子香烟缭绕。下设"品"字型大桌三张，铺上红色桌围，摆设香茗壶、美酒一瓶，瓷盘内盛装粮食果饼，并整齐摆放各种拜寿礼物及鞋袜衣帽，下铺垫跪。待一切设备就绪，仪式主持人就要按程序高呼仪式开始。此时锣鼓唢呐鞭炮齐鸣后，再呼乐止。请寿星上堂并包括双亲，寿星向祖宗牌位等磕头作揖后，拜寿仪式就此开始。依据当时的民间流传的拜寿形式，整个仪式共包括六个程序：（1）寿星上坐当中，陪仙坐两旁，晚辈们坐在下方，其余的都坐在侧边；（2）亲友族戚读祝词，主要内容为寿者生平简历，最后加些奉承话，例如："敬维德星协吉，聊表爱日承欢，鹤算绵长"，"识华堂之有庆，杯酒敬祝，欣椿萱并茂，老当益壮，年迈志不衰，体弱壮心在"，"愿寿比南山，福如东海，晚年快乐"，"子侄等谨呈祝愿聊表微意，不胜庆幸"，等等；（3）晚辈读谢词；（4）晚辈斟酒；（5）寿星对晚辈封赠；（6）收检礼仪。礼毕由主持人宣告挂匾、对骈，幛上刻绣八洞神仙，硬匾上的字——女寿书写"中天矜焕"，男寿书写"南极星辉"，父母双寿就写"椿萱并茂"。之后寿星退位，待祝寿者们全体退位，敲锣打鼓放火炮宣告仪式结束。

依据乡志的记载，笔者整理出祝寿习俗的具体过程及祝词内容。第一，请寿星和陪仙上座。仪式的主持人会说开场白：今天是××年登古稀，承蒙远近亲友不辞烦劳，前来厚礼祝贺。××深表感谢。下面依平辈——子侄——孙辈——曾孙的顺序排列，按辈称呼向××献茶敬酒。拜寿人要对寿星说："向××献上一盏茶，寿缘八十八再四十岁，一百二十八。敬××一盏酒，寿缘九十九再加三十岁，一百二十九。"然后作揖磕头拜寿。可依照辈分一齐拜寿，也可单独拜寿。一般子女可说的一句祝福话是"祝双亲大人椿荣萱茂，洪福齐天"。说祝福话是要按照与寿星的亲疏关系来进行，寿星也要回封两句祝福话，如"荣华富贵"等。

第二，由亲友族戚朗诵祝词，流传的祝词内容大致相同，会由顺口溜和解说寿星成长经历为主要内容，例如：

得信颜渊闵子谦，说了一篇又一篇。

祝寿贺寿是老规矩，万古流传到今天。

三亲六戚跋涉远，来到寿星寒门前。

高点明灯有远见，照顾不周请海涵。

请读祝词表心愿，祝愿尊长福寿添。

本月×日是×府××先生××悬弧大庆。先生是一名老学者，福分和年寿完美。

凡是与寿星有关的内外亲戚以及同乡同门的故交旧友，尤其应该登堂敬酒庆贺，制作对联；祝颂仙人海屋加添寿等，赋写诗歌集成篇章。

第三是寿星的晚辈们读谢辞。内容如下：

君子贤其贤，小人乐其乐，子路共之三秀而作。先进与礼乐，此话该我说。三亲六戚来祝贺，主家礼节不怕多。又是冷来又是饿，烟未奉来茶未喝。席上是些孬家伙，深愧家贫不好说。希望众亲原谅我，站在高山看下河。

各位来宾：得亲顺亲，方可为人为子。承蒙亲友族戚同声共庆，堪慰亲心，实乃盛情难酬。略备鲁酒粗茶淡饭，敬请满座嘉宾开怀畅饮。不雅之词略表谢意。

××年××月××日××拜

第四，所谓无酒不成席。晚辈们向寿星斟酒，表达祝福和敬意，如下：

桌子高上一把瓶，不是金来不是银。本是矿山石一块，工人大哥巧做成。

上头做个小蒂蒂，脚底做个圆圆型。里头装的是何物，装得葡萄酒一瓶。

此酒拿来何处用，寿星面前谢三巡。

初敬酒一巡，说个孝心人，孟忠哭竹冬生笋，天祥为母卧寒冰。

丁兰刻木行孝敬，郭巨埋儿天赐金。二十四孝表不尽，略提几个表分明。

二杯酒一勺，孝字如江河。我孝父母儿孝我，荣华富贵有着落。

黄鹭养儿你看过，忤逆之子切莫学。不信但看檐前水，滴滴落在现窝窝。

三杯酒结束，今天好舒服。寿星可算第一户，儿女忠孝很突出。

甘水承欢敬父母，福体安康精神舒。孝顺还生孝顺子，子子孙孙受福禄。

满斟葡萄酒一瓶，万古当初古代流，古来三盅通大道，从来一醉解千愁。

第五个程序是寿星对下辈的封赠，多半是祝福子孙后代踏实做人、辛勤做事、事业有成、家庭美满，等等，如下：

夏传子，家天下，代代儿孙享荣华。父母良言记心下，后裔儿孙必发达。仰望父母几句话，开个金口漏银牙。父子亲，夫妇顺，士农工商总要勤。天下耕读最为本，财发人兴享太平。

最后，是收检礼仪。由主持人主持收检。如下：

福如东海千秋禄，寿比南山万古青。寿满七旬精神爽，月到十五分外明。

三亲六戚来祝贺，寿增寿增再寿增。主持不好请指正，双手接到你批评。

礼毕退位，作乐申炮。

黄鹤乡的祝寿习俗在新中国成立后，随着时代的发展也经历了一段变动期。1950～1956 年，乡里的祝寿仅是亲友族戚备面条和鸡蛋去看望寿星。1959～1963 年三年自然灾害时期，人们都不吃饱，祝寿就更不可能了，所以这项礼仪属于停止期。1964～1980 年，乡民们生活逐渐开始好转，相互之间你来我往，吃生期酒活动也开始复兴。1983 年后，乡民们改善了衣食住行，有老年人说："这世道是我们等出来的。"年轻人们会说："这世道是我们碰到的。"在如此幸福的生活中，老者想多活几年，少者也怀愿老者多在世上享点福，祝寿风尚大大恢复，并且越来越旺盛。2000 年以来，很多程序都已简化，祝寿习俗只剩下吃席活动，在当地被通称为"会头"。

在黄鹤乡吃生期酒祝寿习俗的整个过程中，其生活中的礼节随处可见。如拜寿的人来得早，桌席未开，可以坐席桌边上等待，给帮忙的人让出空间，避免人多混乱。若是骑车去拜寿，路遇步行的亲友，就要打招呼说"后头慢来"。同路步行的亲友，要分路请进屋或是互叫慢走，每席待坐齐了才动筷子吃饭。吃饭若先吃完了，就要拿着筷子跟本桌的人说自己吃完请大家慢吃，才能放筷。喝酒要叫大家共喝，一起举杯干杯相喝，有时为了增进友谊也会互相劝酒。酒为席上珍，可以增加气氛，也可助长大家的兴奋之志。为了舒畅精神，当地有划拳劝酒的方式。两人对面各伸出拳头预备，两人同时按自己的心意喊口令并出手指，看谁喊的口令和两人所出手指的和相同，则此人为赢，输方喝酒。互相伸拳时的预备口令是"四季财啊"，第二句为第一拳接连内中一人叫准指数，由输方喝酒后的预备口令"四季财呀"。划拳的指数名称："宝一对，独占鳌。二红喜，三桃园，四季财，五魁首，六位高，七桥七，八仙寿，九个得令，满十载。"还有一种方式叫划花拳："一朵金花霜打二枝梅，三行魁首四季和五行，五行魁首六合又同春，七巧八马，九度民国兴，十全又十美就把一口吞，请请请全福寿。""福寿全"也属于指数口令，同样是一种很有意思的喝酒娱乐活动。

如果客人没有吃完，主人就不能收捡碗筷。走人户（亲戚串门）时有主客礼。客人进屋后主人必出来招呼狗，避免狗伤害到客人；若是主人没有出来，客人只能用棍棒招呼狗，不能打狗，打狗欺主。主人请客人坐，客人必须在指定地点坐下，主人用双手装烟倒茶，客人必双手接烟接茶，亲自给客人端洗脸水。家中来了贵客，男主人陪男客，女主人陪女客，主客畅谈。常言说："三个秀才就谈书，三个屠户就谈猪，三个背脚子就谈冒粗粗（冒碗饭）。"或者主人无暇陪客，也要备以核桃、板栗、葵花子、花生之类的小吃给客人，勿使客人独坐无言。贵客需要休息，主人要先将铺盖整理一番，然后请客人入睡。客人起床后，也要将铺盖恢复成原来的模样。

如果家里有读大学或是参军的小孩，就要提前宴请亲朋好友来家里吃离别饭。如果远行归来，必备礼物看望尊亲。若是和平辈表嫂等开玩笑、说浑话或评论残疾人，首先要环顾坐客中是否有与表嫂同姓男客和残疾人，这在当地叫作"对亲不骂亲"，可以避免给残疾人增加没有必要的痛苦。如必须要在别人烤火时从人家面前通过，则必先打招呼，要说："对不起，当门过。"主客见面叙谈，声音不宜高不宜低，音调做到清雅适宜即可。客人走时必给主人打招呼要说"好，我们走了"；主人要客气地挽留，会说"就在这里耍几天"；客人若是有事不想留住，就要回复"二回再来"，等等。这些生活中的礼俗，是当地社会生活中的一种规范，也是一套教育后代的礼仪课程，使他们以后在待人接物方面显得有教养和学识。在现代农村社会，这些礼仪尤显出无比重要的地位和作用。

第三节 特殊的日子：黄鹤人的节日习俗

节日是与人们日常生活不同的特殊时间节点，也是民俗表现最为明显和集中的时刻。黄鹤乡的节日习俗代表了当地最显著的民俗特征，也是民众生活样态的一种表现形式。

一、春节

在黄鹤乡，春节一般在腊月二十五日以后，家家户户就要忙着推磨开始置办过年的年货。改革开放后，人民生活水平得以提高，碓磨已被农民弃用于门外再也不用了，响壳磨也已经被农民当作柴火烧了，铜磨和打米机等工具进入了农民家庭，把农民从置办年货时繁重的推磨冲碓中解放出来。除夕这一天除了特殊的事故外，外出的人都要回家与家人团聚，当地的俗语有"麻雀都有个三十夜"的说法。等到大年三十那一天，家家户户都已经备好一切食物，每家每户在吃团圆饭之前要先敬家神。在堂屋的家龛台上虔备酒菜饭献之，焚香秉烛，繁烧信袄，简烧板子钱，家长带领家人在家神前磕头作揖并烧纸后才算结束。

在除夕这一天，还要举行一种叫作"上钱"的活动。上钱在当地又叫敬山王菩萨。传说山王菩萨是管山中动物的神。在新中国成立前，山中到处出现老虎伤害人畜，当地乡民为了让山王菩萨管住老虎，让它不再出来伤人畜，就举行对山王菩萨的祭拜活动。祭拜时乡民会说："山王父母伏虎尊神，求得山王菩萨保佑六畜兴旺。"把一张大桌子安在堂屋离大门约 1.5 米处，桌上秉烛焚香，摆放 12 个盅子成一字型，把刀头和豆腐各放桌子的一方，摆净酒一瓶。摆设就绪，一家之长斟酒三巡，磕头作揖后，等烧了 12 树长钱后放火炮才能结束。鉴于土地在当地乡民心中的重要地位，每年在过春节时都要敬土地，同样准备刀头、豆腐和净酒，去自家当门前的土地庙前烧土地钱后结束。转身还要烧纸钱敬财神。在门外坝边用三炷香烧板子钱并泼一碗冷水饭，叫"送孤魂野鬼"。

晚上火要烧得旺，脚要洗得好。吃团圆饭后，还要给祖坟秉烛焚香化财。还有少数人会从这一天起每天晚上给祖坟送烛亮到正月十五止。正月初一乡民们要争先恐后在井边打水，名叫"提银水"。接着在堂屋烧纸化钱，叫"出天行"。在新中国成立前，初一吃过早饭，乡民们就到附近的庙里烧香，然后开始打牌赌钱，"正月忌头，腊月忌尾"，如果赢了钱，表示这一年财钱如意，名曰"抢彩"。要进行拜年活动，就要在家先翻历书看哪天出行合适才出门拜年。以上的这些过年习俗在1958~1964年改为上山挖蕨菜根作为年货，1983年后，敬神活动已经走向淡化，过春节出现更多的是庆祝活动。从正月初一起开始玩车灯、花灯、蚌壳灯、彩龙船及拜年、打锣、舞狮子、说吉利，等等，而且乡政府每年都会组织各村村民排演节目，筹办当地自己的春节联欢晚会，在除夕夜乡里的广场现场演出，一切娱乐活动到元宵节过后结束。

1984年正月十五，黄鹤乡乡民以马培书为首组织了一队舞狮子队伍去给马武区区委拜年，并按照当时政府提倡的禁赌和赌博的坏处作为编唱内容以警示大家不要再赌博。内容如下：

如今社会好不过，切忌莫去学赌博，赌博发财无一个，赌博赌博越更薄。
赢打老婆都爱我，进屋就把包包摸。票子数起一大坠，拿去放在箱子角。
又来问我饿不饿，好菜好饭弄一桌。添饭添菜服侍我，黑灯给我来洗脚。
上床就把铺盖裹，又摸热火不热火，就把铺盖来盖过，脚脚抱在心窝窝。
天亮爱人烧早火，丈夫瞌睡打成托，睡齐十点起来坐，夫妻共同把酒喝。
我望你来你望我，恩爱夫妻天配作。门外有人来约我，今晚一定有着落。
一对保钱不顺我，把我输的灰搓搓。回家妻子来问我，吞吞吐吐不好说。
财产输尽把数过，铺上剩下烂蜡托。我怪你来你怪我，去见法庭把婚脱。
跟你一起不好过，好脚连住你痛脚。婚姻自由要由我，打了脱离各搞各。

二、其他节日

清明，相传是纪念前朝忠臣介子推的节日。清明节前后5天是祭扫祖坟的活动时间，有时道士先生会用铰子（一种敲打乐器）敲念做法事，叫作"谢坟"。一般上坟的子女都要携带礼飘挂纸在坟头看望尊亲。黄鹤乡此习俗在1950~1975年已经淡化，1976年后逐渐复兴，但是已经不同于以前。

端午节，是纪念春秋战国时楚国人屈原的节日。外嫁的女儿都要携礼物回娘家过节，吃雄黄酒，找药材，门上挂薄艾，吃粽子。青年夫妇回家，岳父母必以扇子、雨伞、草帽等礼物赠送。

中秋节，农历八月十五。机关干部单位给职工每人发月饼，并放假一天。一般在家务农的农民对中秋节不重视，因为按照每年的生产活动安排，那时正值农忙季节。

月半节，又叫中元节，在农历七月十二。传说是地府大赦鬼魂的节日，每家死去的祖祖辈辈都要回家去看望子孙后代，家里的孝子贤孙要准备冥钱、酒、菜和饭来孝敬祖辈。在当地过这个节日时，一般都是成家立业的晚辈请长辈来家里吃饭。

此外，对于劳动节、建军节、国庆节，每年机关干部单位都会按照法定日期放假休息，农民却不盛行，最多就是在家吃一顿肉和酒。现在生活好了，这些节日也是外出打工者利用小长假和家人团聚的时间。其他节日黄鹤乡民不予以太多重视。

第四节　也是"小"传统：
黄鹤人的民俗禁忌

禁忌是人们长期以来形成的被禁止的行为和思想的总称，人们想要通过实行禁忌的方式来获得平安吉祥。这些禁忌历代相沿成习，会反映在人们的生产生活中的琐事上。黄鹤作为一个具有悠久历史的传统社会，很多源于原始文化的民俗禁忌普遍存在。但由于原始信仰内核的脱落，对于很多禁忌，当地人都知其然而不知其所以然，只是遵循老辈的样子这样传承了下来，在不知不觉中形成了当地特色的"小"传统，即地方性知识。

一、节日禁忌

正月忌头，腊月忌尾，大年三十不吃鸡肉汤，不然传说做农活换工爱遇落雨天。初一忌说不吉利的话，这关系到一年的成败。正月初一不扫地，说有大风吹倒庄稼。正月初一不用甑子蒸饭吃，这样做家人会爱生气以致家庭不和。正月初一、初五、初九忌推磨冲碓。正月初一忌炉中无火，十五忌家中无灯。惊蛰不用牛干农活，防牛肋骨痛。清明也不用牛，防牛患清水症。四月初八不用牛，是牛王菩萨的生日。逢丑日不用牛。逢戊日不动土做农活，俗称忌戊，防止庄稼受到风灾水雹灾。七月遇蛇进屋，只能赶走不能打死，意为是祖先探望。披起蓑衣斗笠忌进别人的屋。每月二十五日不搬家，是月忌日子。正、四、七、十月逢巳，二、五、八、冬月逢酉，三、六、九、十二月逢丑，犯红沙，凡红白喜事不用。春季乙卯、辛酉，夏季戊午、丙午，秋季癸酉、巳酉，冬季壬子、辛亥，为天地转煞。春季庚申、辛酉，夏季壬子、癸亥，秋季甲寅、乙卯，冬季丙午、丁巳，为正四废。天地转煞和正四废日凡红白喜事都不用。有许多老农民都知道这十六个日子不用。以上禁忌新中国成立前都非常讲究，1953 年后逐渐走向淡化，现已留存无几了。

二、婚嫁禁忌

婚嫁择吉日，忌人格，忌天空，忌岁星，忌不利月，亥日不行嫁，丑日犯孤忌，忌无天无地日，忌阴将阳将，忌周堂值夫和值妇，忌二十八宿中心、翼、兼、参、鬼、元、底、昂、牛九个凶星，忌埋儿煞，忌绝丁煞，忌子娘煞，忌分枕煞，忌混沌煞，等等。

新中国成立前，女性在婚前三天禁食，婚后三天禁解便。新娘解了裙带，是母亲必须担负的责任，若婚后三天内出现解便，那就是对后亲的不体面。如 1925 年本乡包姓一女在婚前被她嫂子戏弄，将油炸的酥肉豆腐给她吃了，在结婚的晚上解了大便，怕被别人知道，便暗将大便用帕子包好放在柜子里，想待三天后扔下粪池，结果因为忙着回门就把此事给忘记了。待新娘回门去，亲友们就进洞房取干果盘吃，在柜子里发现有一个包帕子，欣喜是一包干盘，就拿出了洞房，大家都去抢，结果抓了满手的屎。后来众亲友们在满屋的臭气中笑得死去活来。此事过了将近 80 年，现还有人拿出来作为茶余饭后的笑料。

忌同姓不婚，周礼则煞。忌不同辈结婚，叫作班辈不和。未出阁的女子忌说秽丑之言。除本姓婚出的女性外，其他同姓包括婚进的女性忌给本姓女性做媒，说是挑起肉卖。新妇到男方中堂接纳时，忌少妇和尚小的姑娘及包白帕子的在场。姐忌送妹，要穷三辈。送亲人不吃笋子和南星，笋子是尖脑壳，南星是鬼儿子。送亲人回程忌放炮，是起身炮。女性二次出嫁，忌从中堂大门出来，说是把家屋的财产给带走了；万一要往大门出来，家里人就给她撒一把灰，就说是一败如灰。未结婚的青年不能吃猪蹄，说是吃了找不到媳妇。接亲和送亲的娘子忌用二次婚姻的人。媳妇忌同叔伯、老人公、大伯子坐一根板凳。夫妻忌在别人家同居生活，"宁可借屋停丧，不可借屋成双"。媳妇忌同外人同居生活，说是野人上床，家败人亡。新中国成立前的离婚约忌在屋内桌子上写，有"生人妻死人墓，挨动就是祸害"的口头禅。男忌在妇人的裤子下过路，男忌女在头顶上的楼上过路。出阁时，新妇忌从大门进中堂辞祖，新郎拜堂后忌从大门出来进洞房。小孩剃胎发忌剃光，要蓄命的。送亲人不吃七个碗、九个碗的席，说是七生九死。忌送本姓人的女性上山埋葬，说是送二亲。已经结婚的男人忌坐在火炉柴上，说老丈母黑脸。产妇吃的各种蛋壳忌乱甩，要存起来倒在十字路口。1983 年后仍有部分禁忌存在，因为日常生活中看期的人愈多，互相评论揭露原因的就越多，加上科学的发达，人们也有所觉悟，有些禁忌就逐渐被人们忘记。

三、丧葬禁忌

丧葬首先重视择吉看期，要忌鬼格，忌周堂值夫和值妇，忌墓戌煞，忌四季天坑，忌灭门大祸，忌亡人落枕空亡，忌入地空亡，忌冷地空，忌重丧，忌四季不葬，忌土府煞，忌亡人随命例，忌地空，忌横推不过，忌四大魂不入墓（见图 7-32）。

图 7-32　葬礼中民俗禁忌的体现

看地忌十不葬，忌二十四怕十恶，忌八路四路八煞黄泉，忌地支白虎黄泉，忌灾煞劫煞，忌孤虚煞妖空亡线，忌天度五行克分金，忌坐穴克亡命，忌消亡水，忌禄文廉破收上堂，忌五黄三煞，忌年月时五黄。

人死不能久置床上，说是背床。孝子报丧忌进别人的家门。人死后忌见天，用纸贴香火天地两字，清棺时用布遮天。给亡者穿衣时候忌讳穿双数，入殓忌讳人影盖入棺内，亡者忌讳往大门招进中堂停柩。孝眷忌吃酒肉、豆渣豆腐，怕后辈人头生癞子。丧席忌讳扣碗，说是后辈人要折寿。佛前灵前忌用桐油亮。在外的死者忌讳抬进堂屋。在棺材铺买棺材、在药店买药、送道士出门，忌说"二天来"。道士先生做法事当中，忌孝家有人生小孩，说是道士先生运气不好。亲友送碗忌讳无九碗，说是七生九死。凡是祭神供祖的食物忌先食。凡七月进屋的蛇蛙，要烧纸化钱忌打死，说是为祖先探望子孙。灵牌和石碑中间的一路字忌落生老病死苦的"生"字。棺材忌用铁打，发重丧出去的人忌回头看，孝眷总在棺材后送丧。亡者未上山前忌红色，忌开玩笑。发丧时忌有睡卧人未醒，恐将魂魄送走。清棺时忌眼泪掉入棺内。发丧出门烧铺草忌烟子回头。

现在黄鹤乡大约有 20 个人会给别人看期和看地，但其中不乏滥竽充数之人，有的看期先生连看期用的通书罗盘书上的字都认不出几个。从 20 世纪 80 年代开始，黄鹤乡的葬礼开始有送布毯和踏花被、放电影和录像、请乐队唱花脸等，已冲破了原来的红色禁忌，除此以外其他禁忌尚存。

四、其他禁忌

木匠忌鲁班煞、斧头煞、刀钻煞。栋梁忌被跨过。烧砖瓦忌说红彤彤的，要说亮洒洒的。若是去看倒铧要看着倒完整出来为好，如果倒出来有欠缺忌再看。打猎的猎物未敬草坦前忌瓜分。打草鞋忌安三、五、六个耳子，有"三耳强盗四耳客，五耳六耳穿不得"的口头禅。装板壁忌木板颠倒，说只有朝天上长，没有朝地下埋。

夜晚禁吹口哨，谨防引来强盗。远行要忌历书上的红沙和往亡，车上忌载死尸。吃中药，妊娠时忌用药，十八反十九畏。孕妇忌鸡肉与粑米合食，令子生得白癣；忌食羊肝，令子多生厄运；忌食鲤鱼鲇鱼及鸡，令子成疽多疮；忌食犬肉，令儿子无声音；忌食兔肉，令子缺唇；忌食鳖，令子项短以及损胎；忌食豆腐霍食，令子生黑子；忌食山羊肉，令子不耻多摇；忌食螃蟹，令子横生；忌食子姜，令子多指生疮；忌食骆驼马肉，延月难生；忌食蛤蟆鲜血，令子喑哑。

忌撞动人房栏圈，忌犯胎神。猫死忌乱丢，要用篾兜装起挂在树上。忌买五奶牛杀胸璇，忌买五瓜猪。卖牛忌卖牛绳和牛棒铃。

第五节　小结：民俗传统的地方性传承

从黄鹤的田野调查案例中我们深切地感受到，具有共同血缘的家族共同体是自然村落存在的前提，也是区别不同自然村落的标志。血缘群体是地方性民俗传承的主体。生活在黄鹤的土家族先民，由于资源总量有限，制约了社会组织的发展，家族不仅能聚集共同的力量来获取更多的资源，拓展生存空间，而且能利用血缘的凝聚力集中一定的资源，增强家族的政治、经济实力。"集体"占有一定的土地、山林、水源，既提供了家族进一步发展的物质保证，又将现在的资源置于家族的保护下，不致为外族所鲸吞。在低水平社会生产力和恶劣自然条件的逼迫下，土家族先民只有采取较简单的社会组织形式才能生存。与此同时，农业生产对土地的依附和农耕制度的年度周期，使农民的生存空间相对固定在一定的区域。在特定的时空制度下，血缘与空间结合在一起，形成一个个具有人文意义的村落。

黄鹤以共同血缘关系为基础的聚居村落，家族在这里世世代代繁衍生息。生存空间具有比较明显的区域界限，群体聚居的生存方式、相对恶劣的生存环境以及与周边其他区域民族之间的生存空间竞争，使黄鹤土家先民的民俗传承既沿袭中原汉人的民俗传统，又根据具体的时空对民俗进行创造性的改造。

表面看来，黄鹤人民的生活似乎都是顺其自然，到了什么时候就自然会做什么事情，举行什么活动。实际上，这种看似无需考虑的既成秩序背后，有着在具体的时空作用下所形成的一整套制度在起作用。生活在具体时空条件下的不同家族，既具有土家族共同的制度特征，又实践着自己的制度创造。不同的家族在具体的生存环境下创造了确立自身存在的时空制度，包括传统的年节、村落社会自身发明的祭祀周期以及村落社会发展中形成的独特仪式与规范等。自然村落的存在，不仅体现了家族的界限，也反过来说明村落的历史与发展有一个制度化的过程。具体的时空制度是对村落的认同，村民们在一定的时间共同举行仪式和庆典。这些区域性的活动突出了家族的凝聚力，加强了村落成员与亲属之间的联系，同时家族的影响得以进一步扩大。而村落社会中独特的仪式与规范，或是对村落历史的记忆，或是对普遍性制度的一种变通。因此，村落不仅是血缘群体的聚落，也是由具体制度所制约的生存空间。在这样的时空坐落中，村民实现了对自身的认同，也使一个个具体的村落得以为外界所区别和认识。在这个意义上说，村落又是自足的生活空间，村民在各自的生存空间创造自己的历史，文化也因此在统一中表现出多样。❶

❶ 刘晓春.民俗传承的地方性研究——以客家乡村社会为个案［J］.湛江师范学院学报，1999，20（1）.

第八章　乡土的边城：黄鹤人的民间口头叙事

无论是表层的区域文化还是下层的生活样态，都需要有一个合适的表达方式。这种表达方式分为两个部分，一部分是对非本区域内讲述的，带有书面性质的表达方式；另一部分是本区域内部成员之间互相交流的，带有深刻地方文化内涵的口头性表达方式。在这种表达方式中，作为各民族在其特定生存环境中经过长期的历史积淀和优化选择传承下来的经验和智慧，口头叙事成为民族传统文化中极具魅力的重要组成部分，是民众运用方言、口语的形式讲述、传递历史与文化的一种地方语言艺术，是普通民众认识社会、寄托理想、表达情感意愿的重要方式和渠道。黄鹤人民的民间口头叙事形式非常丰富，主要包括民间神话故事、谚语、字谜等形式。

第一节　散文叙事：流传在黄鹤的民间故事

黄鹤乡的民间故事多数属于口口相传而流传下来的，在笔者调查期间，会经常听到一些民间故事。本节所记载的故事，都是整理访谈记录而来，它仅代表讲述人的说法。黄鹤乡民间故事的类型有地名来源、村名来源、地形等传说故事。

一、乡名、村名由来故事

关于黄鹤乡名的由来，除了前文提及的乡志中包家祖坟黄鹤飞天的记载，《包氏入川族谱》里也有详细的记录以堪验证：

大清顺治年间，世泽公居湖南省泸溪县兰村，配周氏生一子包大宝，父子移居贵州省石矸府中井街贸易年余，又移居湖北省利川市长顺坝。大宝公配周氏生一子包如才，如才公配徐氏生一子包朝进，朝进公配张氏生四子包廷龙、包廷凤、包廷虎和包廷贵。

康熙元年，朝进公留廷龙、廷凤二公守长顺坝产业，廷虎已少亡，携廷贵移居四川省丰都县义顺乡滴水坝，得买柏果坝、大咸二处产业定居。朝进公寿终后葬于义顺乡滴水坝沟侧，长顺坝廷龙、廷凤二公子孙发达兴旺，听信堪舆之残言："如将朝进公坟墓由义顺乡滴水坝迁往长顺坝龙滩子，子孙更加发达兴旺，还出公侯。"于乾隆四年十月初六强行搬迁坟墓，开墓后从墓内飞出白鹤一对，乡亲父老认为滴水坝风火龙脉好，将其以滴水坝更名。

民国二十年，滴水坝由丰都县义顺乡划归为桥头镇，桥头镇将滴水坝建乡制，认为白鹤之"白"不吉，白近黄，黄即皇，黄帝至高无上最喜黄色，命乡名为黄鹤乡。民国二十四年，黄鹤与箱子石合并，用箱子石之"子"与黄鹤之"鹤"，乡名为子鹤乡。民国三十一年，丰都石柱划插花分地，将桥头镇及所辖划为石柱县，石柱县内调乡界，将箱子石化为马武乡，马武的二、三保八个甲划归黄鹤至今。

而包家自朝进公坟墓搬迁后，长顺坝廷龙、廷凤二公子孙逐渐衰落，有黄鹤乡贵公之孙、国胤公之子包正福过房成洮抚子。廷贵公子孙日益发达昌盛，能人辈出，成为黄鹤的一大望族。

此外，据说若干年以前，黄鹤乡曾还叫紫鹤乡。后来在湖北恩施姓孙的一户人家，想给父母寻一个风水好的地方埋葬，阴阳先生去定了黄鹤乡老乡政府后面的地方。在埋葬挖地的时候，挖出来一对黄鹤，还飞到树上叫唤三天，后来把紫鹤乡改为黄鹤乡。

汪龙村的村名由来是因为这一地区包括有汪家榜和龙嘴塘两个地方，它的名字就是在两个地名中各取一个字来命名。而汪家榜这个名字是因为在以前黄鹤场东边河坎上，生着三个由上而下的大堡，有一姓汪的人家居住在那里，由此得名。鱼龙村是由原来的两村——龙泉村和鱼泉村合并而来的，取这两个名字皆因为这一片地区有龙泉河和鱼泉洞，是以天然的地形分布来命名的。山河村的三战赢，传说官兵追逐土民，弄得土民无处藏身，为了保住这块地盘，各处土民组织起来与官兵搏斗，土民三战三捷，终于歼灭官兵，就取名为三战赢。龙洞沟的名字是源于从前那里涨洪水时，有一条龙从沟里出来顺沟下河，后来就命名为龙洞沟。

二、地形传说

站在黄鹤乡的集镇大坝场，只要抬头向远处望，就可以看到远处山头上的鹰嘴崖，传说鹰嘴崖上发生有一段传奇故事。据说几千年前，鹰嘴岩变成了一匹白马，会时常跑到下路去吃农户的谷子。有一次白马又跑去吃谷子，下路的人很生气，就奋起追打这匹白马，把白马的腿给打瘸了，伤处流了血，血迹成了马蹄印。人们就在白马留下的血迹印子处钉了一个铜桩，用铜桩把山岩给钉住，以此山岩再也变不成白马，也不能再跑出来乱吃庄稼了。现在山上还有很多河沙、鹅卵石，但是一直都没有人找到那个铜桩。

在黄鹤乡对面的湖北青龙村范围内的山上有一个长得十分像香炉的石头，在黄鹤的老坝明显能够看得到。而与其相对的，是在黄鹤乡汪龙村黑石坪组的山顶也有一个几乎一模一样的石香炉。这两个石香炉居高临下，守护着整个黄鹤老坝。关于它们的来源有一种传说，说这两个大石头的确就是香炉。天上神仙张果老曾挑着两个大香炉从此经过，路过此地时，感觉有些劳累，而这里的地形是两面成山，中间低洼；张果老站在低洼的河谷，恰好可以将两个大香炉搁在前后的两座山上以作休息。然而不知何故，张果老走的时候竟然没有把这两个大香炉挑走，而是将其放在原地。一年又一年，两个大香炉经过无数年的风雨侵蚀，于是成为两个神似香炉的大石头。

马蜂崖是清明山上位于中岭组之上的一处崖口，那里是一面石壁，石壁与地面相接之处有一道缝隙，这个缝隙之中现在还有一口木棺材，上面被大量的灌木野草所覆盖，因此木棺的外形依然保存完好，而且此地也不会被雨水侵蚀。传说历史上这里曾有过一种传染性疾病——麻风病，而麻风病在当地又被叫作"大马蜂"。现在棺材中的人就是在那个时期得麻风病而死的人，将其葬于此处，于是这里就以"马蜂崖"而命名，现在那个地方还留有棺材。

三、其他故事传说

据老街 STY 老人讲述：我们黄鹤乡一带的人以前一直都是在马武赶场，解放前我们过马武赶场被人欺骗——买东西时缺斤少两，就喊了一群人去和马武的人打架，但是由于我们人少马武人多，结果打架输了，后来我们这边的明家和孙家领头过去和马武的人打架，打赢了之后就自己在黄鹤建立起场镇。

此外还有关于秦时英考科举和下葬的传说：

秦时英幼时家庭贫困，父母双亡，从小跟着二叔二娘长大。那一天，下着蒙蒙雨，天不见亮他便去投考，步行走去彭水。他的二叔去山坡上背着蓑衣斗笠割草，他割草的时候迷迷糊糊就听到好像有人在说：老婆婆，你起来得了，秦举人投考过路了哟。但是当他精神振作起来一看，又什么人都没有。他回去心里就想很纳闷，就跟秦时英的二娘说，我今早在山上割草，好像听见有人在喊：老婆婆，你起来得勒，秦举人投考过路了。回头一看，又没见什么人。他的二娘一想，道：时英这次去考可能考得起。结果秦时英果真就考起了。

秦时英死了以后是抬着回来的，从浙江省抬了 21 天才抬回来，最后在三河坝埋葬。在那个地方，埋葬他的时候也有个传说：

阴阳先生看坟地风水的时候说，尸体从浙江抬回来，坟墓什么的都准备好了，现在就等一个戴铁帽子的过路，再就把尸体埋在里面。当时的那些人非常相信这些，就一直等着不下葬。结果等了很久都没等来，当天正好在下大雨，那些帮忙的人就心里着急了，心想不要等了，哪里还有个戴铁帽子的人呢，从来都没看到过。于是就把尸体放下去了，放下去之后，没过多久就有几个从马武赶场回来的人路过，之前雨很大，那几个赶场的人就在马武一人买一口锅，顶在头顶上当铁帽子躲雨，但是和下葬时间已经岔过了。如果再等一会儿，又不知道是怎样的情况了。

第二节　乡土乡音：黄鹤的方言和土语

方言是老百姓在长期的生产生活中自己创造出的一种当地语言形式，包含着乡民们的地方性知识。

一、常用语

调查组广泛收集了黄鹤当地的常用语言，大多是韵律整齐、对仗工整的短语，多使用比兴的修辞手法，充满浓郁的乡土气息，具有明快的口语节奏。

这些常用的短语中，一部分是劝导为人处世的道理的，例如：

读得贤文会说话，读得文王会占卦。打开窗子说亮话，有理则上，无理则下。有事不可胆小，无事不可胆大。手不摸红红不染手身，不窝刺林不着刺挂。人老才乖，姜老才辣。说话费精神，弹琴费指甲。有钱钱打发，无钱话打发。放账犹如高坡射箭，收账犹如海底捞沙。儿大要分家，树大要发叉。心中无冷病，哪怕吃西瓜。岩鹰不打窝下食，蜂子不打眼前花。真人面前不说假，朋友面前不卖打。丝乱理丝麻乱理麻，烂鱼鳅还有饿老鸹啄。

会说话的是想一想的说，不会说的是抢一抢的说。话由你说，事由你酌。君子动口说，牛马动蹄脚。真对真，酌对酌，我的尾巴甩得脱。人尖不晓得杀角，猴尖不晓得解锁。光棍易得学，难学自捐脚。话有三不说，揖有三不作。会打官司同边要，客膝落地各说各。做贼人心虚，吃鸡肉发渴。主不开门客不进，椒不开口子不落。前有三十年睡不醒，后有三十年睡不着。管人闲事受人说，不管闲事特快活。道士易得学难打把把钵，端公易得学难吹弯弯角，木匠易得学难打望天鳖，手艺易得学德行难得学。浑水摸鱼见风使舵，银子钱米硬头货。衣穿三件不热不冷，饭吃三碗不饱不饿。

还有一部分宣扬了民间朴素的伦理道德：

口里才唱南无那摩，心里在想哪一个。人怕裹，篾怕火。戏子是一般，强盗是一伙。你是你来我是我，羊子不同狗扯伙。新官上任三把火，旧官下任炎妥妥。养儿强过我，积钱做什么；养儿弱过我，积钱做什么。

说话要有对头，睡觉要有枕头。雀往高处飞，水往低处流。没有煎烂鸡蛋烫烂酒，粮未破，饼未流。野猫打不到，倒搬一大柴头。弟兄同娘长，衣食各自求。出门欢喜进屋愁，愁帽放在屋还头。一莫瞧二莫愁，一步好运在后头。姻缘前世修，种子隔年留。你坐十年清官府，我拿十年不偷牛。不会拣瓦，只会夺漏。水到淋时便掏沟。捉到鱼儿灌巴豆。抱到葫芦要子子抠。落到穷人手，要待穷人有。共屋漏，共牛瘦。背时好还账，发财好整酒。土地菩萨不放口，老虎不敢去咬狗。

好话无人传，孬话传千里。公说公有理，婆说婆有理，媳妇出来还要说个大道理。出门十里，先问言语。一人不敌二人计，二人主意上天去。说到口里，想到手里。说不完在坡地，吃不完在锅里。舍得家的才打得倒野的，舍得你的才吊得住他的。

不说不笑，阎王不要。说到做到，不放空炮。半夜想起歌来唱，好个鸡公叫迟了。庙修起和尚也老了。人看从小，马看蹄爪。欺大莫欺小，三年都赶到。家中有老，百事都很好。又要马儿跑得好，又要马儿吃得少。装得莽，吃得饱。

跑马不吃回头草。捉到怕死了，放了怕飞了。墙上一垄草，风吹两边倒。人不宜好，狗不宜饱。羊子口内藏不得草。前传后教老还小。嘴无毛，做事不牢。嫩笋出林高过母，箍桶还要老篾条。钱是人的胆，衣是人的毛。小人得食犹如赖狗长毛。你走你的阳关道，我过我的独木桥。客有当期，海有当潮。叫花子也怕过烂板桥。好心讨不到好报，好泥巴打不到好灶。人情到，揭锅灶。在生不孝，死了吼道。骑马抬轿，放了就要。人抬人无价之宝，水抬人万丈之高。出门的门槛矮，进屋的门槛高。这山望着那山高，过了那山无柴烧。

另外一部分涉及生活常识：

铁冷了打不得，话冷了说不得。有话当面说，有肉当面切。话无重重，语无叠叠。君子出门三千客，瞎子跛子都要得。出门看天色，进屋看脸色。父子关系，财义各别。酒醉心明白，脸红正吃得。教得个歌儿唱不得。谙贼不是贼，强盗把做客。生成的乌骨鸡，洗都洗不白。心中有事心中测，心中无事硬如铁。多得不如少得，少得不如现得。不是吹牛日白，要实现了才晓得。买田买地不如买书，积钱积粮不如积德。箍不到五山，不得抓六山的蛇。

说起话长，斗起把长。只叫你赶场，那叫你点黄。哪个石板脚下不把鱼胶。人逼悬梁，狗急跳墙。养女朝娘，栽葫芦爬墙。山中无老虎，猴子称霸王。家中有架丧，家是别人当。吃酒吃不醉，割肉吃不伤。落水有三荒，哪个概不屙尿打湿个裤裆。东方不亮西方亮，黑了南方黑北方。人是铁，饭是钢，几碗吃了硬邦邦。差你那一碗菜不成席，一个螺蛳打坏一个过场。一个臭皮匠心中无主张，两个臭皮匠坐拢来商量，三个臭皮匠赛过诸葛亮。人心不足，蛇吞象。三端公，四和尚，少了一个做不像。千兵有头，万兵有将。无浑水不浪，无事说不像。好个鸡公叫迟了，半夜想起歌来唱。一棒打在水上，水上落在泥上。叫花子见不得热稀饭，癫子听不得锣鼓响。时是猜，梦是想，打卦老师光扯谎。

还有教育人们协调处理好各种社会关系的：

说话场中莫添言，打架场中莫添拳。尽是些别人事，弄得你当中帮酒钱。好汉莫拿人识透，识透不值半文钱。勤耕田无多有少，苦读书不贵也贤。将钱学艺，学艺讨钱。钱钱钱，命相连，欠的日子少不了钱。长不过的路，短不过的年，松木过的冒耳头，紧不过的钱。当面清钱，不为小面。勤俭出富贵，富贵出懒惰，懒惰出贫穷，贫穷出勤俭。人怕三对面，弯木就怕一墨线。大路朝天，一人走半边。小人得势，顶起簸箕就是天。

话不明，气胀人。三句好话软人心，坏话一句冲死人。红面君子，黑面小人。提刀割肉，起眼看人。要扯屋上草，先看屋下人。隔手不抓痒，打酒只问提壶人。天下无难事，事怕起心人。唯愿父母双全在，大树脚下好为人。家懒外头勤，好使外头人。成人不自在，自在不成人。朝廷无空地，世上无闲人。先量自己，后量他人。说话不提名，不会得罪人。当官不让父，理下不饶人。栽林养虎，虎大伤人。人争起不走，鬼争起不赢。筷子掎起不吃，脚趾姆夹起吃不赢。要人就要人，不要人就屙尿淋。公不公，有族中；平不平，有四邻。自身不谨，扰乱四邻。一个巴掌拍不响，十个巴掌响沉沉。过得媒人眼，上的亲家门。聋子套安名，瞎子会弹琴。三分阴阳走遍天下，七分算命出不到门。长短是根棒，大小是个情。哪个男子不出门，哪个女子不嫁人。哪个背起锅灶走，哪个背起碗出门。堂上活佛不孝敬，何必灵山拜师尊。有几坟上漂白纸，无几坟上草常青。前传兴，后传根。你孝父母，儿孝你身。天上无云不下雨，地上无媒不成亲。天上只有文曲星，地上只有郎舅亲。人穷莫挨亲，手冷莫烤灯。万丈高楼从地起，水有源头木有根。当家才知盐米贵，养子才报父母恩。人能处处能，草能处处生。山高挡不住太阳，困难压不住决心。庄稼痛人心，儿女痛人心。三天不提针，手艺生。不是黄泥不烂路，不是草籽不粘身。行了出状元。条条大路通北京。十年难逢金漏斗，百年难逢岁交春。穷要穷得干净，饿要饿得清心。人是站起的福祸，马有转继之症。有钱不怕胡子深，无钱不怕小伙青。三分动作，七分口令。打铁先打本身硬。弓硬弦不硬，弹琴不好听。你在说，我在听，犹如逗我耳朵动。不怕生坏命，就怕生坏病。人穷过不硬，粑米当不得吃。

另一些短语告诉人们一些前人的经验：

话明气歇，鸡屁不淡。先说断，后不乱。今日为草口，异日为铁案。话说三道无人听，戏唱三道无人看。吃人茶饭，与人担担。比到牦牛下子崽，比到箍箍生鸭蛋。久病无孝子，长工无烈汉。人多不洗碗，鸭多不生蛋。是亲不过三碗饭，是客不过三天半。赚钱往前算，塞本往后算。巧儿媳妇难做无米的饭。光去打虾巴，还要转回角来看。白纸写成黑字，黑米造成熟饭。一刀切肉，一刀洗板。人无龙头被纸拴，只认得倒咕眼的将军，认不得闭眼的罗汉。为人不在衣冠，只要品行习的端。有理三扁担，无理扁担三。当官难，难当官。会说话是两头瞒，不会说话是两头传。热肉好吃，冷账难还。各人的稀饭都吹不冷，去会别人的汤丸。道场由施主，法事由掌坛。相交朋友难上难，得朋友不易难。话丑理正，人熟礼完。光棍一把伞，准吃不准展。说话不婉转，一天说到晚。吃饭端大碗，做活路蹦老坎。不是撑船手，哪个叫你去掌豪竿。

听说如尝汤，尝汤必有味。前之古礼后之规。狗咬一口，白米三斗。腊肉三斤酒一缸，吃了又来背。人不要脸，百事可为。人不出门身不贵，火不烧山地不肥。客来莫叮嘱，锅内一瓢水。牛头不对马嘴，羊毛不粘狗腿。

还有警告人们哪些事情不能去做的短语：

话说难收，衣破难补。病从口入，祸从口出。王法不论亲疏，钢刀不论骨肉。熟能生巧，工多艺熟。只有奸人做，没有奸人富。孔明难保子孙的祸福。桥归桥，路归路，三分匠人，七分的摆布。儿大背母，女大背父。天天待客不穷，夜夜做贼不富。生有地头，死有去处。天生一人，必有其故。一客不犯二主，赞人不上一百步。前有三十年是看父送子，后有三十年是看子敬父。软话能套猛虎。人无路，走人户；牛无路，打围车。饿了莫吃萝卜，人穷莫走人户。四大天王泥巴做，肚皮饿了是真功夫。从小不教育，长大是个弯翘木。三个秀才就谈书，三个屠户就谈猪，三个背脚子就谈窝粗了。看书莫看戏，看戏就发气；看戏莫看书，看书就是个气粗工。有者不可无，无者不可诬。

一日说话，百日相同。牙齿脚下有合同。一死无火灾，村中无二穷。吹鼓手的命穷，好事多同。人不转路转，山不转水转，水不转河沟有个弯，石不转磨转，船头还遇转角相逢。时不来，运不通，屙尿撞倒了牛角蜂。当一天和尚撞一天的钟，和尚死了庙内空。千里送毫毛，礼轻情义重。叫花子见不得热稀饭，小黄牛见不得小粪桶。

嘴空说怪，手空扣癞。当道说好，背道说歹。没得斩龙剑哪敢下东海。上回当，淘回市。人到无处止，货到地头揣。朝天一把钱，诸神都下界。客听主安排，弯刀将就瓢切菜。

不为起，不为败，不牵这个牛儿就不得跳烂这笼菜。死猪不怕开水烫，站得拢高退得开。单英雄，一单衰，哪有英雄辈辈来。心想梳个光光头，只怕癞毛不争气；心想打个吞吞强，又怪手手挠不来。机不可失，时不再来。哪个家中敢挂无事牌。上梁不正下梁歪，中梁不正倒下来。水消石头现，鱼烂刺出来。告成虚处去，单从实处来。人死饭瓢开，不叫他就来。

一嘴巴的马列主义，一肚子的自由主义。大事说成小事，小事说成无事，才算本事。两口子打架是常事，拖架的人是多事。人老不管事，刀老不砍柴。明人不说暗事，奸人要带三分猪气。只有再一再二，没有再三再四。洗脸顾不到鼻子，清官难断家务事。麻雀过路都有个影子。家有横妻烈子是无法而可治。嘴巴两块皮，说话无尽气。人人有个脸，树树有层皮。得一寸就进一尺。江河易改，禀性难移。唐高祖有个起义师。万丈深粮都有个底，人的心事拿不一。手里拿钱肚内知，记问之学不可以为师。好狗不咬鸡，好夫不打妻。看菜吃饭，量体裁衣。好儿不受爷田地，好女不穿嫁时衣。事不关己，高高挂起。调转椅子坐，将心比心。人人有步时，不知早和迟。有吃无吃欢喜些，有穿无穿假起些。

这些短语穿插在黄鹤人民日常的言语交谈中，拉近了与交谈者的心理距离，增强了当地民众的乡土认同感，客观上也增加了当地语言的趣味。

二、方言词

对仗工整的方言短语多出自口齿较为伶俐的黄鹤当地老人口中，而更多的口头语言，是以方言词的形式表现在其他一般的语言之中的。

其中，有一部分用于形容某类人，如：

闷龙、傻瓜、啄棒、笨拙、憨包、苶子（愚蠢的人）；家家（外公外婆）；鼻色（哮喘病人）；长得好小（长得好瘦）；他好哈哟（他太傻了）；半头房子（独眼龙）；棒老二（土匪）；病壳子（多病之人）；鸡尿肚皮盆肠多（多心多意的人）；潺头（爱出风头做烂事的人）；打抓婆（话多的人）；打门锤（爱夸自己有本事的人）；刀头（不怕代过的人）；二幌子（说话做事不稳妥的人）；干人、干黄鳝（无钱的人）；乖乖人（小儿子）；耿板子（吝啬人）；寡骨脸（颧骨突出两腮下陷的瘦脸）；夹舌子（说话不清楚的人）；夹尾狗（害羞不愿见人的人）；净人（不带物的人）；接把瓢（爱接话的人）；毛三教（做事毛躁苶撞的人）；翻情子（爱乱翻动别人东西的人）；梦虫虫（年幼不知事的人）；刮盆把儿（幺儿）；老挑（姐夫或妹夫）；老牦（大哥）；老庚（同龄人）；老丈人（岳父）；咬卵匠（固执己见不爱改变观点的人）；墨老壳（强盗）；三只手（小偷）；骚鸡公、骚棒（喜欢搞男女关系的人）；醒色（开玩笑过度、做事随意的人）；悬蚂虫（软体动物，引申为爱纠缠的人）；摇裤（内裤）；摇客马（动摇不定的物体）；赖时猴（受雇主逼债、爱吃喝的人）；烧火老（与儿媳妇通奸的人）；四眼人（孕妇）；水饭鬼（好吃喝的人）；讨口子（乞丐）；天棒（鲁莽不怕事的人）；眨巴眼（红眼病）；笔口（有魄力而且说话算话的人）；掌墨师（木匠师傅）；坐地猫（地方有权势的人）；充狠（显示自己能干的人）；裸连（常哭，多指小孩）；肥活扣碗（指容易对付的人）；单吊（身体瘦弱）；敦笃（身体结实）；倒尖不哈（倒聪明不聪明的人）；光胯叮当（下身赤裸）；团不拢耳（形容矮得不像样的人）；穿连裆裤（关系紧密谁也离不开谁的几个人）；跟屎狗（跟在别人后面的人）等。

还有一部分方言词是与普通话不同的名词，如：

苞谷（玉米）；脑壳（头）；胛孔（胳肢窝）；蜇蛛（蜘蛛）；墨脚货（劣等品）；倒拐（胳膊肘）；底脚（下面）；义义裤（开裆的裤子）；对头（敌手）；喝瓢（不方正的木板）；疙瘩（树木桩根）；寡鸡蛋（孵不出小鸡的坏鸡蛋）；济济（皮肤上的污垢）；金色卵（贵重的东西）；上山（劳改）；讥诮话（讽刺话）；身配（体格的形状）；私交（私人之间的交往）；污杆货（次品）；月黑头（微微的月光）；救气（扭伤）；收窝（牲畜交配）；眼红（嫉妒、羡慕）；央夹（难听的话）；总成（建议）；甘贵（稀少的物体）；拐火（差错）；凡白（雪白）；失水（失火）等。

另一部分方言词描述了日常生活中常见的场景，如：

耍一盘（玩一会儿）；搞一盘（试一试）；打扑爬（跌跤）；挨一锭子（挨一拳头）；腾胯（抬腿）；费玩（无意义的顽皮）；会头（聚客的喜期）；么餐（途中或是中途时吃少许食物）；舀舀艺（边看边做边会，不用拜师的手艺）；遇憋气（不向别人说所受到的冤枉，只会生闷气）；出姓（改嫁）；打堆（聚在一起）；串狗儿（酒醉呕吐）；打发（嫁女）；打闷头（休克）；泛草（动物发情）；告羁（告饶认输）；搞灯（乱搞男女关系）；搞名堂（从中使坏）；过串（说话得到结果）；剐狗（剐狗皮：喻指几人串通做局使人赌输）；贯失（对小孩娇生惯养）；鬼扯（不着边际的谈论）；夹毛居（说讽刺的话）；将勿（自我照顾、照料）；垮杆（垮台）；看白了（不值钱、无作用）；抠痛处（揭问题的短处）；估算（估计、预计）；默条（打主意）；安顿（安排、准备）；捞稍（把输掉的钱赢回来）；配盘（充当配角）；扑爬（向前跌倒）；不认黄（不讲仗义）；日白（聊天吹牛）；口诀（很野蛮的谩骂）；使气（赌气）；算坛子（开玩笑）；要要达达的（边做边休息）；卫向（偏向、偏袒）；蔫须（没有精神）；遭晃手（上当）；招站（答应、招留）；巴眼（别妄想）；主火（掌火、负责）；碍口失羞（因害羞而说不出话）；臊疲（场面受辱）；踢屑（故意贬低）；剐稀稀的（态度尴尬）；扮灯失样（开玩笑不当真）；抱膀子（打牌当参谋）；背皮（替人受过错）；扁牙巴劲（互相争论歪理）；不来实

（不理睬）；不准出（说话不算数）；扯回消（回信）；扯卵谈（吹牛）；扯声卖气（放开喉咙吼）；吃倒草（同姓乱伦）；吃独食（只管一人吃）；吃福喜（吃便宜食）；打肚皮官司（有意见不说）；打懒颠（骂人短命）；打屙尿主意（主意光臭不灵）；打漂漂（试探、不做只望）；打甩手（空手）；打烂仗（过穷日子）；丢海誓（赌大咒）；递点子（暗传信息）；逗猫惹草（故意招惹是非）；放烂药（破坏人的好事）；拣落地桃子（得现成、坐收渔利）；拣香应（买便宜的东西）；爵牙巴（指信口胡说）；叫腮（指说谎话无中生有）；开黄腔（指说外行话，又指乱说）；款大话（说大话）；马干吃尽（强迫人服从自己）；麻幌子石（趁机欺骗，使别人吃亏）；卖犁鹭（弓腰干活）；摸不到横头（搞不清情况和原因）；摸夜螺蛳（晚上行窃）；没得样子（不像话）；没得衣食（不按需要造成不必要的剩余）；拿言语（指疏通关系而办交涉）；谢祖龙恩（卸脱责任）；赊起口口（张开嘴）；佯张不睬（形容假装没看见不理睬的样子）；仰肢八义（仰面朝天、四肢张开的样子）；倚老卖歪（倚老卖老）；装猫失祥（假装糊涂）；栽巴短巴（捏造拼凑材料）等。

在黄鹤的方言词中，形容词和副词占了较大的比例，如：

咪咪（很小）；捞毛（不多不好的东西）；欺头（得便宜的事情）；打油火（趁火打劫）；过坳（比喻技术过硬）；见尽（对人对事认真严格到极点）；见边（爱给别人做事）；将就（勉强可以）；讲礼（形容客气）；焦人（使人烦躁）；裸起（拖着不办）；捞糙（吃得粗糙）；波烦（厌烦）；失格（说话做事不得体）；蹋尸（骂坐着不工作的人）；陶器（事情难办）；舔肥（巴结、拍马屁）；挺尸（骂睡觉的人）；巴适（合适）；宝里宝气（又短又傻）；白癣子、坐桶子（坐着指挥）；阴险（毒辣、歹毒）；颠冬（糊涂）；懂窍（灵机转变）；逗头（正确）；富态（形容身体发胖）；格不拢耳（说话不流利）；勾二麻粮（男女关系暧昧不清）；狗里狗气（吝啬、不大方）；购搞（难办）；管火（指说话做事起作用）；关中（共同的）；逛二门头（说话不兑现）；鬼精灵（小聪明）；犟拐拐（指倔强固执）；经事（经久耐用）；紧卷（房屋院落紧凑）；砍截（指说话做事直截了当）；亢阳（晴朗气温高）；麻利（动作快）；猫煞（厉害）；蛮得（吃得好）；棉轧（不易碎裂）；摩嗦（做事拖拉）；嫩蒜（人年轻）；聊口白舌（东扯西扯的说话）；熬苦（很有苦味）；亮绍（明亮亮的）；泡毛（指急躁、说话快）；洒脱（慷慨）；丧味（伤脑筋）；挖抓（龌龊）；娃夹（糟糕）；萎缩缩（精神萎靡不振的样子）；蔫瘫瘫的（精神萎靡不振）；渣翻翻的（杂乱不堪的样子）；渣瓦瓦的（形容零零碎碎的样子）；斩齐（整齐）；么子（什么）；那阵（那时候）；巴心巴肠（一心一意）；查一颗米（悬得很）；不睬祸事（不怕事）；长棉吊线（时间拖长）；炒冷饭（比喻重复的话语）；扯谎捏白（不说老实话）；充饥机（显示自己能干）；惶里唬西（粗心大意）；假巴意思（假装、勉强、算是）；搞沙子（矛盾公开化）；看年看月（形容间隔时间长）；狂眉狂眼（形容瞠目结舌的样子）；毛焦火辣（形容十分焦虑）；马起脸了（严肃式的气愤状）；麻脸不认（翻脸不认账）；没来头（没关系、不要紧）；毛皮擦痒（形容烦躁不安静的样子）；脸红筋胀（形容发急、发愿、害羞）；呵呵拿虚（形容喊叫声音高大）；苕头苕脑（土里土气）；梳光光头（比喻做事情挣面子）；耍板眼（玩弄花招）；下整楼梯（比喻做事不循序渐进、一步到位）；虾得住（比喻乘人之危整人）；现鸡脚（露出意图）等。

动词在方言词中占的比例不大，大概是因为动词发展变化较快，较早被普通话同化了，这类词有：

撵走（追赶）；扯伙（搞在一起）；过恶事（做十分恶毒的事）；打闲条（说与正事无关的话）；叛命（临死挣扎）；扯拐（出了事故）；扯筋（搞口嘴）；扯谎（不说老实话）；冲祸（挑拨是非）；度嘴（接吻）；斗磨（戏弄）；短倒（拦住）；翻撬（反悔）；废场合（当儿戏、不专心地干活）；拱服（佩服）；勾阴（记恨）；估倒（强迫）；卡辣（出难题）；拢来（靠过来）；起据（得罪）；杀提（收拾）；思包袱（行贿）；闪劲（比喻中途松劲）；胎包袱（受贿）；弯酸（挑剔）；展苯（做重活）等。

还有一些方言词是黄鹤当地独有的量词、形容词和表示时间或空间的名词或者副词，如：

一巴口水（一口唾沫）；惶得很（粗心大意、糊涂）；断黑（天刚刚黑）；对年（全年）；不错（正确）；几耳失（几耳光）；逛二（东逃西走的）；鬼板眼（坏主意）；鬼点子（烂主意）；几黄蛋（几兄弟）；估谙（估计）；架事（开始）；起教、起谷子了（开始了）；审倒来（试探着办）；少保（很多）；绵一阵（拖延一会儿）等。

三、民间谚语

除了经常出现在日常交流中的固定方言词和短语以外，黄鹤还流传着很多民间谚语，这些民间谚语是生活在此地的人们长年积累下来的，大多与农事活动密切相关，表现了底层劳动人民的智慧和经验，也从另一个层面展现了黄鹤人的生活样态。

在这些谚语中，有些强调了农业的重要性，如：

七十二个行道，种田最为重要。人称粮食宝中宝，一日三餐不可少。种田生产五谷，提供各种原料。国民经济得繁荣，人民生活过得好。三句话不离本行，庄稼言语道短长。农业是国民经济的基础，田间是广大农民的战场。没有木匠难盖房，没有农民哪来粮？农业丰收，百业兴旺；丰衣足食，国富民强。农民贡献实在大，大干四个现代化。增产粮食是前提，全面发展，因地制宜；可以适当集中，不要强求划一。五业要并举，农林牧副渔。搞好多种经营，繁荣城乡经济。搞农工商联合，充分挖掘资源。要想生产步子大，实现农业现代化。不要墨守成规，大搞科学实验。提倡科学种田，推广先进经验。实引生产责任制，尊重生产自主权。生产大发展，人人都喜欢等。

还有的以广大劳动人民喜闻乐见的方式，传承了前人多年累积的农事经验，如：

土地生万物，锄下出黄金。高山平地长五谷，只怕懒人不用心。苗从地起，枝从树分。土要细整，田要深耕。边收边耕，野草不生。地不中耕，草比苗深。合理深耕，犹如地翻身。头道早，二道深，回道犁耙压要认真。耙得烂，犁得深，多种多收展劲称。土地是宝，越种越好。种田无他巧，精耕勤锄草。要想庄稼好，四犁四耙不可少。犁好耙好，光长庄稼不长草。土变田，好万年；田变土，年年苦。田土炕得酥，好比下油枯。土垫一寸，好比上粪。宽一尺不如厚一寸，三挑肥泥当挑粪。水土不下坡，粮食产量多；水土不出田，粮食吃不完。田泥上山金不换，土泥下田收万石。庄稼一枝花，全靠肥当家。化学肥料好，农民个个夸。粪草粪草，庄稼之宝。要得庄稼好，须在肥上找。肥是农家宝，积足又沤好。只要肯找，肥料不少。东跑西跑，不如拣粪弄草。冬天积堆草，春来就是宝。庄稼施肥有技巧，看天看地又看苗。底肥要足，追肥要巧，时间数量还要掌握好。土是本，水是命，肥是劲。娃娃不离困，庄稼不离粪。庄稼不施粪，等于瞎胡混。三挑青草皮，当挑牛屎粪。五黄六月莫要困，多积青草多沤粪。多养六畜多积肥，人勤畜旺地有劲等。

另外一些民间谚语以口诀的形式强调了农业生产的必备要素，如：

水是庄稼命，肥是庄稼粮。积水如积金，保水如保粮。奶足娃娃胖，水足谷满仓。一滴水，一颗粮，水里能把粮食藏。机电提灌力量强，翻过坡坡翻过梁。到处修起抽水站，高产稳收多打粮。与其望老天，不如修个塘。冬修一个塘，来年谷满仓。水满塘，谷满仓，塘内有水仓有粮。有收无收在于水，收多收少在于肥。有水无肥收一半，有肥无水光眼看。不怕天旱，就怕靠天吃饭。蓄水防旱，该打八斗打一石。机电提灌，不怕天旱。只要勤灌，天干也能吃饱饭。河渠纵横水长流，白日无雨也丰收。会看水，看一沟，不会看水看一丘。春雨如油夏如金，管好秋水为来春；秋雨季节错过了，春来光是鼓眼睛。春雨贵如油，不让一滴流；及时蓄好水，秋后庆丰收。冬水灌漏田，来秋是丰年等。

有的民间谚语传承了农事生产过程中的宝贵经验，如：

母壮儿肥，种好苗壮。一粒种子，千粒好粮。今年选好粮，明年多打粮。种大芽子粗，子饱禾苗旺。穗选筛选籽粒好，泥水选种苗子壮。好树结好桃，好种出好苗。什么样的种子出什么样的苗，什么样的葫芦做什么样的瓢。种子又齐又老，收获又多又好。剩秧如剩草，缺秧如缺宝。种怕水上漂，谷怕斩断腰。种子年年选，产量节节高。务好种子田，连年保丰产。种子换一换，多收一两担。留种要晒干，藏种要常翻。选得好，晒得干，来年种下少黑疸。种子消毒净，庄稼少虫病。药剂拌，盐水浸，来春禾苗无虫病。荒山变绿山，不愁吃和穿。树木连成片，不怕天干和水患。雨水清明紧相连，植树季节在眼前。栽树忙一天，利益得百年。栽树季节遇天旱，早晚浇水莫偷闲。枇杷隔年就开花，桃三李四柑八年。苹果喜气寒，栽植不宜南。培植一个园，胜过十亩田。荒山不结果，烂梨不值钱。房前屋后种满竹，三年以后换新屋。柏树肥，松树凉，黄土坡上栽青冈。背风地点好种槐，桉树易活又肯长。漆树栽在河边上，柳树喜欢湖水旁。山上毁林开荒，坝上农田遭殃。山顶戴绿帽，溪水清汪汪。栽桐植桑，办社有方。栽得一亩桑，胜过十亩粮。山上栽有百棵杨，屋里添个打柴郎。河边插柳，河堤久长。山上栽树，山腰点桐；山脚种果，山下务农。千百万松，吃穿不空。千棕万桐，组里不穷。要想桐子结满树，除草松土勤垦复。一年不垦二年荒，三年不垦见阎王。千桐万柏一片楠，世世代代享不完。猪养田，田养猪。识字要读书，种田要喂猪；种田不喂猪，必定有一输。公要管一坡，母要管一窝；配种要选公，留种要选母。嘴短身长腰杆粗，弯脚黄牛直脚猪。前夹不会吃，后夹不肯长；尾巴高吊起，越喂越欢喜。嘴粗颈长，到老不胖；嘴粗腰圆，当年出圈。养猪养猪，要下功夫。着急吃不到热饭，心焦喂不出肥猪。牛要放，猪要胀。小猪要长胖，须要经常放。小猪要奔，大猪要困。圈头有粪，庄稼有劲。猪吃百样草，看你找不找。养猪要加料，精细配搭好。喂猪不巧，窝干食饱。炒菜要油，耕田要牛。耕田有了牛，庄稼不发愁。母牛生母牛，三年牛五头。公牛看前头，母牛看后头。前峰高一掌，犁田如水响；腰长肋巴稀，定是懒东西。上选一层皮，下选四肢蹄；前要胸脯宽，后要屁股齐。龙头虎腰狮子尾，分腰悬水琵琶腿。嘴形如老虎，牛角如铁椎，寸古一寸力，犁田快如飞。牛是农家宝，种田少不了；草要喂得匀，圈要勤垫草。猪要喂得饱，牛要吃夜草。牛要喂得好，圈干食饱露水草。同样草，同样料，喂法不对不长膘。在家一把米，不如坡上摆个尾；屋里喂一斗，不如圈外走一走。老牛难过冬，怕受西北风。冬天牛圈要背风，老牛护好过寒冬。来年要耕田，冬天要喂盐。产前四十天，不要急转弯。有劳有逸，不打冷鞭。鸡鸭鹅兔羊，多喂有看场。农家不喂羊，缺少三月粮。喂兔喂羊，本短利长。三月鸡，叽叽叽；三月鹅，背上驮；三月鸭，动刀杀。养猪要胀，家畜要放。六畜兴旺，人强马壮。农闲变农忙，副业有名堂；要想多增产，喂猪开粉坊。家中除野兽，组里好喂羊。闲时多编织，无事少赶场。农民学木匠，修房造屋有钱粮。组里有五匠，农业必兴旺。靠山吃山，靠水吃水。栽竹能得千倍利，养鱼得利无估计。树下好遮荫，塘中好养鱼。递水能引舟，急水好捕鱼。刮风莫放蜂，下雨好捕鱼。勤撒网，多打鱼。鱼过千层网，网网还有鱼等。

还有民间谚语专门强调农事活动的技术与技巧，如：

种地无他巧，三年两头换。三年两头换，地肥人吃饱。麦子三年一换，再孬也有七分好。要得土太瘦，年年种季豆。红苕地里带绿豆，苞谷地里带黄豆。豆麦油，三层楼，上楼不收不下楼；麦稻豆，层层厚，土地越种越不瘦。稻麦烧子轮换做，七成变成十成收。密植是个宝，千万掌握好。过稀长草，过密易倒。一滴露水一苗草，太密露水吃不到。密田多收稻，稀田多生草。草多欺苗，苗多欺草。秧多一把草，秧少谷子好。密密密，一石一；稀稀稀，一撮箕。肥田不宜密，瘦田不宜稀。合理密植吃饱饭，过稀过密够喂鸡。庄稼若要好，除去虫病和野草。苗宏有颗草，犹如毒蛇咬。锄草没巧，动手要早。预测预报，及早知道。种子温汤泡，灭病最见效。夏天少锄一窝草，秋来一天锄不了。冬天铲去草，春来病虫少。挖掉谷桩铲杂草，害虫一定跑不了。捕捉一个蛾，产量增一箩。田头洒农药，害虫跑不脱。除害虫如治病，不除庄稼会丢命。农药上阵，杀虫天病。不施肥，收一半；不治虫，光眼看。六六粉是良方，害虫见了精打光。害虫除光，谷米满仓。种田如种园，管理如绣花，功夫越细越到家。秧薅草，豆薅花，高粱不好有个疤。三分收成七分管，十分收成才保险。边种边管，保证增产；只种不管，打破金碗。地要勤薅，人要勤俭。棉要薅瓣，芝麻薅点。麦薅三，稻薅三，棉薅七遍还要管。豆薅三遍，豆角成串。芝麻不论遍，越薅越好看。一道锄头一道粪，三道锄头土变金。头道锄浅，二道锄深，三道把土壅到根。干锄浅，湿锄深。头草不锄根，过后又发青。甘蔗壅得浅，玉米壅的深。杂草薅得净，产量增几斤。只要功夫深，遍地是黄金。九成黄，十成收；十成黄，九成收。麦交小满谷交秋，寒露快把冬豆收。收获有五忙：割、打、挑、晒、藏。大麦上场，小麦发黄。谷雨扯菜籽，小暑砍高粱。麦从立夏死，中稻秋后黄。一滴汗，一粒粮；仔细收，仔细藏。一吊撒一颗，一亩撒一簸；一步漏一颗，拣拢煮一锅。立秋前后不收禾，一天就要落一箩。栽秧先抢先，打谷要抢天。先收底田后高田，收了阳山收阴山。等一颗黄，遭十颗秧。早打谷子一包浆，迟打谷子要生秧。荞子遇霜，粒粒脱光。精收细打，颗粒归仓等。

还有强调农时顺序的民间谚语，如：

谷从秧起，种好谷满仓。片子秧，谷满仓；狗毛秧，病快快。黄荆发芽泡谷种，桐子开花快栽秧。惊蛰春分泡谷种，立夏小满正栽秧。清水撒谷，浑水栽秧。栽秧要成线，田内要透光。宁种隔夜地，不栽隔夜秧。田坪如镜，泥绒如浆。肥田栽破谷，烂田栽健秧。深栽芋子浅栽秧，红苕栽在皮皮上。立夏栽秧谷满尖，芒种栽秧像香签。秧子栽得嫩，犹如上道粪；秧子栽得深，半年不转青；秧子栽得困，犹如害场病；秧栽七八寸，干饭不断顿。杏子香，快薅秧。要得谷饱浆，快薅三道秧；浅灌巧施肥，杂草都锄光。谷怕干旱，蓄水防旱。秋前十天无谷打，秋后十天遍地黄。谷倒一包秧，麦倒一包糠。宁肯打包浆，不肯打包秧。处暑逢霜，割断稻桩。拌桶后面跟犁头，来年丰收不用愁。七月犁田一碗油，八月犁田半碗油，九月犁田无骨头。寒露霜降，胡豆豌豆坡上。寒露胡豆霜降麦，过了十月少收获。冬豆黄了叶，正好点小麦。沙土花生粘土麦，阳山荞子阴山麦。苕地种麦，讨口子请客；豆田种麦，庄稼好得了不得。菜子栽得稀，麦子点得密，地要多锄草，草多会欺麦。栽秧天天赶，割麦刻赶刻；立夏小满节，收麦不停歇。阳雀叫在清明前，高山顶上好种田；阳雀叫在清明后，高山顶上好点豆。立夏栽苕，斤多一条。芒种栽苕，斤斤吊吊。清明花，大地抓；立夏花，不归家。小满好种森，谷雨好种花；牛王刺开花，种棉定不差。过了四月八，种花无疙瘩。生地茄子熟地瓜，生地菜籽熟地花。早挖深挖，棉花满丫。迟挖不挖，落桃落花。胡豆地，种棉花，不施肥，也收花。人靠饭养，棉靠鳞甲。要想多收花，不离早火潢。棉花要五打，结桃顶呱呱。棉花害怕虫，早多也无花。立秋十八，遍地都是花。小麦浇芽，油菜浇花。油菜浇花，籽粒像瓜。三月种芝麻，七枝八个叉；四月种芝麻，到老一朵花。芝麻开花施个肥，自己不夸别人夸。春分春分，好种花生。花生生得笨，薅草如上粪。不薅头草不长苗，不薅二草不下针。花生不下针，一年空费心。白露秋分收花生，不收花生要落针；花生落了针，一亩少收几十斤。立春雨水节，甘蔗正放得。放种半个月，晒行不可缺。苗长鸦雀口，补苗是时节。甘蔗不上行，杆小少出糖；甘蔗不壅兜，等于到处丢。油枯粪肥饱，甘蔗长得好。甘蔗受虫，糖分失散；药剂治虫，费有宏效。小雪到小寒，挖行炕土不可闲。惊蛰到清明，松苑好长根。农家不种菜，白饭莫见怪。不怕年辰坏，就怕不种菜。清明种瓜，车装船载；清明种菜，有吃有卖。头伏萝卜二伏芥，三伏里头种白菜。路边栽葵花，屋里一溜麻。墙边爬扁豆，檐前好种瓜。惊蛰种瓜，不开空花。种瓜没有巧，边边角角找。白露快把土挖松，点起萝卜嫩冬冬。七月半，好种蒜；八月中，栽大葱。萝卜白菜葱，大用大粪攻。要得菜长好，勤捉害虫勤锄草。夏季不挖蒜，蒜在泥土烂；冬至不收菜，一定受霜害。蔬菜三分粮，多种有看场。立春雨水到，早起晚睡觉。季节不等人，一刻值千金。宁舍一锭金，不舍一年春。春来不下种，苗从何处生。误了一时春，十年理不伸。早一日，早一春，早个时辰早定根；春争日，夏争时，百事宜早不宜迟。上季看下季，早看几步棋。

还有一些民间谚语是与农事活动相关的天气和气候的，如：

年怕中秋月怕半，庄稼就怕误时间。打蛇要打七寸子，种田要把季节赶。人随节气转，粮多吃饱饭；天变人不变，庄稼不受看。天晴落雨两安排，农事活动要早办。要得庄稼好，一年四季早。日晕三更雨，月晕午时风。月亮毛冬冬，不下雨，便起风。一九二九，怀中插手；三九四九，冻死老狗；五九六九，沿河看柳；七九八九，登门访友；九九八十一，庄稼老汉田中立。东风刮得急，准备蓑衣和斗笠。鱼鳞天，不雨也疯癫。猫洗脸，雨不远。蜻蜓飞满天，老农不上山。东虹晴，西虹雨，南虹大风北虹雨；火星高，水星低，不在今天在夜里。霜降起风不下雨，麦子收成了不起。云从西北起，狂风急连雨。春风有雨，坛内有米。雷打天顶，有雨不狠；雨打天边，大雨连天。春风东西起，大场干到底。雷公先唱歌，有雨也不多。东闪太阳红，西闪雨重重，南闪长流水，北闪起狂风。天上起了钩钩云，地上雨淋淋。天上起了泡泡云，不过三天雨淋林。黄瓜云，淋死人；娃娃云，雨淋淋；乱铰云，下满盆；云绞云，水淹门。有寒有雨下寒晴，秋风一场雨淋淋。远山看不清，还有雨来临。家中烟子不出门，今天总是不得晴。鸡不入笼有雨淋，蜜蜂出窝天放晴。一个星，保夜晴；满天星，明天晴；天黄雨，地黄晴；山雾雨，河雾晴。一日黄沙三日雨，三日黄沙九日晴。鸠唤雨，雀燥晴。春打六九头，不是年前就是年后。春早节气往前赶，秋早粮食不睁眼。春天春风大，秋天把雨下。春雨贵如油，下多了也发愁。雨水有雨庄稼好，大春小春一片宝。雨水雨，禾苗起。雨水不雨，小桶挑起。人误地一天，地误人一年。麦锄三遍没有沟，豆锄三遍圆溜溜。风雨相逢初一头，沿村瘟疫百民忧。清明风若从南起，定是半年有大收。云往东，一场空；云往南，雨成潭；云往北，雨没得；云往西，披蓑衣。立夏东风少病祸，晴逢初一果生多。牢记甲子庚辰日，预防蝗虫侵稻米。立夏还有三场冻，芒种不可强种。好树结好桃，好种出好苗。七月初一难得下，八月初一难得晴。蚊子鸡声如钟撞，不下雨来就起风。月亮戴上白顶圈，大风吹断钓鱼竿。春季东风雨，夏季东风热，秋季东风毒，冬季东风雪。东虹日头西虹雨，南虹出来下大雨。地不冬耕不收，马无料草不肥。少壮不努力，老大徒伤悲。寒露至霜降，种麦准慌张。十月下雪霜，来年粮满仓。冬天下雪如水浇，春天下雪如下刀。大雪纷飞，粮食成堆。初东风，六畜灾，倘逢大雪早年来，若然此日天晴好，下岁农夫大发财。燕子飞高晴天告，展翅低飞向天报；蜻蜓低飞江湖边，必有大雨雷闪电。蚂蚁搬家蛇过道，倾盆大雨即将到。蜜蜂晚出早归巢，天气有变雨将来。蜘蛛高挂忙结网，连日久雨转晴朗。蚂蟥浮面天将雨，蚂蟥沉底天晴好。鸡早宿窝天必晴，鸡晚进笼天必雨。池塘翻水鱼浮面，暴水没水现眼前。白蚁灯下飞，大雨洪水至。田螺浮水面，风雨在眼前。空山回声响，天气晴又爽；早晚烟扑地，苍天有雨意等。

四、歇后语

歇后语是一种谜语形式的民间固定熟语，因为需要相对较高的文学修养，故而黄鹤地区经常使用歇后语的人群多是读过书的老人和口才比较好的"灵泛人"。歇后语反映了当地人对客观世界和人情世故的认识与理解，带有浓厚的地方文化气息。按照流传在黄鹤的歇后语前半部分的"印子"，可将其分为以下几种类型。

第一类为物品歇后语，如：

水上拖刀——永无踪影；大门挂扫把——扫脸；水中捞月——一场空；千里送鹅毛——礼轻仁义重；一挑窑罐打破了——没得个好的；擀面棒当笛吹——没眼；擀面棒吹火——一窍不通；穿钉鞋杆拐棍——把稳着实的；穿烂草鞋——往后丢；三根屎棍撑桌子——臭架子；三张纸画个人脑袋——好大的脸面；三十两银子——一定；三百钱买个耙——也摸个厚薄；三根筷子夹汤丸——连夹带夺；三斗二的箩苑——独起就独起；三锥子扎不出一滴血——老牛肋（顽固人）；三根脚的板——不稳；黄泥巴糊裤裆——是屎也是屎，不是屎也是屎；黄泥巴揩屁股——倒巴一托；黄桶爆箍——丢底；黄泥巴捏烟杆——土啄啄；黄瓜打大锣——差了一大截；棺材里头打架——死对头；泡木杆子——上不得阵；棺材内伸手——死要钱；竹篮子打水——一场空；井中捞月——一场空；井中打水——有个先来后到；捞起磨琢就进山林——自款；烂顶罐煮牛肉——看不出；烂泥巴打桩——越打越深沉；田坎点豆——一路；海底捞针——枉费心机；草帽烂边边——顶好；粪池头的石头——又臭又硬；煤炭下水——永辈子洗不清；马尾穿豆腐——提不起；马屎汤包——皮面先生；没骨子的伞——支撑不住；十五个担桶打水——七上八下；雨后送伞——不及时；旗杆上的灯笼——高明；豆渣贴门神——不粘；豆渣泼水饭——哄鬼；豆腐多——是水；木头眼镜——看不透；扁担插进桥眼里——担当不起；扁担挑缸钵——两头都滑脱；扁担无啄——两头失掉；扁担作腰带——围不来；隔夜的冷饭——不成团；抱起琵琶进磨坊——对牛弹琴；抵门框作牙签——大材小用；多久不吃盐——是淡过的；麦秆子吹火——有点小气；簸箕装大地——淘神；吃醪糟穿皮袄——周身都热火了；摸到石头过河——稳当些；围棋盘下象棋——不对路数；暖壶装开水——里热外冷；断了线的风筝——没去向；麻花下酒——干脆；牛角上一棒——不辙皮；牛角内打屁——不晓得是哪个出来的；鸡毛打鼓——扫皮；快刀斩乱麻——一刀两断；快刀打豆腐——二面光；脚踩西瓜皮——要溜；脚蹬擀面杖——不稳当；墙上栽葱——扎不下根；墙上一拢草——风吹两边倒；墙上石蒿——头重脚轻根底浅；镜子里头的钱——看得见拿不来；纸糊盒子——一夯就穿；灯草打圈圈——莫扯；簸箕放在茅屎板上——离屎；冬田里点麦子——怪栽；包脚布作衣领——臭一圈；茅屎板上的石头——又臭又硬；捞竹竿进城门——直来直去的；绣花枕头——一包草；眉毛上搭梯子——放不下脸；比倒箍箍买鸭蛋——哪有这样合适的；猪血煮豆腐——黑白不分；自行车下坡——不踩；肚子撑船——内行；对着镜子作揖——自己恭维自己；岩上搭梯子——悬得很；油炸麻花——干脆；捏起锭子充海椒——有点辣手；石头上钉钉子——硬斗硬；顶起雀窝唱戏——人也吃亏，戏也不好看；昨夜无铺盖——是已过之事；满口金牙齿——说黄话；半夜吃桃子——按倒把的捏；磨达钩进灶孔——捞火；袜打溜跟——后补；灶背后打锣——各是一起；烧香扣屁股——搞惯脚手；火头烧把——各有主；火石炭修磨子——修一方黑一方；火烧眉毛——只顾眼前；火烧猪毛——自捐；篾条穿豆腐——提落一下；龙船不打——话上过；毡帽补裤裆——顾得这头，顾不到那头；屁裆窝眨眼睛——自己呼自己；屁裆窝打屁——两不分明；唢呐不鸣——节节有气；朽木搭桥——闪占人；香火上不在供献粑——赖菩萨；因风吹火——用力不多；浅水淘沙——渐渐深；黑夜点灯——也沾光；额脑上挂灯笼——照看一下；茶壶煮芥末——肚肚有货，嘴嘴倒不出来；门坎上栽萝卜——一刀两断；夜壶倒尿——空空空；披起蓑衣打屁——粗（初）棕（中）；半屁股上打糍粑——不通汗皮；半吃石灰——剐白嘴；屙屎接饭——淡口泊食的；床脚放夜壶——是内行；草凳揩屁股——是大曲；坟堂拉胡琴——鬼扯；床当门花柴——不好使哨子；加担打糍粑——两头啄；草风争风——狗咬狗；槽内无食——猪拱猪；坛子戏花——冤屈死；拿着锅盖当毛毡——乱扣帽子；夜壶打酒——不是味；蜂蜜拌白糖——甜上加甜；自来水无龙头——放任自流；灶当前的火柴棍——越来越短；满口假牙——吃软不吃硬；豆腐渣上船——不是货；船上跑马——走投无路等。

第二类为季节歇后语，如：

三十晚上盼月亮——没指望；三十晚上的砧板——不得空；三十晚上煮稀饭——不像过年的样；三月的桃花——谢了；三六九赶场——看人说话；三月间打焙子——没得那回事；三十夜的甄编——翘得很；三十夜看黄历——年近无期了；三十夜的老鸹——是叫惯势的；十五的灯——玩起转去了；六月间的苞谷——抹不托（扯不下来）；六月间的太阳——多见几个；六月间开水口——没想到是哪个赊开的；三十晚上的月亮——照不到那么宽等。

第三类为动植物歇后语，如：

石板牵牛——永无脚迹；水仙不开花——装蒜；大炮打麻雀——大材小用；石板上甩乌龟——硬碰硬；一支筷子吃藕——挑眼儿（专找毛病）；一盘核桃——是硬的；饿狗儿吃屎——乱咬一口；猫哭耗子——假慈悲；猫抓糍粑——脱不倒爪爪；猫的眼睛——绿起；黄连树下弹琵琶——苦中作乐；黄连煮猪胆——苦不堪言；黄鼠狼看鸡——越看越稀；黄鳝破背——造孽；黄鳝

打洞——闷龙；黄鼠狼给鸡拜年——没怀好意；黄犬咬天——无从下口；黄狗吃屎——黑狗遭殃；牛蹄子两瓣——难合一块；老鼠打瞌睡——窝到洞洞里；老虎嘴上拔毛——不知厉害；老母猪打架——光使嘴；老虎的屁股——摸不得；老虎借猪——不还；老母猪翻门槛——肚子拖不不过去；老鼠子托葫芦——大的一节还在后头；老鼠的眼睛——寸目之光；老鼠爬秤杆——自称；老虎头上拍苍蝇——自讨苦吃；黄鼠狼站在鸡圈上——不是你也是你；螃蟹过河——七手八脚的；螃蟹上树——爬不得；螃蟹夹豌豆——滚球你的；猫吃乌龟——找不到头；猫翻甑子——替狗翻了；壁上挂团鱼——四脚无靠；狗咬耗子——多管闲事；狗咬吕洞宾——不识好人心；狗吃牛屎——只图多；狗坐箢篼——不服抬举；狗尾巴浇水——经不起摇摆；狗撵鸭子——呱呱叫；狗走茅厕——熟路一条；狗吃粽子——解不开；狗儿吃粑粑——是碰到起的；狗儿爬草墩——冲大狗见识；癞疙宝（蟾蜍）打哈欠——好大的口气；癞疙宝带烟盆包——拖要拖烂；癞疙宝上蒸笼——气大碰了；癞疙宝吃豌豆——悬吊吊的；癞疙宝穿腿裤——蹬达不开；癞疙宝被牛踩——周身都是病；癞疙宝日蝌蟆（青蛙）——逗快快大；癞疙宝不咬人——色集人；癞疙宝爬香炉——抹一鼻子灰；癞疙宝进石灰窑——空进白出；癞疙宝出痘——显点；癞疙宝遮床脚——鼓起来的气；癞疙宝吃豆芽——走梗；癞疙宝戴眼镜——假充阴阳先生；癞子跟着月亮走——沾光；癞蛤蟆上蒸笼——气鼓气涨的；耗子啃书——咬文嚼字的；耗子钻风箱——两头受气；耗子舔猫鼻——找死；耗子钻油壶——有进无出；耗子钻牛角——越钻越紧；耗子碰见猫儿——难逃耗子过街——人人喊打；马屁股上一棒——还款起；马屁股后头作揖——走在后头去了；杀鸡用牛刀——大材小用；挂羊头卖狗肉——有名无实；十个老鼠咬一猫——没得哪个敢上前；蚂蚁扛大树或是螳臂当车——自不量力；无眼苍蝇——瞎碰；百年松树五月芭蕉——粗枝大叶的；蚂蚁爬簸箕——路子多；冬瓜牵豆棚——纠缠不清；冬瓜做帽子——霉上了顶；蚊子滚米汤——稀里糊涂的；鲢鱼的胡子——没几根；碗那大个茄子——滚过去，滚过来，都要得；飞了鸡子打了蛋——两头落空；飞蛾扑火——自烧身；裤腰带上挂死耗子——假充打猎人；城墙上的麻雀——吓大胆的；乌鸦笑猪黑——自己不觉着；歪嘴骑驴——马上丢丑；骑着驴子看书本——走着瞧；麻雀抬轿——担当不起；麻雀虽小——般般俱全；狗掀门帘——全靠一张嘴；牛滚水洗澡——越搞越混了；牛吃屋上草——无奈不成词；鸡公阿屎——头的一节硬；鸡公打架——脚蹬坏；鸡公打叉——差不多，不拣蛋；鸡蛋生虫——坏蛋；鸡蛋内找骨头——没事找事；鸡屎藤拴裤腰带——臭名在外；野猫进宅——无事不来；野猫打不倒——倒挨一火柴头；野猫咬牛——大干；野猫钻篱笆——两头受夹；乌龟打屁——冲壳子；乌捎蛇扒田埂——索势（利索、灵敏）；苞谷炮——叫得响；麻雀飞在糠堆上——空欢喜；乌龟被牛踩——痛在心头；兔子的尾巴——长不了；狐狸的尾巴——藏不住；鸡抱鸭——帮干活；蚊子咬秤砣——啃硬；蚊虫咬菩萨——认错人；苍蝇掉在浆盆头——糊里糊涂；铁桅杆上的耗子——没得抓拿；烧鸡公赶场——雄赳赳的；蚌儿吃尾巴——自捐；次巴林的斑鸠——不知春秋；肉包子打狗——有去无回；烂茄子敲锣——不成个当当；扯草凑巴笼——是那些话话；脱了裤子打老虎——脸不要命不要；坛子喂猪——一个一个地来；鸭子死在田坎上——嘴壳子硬；鸭子翻田坎——过施（磨洋工）；坛子提乌龟——手到擒拿；烂巴笼在装泥鳅——莫把它看漏了；巷子邀猪——直来直去的；母猪啄瓢——讨食；毛狗学鬼叫——借影子出声；蚊子遭自打——只为嘴伤人；啄木鸟修房子——全靠那张嘴；抱鸡母刨灰——越刨越深；羊子打喷嚏——不服不服的；沟里放牛——二面捞；沿山打鸟——见者有一份；爪爪（手）作揖——下毒手；爪爪骑马——抓不住缰；画眉长胡子——是老雀；沙土萝卜——一带就来；吃稀饭窝干屎——假硬撑；瓦片窝尿——顺潮流；落雨打麦子——不好收场；黄连泡苦胆——苦上加苦；鸭子过河——呱呱叫；癞虾蟆坐椅子——该当麻哥享福等。

第四类为地名歇后语，如：

教场坝的枪杆——是独一根；大河嘴赶场——此无外人；大水冲垮龙王庙——自家人打自家人；沙子关的戏楼——是侧起的；背鼓上庙——挨打的货；万县有个钟鼓楼——半截伸在云里头；下路坝进城——一条路；南天门搭戏台——唱高调；月亮坝晒笋壳——讲究不起；九曲桥上散步——走弯路；茶馆搬家——另起炉灶；清水潭里扔石头——一眼望到底；鼓楼上挂肉——好大的架子；教场坝的土地——看得宽；东岳庙走城隍庙——横顺都闯鬼；关山卖麻布——鬼扯；庙门口的旗杆——光棍一条；半天云搭桥——高不过；半天云挂口袋——装风；半天云的唢呐——还在那得那；半天云安雀窝——高中；洋沟挑土——慢填情；洋沟的篾片——有翻转之时；火烧二郎庙——各散五方神；露天坝的蒿子——是独蒿一根；河沙坝写字——一麻一硬手；开山大銮——对头；十字街头贴告示——众所周知等。

第五类为人物（神话人物）歇后语，如：

水饭鬼——打水不深；后颈窝的头发——摸得到是看不到；大姑娘坐轿——头一回；大姑娘说媒——有嘴说别人，无嘴说自己；孙悟空的金箍棒——能软能硬；孙悟空打筋斗——十万八千里；孙悟空坐天下——毛瓜抓的；梁山的弟兄——不打不亲；强盗偷芭谷——货在那里去了；懒妇人抓咸菜——抓一把算一把；菩萨坐月——添神；捞嘴婆娘——手上赶；三个菩萨作两个揖——看在哪个面下；歪嘴婆娘照镜子——当面丢丑；塌鼻子戴眼镜——没得搁落；塌鼻子吹海螺——阴道吃暗亏；做梦见阎王——死去活来；老婆婆的奶——没得扭头；老汉唱戏——光过说；老人公背儿媳妇过河——费力不讨好；脑壳上戴酒厂子——耍通眼；脑壳上放铁炮——冲头皮子；脑壳上揩油——滑头；脑壳上安电扇——出风头；脑壳上挂灯笼——照看一下；老丈搬家——替舅子帮忙；肚脐上立桩——能软能硬；寿星唱歌——是老调子；寿星吊颈——活得不耐烦了；乡里人吃盖碗茶——四路无门；细娃才长牙齿——嚼不烂；癞子无毛——团转有；癞疙宝垫床脚——生打死挨；张飞骑骡子——跃起；张飞穿针——粗中有细；周瑜打黄盖——一个愿打，一个愿挨；孔夫老大难——书袋子；门缝看人——把人看扁了；道士的辫子——挽得紧；道士推磨——不免是活路；黄别郎养儿——一代传一代；脚板上擦油——溜之大吉；脚板上长疮脑壳上流脓——坏透顶；肩膀上放洪炉——老火；嘴巴糊糨糊——不好开口；嘴巴上挂洪炉——歇嘴；头发上粘膏药——毛病；瞎子叫扁担——有得比；瞎子看书——装模作样；瞎子打灯笼——白费蜡；瞎子唱花脸——眼不见为净；瞎子戴眼镜——多余的圈圈；瞎子坐席——目中无人；瞎子打瞌睡——不显眼；瞎子见钱——眼开；瞎子打毽——个都不个；瞎子打架——放不到手；瞎眼光棍遇米老头——遇合好；瞎子见鬼——无数；瞎子戴眼镜——配像；徐庶进曹营——一言不发；愚公之居——开门见山；拉着和尚认亲家——找错了人；木棒头打亲家——话上搁起的；唱戏吹胡子——假生气；隔靴搔痒——摸不着痛处；泥菩萨洗澡——越洗越脏；泥菩萨过河——自身难保；爆牙齿咬吃额——是碰到起的；打肿脸充胖子——外实而内虚；城隍娘娘害喜——怀鬼胎；城隍老爷剃头——鬼摸脑壳；城隍菩萨拉胡琴——鬼扯；阎王老爷嫁女——抬轿的是鬼，坐轿的也是鬼；判官的肚皮——鬼心肠；挖肉补疮——得不偿失；关起门做皇上——自称自大；关倒门打叫花子——是一家人；猪八戒过火焰山——倒打一钉钯；杜十娘的百宝箱——全部家当都在这里；猪八戒照镜子——里外不是人；脱了裤子放屁——多此一举；脱了裤子打屁——响响喤喤的来；主婆卖了磨——没得推了；刘备摔阿斗——假买人心；脚后跟拴绳子——拉倒；缺牙巴念文章——含糊其词的；缺牙巴吃豆腐——得如没嚼；个把眼看告示——一目了然；个把眼打抢——关火；旱鸭子过河——摸不到深浅；裁缝的额脑——当真；裁缝的肩膀——有（线）限；两个学生打架——为笔；两爷子下水——各爬各；两姑嫂烙荞粑——又得一块；和尚拜老丈母娘——初遇；关公门前弄大刀——自不量力；罗汉请观音——客少主人多；吊颈鬼打扮——死爱面子；王婆卖瓜——自卖自夸；王二娘背稻草——廊扯哒（晃动厉害的意思）；王二娘的粪桶——满翻起；王二娘害喜——正在想；王二娘喂马——是赫怕了的；王二娘换牛鞭子——没得错过了；王妈妈做媒——一说一准；王先生放学——去他三十三；小娃儿爬楼梯——上下为难；小脚女人走路——东摇西摆；老婆婆赶场——没事；张和尚的帽子被李和尚带走——张冠李戴；矮子骑高马——上下为难；矮子爬楼梯——步步登高；矮子下田——不夹泥也来泥；铁匠死了眼不闭——欠锤；哑巴吃黄连——阴道说不出口；哑巴吃汤丸——胸中数；大石烙脚背——各人才晓得；懒婆娘的裹脚布——又臭又长；各人洗脸——替别人争光；秀才遇到兵——有理说不伸；瘌子的屁股——有点翘；瘌子作揖——借势一歪；瘌子撵强盗——坐到吼；屁股上拍篾把扇——打上风；屁股上带钥匙——所管那几门；单身汉做媒——先人后已；死鬼子——心明白；鼻子臭了——割不开；鼻子上挂火笼——歇嘴；鼻涕流在口中——拣得吃得；灯草捆将军——道理服得住人；菩萨的胡子——是人栽的；驼背子睡楼板——翘家伙；衣兜打麻将——扰不开；叫花儿坐夜——假心慌；八仙过海——各显神通；叫花儿的背篓——不经揉；叫花儿嫁女——没得放处；叫花儿抬石头——不松劲；叫花儿烧年纸——那得啷个多的废话；叫花儿卖蚊烟——企图遮手；叫花儿卖豆鼓巴——碰不进场；叫花儿的屁——不是味；叫花儿争朝门——天亮了是别人的；叫花儿争岩笋——替别人争；叫花儿赶场——冷西西的；死人子的裹脚——缠不得；聋子放炮——没引；裤裆包脑壳——顾到这头顾不到那头；观音菩萨坐岩洞——自愿；屙屎背鼻涕——两拿；猪贩子过河——起瘟；北京人打死官——出山之地；巴儿的颈子——欠起；幺姨妹哭姐夫——哭过场；丈二长的菩萨——摸不着头；细娃烧粑——等不得热；扯巴眼看太阳——一手遮天；亲家母穿麻衣裤——是这一套；将军不下马——各自奔前程；看三国流眼泪——替古人担忧；猪八戒吃西瓜——不知贵贱；懒汉过年——一年不如一年；小孩吃泡泡糖——吞吞吐吐的；医生开刀——尽往痛处挑；皇帝的女儿——不愁嫁；叫花子做梦娶媳妇——想得美；大姑娘坐花轿——第一回等。

第六类为谐音歇后语，如：

当官的金鞭落在了粪池拣起来——闻（文）也闻不得，武也武不得；一罐萝卜——抓不到姜（缰）；四两棉花——请纺（访）；四两棉花——弹（谈）不上；一篮筷子一篮碗——两篮（难）；梁山的军师——吴（无）用；外公死儿——无舅（救）；外侄打灯笼——照舅（旧）；高家镇的鸡肉——是蒸（真）的；三月间的菜苔——不嫩（论）；黄鳝爬犁头——狡铧（滑）；老太婆的棺材——寿枋（受方）；老鼠啃铙钵——铜响（同享）；脑壳上吹哨子——脑胀人（老丈）；脑壳一条口——脑撕（老师）；肚脐眼吹火——一股腰（妖）风；肚脐眼打屁——出腰（妖）气；磨子睡觉——响（想）转子；壁上挂草帘——不像画（话）；壁上挂春牛——犁（离）不得；狗儿下粪池——斗屎（死）；狗爬桌子——含（咸）菜；癞子脑壳——无发（法）；孔夫子的徒弟——贤（闲）人；煤炭场的猪——啃炭（谈）；煤炭烧柴——没炭（谈）；马尾做琴弦——不值得一弹（谈）；十个铜钱掉一个——九文（久闻）；照相馆改底片——修（羞）人；皇帝的脑壳——御（芋）头；稀饭泡汤——清（亲）上加清（亲）；桅杆上的鸡毛——好大的掸（胆）子；大地菩萨的五脏——石（实）心肠的；多年的寡妇——老手（守）；井里丢石头——不咚（懂）；老鼠跳鼓——不咚（懂）；麻花洗脸——粗（初）遇；灯草打鼓——不响（想）；茅厕栽蒜——将就使（屎）；茅屎板打肋斗——离屎（死）不远；和尚坐岩硐——没寺（事）；和尚分家——多寺（事）；和尚的脑壳——无发（法）；秤杆插在茅厕头——过粪（分）；王木匠的锯子——不锉（错）；矮子过河——淹（安）下心来；膝盖上钉马掌——不巴蹄（题）；拜子进药房——治脚（自觉）；屁股上一条口——是倒斯（道士）；豌豆滚屁眼——遇园（缘）；瓦渣子擦屁股——有点刮独（毒）；螺蛳转拐——纠（就）来；叫花儿卖米——是这一升（身）；门坎上搭加担——加（家）门；肩膀上放夜壶——桄航（老行）；鸭子的脚板——要搞拐（怪）；缺牙巴打哈欠——一望无牙（涯）；怀胎妇人打肋斗——笋（损）子；场背后落雨——街（该）背湿（时）；打屁漏渣——有点过粪（分）；岩上的土——犁（离）不得；屙屎没拿纸——想不揩（开）；屙屎打灯笼——玩格过粪（分）；灶背后理黄鳝——一理一搭（答）；板凳上一锤——打断凳（吨）；高山下坝脚——好田（甜）；电灯点火——不然（燃）；筛子装牛屎——有点过粪（分）；投石下粪池——激起公粪（愤）；月亮坝拣钻——当针（真）；裁缝的熨斗——烙布（萝卜）；桅杆上挂剪刀——高裁（才）；床当门登夜壶——没得哴高的水瓶（平）等。

还有一类难以归入上述六种类型，列为其他类歇后语，如：

八匹三丈二——扯不齐；三加二减五——等于零；装病拣药——自讨苦吃；披麻救火——惹火烧身；白日做梦——痴心妄想；皮哈一杂火——当然；青杠角子——老打老实钉；逗得磨啄——推不得等。

这些丰富的歇后语短小、风趣而又形象，以其独特的表现力给人以深思和启迪，千古流传，反映了黄鹤特有的风俗传统和民族文化，使人能品味生活、明晓哲理、提升智慧。

第三节　小结：地方性知识视野中的民间口承叙事

以民间口承叙事为外在表现形式的黄鹤地方传统文化，在人们的日常生活中是以一种地方性知识的样态存在的。这些口承叙事的语言，通常被用来点缀日常交谈、表现地方认同、反映头脑聪明程度。善于运用这些口承叙事手法的人，经常能够在乡村生活中掌握更多的话语权和舆论倾向，这一现象是我们不得不反思的——在地方性视野中的口承叙事与基层权力之间是否存在某种联系。

20 世纪 70 年代，克利福德·格尔茨（Clifford Geertz）提出了"地方性知识"（Local Knowledge）的概念，并认为其是与民间模式（Folk Model）有关的知识概念，是一种具有本体地位的知识，即来自当地文化的、自然而然的、固有的东西。从学界的建构看来，"地方性知识"至少包含三个层面内容，即相对于西方的和普遍主流的国家/民族的、相对于现代科技的传统的、相对于他者的家乡的，且通常认为前两者是文化研究上的，后者是人类学科意义上的。

作为民俗文化的一种形式，口头叙事是适应于生产、伴随民众日常生活的实用文化。神话的神圣叙事记载了古人对自然和社会的想象，史诗的宏伟叙事构建了家族起源和迁徙的历史，传说故事的历史叙事提供了地方方言和民俗风情研究的宝贵资料。这些"叙事"的意义生成和情感表达都离不开特定环境的实际生活，也往往只有置身于民俗场景中才会感到其讲述的魅力。假如离开了作为中心的特定地理环境、历史人物、民间惯俗和风物，这些传说便永远失去了其历史的话语。因此，在讲述过程中，口头叙事传达的并不仅仅是文本的内容，还附加了许多"情境"，只有将文本与情境相结合，才能更好地考察口头叙事这一动态文化的深刻内涵。口头叙事的"地方性"，根据地方性知识的建构，至少有两层内涵，一个是口头叙事有赖生成和受到辩护的情境关注，即时空与其他地方文化符号体系；另一个是知识自然形成和维系的地方特性与当地人的文化想象体验。例如，传说具有比较明显的地方性解释功能，在信仰传说中，人们不仅耐心讲述信仰的由来，也往往附带有相关仪式实践、习俗活动和禁忌内容的解释；族源传说虽常常与自然有千丝万缕的联系，但更深层次是人们的祖先崇拜和怀念方式。传说的重要价值，不单单在于其中包含丰富的关于自然生态、民族传统和文化现象的地方信息，更在于其讲述活动往往被当作在讲述历史，是一方乡民表达文化想象和族群认同、传承集体记忆的重要依托。

口头叙事是地方传统知识的历史积淀，是一种动态的、丰富的生活知识和生存智慧，可以说是一种特殊的地方性知识或是地方性知识的集合，它是与一定地域和群体相联系的，而其价值表现的一个重要维度就在"地方"这个特定语境中，在与其他知识或符号系统的互证关系中受到辩护，并最终通过民众的讲述得以实现。口头叙事代表了民众对世界和自身的看法和解释。❶

❶ 黄洁. 口头叙事与民间信仰：两种地方性知识的互文性——以乡村视野中的传说与信仰为例 [J]. 柳州师专学报，2013，28（4）.

第九章　保护边城：黄鹤的
非物质文化遗产保护

　　非物质文化遗产是各族人民世代相承、与群众生活密切相关的各种传统文化表现形式和文化空间。非物质文化遗产既是历史发展的见证，又是珍贵的、具有重要价值的文化资源。黄鹤在长期生产生活实践中创造了丰富多彩的非物质文化遗产。

　　黄鹤的非物质文化遗产保护主要有以下几个组成部分，首先，黄鹤的非物质文化遗产项目存在于具体的时空之中，其中大量的项目要靠各种实物体现，也有大量的项目与特定的物质用品联系在一起。对于作为非物质文化遗产项目的组成部分，实物载体是基本的保护对象，黄鹤非物质文化遗产的实物载体主要包括非物质文化遗产项目的存在场所、非物质文化遗产项目的存在载体以及非物质文化遗产项目的工具、道具、材料等。其次，黄鹤的非物质文物遗产依托在特定的历史人文环境之中，大量存在的文物古迹都与特定的非物质文化遗产项目的传承相关，活态的非物质文化遗产与静态的文物古迹共同构成本地区的文化遗产，对于弘扬中华民族精神，增强民族凝聚力，促进人的全面发展具有整体意义。最后，黄鹤的自然生态环境特色鲜明，这里是山的天下，山山对峙，山山相抱，山外有山，山中套山，奇峰挺拔，秀丽多姿；这里也是水的世界，在万山丛中，水随山行，奔流向龙河。山下平坝肥沃，山间梯田层层，山盖平台宽敞，构成绿水青山的瑰丽画面，在漫长的历史岁月中，先民们在此奇特的自然生态环境里垦殖开发，创造了丰富多彩的非物质文化遗产。

第一节 历史长河中爬来的"小虫子"的故事：
黄鹤的非物质文化遗产

一、黄鹤的非物质文化遗产资源

历史上和现今流传于黄鹤乡及周边地区的非物质文化遗产资源，主要有民间歌舞、民间音乐、民间游戏娱乐活动等几大类，其中又有以下几种非物质文化遗产项目较有代表性。

（一）薅草锣鼓

我们调查了已在黄鹤消亡的薅草锣鼓。薅草锣鼓，专指在薅水稻、苞谷二道草的时节开展的一种田间活动，使得繁重的薅草劳动在欢乐的气氛中顺利完成。有单双之分，打单的薅草人有 30~45 人，45 人以上则算是打双。两人在一起，上手打鼓，下手打锣。薅水稻时，每人杵一根薅草棍，挽着裤脚，用两脚将杂草踏掉，翻泥松稻，用手扯稗子，打锣鼓的两个人在后头检查质量。薅苞谷时，打锣鼓的两个人则在薅草人的前面走来走去。打薅草锣鼓也有它的节奏，上手提板，下手合之，连打连唱，称之为号子；上手提板锣打三锤，下手合锣打四锤，叫作上三下四。上午两歇，下午两歇，时间由打薅草锣鼓者掌握；上午头歇吃醪糟，二歇吃稀饭，中午吃甑子饭和渣茶菜，下午两歇吃烟。打锣鼓者也有一定的规矩，每歇打之前要先打三排锣鼓，凡是薅草劳动者都晓得，这是在说："锣鼓打三排，屙屎屙尿都要来。"开始唱大口号，中间停锣唱个个头，后来打摧锣号。唱的号子都无法用文字记录，个个头一般是山歌、号子歌头。每一歇的内容都有区别，第一次歇是唱太阳起来，第二次歇是太阳晒，午饭后一歇是唱拖班号，最后一歇是要送太阳；有时候看薅草劳动者太劳累了，打锣鼓者就停下锣鼓说个口号，让薅草劳动者轻松一下来解乏。调查组专程来到毗邻黄鹤的马武镇，采访了已经 82 岁高龄的歌师傅 LYG 老人，他向我们回忆了当年唱的薅草锣鼓口号。一般的口号有：

锣鼓一住，锄把就杵住，锄把一倒，口号就来了。口号口号随口就到，口才口才随口就来。若不来不是歌郎口才，若还不到不是歌郎号。羊子过山山，狐子过坳坳，听我歌郎说个咪咪口号；杉木扁桶楠竹底，我来说个陪伴你，人往桥上过，水往桥脚留，听我说个直巴头。清早起来正也不好啷也不好，脱了裤儿看虾蚕，虾蚕一跳，就把大儿媳妇胯胯咬了。公公必捉倒，按倒捉倒拿来过油炒，侧边有人来听到，才是两公媳妇在捉虾蚕。河那边一个猫，河这边一个猫，管他公猫爬野猫，只要咬得到耗子就是好猫。管他公猫野猫，打个号子吃醪糟。三岁孩儿下湖广，四岁孩儿下常德，链子套鸡公，奔住八大节。打草套水牛，犟都犟不得，炭筛盖蚊虫，气都出不得，后洋沟涨水船都撑不得，管他撑得撑不得，打个号子把气歇。青天绕绕一炸雷，吓得野鸡遍山飞，天神归天，地神归地，东南西北，大地龙神各归方位，各人的姑娘客，各人引起回去，睡在半夜还要做个把戏，二一早晨起来，你也不过意，我也不过意，各捞起蘼锄蘼草去。清早起来去看水，看见一条黄鳝在摆尾，捉回来左称三斤半，右称三斤半，宰一刀板，煮一顶罐。公公在园子去扯葱蒜，幺儿媳妇在屋里吃托大半。侧边人听到走，才是两公媳在屋争黄鳝。等等。

打蘼草锣鼓在 20 世纪 50 年代和 60 年代集体生产的时候存在，在 80 年代集体建林木时一度出现过，现在已经完全消失。

（二）孝歌

在田野调查期间，我们经常能够遇到葬礼仪式，在这些葬礼中，几乎每家都会请专业的演艺团体领唱孝歌（见图 9-1），当悲戚的孝歌通过扬声器冲入云霄时，我们作为与死者毫不相干的采访者亦难免热泪盈眶，至于死者的三亲四戚、亲朋好友，则早已痛哭不堪（见图 9-2）。

图 9-1 唱孝人带领的唱孝队伍

孝歌属于土家族博大精深文化的组成部分之一。孝歌也叫丧歌、哀歌，以彰显子孙后辈的孝贤为主要内容，由一个人或者多个人走唱、坐唱或是清唱，且在唱的期间配有锣鼓的丧俗演唱形式。其源头可溯至春秋战国时期。土家族死人之后，夜晚在灵堂，孝家会按照歌师的人数，用两张或是几张桌子连在一起，众歌师围桌而坐，由一名打鼓的领头。先是排朝，又叫扬歌头。中间十四半条韵脚，唱腔中以鼓帮击节。唱词的词格多为七字句，主要唱的内容有《二十四孝》《三国演义》《水浒》《说岳全传》等，在唱的过程内容不是固定的，可以自编歌词唱亡人，也可以按照历史朝代来唱，形式不拘一格，最后是以"送骡驼"结束。

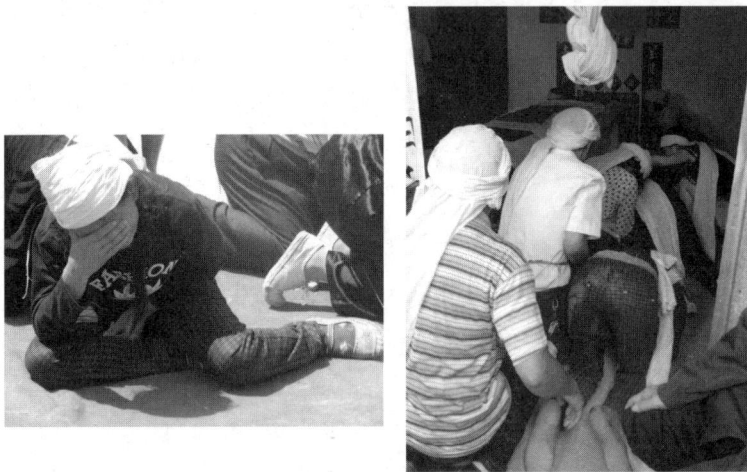

图 9-2　有感于孝歌内容而掩面哭泣的死者亲友

调查组在长时间的田野中遇到多场葬礼，其中以鱼龙村刘家和汪龙村肖家的葬礼中所唱孝歌最为齐全，现综合两场葬礼的孝歌歌词记录如下。

刘家的葬礼以"排朝"开篇，所谓"排朝"就是唱出这场孝歌从哪个朝代唱起，刘家逝世的是男性，因此从最古老的三皇五帝开始唱起，按朝代顺序一直唱到民国，唱词如下：

排　朝

开天出首呈古祥，天皇地皇与人皇。伏羲画出八卦样，女娲炼石补天堂。
炎帝神农尝药广，有能轩辕制衣裳。有巢皇帝寿万丈，燧人钻木取火样。
夏启禹王登位上，疏通九河与九江。夏传儿子把位上，太康少康与仲康。
帝扃帝廑帝孔甲，帝启帝相帝不降。帝发帝槐与弟杼，帝芉帝泄与帝芒。
前朝古人此不像，放在灵桌请帮忙。

商　朝

三皇五帝我不讲，接到商朝说成汤。一朝共传二八主，六十四年守朝网。
成汤姓子名履样，他的国号就是商。太戊太庚和太甲，祖丁祖甲和太康。
沃丁帝乙何贾甲，南庚盘庚和相庚。主帝主甲和雍乙，秉辛寿帝和列壬。
阳甲小甲和沃甲，武乙未帝和武丁。盘庚年上改名姓，那时他才就姓殷。
纣王皇帝也无道，国号纣王皆了君。商朝那时天下满，乾坤社稷归周君。

周　朝

丢了商朝我不讲，又把周朝说北方。文王姬昌登大统，三十七主在朝网。
武王姬发成大业，八百周侯伐纣王，成王康王和昭帝，穆王共王附定王。
懿王孝王有夷王，厉王宣王成列王。岱王平王与桓帝，庄王釐王有惠王。
襄王项王和匡帝，定王简王和灵王。景王悼王有敬帝，元王衰王和悬王。
考王安王有显主，赫王传下东洲王。靓王慎王吕不章，天下一满就灭亡。

春秋战国

周朝天子一衰败，春秋战国站起来。十八国家分高矮，谁逞英雄谁个衰。
吴鲁熊齐除宋蔡，楚魏曹晋郑秦来。韩槐赵回岂失败，秦国并吞六国丧。
战国纷纷干戈□，苏秦六国费心战。国家混乱二七载，一统山河始皇来。

秦　始　皇

春秋战国我不讲，要把始皇说明目。始皇姓嬴名政数，吕氏传下不章族。
并吞六国泰虐处，一有焚书二坑儒。一十二年有尽数，一旦抛去命呜呼。
下传二世传婴子，他是姓嬴又名湖。登位三年做人主，后来项羽所灭逐。
这些古人难尽数，仁义二字贯九株。

汉　朝

丢了始皇贝不讲，又说汉朝那刘邦。高祖登基创业上，干戈共伐秦始皇。
布衣起义灭秦党，四百二二天下亡。二十四主登金榜，王莽篡位光武王。
残安顺冲费桓帝，灵帝献帝命襄王。献帝为君他不像，奸臣皇单乱朝纲。
时帝代乱遭冤枉，四方诸侯各逞强。几句古人比不像，迎请各名来帮忙。

三　朝

丢了汉朝我不扯，按说后汉那招列。中山晋王后代者，他名有姓叫玄德。
四十八年江山谢，刘备三年坐金阙。后主刘禅四十者，接着又说那魏国。
曹操兴兵把名借，名为汉臣把权得。曹丕登位起心野，那时才把汉朝灭。
吴国孙权江东借，自立为王登金阙。司马创业把名借，三国命运他该灭。

两　晋

丢了三国我不念，又说武帝司马炎。冲锋晋王灭魏王，篡位灭吴统大权。
一共传下十五主，一百五十又四年。惠怀悲元明成现，康牧衰变简明先。
孝武安帝公帝在，刘裕江山在面前。恭帝被裕把头砍，两晋断绝不回还。

南 北 朝

前头两晋他为首，南北朝中在后头。南宋武帝时八王，五十九年又运出。
少帝明帝是孝武，废帝明帝昌王吕。顺帝坐位三十五，齐高帝开肖像出。
齐王道成登龙主，下传四子太子出。武帝明帝东昏帝，和帝太子命呜呼。
寻武帝来他出手，肖家齐封梁公侯。简王孝元启敬帝，三传太子出了头。
五十五年天下有，过了一年命不周。灭武帝来他接手，姓陈霸先梁封侯。
一共他传四个主，三十三年命该休。文帝海帝和寅帝，后主六年一旦丢。
后主皇帝命不久，隋炀皇帝命不周。杨坚他才下毒手，下传二子不出头。
隋炀杀父各自走，乱棒打死在扬州。恭帝那时他出手，二年天下把命丢。
南北朝中略略走，下回又把唐朝□。

唐　朝

南北朝中我不谈，又把唐朝说一番。高祖登机把业产，二十皇帝把业传。
二百八十天下满，交与太宗往下传。高宗中宗□□帝转，玄宗肖宗代宗难。
由宗顺宗宪宗满，穆宗敬宗文宗安。武宗宣宗懿宗看，熹宗昭宗昭寅宪。
以上二十天下满，五代残唐又接班。后梁太祖好大胆，朱温配合他王乱。
自称帝王六年载，手执钢刀杀昭寅。下传二子一辈转，梁王他就做十年。
后梁在宗我来谈，本姓朱来名邪先。下传二子三辈转，明帝闵帝废帝宪。
后晋高祖把位篡，明宗女婿坐七年。石家敬宗他不满，兄弟篡位坐三年。
后汉高祖刘志远，代晋在位做二年。下传二子不康健，在位两年不周全。

后周高祖又发现，姓郭名威坐三年。下传二子不多点，也宗恭帝天下光。

宋　朝

丢了唐朝且不论，要把宋朝说分明。宋朝太祖赵匡胤，国家命运合天心。
一共下传十八主，三百二十太平春。太宗真宗仁宗敬，英宗神宗折宗文。
徽宗钦宗高宗论，孝宗嵩宗密宗轮。理宗费宗恭宗正，端宗帝宗人之论。
十八主子命天运，荣华富贵万年春。

元　朝

丢了宋朝我不扯，再说元朝忽必烈。十帝江山元朝借，八十九年坐金阙。
成宗武宗人不孬，仁宗黄宗太宗得。明宗文宗不好惹，舟宗顺宗坐金阙。
八十九年天下谢，只有中宗命该绝。前朝古人我不扯，另请架台来发白。

明　朝

元朝始祖我就放，明朝太祖朱元璋。下传十六往下放，二百七七天下亡。
布衣起义坐位上，南京坐位登上皇。惠宗成宗仁宗讲，玄宗黄宗景宗邦。
宪宗孝宗武宗上，世宗穆宗神宗光。光宗熹宗怀宗讲，凡传十六天下亡。
为人生在三官上，仁义二字切莫忘。忘了忠孝遭冤枉，天降妖孽受灾殃。
丢了明朝我不讲，且把清朝说北方。

清　朝

上边明朝是历史，下面清朝我略知。清朝始祖是顺治，共传二百六八十。
十主皇帝本有忠，礼义廉耻他都知。顺治康熙雍正止，乾隆嘉庆道光时。
咸丰光绪有同治，宣统皇帝也皆时。皇帝传下宣统止，前朝后汉我略知。
东扯西扯不知事，迎接各台众歌师。

民国—中华人民共和国

上古历史我要甩，下面又说民国来。民国总统袁世凯，他就接到坐龙台。
三年坐满命运败，孙文总理就上台。辛亥革命两三载，红旗招展东风来。
孙文后继走蒋介，他在中国搞独裁。三十八年江山败，东方太阳升起来。
天安门上红旗摆，全国人民站起来。三座火山推下海，人民当家做安排。
党的领导人心快，主席战友周恩来。谁知中国出四害，王张江姚又上台。

十年浩劫他搞坏，多少革命把头埋。邓小平来革命派，驱散妖雾把头抬。
真正才是好时代，四化建设重人才。安居乐业人心快，丰衣足食幸福来。
丢了历史我不摆，邀请列位众敬台。

肖家的葬礼同样以"排朝"开篇，肖家逝世的是女性，因此先以《孝子经》开篇，唱词如下：

排 朝

日吉时良，白会开张。孝家邀请，打鼓雷丧。
伏以——
地涌祥瑞，天降紫瑞，年月定以，日时加倍。
天书下坠，吴关极威，当大事会，灵魂西归。
打扫堂前设灵位，香烟画着蝴蝶飞，堂前玉鼓锣，丧鼓响几捶。
孝子掉尽伤心泪，迎请诸亲把王陪，齐坐小堂休推诿，细听余人把话回。
片纸未拿面带愧，寸香没有礼有亏，今晚陪七坐白会，唱首忧歌把七陪。
伏以——
一张桌子四角方，丈量设计鲁班装。四面刮设云牙板，中间焚起一炉香。
香烛点得明亮亮，一张灵牌供中央。孝子悲声放，歌郎齐开腔。
丧鼓叮咚响，一齐参拜七。
伏以——
深更半久，并道洗来礼也不周，论古人，还说得有，不要久说些缘由。
余人今晚在此是，此是裁全不害羞。府亡人过后，四门挂榜把歌求。
余人才来动嘴口，借问孝家一个缘由，亡者得病怎么不用药来调理，为何一命往西游。
孝家答曰，前日得病在手，茶饭不想天天久忧，茶饭未吃几口，又请名医把药求。看面容皮枯肉瘦，无常倒是一只抛丢。
伏以——
桌上高上一把瓶，不是金来那是银，本是矿山石一块，工人大哥巧做成。
上头打个菠萝盖，脚底大气海底形。里头装的是何物？装得葡萄酒一瓶。
此酒拿来何处用？奉请歌师陪亡灵。
伏以——
请问孝家何日得病何日补灾？
孝家答曰，初一初二忽然作怪，初三初四胃口不开，初五初六茶饭不爱，初七初八枯瘦肉柴。初九初十辞了世界，十一十二命赴阴台。

伏以——

昔日有个十三娘，听生五子定高强。大哥当今当皇上，二哥宰相定家邻。三哥镇守把福享，四哥礼部在朝纲。只有五弟不上晃，留在家中看文章。看出盘古混沌样，天皇地皇与人皇。女娲炼石补天象，伏羲八卦定四方。神农尝药在世上，白虎将军三投堂。药酒毒死是王莽，刘秀十二是南阳。吕布刺死董丞相，桃园结义刘关张。圣人五关斩六将，丢了瓦岗去投降。前朝后汉难尽讲，大吉大昌开歌场。

伏以——

自从盘古初分天地，未分阴阳，天皇地皇与人皇。天皇造下地支十二甲子，地皇造下日月二光，人皇才分出孝悌忠义，礼义廉耻，分居八方，那时人有八万四千，个个一般，寿命延长，积土城墙。猛烈洪水从天降，四大部洲共成一团大江。

伏以——

自从盘古初分天地，阴阳不一，天皇所造丙丁戊己，子午外酉干友并齐。地皇造下日月二光，两仪分离，人皇才分出孝悌忠义，八方各居。那时人有八万四千，个个一般，白发齐眉。一无地府阎王索取，二无鬼神瘟疫病疾，三无房廊屋宇，缺少五谷寒衣。天生神农皇帝，才把百草来吃，酸甜苦辣一样吃，后人有病才把药医。男制袍套，春秋二孝，女子改良，异古稀奇。

伏以——

说商朝，纣王无道昏君，十数妹，好酒贪色玩耍。奴隶主反把忠臣来杀。杀妻留子，多少忠臣害怕，朝廷随便打出律法。天下惶惶，万民移失不假。八百诸侯四方动了打杀。只有武王洪湖出现，乾坤社稷一概归了国家。

伏以——

去商朝，说周朝，周文王渭水访贤，黄飞虎反出五关。李平吕岳遇杨任，皇天化为普贤。只有武王洪湖出现，教蒙童字字高解，夫子坐车九十连远，自古到今万万年。

伏以——

去周朝，说唐朝，李渊在世，传世名交，青龙出乱扰，白虎一旦抛。尉迟恭，秦叔宝，徐茂公的计算高，后落徐家武艺妙，二十君王入宗朝。

伏以——

去唐朝，说宋朝，宋太祖在位世界受黑。奸臣一党卖国成贼。蔡金茶大一心卖国，高俅童权良心莫得。火龙下凡放在中国。精忠报国，文功武略，汤王登位，富贵之别，百姓安乐，世界闻得。天下一满，贪淫好色，妻室儿女，一概分别。

伏以——

丢宋朝，说清朝和明朝。桂花老天登宝殿，风调雨顺，国泰民安，康熙、雍正、乾隆，嘉庆、道光、咸丰，同治、光绪、宣统，时吉良寅。宣统接到把印掌，庶民百姓都沾光。前朝后汉难尽讲，大吉大昌开歌场。

伏以——

说中华民国，孙中山先生领导辛亥革命，革命风暴席卷全国，数十年的皇帝人人皆恨，从此已是北伐战争。蒋介石叛变革命，到处屠杀革命党人。无数先烈把命尽，反对蒋介石的野蛮横行。丰收起义毛主席带领，从此已是二万五千里长征。八年战争抗日本，解放战争三年春，三座大山一扫尽，社会主义祖国是万年春。

伏以——

打扫堂前地，炉内香焚起，各位请坐起，听我把歌场立。心想立一长的，又怕说到底，心想立个短的，又怕说的不齐。不长不短立一个，一夜唱的子鸡啼。

伏以——

打扫堂前地，炉内焚宝香，各位请坐起，听我立歌场。心想立一长的，又怕说来不像，心想立一个短的，又怕说不到天亮。不长不短立一个，一夜唱得大天亮。

伏以——

昔日当今皇帝死了娘，四门挂榜请歌郎。朝请歌郎暮请歌郎，不觉来了一位唱歌郎。

走路不凡脚步响，说话句句不□张。来在孝家一重门外望，青狮白象不打张。来在孝家二重门外望，只见金鸡和凤凰。来在孝家三重门外望，孝子上前跪一场。

歌郎请在灵桌上，用手敲丧鼓，歌郎齐开腔。

伏以——

昔日当今皇帝死了母，四门挂榜请歌郎。朝请歌郎暮请歌郎，不觉来了一位唱师傅。

说话也不粗鲁，句句说得明目。来在孝家一重门外过，只见金鸡和凤鹤。

来在孝家二重门外过，金鸡凤鹤笑哈哈。来在孝家三重门外过，孝子上前把头磕。

歌郎请在灵桌上，用手敲丧鼓，歌郎齐唱歌。

伏以——

一开天皇和地皇，二开日月和三光。三朝捧拜请兵将，四大部洲请歌郎。

五湖四海请朋友，六请六亲进孝堂。七星拱照将亡拜，八仙同坐启孝堂。

九打堂前丧鼓响，十请歌师与歌郎。

伏以——

说不完的前亡后亡，讲不完的新邻上邻。为君习远徐粮，为妻画眉张敞。

为弟打虎杨相，兴周八百将丧。千载霸客杨广，流芳百世关张。

岳武穆精忠报国安响，曹阿□一时未能下场。斗智斗勇刘邦，论强论弱孙庞。

造孽要算王莽，奸雄要算林昌。那爱帝王将相，人死难免土内埋葬。

伏以——

说不完的前代后代，讲不完的古往今来。论寿岁也算不矮，论忧愁仍鲜不开。

谁不想荣华千载，谁不想子奴妻才。大限到黄金难买，妻室儿女全部丢开。

伏以——

莫把歌头长长讲，我与亡人开五方。一开东方甲乙木，亡者生前说木无用，死后还要受木枋。

二开南方丙丁火，亡者生前说火无用，火化金钱度亡魂。

三开西面庚辛金，亡者生前说金无用，死后还要念金刚经。

四开此方壬癸水，亡者在生他说水无用，死后沐浴净身桩。

五开中央戊己土，亡人在生他说土无用，死后还要土内埋葬。

我们采访了演唱孝歌的歌师，他还向我们表演了新编的孝歌，也是以排朝开场，随后按朝代顺序唱下来，可以从三皇五帝唱到现代，歌词如下：

昨日间，生产中，听了人摆，×府×老人辞了阳台。听此言，不由人心中感慨，又听说，准备在，明日安葬。承蒙孝家把信代，命我来，鸣上凡哀，愧余人赤手空拳祭品未买，与亡者献花酌酒其礼不该。回想起中共政策，早有告诫，那封建迷信要一律丢开，凡是婚丧嫁娶不宜铺摆，唯有歌颂是理所应该。毛主席谆谆告诫，农村死了人也要把追悼会开，将有益事情传知后代，继承我们的哀思理所应该。双脚踏在府门之外，才看堂中停下一副棺材。才知×府×老人辞了世界，又有干群才把追悼会开。特命余人来打鼓接待，普请远近歌师，诸亲百客齐赴灵台。

伏以——

一张桌子四角方，丈量设计鲁班装。四面刊设云牙板，中间焚起一炉香。香烛点得明亮亮，一张灵牌挂中央。孝子灵前吭吭哭，哭吭吭。千哭万哭是张纸，千辞万辞是炉香。灵前摆起般般样，不见亡者起来尝。

伏以——

远观天上星和月，近观人间水共山，星月山水年年在，不知人损几千般。为法西斯卖力而死，轻于鸿毛。为人民利益而死，重于泰山。亡者生前勤劳勇敢，在长征路上敢挑重担。生命停止，事业永传。奉请歌师来把亡者嗟叹。

伏以——

今晚来在灵桌上，请问孝家，何日得病，何日倒床。孝家答曰，初一初二精神不快，初三初四寒热往来。初五初六茶饭不爱，初七初八枯瘦肉柴。初九初十汤药不解，十一十二命赴阴台。

伏以——

鼓儿不住停打，众亲不必嘈杂。亡者辞阳告驾，众亲才到这榻。

打扫堂前地下，细听余人把话发。打鼓陪七要，与亡者酌酒倒茶。

凡事情总有个起码，又请那位歌师，来把歌头来发。

伏以——

歌师们装模作样，有没得哪个来给我一个腔，齐有余人才生得太鲁莽，一上桌就搞得饥饥荒荒。管他言语像不像，在我今晚来立个排场。心想立一个长的，又怕说得不像，心想立一个短的，又怕说不到天亮。不长不短立一个，陪伴亡者谈家常。

伏以——

余人提哀各位请听，共产党讲得破旧立新，主张唯物，去掉唯心，也可以讲博古厚今。特别是新时期好得很，载歌载舞喜气盈盈。新长征前程似锦，总任务永放光芒。四个现代化是人类的远景，把新中国建设得富强繁荣。

力争上游，多快好省，党中央领导下的万马奔腾。全国人民团结紧，长征路上奔前程。今晚坐在灵桌凳，大家捆住一根绳。或讲政策法令，或讲共产党关心人民。或讲红军北上抗日本，历经二万五千里长征。或讲计划生育有规定，或讲政策法令很严明。大家商量选择一本，一夜唱将大天亮。

伏以——

说中国历史很长远，二十几个朝代难尽言，但把它分出几个阶段，原始社会大约公元前一百七十万年前，元谋人生活在我国云南。约八十万年前，蓝田人生活在我国陕西蓝田。约四五十万年前，北京人生活在北京周口店。这些猿人化石经过历史的考验，是人类的祖先。一无宫廊居院，二无布帛衣衫，三无火中取暖，四无五谷可餐。住在山洞和树干，饥餐渴饮受尽艰难，老虎深山到处转，随时出现把人餐，除了特殊事故不准偷懒，劳动纪律真是严，谁也不把便宜占，人人平等是一般。

伏以——

夏传子，家天下，奴隶社会发萌芽，王公贵族产生四要大，侵占集体果实渐渐发家。他把捉来的俘虏当牛马，白天夜晚累得大汗洒。周封建、秦帝国，称王称霸；汉晋隋、唐宋元明清，代代残杀。到清朝腐败无能更低下，东打西征南剿北伐。各帝国出兵把中国打，又派商人在内驻扎，各大城外国独霸，开工厂、办企业，任意打杀丧国权，失领土谁敢眨眼。

伏以——

历代来都有很多起义，都是没有共产阶级党纪，又未取得工农联系，单靠作战对敌。俄国十月革命一声创举，掌握了马列主义群策群力。推翻了沙皇专制主义，树立了社会主义红旗，依靠工农共同富裕，彻底推翻一切剥削阶级。毛主席、李大钊首先创举，掌握了马列主义红旗。把社会主义全国人民团结起，彻底推翻帝、官、封三大残余。

伏以——

帝国主义资本家居心不散，一人发财万人下摊，人民生活一点不管，克扣工人工资实在难堪。在农村地租高利盘算，行政上都是污吏贪官，这些人吃了人民的血汗，整得人民流离失所把家搬。孙中山平均地权来实现，蒋介石卖国独裁专权。人民坚持了八年抗日战，蒋介石独裁失去了大半江山。各大城市均已沦陷，恰恰只剩下了一个四川。毛主席真远见，见人民受苦难心中不安，日本三光政策起心不散，大力挽救浮沉之船，毛泽东亲赴重庆谈判，订条约联盟把战宣。

伏以——

七月七卢沟桥一声炮响，日本关东军侵略我国边境。飞机大炮横冲直撞，对我国实行烧光、抢光、杀光。蒋介石他不抵抗，一心要把中国灭亡。感恩救国的共产党，发动全民手持刀枪。毛主席高瞻远瞩胸怀宽广，红军起义就在南昌。陕甘宁红旗飘扬，北上抗日斗志昂扬，蒋介石真是混账，外战不打、内战猖狂。红军长征派兵阻挡，狙击红军抗日未亡。毛主席战略战术宽广，飞夺泸定桥、强渡乌江，爬雪山过草地受尽艰难苦况，饥餐渴饮坚持战场，陕甘宁红旗飘扬，打败日本关东军逼迫投了降。

伏以——

中共政策很周密，历代政策都不及，专为全民谋福利，世界霸权哪敢敌。

可恨蒋姓太卑鄙，抗日一点来出力，眼看抗日得胜利，做个顺水来摸鱼。

它把魔爪长伸起，到处窃取胜利果实，毛主席曾让步几次，蒋介石就得一寸进一寸。

中共政策早是起，解放战争三年余，四九年解放人民把头抬起，天安门上竖起了五星红旗。

农会组织全国兴起，清匪反霸减租减息，新政府专为人民谋福利，互助合作照顾全民利益。

天灾人祸发救济，几多母苦发寒衣，这些好处哪来的，全靠党和毛主席。

伏以——

公元一九四九年，人民从此坐江山，解放战争三年半，蒋介石就跑到台湾。还想继续打内战，又到美国把兵搬，美国发动侵略战，战火烧到鸭绿江边。想把朝鲜做跳板，进攻中国把战宣，抗美援朝上前线，保家卫国斗志昂扬。连打提出和平谈判，三年把兵搬出朝鲜。

伏以——

越南战争它发动，飞机大炮侵犯祖国领空。它是白白做的梦，胆敢我中国比英雄。

首先让它东碰西碰，然后给它一个猛烈冲锋。不管敌人怎么弄，东风继续压西风。

伏以——

五十年代合作社，互助合作发萌芽，初级高级公社化，脚踏楼梯往上爬。

社会主义集体化，工农联盟是一家。六十年代问题大，四害横行在中华。

十一届三中全会召开啦，全国人民笑哈哈。生产责任已放下，产量年年往上爬。

要搞四个现代化，长征路上发光霞。党中央的领导下，建设繁荣新国家。

伏以——

　　歌师还向我们介绍，孝歌的歌词不是雷打不动的，而是会随着主家的要求和歌师的临场发挥产生细微的差别，如果当排朝的孝歌唱完丧家还不满意，歌师还可以继续唱下去，但后面的唱词就不是按照时间顺序了，而是按照古韵的排列，用一韵到底的方式有节奏地演唱韵文，虽然这些韵文中穿插了很多现成的唐诗宋词，但由于合辙押韵，倒也显得朗朗上口。歌师在完成肖家的现场演唱后，我们又对孝歌的附加部分进行了采访和记录，其歌词如下：

　　孝家问曰：歌郎歌郎，动问歌郎，你打从山路而来水路而来？歌郎答曰：一不是山路而来，二不是水路而来，是腾云驾雾而来。孝家问曰：你腾云驾雾而来，得见得什么景致？歌郎答曰：路上景致难以说完，南天门外见一太白星君与我指路，掉转云头打从水路而来。孝家问曰：你打从水路而来，可见得什么景致？歌郎答曰：路上景致难以说完，经过九十九条河、九十九条滩，见一铁臂球龙拦断滩水，打从旱路而来。孝家问曰：你打从旱路而来可见得什么景致？歌郎答曰：路上景致难以说完，经过九十九个岭、九十九个湾，见七八十岁一老汉，实在是老得不堪，眼睛做得稀巴烂，脚杆上下起火斑，坐起像个闷登汉，站起像个钓鱼竿。好像多久没吃饭，肚皮像个皆夹兰。上坡哟脚杆软，下坡又喊胯胯酸。肩挑一根短扁担，手里提个画眉篮。孝家问曰：肩挑一担是何物？歌郎答曰：肩挑一担是阳雀。孝家问曰：画眉又是怎么叫？阳雀又是怎么啼？歌郎答曰：画眉叫是唧咕溜，唧咕溜，船儿湾在狼沙洲。阳雀叫是哇哇阳，哇哇阳，船儿湾在浪沙场。（十四半条韵）

"君、臣"韵

耳听上方歌落听，余人接住就开声。余人实在无本领，今晚特至陪张灵。
余人言迟又口顿，前朝后汉我不清。余人生来很本分，从下未进学堂门。
从未读过那孔圣，三纲五常弄不清。宋朝太祖赵匡胤，岳飞二子是岳云。
风波庭上受苦困，岳雷祭奠他的坟。秦桧丧了岳飞命，世世为犬难翻身。
武穆夫子为中正，他在天宫封为神。文正怕走绝龙岭，云长怕的走麦城。
饿了仁贵去吊命，怀王带笑杀四门。子牙钓鱼渭水井，文王访的是贤臣。
王祥为母水上困，安安送米望母亲。常山子龙有本领，长坂坡前杀魏军。
张飞一声如雷震，督退曹操百万兵。这些历史多得很，东拉西扯说不清。
将歌放在另桌凳，耽误各台众先生。几句闻言我放稳，凤凰接信上天庭。

"梁、唐"韵

耳听上方把歌放，我来接到就开腔。今晚坐在另桌上，脸出汗水心发慌。
心想出口把歌唱，各位歌师比我强。心想比古比不上，贤德仁君是文王。
剁了心死比干相，西郡又出那武王。文王渭水把贤访，禹王治水疏九江。
郭巨埋儿得银两，曹安杀子拜君王。大舜耕田历山上，安安送米去看娘。
孟忠哭行冬笋长，于前为母把粪尝。曾子打柴家财广，目连和尚去寻娘。
黄香九岁把亲养，王衰伴墓侍首娘。杨相打虎父不丧，董永卖身葬爹娘。
纣王无道贼心上，狐狸妖精败朝纲。要学三佰把友访，莫学世美无义郎。
雪梅曾把公子访，去访公子上天堂。前朝古人比不像，几句闻言在灵堂。
各位歌师听我讲，迎接架台来帮忙。将歌放在另桌上，二句高上请帮忙。

"朦、胧"韵

耳听上方把歌奉，我来接住唱朦胧。我是勉强陪你奉，一定不要记心中。
从来我未读孟孔，不知要唱哪一宗。少年读书不中用，枉自父母费心脑。
学堂去把先生哄，每天路上一场空。前朝古人我不懂，勉强说句在口中。
威震乾坤第一共，云门战鼓响咚咚。云长出战多英勇，酒味温食斩华客。
赵家天子号为宋，齐天大圣孙悟空。吴公疗毒不怕痛，父母给他刺精忠。
子牙钓鱼江边拢，常山又出赵子龙。天仙谷内把大用，烧他弟兄一场空。
心想把他烧绝种，谁知天理也不容。娘娘看见心中痛，仙风吹在半空中。
仁贵躲藏在军碉，啄死土幅是大鹏。仁贵正在把饭弄，手头拿个吹火筒。
只见马儿砰砰碰，只见世面灰尘碰。莫是多久来出碉，放你先生把水通。
元帅带兵有何用，那回会到尉迟恭。只有仁贵不中用，世贵瞒他十大功。
唐王那夜得了梦，白袍小将在河中。家坐逍遥一点红，源源四下永无踪。
三岁孩得千两重，保主挂帅去征东。唐王夜间得一梦，缘梦就是徐茂公。
此人姓徐有根种，山西有来龙门中。孩儿直管千两价，一定仁贵在心中。
这些古人具不奉，闲话休讲在口中。各位歌师都坐拢，凤凰拍翅在天空。

"麻、辣"韵

听得先生歌放下，我来接住说端答。按住下来接住下，臭草接住牡丹花。
乌鸦接住凤凰驾，接住歌师我也差。你坐轿子我骑马，你喝酒来我喝茶。
皇叔招亲东吴要，那时赵云保护他。唐朝有个李元霸，手提铜锤八百八。

岳合庙内去问卦，想个儿子求菩萨。　尉迟将军把铁打，云长五关把敌杀。

关羽麦城奔了驾，曹操潼关把胡刮。　见了马超也害怕，花容才来接住他。

赤壁之战召下马，诸葛曾把东风发。　马跳渊溪地练马，新野徐庶召回家。

这些古人比一下，接住又说女人家。　一岁就在娘怀耍，两岁就在地上爬。

三岁四岁渐渐大，五六岁上学搓麻。　不学又怕妈妈打，七八岁上学绣花。

十七八岁要出嫁，天天就把私房抓。　一到婆家光贪耍，坐起就像那菩萨。

那天不把粉来打，堂前不住打哈哈。　妖精鬼怪真不假，人前就要戴朵花。

好个妇人脚又大，走路就像烂扫丫。　屁股又有箩筐大，头上几根乱头发。

麻子脸上指母大，眼睛是个萝卜花。　十个指母九个瓜，又是一个聋耳巴。

天天灶屋走一下，她又各自把柴花。　灶屋酸菜抓一把，拿来放在刀板扎。

一个裤儿往下垮，捉个虱子刀板扎。　一进房屋臭味大，粪桶满的四面撒。

这样妇人齐全打，天王都把烂鞋撒。　我她丈夫去打架，扯起跟他一卜趴。

牙齿又个挞用打，又个成个缺牙巴。　打鸡骂狗乱说话，咒她丈夫把岩挞。

那年又还迁了卡，一场毛病就害用。　这类妇人齐全打，众位听到都如麻。

这些都是闲言话，随便哪个莫学她。　将歌灵桌来放下，迎请歌师把话答。

"支、持"韵

耳听大鹏展高翅，老龙因在浅水池。　球龙赦后归了也，转劫秦桧也是实。

高冲华容车撵使，岳飞气死也是实。　曹操潼关刮胡子，害怕马超也是实。

牛帛山上去拉屎，金兵谈子皆了时。　仁贵当时出了世，仁义当时皆了时。

仁贵给他一鞭子，口吐鲜血失了痴。　张清打人飞石子，李逵硬想把耙吃。

秀才爱的那顶子，会做文章会写诗。　只有岳雷好胆子，溪峡岭上去领尸。

只有牛充不知事，韩家庄上抢饭吃。　只有卢千大胆子，灵充几乎皆了时。

后手给他一棒子，杀得鲁肃归阴司。　吊在梁上割鼻子，那时他才皆了时。

我比古人这地止，闲话几句陪歌师。　将歌放在灵桌上，二句高上你接词。

"沾、环"韵

耳听上方歌落点，我来接住你吃烟。　言迟口顿莫嫌慢，来与各台敬茶烟。

我未入学把书念，如今看来受熬煎。　马超张飞打夜战，尧王历山去访贤。

仁贵李席何中现，他把无理功劳瞒。　徐茂公来他会算，仁贵父子返长安。

唐王木阳身遭难，咬金回家把兵搬。　太子他把蟒蛇变，农民捉住打一翻。

春芳当时救他难，将银买它放河边。　嫌贫爱富胡天善，后来夫妇大团圆。

贵生是个贪色鬼，文俊叔空冲壮元。　四姐下凡拦路短，要与文瑞结姻缘。
杨家将军赵家管，杨六郎来守三关。　安安送米把娘看，送与母亲来加餐。
李逵下山把娘看，皆在半路归了天。　丁山会谢大口庶，迁他父亲命不全。
王家一箭还一箭，最后一箭父归天。　这些古人扯一遍，耽误各台众歌仙。
将歌放在灵桌殿，哪位接歌我吃烟。

"月、白"韵

先生唱歌很不孬，余人旁边抱歌接。　唱个东拉和西扯，前朝后汉记不得。
灵台个个是能看，只有余人来发白。　大啼东京张四者，马跳潭溪到玄德。
河间府有张叔夜，安川有个六老爷。　陈震背时不会骂，包丞相是一身黑。
孔明曾把东风借，杀散北魏曹孟德。　吕布英雄战三者，周童原是陕西客。
天母劝回张四姐，首千东吴当说客。　孙权妹妹很不孬，后来配合刘玄德。
中山俊王后代者，他各就是叫玄德。　四十八年汉山谢，后来三年坐会阙。
后主刘禅四十者，后来项羽把他灭。　安安是个行孝者，千方百计把娘接。
徐庶用计烧新野，皇叔把他当上客。　人不风流事不孬，马瘦毛长走不得。
爱做好事多施舍，会做生意不怕塞。　玩皮妇人是开者，有心开店不怕客。
滑路就怕脚来搬，行在路上走不得。　自古癫子不好惹，蚊虫怕把身巴拍。
东拉西扯我在扯，耽误各台众歌客。　请你各把书来扯，迎请驾台来发白。
闻言几句放在这，二句高上请发白。

"孤、独"韵

耳听上方在擂鼓，空起勾手就进奏。　一脚踏进孝门府，孝男孝女在啼哭。
亡者今年九十五，送他西天去为佛。　走在西天一条路，保佑儿孙把书读。
去朝酬外黄飞虎，皇叔召亲在东吴。　三国起义汉高祖，周瑜东吴是都督。
黄香打扇是为母，刘四后娘心也粗。　目连地府去寻母，徐州失散刘皇叔。
迁几发堂去受苦，毛撕那目命呜呼。　丢下古人栽不诉，再把行孝来说出。
安安送米是为母，三岔路上坐到哭。　曹操百味把酒煮，云长麦城命呜呼。
张飞古城来站住，关羽单骑五关出。　第一江山五帝主，二虎相争三师徒。
三教英雄刘光祖，四封荆州是曹肃。　五虎大将平西土，孔明火把祁山出。
七擒孟获难走路，诸葛摆下八阵图。　九黎山前活埋母，十路埋的曹都督。
这些古人难尽数，耽误各台歌师夫。　东拉西扯不比古，奉送亡者返西域。
亡者走在西方路，三亲六戚也哭熟。

"活、路"韵

歌师来在灵桌坐，	坐在灵桌把酒喝。	今晚唱歌要扯伙，	切忌莫唱各搞各。
粘米打粑要做糕，	糕米打粑是一坨。	我靠你来你靠我，	我的没得你的多。
前朝古人我说过，	只有叔嫂与胶鬲。	三国纷纷起争夺，	黄巾起义动干戈。
桃园结义人三个，	同心协力保江河。	曹操篡位东元登，	一心想把中原作。
东吴周瑜惯用火，	七次去把孟获捉。	摸空偷吃人参果，	八戒是个猪脑壳。
马超同关人认错，	放走曹操他逃脱。	刘备新野他来坐，	徐庶火烧博望坡。
徐庶新野辞别过，	来个走马见诸葛。	他在襄阳会上坐，	马撮潭溪他逃脱。
天永心里很难过，	出于奸臣是董卓。	貂蝉女子人不错，	她在当中很活泼。
吕布英雄人一个，	后来又把董卓捉。	这些闻言难扯过，	闻话几句我来说。
我看先生扯不过，	螃蟹眼睛很活络。	奉劝亡者灵前坐，	灯光脚下听孝歌。
亡者黄泉路上过，	双手捉住马缰索。	十殿阎罗你去过，	转轮车上把冤脱。
今晚陪你灵桌做，	奉送亡者上大罗。		

"飞、回"韵

耳听孝堂把鼓擂，	余人闻听也伤悲。	昨天在屋吃酒醉，	闻听亡者往西归。
亡者可能没得罪，	为何一命往西回。	孝男孝女灵前跪，	来在灵前也伤悲。
觉得自己很惭愧，	寸香没有礼有亏。	今晚陪亡坐白会，	唱首哀歌把亡陪。
十大功劳薛仁贵，	不爱爵位介子推。	善敬忠良李若水，	能替父志是岳雷。
奸臣终会迁秦桧，	忠臣张飞与岳飞。	返进长安张世贵，	三百六十把命归。
忘恩负义陈世美，	过府吊孝秦雪梅。	三下河南赵炳贵，	忠臣不过杜服威。
唐王乌江把时背，	苏文那时把命追。	那时才认薛仁贵，	污泥河内才救回。
这些古人比不对，	闻言几句把牛吹。	长年就怕椿火确，	丫鬟就怕把磨推。
奴仆就怕背妹妹，	害病就怕阎王追。	怀胎就怕产后鬼，	害人就怕要倒霉。
今夜灵堂吃酒醉，	陪伴亡者往西归。	闻言几句唱不对，	请你接住把亡陪。

"夷、狄"韵

耳听上方歌落地，	余人接住说端的。	唱歌全然不知礼，	比起你来我无益。
心想陪亡把古比，	才疏学浅不计力。	想起古今叹口气，	想起莐天把君欺。
纣王昏君无道理，	忠臣良将把命递。	岳合五十才添喜，	华佗三国是名医。
赶上冷庄李世女，	皇叔骑马过潭溪。	阳雀叫唤高声起，	匡胤华山输了棋。

夫子坐于尼山地，传与列国的书籍。门徒都有三千几，七十二贤也不虚。
安安引孝去送米，孔明挂帅出稀奇。云王配合韩文玉，汉卿不受他的妻。
商鞅才兴买田地，打富济贫毛主席。唐王号召开科举，汉皇无道自相欺。
蔡伦才把纸造起，刘安才推豆腐皮。黄盖他献苦肉计，仁贵攻关得龙驹。
桃园结义三兄弟，霸王乌江命归西。汤环返进长安去，梁王头是岳飞提。
这些古人难以比，灵桌坐的歌师些。今晚灵坐来做起，陪伴亡者命归西。

"优、游"韵

耳听上方歌放手，我来接住把烟抽。今夜来在孝堂走，孝男孝女很忧愁。
来时空脚又是手，未有上前磕个头。上前一步打拱手，退后一步才磕头。
侧面坐在灵桌口，眼观歌师坐一周。坐在灵桌来开口，不知哪县和哪州。
几句闻言我帮凑，陪伴歌师莫忧愁。上前几句唱杯酒，记得古人在心头。
皇叔徐州来头守，古城相会在心头。庞统相貌生得丑，去投曹操他不收。
西蜀后主是阿斗，鲁莽不过陈铁流。王佐降金差只手，王盾红中鼻血流。
六郎镇守三关口，宗保背父把亲收。隋炀杀父各自走，乱棒打死在扬州。
唐僧会念紧箍咒，悟空保送往西游。安安送米孝心有，孟忠哭竹长出头。
仁贵他往长军走，马儿拴在灰以头。污泥河内把祖救，那时见主运不周。
七姐下凡拦路走，配合董永磨房游。付家员外他折口，做了一牢把他留。
董永卖身不折口，埋葬双亲回家头。晚上他往磨坊走，瘦的一色光骨头。
七姐她把香来扣，香烟香香上仙楼。这些闻言唱不久，出言唱歌我害羞。
今晚坐在灵桌口，陪伴歌师把烟抽。

"闻、怀"韵

先生唱歌我喜爱，余人接到又无才。希望歌师要接待，略略陪伴众歌台。
出言唱歌我告矮，各项书籍唱不来。坐在灵桌来参拜，来把香纸代起来。
董永引孝把身卖，杨家五郎吃长斋。悟空撞着黄袍怪，赶走悟空咱下台。
张飞背时把猪卖，刘备背时打草鞋。子牙背时压面卖，强盗背起陈老来。
貂蝉女子各人爱，吕布董卓都想抬。那回好恶又搞怪，马儿几乎跶下岩。
岳飞上京去北宫，梁王他把银子筛。四川又出刘文彩，主席把他打下台。
东吴孙权用黄盖，刘备美慕诸葛才。庞统相貌生得怪，曹操看他人不乖。
后来又把曹操害，曹操人马赤壁埋。孔明东风起得怪，三国又出好人才。
春芳背时把银卖，黄铜响锅作金材。长安城内把金卖，那时他就下了台。

监牢狱内把他甩，十年坐牢父母衰。这些古人难尽派，犹如今晚做亡斋。
今晚才能拿礼彩，空脚是手坐灵台。坐在灵桌我喜爱，略略陪伴众歌台。

"嚎、啕"韵

耳听孝堂在放炮，余人心中得一照。两脚恰往灵前跪，忽然心中很逍遥。
坐在灵桌把各扳，我的文化也不高。各位歌师把我教，希望随代你的腰。
前朝古人难尽表，你的智识比我高。宋朝皇帝是姓赵，岳飞母亲是姓姚。
薛仁贵来把颈吊，船夫双手来搬桡。各位先生呱呱叫，诗词歌赋比我高。
子牙吃鱼江边钓，王横河边往前梢。常山子龙是姓赵，天下闻名把各飘。
一身胆量把国保，长坂坡前杀曹操。张飞一声如雷叫，百万军中把战挑。
纣王昏君他无道，贪淫好色很糟糕。烧香他去女娲庙，几句淫诗犯了硝。
飞虎他往五关跑，杀妻除子忠臣消。曹操兵败华阳道，诸葛曾把东风飘。
刘表妻子咬巾吊，孔融妻子千里毫。襄阳设宴是蔡貌，那回刘备他该煞。
徐庶他才把喜报，水泊先生把他招。徐母她把子来教，口出恶言骂曹操。
石广偷鸡路上跑，祝家庄前把命抛。梁山英雄宋江好，吴圣秦昭同大刀。
只有肖让把孝抄，蔡全假信代忠逃。这些古人难尽表，闻言几句说根苗。
丢了此韵我不要，双手捧起往外抛。

"二、儿"韵

先生唱歌入了耳，我来接住唱二儿。周刚下尘割了耳，王佐断背苦人儿。
梁山大将阮小二，受苦不过椰面儿。后揽三宝割了耳，三元纪上张路儿。
山中还有豹老二，出来要咬那猪儿。黄鳝都有两个耳，田头还有鱼鳅儿。
大地生于二月二，前娘后母九个儿。初一过了是初二，人到老来全靠儿。
我的排行是老二，学的割草照牛儿。叫我读书我不耳，先生教我读学而。
唱齐此处我不尔，转请歌师接二儿。

不管孝歌前文的内容如何，或者有多长多短，最后都会以"送骡驼"作为结束，所谓"送骡驼"，是指一段固定的"送亡者早登极乐世界"的唱词，其内容如下：

送骡驼

一杯酒，我来劝，奉送亡者归西天。孝男孝女莫相见，一面跪的大团圆。
你在阴司要照念，保佑儿孙白发先。亡者叫我诗句念，桃红脸来笑容鲜。

挂印封京吃汉面，二兄遥望还出环。马骑赤兔引千里，手挽青龙出五关。
亡者叫我诗句念，桃红脸来笑容颜。一个骡驼嘴巴短，两只眼睛像摇篮。
一对耳巴两只扇，一条尾巴在后边。四只脚，往前梭，往后捐。
亡魂请上金狮殿，奉送亡者到西天。
二杯酒，劝亡尝，奉送亡者上天堂。孝眷眼泪如雨降，诸亲百客泪两行。
灵前摆起般般样，孝男孝女表心肠。亡者叫我诗句讲，桃红脸来喜洋洋。
日月两轮去得忙，忙人哪能得久长。长叹世人无长寿，寿如彭祖也要亡。
亡者听诗心舒畅，桃红脸来喜洋洋。两个骡驼嘴巴胖，四只眼睛亮堂堂。
两对耳朵像巴掌，两条尾巴一样长。八只脚脚往前梭，不停徨。
亡者请上金狮膀，护送亡者上天堂。
三杯酒，奠三逻，奉送亡者上天庭。孝眷灵前来跪秉，千言万语难出唇。
生前侬水来奉敬，殁后此时表寸忱。亡者听诗把我请，要请诗人把诗吟。
清明时节雨纷纷，路上行人欲断魂。借问酒家何处有，牧童遥指杏花村。
亡者听诗很高兴，欢天喜地笑盈盈。三个骡驼有嘴劲，六只眼睛亮晶晶。
三对耳巴很灵敏，三条尾巴摆不停。十二只脚，往前梭，往后挤。
亡者请上金狮蹬，奉送亡者上天庭。
四杯酒，献灵位，奉送亡者往西回。今晚陪亡坐白会，迎请诸亲把亡陪。
孝男孝女灵前跪，诸亲百客痛伤悲。亡者请我把诗背，满面春风笑微微。
未曾生我谁是我，生我之时我是谁。长大方知才是我，合眼朦胧又是谁。
亡者听起这诗味，犹如南柯梦一回。四个骡驼嘴对嘴，四对眼睛放光辉。
八只耳朵是四对，四条尾巴往下垂。十六脚脚往前梭，往后退。
亡者请上金狮背，护送亡者往西回。
五杯酒，献灵容，送亡转回极乐宫。三亲六戚都赶拢，四方吊孝来宾朋。
孝眷眼睛都哭肿，诸亲百客眼哭红。亡者叫我把诗诵，笑在眉头喜心中。
金殿当头紫阁重，仙人掌上玉芙蓉。太平天子朝元日，五色云车驾六龙。
亡者听诗有何用，虽死尤生乐无穷。五个骡驼嘴巴拱，十只眼睛像灯笼。
十只耳巴像圆桶，十条尾巴像玩龙。二十脚脚往前梭，往后街。
亡者请上金狮硐，送亡转回极乐宫。
六杯酒，灵前叩，奉送亡者往西游。今晚坐在灵桌口，孝子上前来磕头。
孝男孝女灵前守，血泪点点东海流。现诵亡者诗一首，亡魂心里乐优游。
暑往寒来春复秋，夕阳西下水东流。将军战马今何在，野草枯花满地愁。
亡者听我歌一首，笑在眉上喜心中。六个骡驼嘴巴有，六对眼睛滚绣球。

六对耳巴能听吼，六条尾巴在后头。二四脚脚往前梭，往后溜。

亡者请乘狮子走，送亡转回白玉楼。

殿上衮衣照日月，砚中旗影动龙蛇。纵横机乐三千学，独对丹犀日来斜。

亡者听我把歌写，桃红脸来心喜悦，七只骡驼嘴巴撇，七对眼睛分黑白。

七对耳巴生不孬，七条尾巴往上揭。二八脚脚往前梭，往后斜。

金狮背上送亡者，引魂菩萨来迎接。

九杯酒，我来酌，奉送亡者上火罗。歌师陪亡灵前坐，众位都来唱孝歌。

诸亲孝府门前过，满堂孝眷把头磕。亡者叫我把诗贺，桃红脸来心喜乐。

未会牵牛意若何，需邀织女弄金梭。

亡者听诗喜不过，桃红脸来笑哈哈。八个骡驼嘴巴妥，八双眼睛很活络。

八对耳巴很不错，八条尾巴往上拖。三二脚脚往前走，往后梭。

金狮背上亡魂坐，奉送亡者上火罗。

九杯酒，请亡吃，奉送亡者归阴司。亡者入殓出了世，没得有要空一时。

齐等今年病害死，孝眷眼泪衣打湿。亡者请我已到此，专门请我来吟诗。

一泓清稞沁诗脾，冷暖年来只自知。流出西湖载歌舞，回头不是看山时。

亡者听我诗句子，欢天喜地请歌师。九只骡驼嘴巴子，九对眼像水晶石。

九对耳巴像扇子，九条尾巴往后支。三六脚脚往前梭，往后施。

亡者请上青狮子，护送亡者归阴司。

十杯酒，把杯举，水流东海日落西。孝眷灵前来跪起，珠泪滚滚往下滴。

自从亡者归阴去，丢下儿女泪湿衣。孝堂灵位来设起，专门请我来吟诗。

水光敛艳晴方好，山色空蒙雨亦奇。欲将西湖比西子，淡妆浓抹总相宜。

亡者听歌很欢喜，灵前坐好歌师些。十只骡驼嘴随地，十对眼睛有视力。

十对耳巴往上举，十条尾巴往上提。四十脚脚往前梭，往后蹄。

亡者坐上狮背去，奉送亡者命归西。

十一杯酒我来表，奉送亡者返用曹。各位歌师你莫吵，诸亲百客你莫嘈。

要请各位你听到，细听余下说根苗。吟诗作对很重要，一个一首往前逃。

碧玉妆成一树高，万条垂下绿丝绦。不知细叶谁裁出，二月春风似剪刀。

亡者听歌心欢笑，桃红脸来乐逍遥。十一只骡驼嘴巴翘，十一对眼睛往上瞧。

十一对耳巴听得到，十一条尾巴在后摆。四四脚脚往前梭，往后逃。

亡者乘着金狮跑，护送亡者返阴曹。

十二杯酒灵前摆，奉送亡者辞阴台。坐在灵桌来参拜，烧纸化钱表心怀。

亡者从此辞世界，孝男孝女哭哀哀。文化水平也很矮，略提一首诗句来。

少小离家老大回，乡音未改鬓发衰。儿童相见不相识，笑问客从何处来。

亡者听诗心喜爱，桃红脸来笑颜开。十二只骆驼嘴巴甩，十二对眼睛生得乖。

十二对耳巴两边摆，十二条尾巴像火柴。四八脚脚往前梭，往后开。

亡魂骑狮跑得快，跨鹤登仙上瑶台。

刘家去世的是家中男性长辈，因此孝歌中多安家立业、开荒谋生的内容；肖家去世的是家中的女性长辈，因此孝歌中更多表现的是生儿育女、抚养后代的内容。由于刘家是黄鹤当地的大族，家中有多位子侄在村委会任职，所以孝歌中很多关于政治和权利的内容；而肖家是几年前才由外地做生意归来黄鹤定居，所以孝歌中又多有体现荣华富贵的内容。

（三）民间器乐

不论是薅草锣鼓还是孝歌，或者婚礼，"锣鼓家什"都是必不可少的响器（见图9-3）。黄鹤地区的锣鼓一般是三人一起打，四人也可以。分工是一人打鼓，一人打大小锣，一人打钵。四人就是大锣小锣各一人，其他不变。常见的打法是，鼓起头，先打排子、接引子、后打拖完，打的花样繁多，有各种排子、各种引子和各种拖。有老拖、新拖、闪一板拖、吊葫芦拖、吊脚楼拖、花拖。引子包括陈爪爪、周爪爪、翻天印、六锤锣、狗扯腿、母猪收崽、蚂蚁子讲书、扑灯蛾、七达三、红绣孩等数不胜数。

吹唢呐，一般是二人，有时用鼓和马锣配打，吹得引子繁多。吹唢呐有上下手之分，唢呐杆前面六个眼，后面一个眼，后面的眼用拇指去按着不放，上手不按拇指眼，上手打得野，下手要过细，合奏起来就成了雌雄腔调。80 年

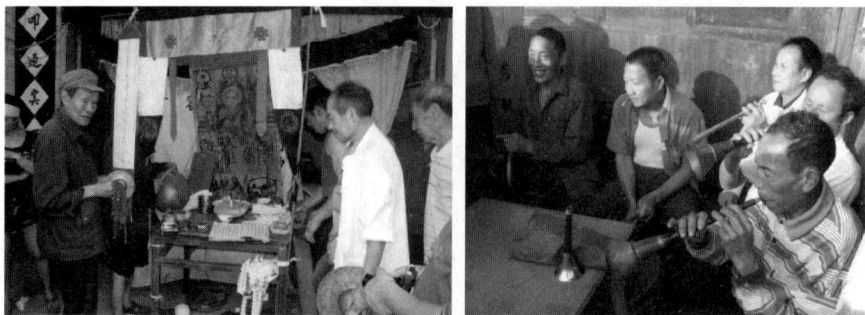

图9-3　葬礼或婚礼上都有锣鼓响器

代由三义乡的人来本地传授了不少的引子，使得本乡吹唢呐的调子焕然一新。要想把唢呐吹好听离不开笛子和箫。在以前，是由这三种合在一起吹奏助兴，现在很少了，最多是唢呐和锣鼓一起表演。

（四）玩狮子

玩狮子（见图9-4）是多出现的葬礼上的一种民间杂技，所以很多地方也叫"玩孝狮子"。玩狮子的主要动作是，地上反过来放一张桌子，要桌子四脚朝天，两人或者一人扮演的狮子要站在桌子的四脚玩几个花样，如要做打滚、交桩等动作，玩狮子时要说吉利话讨观众开心和图吉利。"文化大革命"时不许迷信，有很多活动被取消了，比如不许道士做法事等。黄鹤乡玩狮子是从1983年开始复兴并得到普遍发展，主要是在祝寿、白会、开盛典、过春节时玩狮子。改革后，坐夜开始实行，也就开始了普遍的玩狮子。

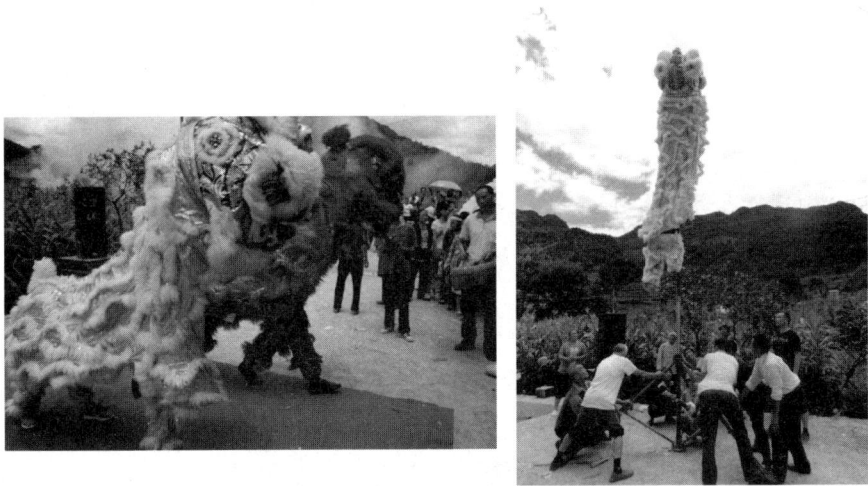

图9-4　玩孝狮子与高台狮子

在黄鹤乡，玩狮子的队伍共有四班人马，汪龙村其中一支玩狮子队伍的负责人BLX向调查组介绍玩狮子的经验。

个案9-1：BLX介绍玩狮子的经验。"一般情况下家里做白会（葬礼）的都不喜欢玩孙猴子和大头和尚，因为和尚代表孤家寡人，猴子是丑角，不吉利，我就把和尚改成唐僧，把孙猴子改成猪八戒。猪八戒要更逗人笑，农民养猪，对猪有感情，也觉得亲切。在我们这里都是有了后代的人死了才可以坐夜。

"我们在玩狮子说吉利是有较高的文学素养，说辞都经过艺术加工，可以说他们那些个玩狮子的，没有谁的吉利话可以说得过我。比如，40 岁左右的人死了我会说：'人生人死寻常事，生生死死为一生。阎王注定三更死，再不留人到五更。'年轻人死就说：'人生人死为一生，万事都由命注定。人人都想百年寿，可惜是白发人送黑发人。'现在我们玩狮子的队伍包括有一人打鼓、一人吹号、一人镲子、一人蹦蹦锣，一共有四个人。上次在毛坝坐夜我们几个人收入了 75 元钱，还收到 9 包白沙烟。算起来我们这个队伍已经经过 4 代人：

第一代，1980~1985 年，成员：包中能、包中良、包中列、包中新、包良绪；第二代，1985~1995 年，成员：包中洋、宿祖国、包中列、包良相、包良绪；第三代，1995~2005 年，成员：包中海、包良顺、包中洋、宿祖国、包中列、包良顺；第四代，2005 年至今，成员：包中列、包中国、包良顺、宿祖国、包中林、包良绪。这其中：包中洋、宿祖国、包中海已经外出打工，包良相是年纪大干不来了。还有包中能、包良中已经死了。玩第一代时有大头和尚、猴子，还要上桌子。第二代后就开始没有多少内容，各项活动都简化了。现在我是想把和尚和猴子恢复起来。还想找几个打腰鼓的女性，一起来搞。但是现在上桌子不好上，主要是现在的桌子质量不行，太小太脆弱，人踩上去有危险，要那时的老古式桌子才行。现在是经济社会，玩狮子赚不了好多钱，而且好多玩狮子的人都出去打工，年轻人又不愿意学。现在的人生活水平提高，受教育水平高，素质就高了。必须要有新意和新花式才搞得好看，才能有人愿意请我们。"

（五）唱道士

唱道士（见图 9-5）是一种形式比较固定的民间曲艺，来自黄鹤当地的民间道教信仰。

图 9-5　葬礼上的唱道士

唱道士的节奏是九板十三腔，打的引子是要随着腔调的变化而变化的，响起的引理是用铙、钵、铰子、大锣、马锣、大鼓、木鱼、当锣和铃子一起合奏而来的。引子有三四五、礼佛铙、长路引、庭芳引、纳财文、香来奠、起板、大回向、小回向、署玉郎、乱齐麻、道士练、野猫过桥等，其动作有打铙板穿花。跪天王的人数为五，各拿一支竹筒煤油亮，打引理由缓到紧，其动作是随锣鼓引理变，缓慢紧快。动作的花样也有多种，包括有九连环、打格答、挽纤纤、鲤鱼穿梭、鲤鱼距摊、四人拱手，唱的调子有多种多样。唱道士一般也只适用于丧事当中。

（六）展言子

展言子是流行在黄鹤及周边地区的一种类似猜谜语的神智比赛，锻炼灵敏反应的交言，每一句留着最后一字不说，在社会交往各种场合都有出现。如唱孝歌中：

一进歌场打鼓热，满堂坐得位位高（手），孝家死了年迈老（人），特请众位来操劳（神），三亲六戚披麻戴（孝），邻忙送礼深更熬（夜），你我都是好朋好（友），今晚来陪蜂子朝（亡），转身不唱不唱我各要（走），唱得不好请多包（涵）。

又如红会，摆礼说：

耳听先生轻言（语），黄莺闪得我不识（字），空脚四手不在礼（物），身上穿的寒冷衣（服），第一又无天长地（久），第二又无东走西（条），昨日又遇戊辰己（巳），才出一个甲子乙（丑），这句说的人熟礼（完），不是那么异古稀（奇）。

又如：

天上在落轻言细语（雨），快去拿个雷公河闪（伞）。肚皮有点不饱不（饿），快去吃点粗茶淡（饭）。我要去赶地久天长（场），拿钱去打天长地久（酒）。赶场去称细皮嫩（肉），拿回家中异古稀奇（吃）。上山去打多快好省（笋），拿回家来恶霸地主（煮）。关门背户（父）一把狗屎（死），老父老母牛马畜牲（生）。满堂儿女高抬石价（嫁），野猫拖鸡要生鸡（蛋）。睁眉估眼有点巫山大侠（瞎），聋头蜀的不疾不（聋）。蒸饭没出高声大（气），恐怕不得堂公伯叔（熟）。

其中，括号外的由领头的歌师独唱，括号内的一个字由歌师班子齐声合唱，能唱展言子的歌师班子一般由较为熟悉、默契的几个固定歌师组成，唱出来一唱一和，具有强烈的节奏感和特殊的感染力。

（七）划干龙船

划干龙船在新中国成立之前很盛行，每逢正月初一至十五，一圣二人扛着一个木架，架上俱有娘娘爷爷木偶头像，每到人户门口连唱连用两块竹板打拍子，每唱完一段打小铜锣几下，主人给以红封即走第二家。此风俗20世纪50年代后已绝迹。据调查组向当地老人了解的情况，1986年，冉广祯曾请杨显明改编原唱词后，于当年正月初一从给了12元红封的冉正友家开始，逐户敲唱。此后，几乎每年都有他乡的人来黄鹤划龙船了。调查组在采访录音的基础上，整理了部分划干龙船的唱词，现摘录如下。

第一部分为开场祝词：

伏以——

凤凰展翅百花开，人逢喜事贵客来。百般生意条条占，孔明降下四方财。

伏以——

铜锣三声响，八卦定阴阳。龙船来到此，主人大吉昌。

伏以——

天上乌鸦叫，地上龙船到。龙船来到此，主人大吉昌。

里路走，里路来，里路梅花里路开。鹞子翻山来得快，天宫降下神搬来。

二步走二步亮，三步四步踩华堂。五引六步来得快，马上得中状元郎。

一个乌鸦腾空来，内送喜来外送财。送财能送高台上，送子能送几重台。

然后唱出请划这场干龙船的主家是谁，并对其大加称赞：

白岩有个冉正友，青春小伙很对头。五湖四海他去走，跑过三江六码头。兵当了三年久，工作积极争上游。回家又把岗位守，又到洗新和为硫。工作他不出纰漏，又收鸡蛋和猪肉。文明礼貌他讲究，满面春风乐优游。这些小伙那的有，普遍天下也难求。

接下来唱自己划这场干龙船的过程：

你说无人我不信，明明你把我倒符。有个香火必有鳌，有个庙子必有神。有个细娃有人引，有个学校有学生。你莫弄我尽在等，把我换在明早晨。

这个狗子恶不过，招呼咬出七柱浴，白来三斗不为过，外带还有好吃喝。不是划船人来惹祸，划船全靠一双脚。

接着唱四方神灵都保佑请划这场干龙船的主家，重点夸赞主家的房子起的好、帮手多、风水佳：

喜是商朝赵公明，精忠报国保朝廷。兴周灭纣去打仗，遇着古佛那燃灯。大点七元归天界，太公封我为财神。领了玉皇亲敕令，来与主家开财门。春季财门春季开，夏季财门夏季开。秋季财门秋季开，冬季财门冬季开。四季财门四季开，上季财门上季开，中季财门中季开，下季财门下季开。领了玉皇亲敕令，主家财门我来开。

左开一声金鸡叫，右开一声凤凰声。两扇财门齐打开，金银财宝滚进来。

铜沉沉，鼓沉沉，今日来到贵府门。左边门神秦叔宝，右边门神陈将军。受了玉皇亲敕令，金瓜铁斧把财门。

一开财门永不关，这座华堂很了然。前有来龙三滴水，后有青龙色色山。左边青龙来打扇，右边朱雀笔架山。华堂修像皇宫院，文武官员站两边。贵客来的千千万，一道喜来二问安。

鲁班进门三尺三，白日开来夜晚关。白天只许人来进，夜晚不准鬼来蹿。

一进堂屋抬头望，主家香火在高堂。天地君亲当堂坐，四官财神在两旁。划船之人参拜你，主家之人福寿康。

参拜神，还有神，参拜主家灶府神。好话传在天宫去，孬话丢在九霄云。划船之人参拜你，油煞火煞到如今。

一进堂屋抬头望，四根中柱顶四梁。大梁本是檀香木，二梁本是紫檀香。三梁四梁认不得，不是枫香是柏杨。

黄煞木来改桶子，柏杨木来改长枋。头上戴得玻璃瓦，脚下踩的木瓜心。堂屋坎的三合土，当门有笼火斑竹，头头就有箩筛大，根根都有斗匡粗。划船之人参拜你，后缘加衣有钱源。

这座华堂修得像，红漆朝门瓦盖墙。如今社会数第一，富过当年祝家庄。大哥为君登皇上，二哥宰相坐朝堂。三哥云中去跑马，四哥马上去耍枪。只有五哥年纪小，考起新科状元郎。

这座华堂修得古，富过九州十万户。花园都是石板路，两边耍楼晾衣服。堂屋坎的三合土，周围院墙包着屋，当门有根摇钱树，七十三道海了符。不久出门把衣做，坐的轿子鹏哥绿。

这座华堂修得古，富过九州十万户。花园都是石板路，西边耍楼晒衣服。圈头喂得大角牯，槽内几条大肥猪，喂得大子像老虎，鸡牲鹅鸭一大卜。当门有笼火斑竹，根根都有斗匡粗，不是舔你肥屁股，窝尿就是银夜壶。

两脚站在云门上，难分五阴并六阳，文官衙门拜老将，武官衙门拜校场。一拜乡约与客长，二拜哥弟来霸行，三拜主人情意广，四拜歌师与歌郎。杨柳栽在路旁上，来到贵地也沾光。

江南牡丹一朵红，天下豪杰访英雄。高祖坐基访韩仁，文王渭水访太公。昔日成汤访伊尹，山伯曾访祝九红。尉迟恭访白袍将，瓦岗出访徐茂公。水泊梁山访吴用，秦琼卖马访单雄。划船之人无访处，来与主家话宾朋。

一笼竹子罗沙丘，江南长的绿油油。长竹才落匠人手，师傅手艺很对头。造出三块云牙板，五湖四海任君游。北京有个九龙口，南京有个望月楼。今天来在贵地走，世世代代登九州。

接下来对修建这所房屋的各类匠人的祖师进行祭拜：

拜了一行又一行，特来拜望木匠房。你的手艺做得好，样样功夫比人强。板子虽是沉香木，缝相千眼卜现行。横条枋子多齐整，无有一点不端详。等我去奏玉皇上，定要请你修黄堂。划船之人参拜你，五湖四海把名扬。

木匠手艺做得好，当门拴个布围腰。眼眼打得很周到，大省就把小省包。划船之人参拜你，鲁班弟子名誉高。

拜了一行又一行，再来拜望木匠房。麻衣先生制改锯，伏羲姊妹制栋梁。东家请你做家具，西家请你修华堂。这座华堂来修起，阳雀过山名远扬。

拜了场前与场后，二拜乡约与地头，三拜三江大渡口，四拜四季水码头，五拜青龙背上走，六拜文武状元侯，七拜初一见星斗，八拜三教和九流，九拜同堂共患友，十拜哥兄登九州。

拜了一行又一行，将来拜望老内行。今日来在贵府上，屠户手艺很高强。张铁匠，李铁匠，打把刀儿明晃晃。红刀九寸明亮亮，挺杆打起丈二长。先杀猪，后杀羊，杀猪宰羊百万双。张飞传你把屠宰，杀猪宰羊赵令方。

手艺师傅多得很，乐舞师来很高明。皇叔东吴去求亲，随代子龙一路行。鸣锣三声金炮响，吹箫鼓乐市沉了。别人手艺无人请，你的手艺做不强。划船之人参拜你，阳雀过山远传名。

拜了一行又一行，将来拜望铁匠房。口是风箱手是钳，骡膝头保上打三年。太白星君也不忍，才制钳锤与钭墩。公鸡毛，母鸡毛，风箱里的吼国曹。

自从龙君传艺后，自古流传乐逍遥。

拜了铁匠还未完，铁匠师傅有根源。他的历史很长远，创造发明李老丹。手艺学得很不慢，各种工艺做得会。打把锄头去生产，凿把选凿去耕田。打把刺刀上前线，保卫祖国的安全。杠炭将炭烧煤炭，五行也要用完全。这个师傅很能干，髁膝保上打三年。存款存起千千万，子子孙孙用不完。

拜了一行又一行，特来拜望篾匠房。这个篾匠本姓旺，上场赶了赶下场。招牌挂在梁梁上，坎板都有丈二长。手拿篾刀把篾起，一起起了两三房。长的拿来打晒席，短的拿来打簸箕。打个笼子来抗鸡，打个安安来运米，打个桃园三结义，一天接他几百几，杀猪宰羊几多几。

拜了一行又一行，特来拜望篾匠房。砍板已有一丈二，篾刀打起七寸长。手拿钢刀进竹林，要选竹子十丈长。砍竹要问姚三者，划篾要问寸三娘。长篾划起一丈二，短篾划起五寸长。长的拿来打晒席，短的拿来打簸箕。打个桃园三结义，打个安安来运米。

拜了行道又行道，这家石匠手艺高，鲁班妙法你学到，衣钵真传作了桥。天上请修皇宫院，地下请修罗元桥。到处请得不得了，徒子法孙走不交。四化建设正需要，脚踏楼梯步步高，接得银钱很不少，将来一定要翻稍。

一行拜了二行来，摆摊设店发大财。生意兴隆通四海，财源茂盛五湖来。文明礼貌做买卖，四方顾客都肯来。一年要赚几万块，银行存款划得来。

一行拜了二行来，这位师傅打草鞋。关爷曾把豆腐卖，刘备关张打草鞋。新打草鞋四股带，一天要打排打排。上街打来下街打，别人买你的好草鞋。卖了草鞋回家转，将来一定发大财。

拜了各项老师傅，各项手艺做得熟。灵魂工程多辛苦，脑力劳动去教书。培养祖国的花朵，建设人才学校出。满园桃李沾雨露，全靠园丁来培育。老师你把工作做，子子孙孙受福禄。

紧接着祝贺主人升官发财、子孙兴旺：

我看你像学生样，天天读书在学堂。初中高中来可考上，读了大学去游洋。四化美景人心向，共产主义是天堂。后来你们把福享，五湖四海把名扬。

伟大中国共产党，晴空万里放光芒。四化建设指方向，大海之中不迷航。英明政策符民望，载歌载舞喜气洋。有女无儿是一样，传宗接代设东床。只要大家都会想，幸福生活万年长。半子也把忠孝讲，送老归山名远扬。

舒服舒服真舒服，村长组长和支书。一年四季很辛苦，又学政策和法律。

你是多年老干部，工作做得很突出。可能是个万元户，金榜高上有名目。子子孙孙一大路，一生快乐享福禄。

那边走到这边来，这个小妹在扎鞋。这边一针锯过去，那边一针锯过来。这个小妹福分好，富过当年祝英台。天晴不得太阳晒，落雨不得打湿鞋。

锣沉沉，鼓沉沉，退休干部转家庭。当年跟党闹革命，全心全意为人民。马列主义记得稳，培养革命接班人。党的政策好得很，丰衣足食福满门。

恭喜恭喜真恭喜，你家有个好医理。一天跟他几十里，登门求诊沉疴起。老君炼丹记得起，神农草木也熟悉。人人都很尊敬你，白衣战士你第一。

恭喜恭喜真恭喜，家庭要数你第一。儿子前方参军去，国防线上把功立。胜利回来团圆起，幸福生活多安逸。

光荣光荣真光荣，烈士门庭喜气盈。英雄美名永不朽，青山埋骨不埋名。

锣音音，鼓音音，家中出来小学生。划船之人不认识，不知是男是女生。现在男女都平等，送入学堂读书文。异日升学来考起，金榜高上中头名。

然后希望主人看在划船者这么卖力的面子上，尽量多给赏钱：

两脚站在云门上，不分五音并六阳。你是主，你是客，划船之人认不得。你是客，传句话，你是主，早打发。二回在我家下要，二两酒钱算我拿。

锣沙沙，鼓沙沙，家中出来女菩萨。头上包得白帕帕，脚下穿得尼龙袜。带得钥匙一大把，走路响的西西沙。你今说话也算话，戴得钥匙当得家。打开箱子抓一把，留客不如早打发。

锣壳壳，鼓壳壳，家中出来财主婆。头不勾，背不驼，一对眼睛很活络。头发白了又转青，牙齿松了又转根。儿也多，孙也多，多儿多女倒茶喝。提把椅子当堂坐，别人没得你快活。

看见大嫂往西走，是弄茶，是弄酒。我不吃茶不吃酒，打发龙船早些走。

久闻久闻真久闻，老板是个有名人。那阵都想拜望你，就是口说脚未起。无事不在你家走，就是银钱不扣手。一来都是两将就，刻今来把衣食求。南京好要南京走，北京好要北京游。北京有个九龙口，南京有个望月楼。曹操领兵下汉口，吕布曾占白云楼。鲤鱼跳登龙门口，狮子含气滚绣球。

读书读了两年半，百家姓也未读完。室友兄弟对我谈，说我文章漏了篇。个个夸我很能干，爹妈听了好喜欢。说我小伙精战战，急忙送我到利川。又在小河歇一晚，又到中路吃早饭。皇榜大人把榜现，各人各自认不翻。两脚忙忙回家转，急忙送我端公坛。样样手艺没学到，样样学会划龙船。

锣沉沉，鼓沉沉，尊声主东听分明。一无书信来相请，二无美酒宴贵宾。今日来到贵地上，不看愚亲看水清。

锣沙沙，鼓沙沙，尊声主东听根芽。太公河边把鱼打，普贤会使定根法。船到江边拉一把，留客不如早打发。

你递得快发的快，一年四季好买卖。刚把盐船划过去，又把米船划转来。前船开，后船挨，前船一去米船来。

清财不离贵人手，秀才不穿麻布丑。曹操穿袍把汉口，吕布曾占白云楼。东街又在本王后，西街里程结彩楼。鲤鱼跳登龙门口，大鹏展翅含绣球。半岩猿猴大决斗，张飞曾占大城楼。你把银钱转过手，一股银水往屋流。

梅花不红桃花红，出门之人大不同。府前门外书大字，堂屋当中挂灯笼。风吹灯笼团团转，有义之人大不同。

一颗豆子圆又圆，推成豆腐卖成钱。莫看你的生意小，小小生意赚大钱。划船之人参拜你，文状元来武状元。

锣儿打得急溜圆，现实不比那从前。现在你们龙运转，朝朝日日当过年。苞谷才卖二角半，家家户户有余钱。手上锣儿也提软，我的脚杆也站弯。喉咙唱的像沙罐，口水吐得几大滩。银铜锣儿已打烂，牛皮鼓儿也打穿。我把实言对你谈，我们商量转个弯。

这回事情有些愚，好比庚寅辛卯年。人人都是白大点，个个都是想挣钱。有的站得脚杆软，口水吐他几大滩。银铜锣儿已打烂，牛皮鼓儿也打穿。这回实际对你谈，我找主人讨喜钱。

锣叮当，鼓叮咚，你家有个财主公。头不白，臂不弓，一口胡子拖拢胸。一口胡子白又白，赛过当年胡进德。一口胡子黄又黄，赛过当年杨六郎。一口胡子短撮撮，你在屋里当乡约。划船之人参拜你，余钱剩米很活络。

锣壳壳，鼓壳壳，你家有个财主婆。头不躬，背不驼，喜笑颜开很活泼。儿也多，孙也多，多儿多女倒茶喝。提把椅子当堂坐，别人没得你快活。

这个大嫂很通情，好比前朝穆桂英。头上包的青丝帕，脚下金莲二寸八。青布围腰腰中挂，真正可算内当家。戴得钥匙一大把，走路响的西二沙。打开箱子抓一把，留客不如早打发。

锣闪东，鼓闪西，你家有个小兄弟。操家理季都是你，交朋结友你第一。文言好比苏老泉，年龄未满一十七。始发愤，读书籍，将来一定有出息。异日皇榜登科举，皇宫驸马做女婿。

锣闪风，鼓闪吹，你家有个小妹妹。针织茶饭学得好，五讲四美也不违。

划船之人参拜你，好比前朝七仙妹。

客人嘴皮生得薄，请你进屋打凑合。你把封了封一个，七块八块不算多。二回在我当门过，拉你进屋倒茶喝。灶孔干柴来烧火，灶上安起二黄锅。清水把锅来清洗，副骨熬的放一托。鸡蛋鸭蛋打两个，挂面给你下一勺。没得那样填谢过，打口开汤你解渴。

凤凰一只飞得高，一只飞到会仙桥。会仙桥堂去洗澡，将将脱了一层毛。外国答子来挤到，就将此毛掀进朝。自古常言说得好，千里路上送毫毛。

千错万错是我错，不该去把端公学。别人活路苦不过，我在外头吹角角。针人谷子挞几否，我将两斗二郎壳。别人肥猪杀几个，我家没得纸角角。回家妻子埋怨我，爹娘把我没奈何。

一个香火两个鳌，必定坐的两家人。东家打发东家去，西家打发西家行。若有一家不打发，事主留在明早晨。

莫要挨，莫要挨，大家挨的不下台。挨黑打在你家下歇，不是强盗不是贼。刨个肥的煮一节，阳刚美得煨得熟。薄薄飘，薄薄切，事主留在你家歇。

主人这样关心我，我的心中很快乐。二回到我家下坐，装烟倒茶我来作。灶孔干柴来烧火，灶上安起三水锅。鸡蛋鸭蛋打两个，挂面给你下一勺。没的那样填谢过，打口开汤你解渴。

不化金，不化银，专化事主一碗茶，麻一丝，线五根，拿给事主扫五瘟。马瘟扫在黄草领，牛瘟扫在青草坪。样样五瘟都扫尽，龙船调头洛阳城。

锣沙沙，板沙沙，尊声主东听根牙。麻一片，丝五根，盐茶五谷代五瘟。男儿带过将军箭，女儿带过豆麻瘟。男的伤风又咳嗽，一船带到洛阳城。

这个事主很诚心，洗手焚香敬神灵，烧炷香，敬个神，一年四季保清平。一保有事多顺遂，二保朝朝进黄金。三保三星来拱照，四保四季广招财。五保禾苗共仓有，六保六畜长成样。七保你家多富贵，八保官位往上升。九保九子登科举，十保状元中头名。

最后向请来的神还愿，再次强调保佑主家，然后全部结束：

来到神前照友独，家门请吉保福禄。来到神前烧炷香，家门请吉保安康。神前烧纸化成灰，今年五谷满仓堆。

唱个一点一横长，二字下来口四方，三字出头他为主，唱个月字脚脚长。此字测成倩字唱，迎请事主来烧香，老者之时来烧香，家门请吉保安康。少者之时来烧香，一本万利保家乡。划船之人参拜你，荣华富贵保安康。

填起来，发起来，山管人丁水管财。今年你把地方买，明年你把铺子开。买到坪地好跑马，买得越好越方圆。划船之人参拜你，荣华富贵万万年。

四个川字川连川，四个山字山连山，四个口字口连口，四个太阳往上翻。划船之人参拜你，十个少爷九做官。造船昆仑山上一匹领，一根树木来长成。寅卯一年去砍树，寅卯一年来造成。

昆仑山上一根材，前任将它抬回来。大斧砍了三个月，小斧砍了半年春。砍了头，锯了颠，两头不要要中间。七十二人抬上马，改成木板造成船。

各了东方一根烂，东方造起木成船。各了南方二根烂，南方造起火成船。各了西方三根烂，西方造起金成船。各了北方四根烂，北方造起水成船。各了中央五根烂，五瘟使者上花船。

朽木造船山有花，自从造起未归家。南阳划到贵州去，来到贵地把船划。初一起来见星斗，东方亮，西方黑，南北五瘟了不得。扎起划船是一只，拿与主家扫五瘟。

我家五娘五姊妹，五人姊妹会划船。大姐坐在天仙国，二姐坐在里花园，三姐坐在神仙碉，四姐坐在悬崖边。只有五姐无座位，手拿一把花扇扇，身上穿得毛蓝衫，一齐请上花船去，细吹细打下洛阳。

一扫东方甲乙木，寿元加官又晋爵。二扫南方丙丁火，招财童子笑哈哈。三扫西方庚辛金，云华富贵万万春。四扫北方壬癸水，扫除是非和口角。只有中央我不扫，留与主人进财宝。

天瘟扫在天宫去，地瘟扫在地川城。年瘟扫在年月去，月瘟扫在月川城。牛瘟扫在黄草颠，马瘟扫过青草坪。男瘟扫过将军剪，女瘟扫过豆麻瘟。男的伤风并咳嗽，一船拖往洛阳城。

黄鹤的划干龙船，单从唱词上看来，明显融合了"起房说福事"、祭拜行业神、端公请神等多方民间信仰的内容，是在重大节日期间放松、喜庆、热闹的一种方式，因此气氛也比较轻松戏谑，有人神共娱乐、普天同庆的意味。

二、黄鹤非物质文化遗产的保护原则

近年来，各级政府加大了对非物质文化遗产的保护力度，成绩是有目共睹的，但其中也存在许多诸如将"民俗"变"官俗"、将"活"文化变成"死"文化、将文化干事当成非物质文化遗产传承人等咄咄怪事。这些问题的出现从表面看似乎只是操作层面的失误，但实际上是我们在理论层面上出了问题。这种现状如不能及时改变，不但会因观念的滞后浪费大量人力、物力，同时还会因为我们的无知而葬送了千百年传承下来的非物质文化遗产。因此，在非物质文化遗产保护过程中，秉承科学的原则十分重要。

（一）坚持以"人"为本

从表现形式上看，非物质文化遗产的最大特点就是它的"非物质"性。在成品形成之前，它通常只是作为一种知识、技艺或是技能存在于非物质文化遗产持有者的头脑中。只有这些匠人、艺人或是普通民众在以不同方式将它们复述、表演或是制作出来时，人们才会感受到它的存在。因此，只要保护好这些非物质文化遗产传承人，非物质文化遗产就不会消失；只要激励这些非物质文化遗产传承人，他们就会不断进取，产品也会越发精益求精；只要鼓励这些非物质文化遗产传承人继续招徒授业，非物质文化遗产就会后继有人，绵延不绝。

在我国，通过保护非物质文化遗产核心传承人进而实现对非物质文化遗产的整体保护已经获得学术界越来越多的共识。但是，由于长期以来我们一直以保护物质类文化遗产的方式来保护非物质文化遗产，所以，要想从根本上转变人们的保护理念并非易事。需要我们在非物质文化遗产保护观上进行一场更为深刻的观念上的革命，将保护非物质文化遗产传承人作为非物质文化遗产保护工作的第一目标、第一要求、第一标准和第一尺度。

（二）保持整体推进

我们所倡导的"整体保护"原则，是指在非物质文化遗产保护与开发的过程中，应该对非物质文化遗产自身及其生存空间实施全方位保护。

1. 对非物质文化遗产自身的整体保护

任何一项非物质文化遗产，都是由多种技能、技艺或是工序共同构成的。置其他技能、技艺或工序于不顾，而只保护其中的某一项或某几项，都不可能使这项技术实现有效传承。因此，在保护过程中，我们必须遵循整体保护原则，对非物质文化遗产的所有工艺、工艺流程实施全方位保护。

2. 对非物质文化遗产生存环境的整体保护

对非物质文化遗产实施整体保护的另一层含义，是指对文化生存环境所实施的整体保护。在非物质文化遗产保护与开发过程中，只保护非物质文化遗产自身尚远远不够。因为任何一种文化都是特定环境下的特定产物，这种环境有时可理解为自然环境，有时可理解为人文环境。离开这种特定环境，非物质文化遗产就会成为无源之水、无本之木而难以存活。要想有效地保护好这些非物质文化遗产，就必须从保护环境做起，为非物质文化遗产的传承创造出一个更为适宜的空间。但是，在现实生活中，只注重非物质文化遗产自身而忽略其生存环境的做法还相当普遍。如将土家族故事搬到会议室变成故事座谈会的做法，将摆手舞再创作搬上舞台或者变成广场舞的做法，将啰儿调搬到文化广场的做法，都会因传承环境的改变而影响到非物质文化遗产原汁原味的传承。为贯彻非物质文化遗产整体保护原则，我们还要充分考虑非物质文化遗产本身与其周边相关文化事项的密切联系。例如，在保护土家族农业生产经验时，我们也应充分考虑农业生产经验与民间文学（如薅草锣鼓、插秧歌等）、表演艺术（祈雨戏、还愿戏等）以及各种宗教仪式（如开秧门、鞭春牛、尝新节等）间的紧密的文化联系，从而实现对非物质文化遗产的整体保护。那种试图将各种非物质文化遗产从其生存环境中完全剥离出去的想法与做法，都不利于对非物质文化遗产的整体保护。

（三）实现活态保护

保护非物质文化遗产的手段多种多样。其中既有针对非物质文化遗产成品所实施的固态保护，也有通过保护民间艺人而对非物质文化遗产实施的活态保护。但说到底，非物质文化遗产保护要点还是对非物质文化遗产实施活态保护。这也是在非物质文化遗产保护过程中，为什么我们所强调的并不是简单地建几座博物馆，将那些优秀的民族文物收藏起来，而是反复强调一定要以活态传承的方式，将那些古老的技术与技艺原汁原味地传承下去的一个十分重要的原因。因为民族文物的有无尽管对我们认识自己的历史与文化具有重要意义，但它本身并不具有将一个民族或是一个国家优秀文化传统传承下去的功能，判断一个民族或是一个国家的传统文化，特别是传统技艺是否流传了下去，所依凭的不是看它保留有多少文物，而是它历史上所创造的那些技术与技艺能否以活态的形式完整地传承下来。

俗话说，"活鱼还要水中看"。作为非物质文化遗产，无论类型如何，它通常都是以鲜活的状态存活于民间社会中的。依照传统，将这类文化事项如实地记录下来，或是将其中的一部分做成标本放进博物馆用于展示与保存本没有错，但是，如果将这种固态保护方法作为保护非物质文化遗产的法宝，并用于整个非物质文化遗产保护工作，则肯定会因为我们的爱心而彻底消亡。所以，我们在搜集民族文物、建设博物馆的时候，一定要注意到这种保护方式的局限，绝不能因为我们的收藏而断送了非物质文化遗产的活态传承，断送了非物质文化遗产中最为精华的部分——传统表演艺术与传统手工技艺的活态传承。

（四）维持原汁原味

根据非物质文化遗产所呈现出的某些生存形态，我们可将它们分为"原生非物质文化遗产"与"次生非物质文化遗产"这样两个大类。所谓"原生非物质文化遗产"，就是指在民族历史上创造并以活态的形式传承至今的、未经任何刻意干预和修改过的民族传统文化；而所谓"次生非物质文化遗产"则是指那些原生状态已经被破坏，或是在原生非物质文化遗产基础上创造出来的新型非物质文化遗产。非物质文化遗产保护工程所要保护的不是已经失去原生状态或当代艺术家创作出来的"次生非物质文化遗产"，而是那些未经任何干预、改造过的原生非物质文化遗产，特别是其中的佼佼者，这就是我们所说的非物质文化遗产精品。

从本质上说，"原生非物质文化遗产"与"次生非物质文化遗产"并没有高下之分，优劣之别。非物质文化遗产保护工程之所以强调保护对象的原生性，是因为它保留有大量的历史信息与文化信息，而这些信息在创建新文化、新艺术、新科技的过程中，具有许多次生非物质文化遗产所无法取代的作用。中华文化要想长盛不衰、血脉相传，就必须保护好这些形式古朴、内涵厚重的原生非物质文化遗产，否则，新文化、新艺术、新科技的创造就会成为无源之水、无本之木，国家的文化安全就会因资源的丧失而失去起码的保障。因此，我们应该像保护物种基因一样，保护好那些具有原生性质的非物质文化遗产，为未来新文化、新艺术、新科技的创造保留下更多的种源。

（五）力争独树一帜

所谓"文化"，是指一个民族在长期的社会发展过程中所形成的一整套特定的生活方式与生产方式。由于每个民族历史传统不同、生存空间不同，他们为适应上述环境所创造的各种文化也会呈现出明显的差别，从而形成文化的多样性与地域文化的独特性。与各种动植物保护公约中所规定的动植物原产地保护原则不同，在非物质文化遗产保护过程中，人们在保护原产地文化的同时，也应注意到对因流动与变异而衍生出来的各种亚文化类型，特别是那些已经呈现出明显差异的亚文化类型的保护。

中国是一个具有 56 个民族的多民族国家，非物质文化遗产与地域文化的独特性和差异性，为中华民族多元文化的创造奠定了坚实的基础。历史上，有些人一直将多元文化视为政治一元化的障碍。其实，这种观点是要不得的。正如动植物学家强调保护物种多样性一样，文化的多样性对于人类来说亦是极为重要的。因为多元一体的文化构成，可以为中华新文化的创造提供更多的资源。我们要对它百般关爱，而不是将其轻易同化。文化的同化不但有碍民族感情，有违民族政策，同时，对中华民族多元文化亦将有百害而无一益。联合国教科文组织在《世界文化多样性宣言》中曾这样指出："文化在不同的时空中会有不同的表现形式。这种多样性的表现形式构成了各人类群体所具有的独特性与多样性。文化的多样性是交流、革新和创作的源泉，对人类来说，保护它就像与保护生物多样性进而维持生物平衡一样必不可少。从这个意义上讲，文化多样性是人类的共同遗产，应当从当代人和子孙后代的利益考虑并予以承认和肯定。"

（六）保证先后有序

作为非物质文化遗产保护基本原则，择优保护当然是我们的永远追求。非物质文化遗产保护说到底就是在力所能及的情况下去粗取精、去伪存真，将人类历史上创造并传承至今的一切优秀文化遗产都尽可能全面地保护起来，传承下去。但依据我国现有国力，我们还不可能将所有非物质文化遗产事项都一股脑儿地保护起来。这就要求我们在保护过程中必须分清轻重缓急，集中人力、物力、财力，将那些已经处于濒危状态的非物质文化遗产项目及时而有效地抢救下来，为今后人类新文化的创造保留下更多的资料。

作为非物质文化遗产保护制度建设的重要一环，濒危型非物质文化遗产保护必须以制度建设为前提。在非物质文化遗产保护领域，"临时性指定制度"虽无前车之鉴，但确有其制定的可能性与必要性。当然，"临时性指定制度"并不是乱指定，它必须以学者的科学论证为前提。而"临时性制定制度"的实施至少应具备以下两项条件：

1. 因传承人病危而有可能导致非物质文化遗产失传时

传承人是非物质文化遗产的活态载体，而这些群体事实上又多由老年群体构成。因此，附着于这些传承人身上的非物质文化遗产文化本身也就具有了强烈的濒危色彩。由于观念、制度、体制等多方面原因，加之非物质文化遗产保护工程刚刚启动，有些才艺卓著但又深藏不露的老艺人还很难进入有关部门的视野。如果我们按部就班地通过层层申报，使这些耄耋老人成为非物质文化遗产传承人，并对其技能或技艺实施抢救性发掘，许多非物质文化遗产就很可能会随着老艺人的离世而彻底消失。但是，如果遇到这种情况，通过科学论证我们就可以认定其所传非物质文化遗产确有价值，则完全可以通过临时性指定制度将其列为濒危非物质文化遗产，并享受国家级保护。

2. 因环境改变而有可能导致非物质文化遗产濒临失传时

任何一种非物质文化遗产，都是具体的人文环境与自然环境的共同产物，如果因自然或人文环境发生改变而影响到非物质文化遗产传承时，我们同样可以通过"临时性指定制度"的实施，或是制止环境改变，或将那些将要失传的非物质文化遗产项目及时地抢救或记录下来，以避免这些非物质文化遗产项目随社会转型或自然环境的改变而彻底消失。

第二节 "造瓶子"与"划圈子"：
非物质文化遗产的保护方式

从保护理念看，文化生态保护区建设与以往的非物质文化遗产保护是有很大的不同的。如果把非物质文化遗产比喻成一只"小虫子"，那么，要想保护好"小虫子"，一个简单得不能再简单的办法，就是为它们划出一块它们非常熟悉且非常喜欢的"草坪"，让它们在这里过着无拘无束的生活。而这个"草坪"，就是我们所说的"文化生态保护区"。

与以往的非物质文化遗产保护相比，文化生态保护区建设更强调生态环境的修复。而当前许多文化生态保护区在建设过程中，没有从非物质文化遗产这只"小虫子"的立场出发，没有考虑它们需要怎样的生态环境，而是一心兴建各种各样的非物质文化遗产开发中心、非物质文化遗产传承中心以及各种各样的非物质文化遗产公园，以此取代非物质文化遗产赖以存活的原生环境。在某侗族地区，少男少女谈情说爱都是以对唱情歌的方式进行的，在当地被称之为"行歌坐月"。每到傍晚，外村男孩都会三五成群到邻村与少女们欢聚。在什么地方约会呢？到女孩家卿卿我我，父母、孩子不方便；到荒山野谷，父母长辈不放心。故按当地习俗，这个时候少男少女都会聚集到本村寡妇家。但随着被指定的"传习所"介入，茶没得喝，果子没得吃，谈情说爱也没了原有的氛围。细想起来，这与城市公园一旦铺上美国草坪，中国固有物种就会因生态环境的不适而过早夭折是一个道理。

在文化生态保护区建设过程中，坚持正确的保护理念是非常重要的。这个理念就是要将文化生态保护区建成一个可以减缓外来文化冲击的、相对封闭的文化系统。封闭的原因很简单：这些文化生态保护区代表了中国传统文化中最具典型意义的文化类型，是中华民族不可多得的优秀文化基因。为减缓外来文化对这些本土传统的迅猛冲击，我们才不得不将它们保护起来。考察其他国家各类文化生态保护区，他们的做法也基本上是从"封闭"开始的。许多人担心，这样做是否意味着必须将这些当地人隔离起来，让他们远离现代，只能过着"原始人"般的生活？其实这是个误解。"封闭系统"，并不是一个风吹不进、水泼不进的全封闭系统，而是一个相对封闭的半封闭系统。它要阻隔的，也不是人们常说的"现代化生活"，而是有可能成为当地遗产"天敌"的某些外来"物种"，或是容易对当地遗产造成生态威胁的外来生态环境。

文化生态保护区建设是个系统工程，需要大规模的资金投入。与日韩等国相比，我们的资金投入有一定差距。但从另一方面看，文化生态保护区建设仅凭资金投入又不能从根本上解决问题，更多的需要我们通过"政策调整"与"资金投入"打出一组更加灵活有效的"组合拳"，从根本上解决文化生态保护区建设过程中的难题。如要想解决戏剧、曲艺传承难的问题，需要打政策"收编"与资金投入这样一记"组合拳"；要想解决传统医药学传承问题，需要打授予"传承人行医资格"、允许"传承人开办专科诊所"以及"祖传秘方可以上市"这样一组政策优惠和资金投入的"组合拳"。"政策调整"与"资金投入"这记"组合拳"，更容易从根本上解决"传承难"的问题。

作为一个国家级文化生态保护区，生活在其间的各遗产类型经过长期磨合，已经形成一套完整的生态系统。它们可互补，可互证，可彼此说明。一定要将文化生态保护区视为一个整体进行保护。❶

一、黄鹤非物质文化遗产的保护方式与措施

对于文化生态的整体保护，黄鹤非物质文化遗产不同类别项目的保护在方式上要有针对性、科学性和可行性。

（一）保护方式

黄鹤的非物质文化遗产应以文化生态保护区的整体性观念为指导，对非物

---

❶ 苑利. 非遗呼唤文化生态保护区建设［N］. 中国财经报，2015-2-26.

质文化遗产的保护与相关联的物质文化遗产和自然生态环境的保护应统筹兼顾，特别加强非物质文化存续与传承的人文环境保护和具体的空间性保护；黄鹤的文化生态保护实验区的建设要落实到对于非物质文化遗产的保护，落实到非物质文化遗产的具体项目的传承方式的保护，非物质文化遗产名录项目的有效传承要依赖相关的民俗活动和活动人员，保证项目传承的现场性、民间性、社群性，让传承落实在真实的人员和人员的良性关系之上；黄鹤的非物质文化遗产中的一些项目在传承上已经处于困难状态，对于它们要采取紧急措施进行抢救，应加紧开展全面的调查，以收集音频、视频、实物及相关的文献资料等形式予以抢救式保护；对于保护区内属于传统技艺、传统美术和传统医药药物炮制类非物质文化遗产代表性项目，实行生产性保护，坚持"合理利用"的前提是"有效保护"的理念，正确处理并协调非物质文化遗产保护与旅游开发的关系，明确有些类别的非物质文化遗产不适合进行生产性保护的意识；为加强黄鹤非物质文化遗产的广泛传播，利用民族民俗文化活动和重大节庆文化活动、对外交流活动，利用适宜展示的项目进行展示性保护，在展示性保护中严格把握"真实性"原则，注意区分"传承"与"传播"界限，严格区分属于保护的非物质文化遗产与利用非物质文化遗产资源生成的"创意"作品的界限；加强黄鹤非物质文化遗产记录、建档等资料性保存的同时，充分利用数字化高科技信息技术，把非物质文化遗产的保存、宣传和传播提高到一个新的技术水平，数字化保护以非物质文化遗产项目为主，也涉及相关研究成果的数字化传播。相关学者通过学术研究挖掘、整理、传播非物质文化遗产，通过大量的田野工作为后人留下宝贵的资料，使那些即将消失的民族传统文化以音频、视频和文字的形式归档保存，形成珍贵的非物质文化遗产数字资源；此外，黄鹤的非物质文化遗产保护还要发挥法律、法规的强制性和规范性作用，通过建立系统的法律、法规体系为文化生态保护实验区的运作提供法律保障。

（二）保护措施

应该明确的是，黄鹤的非物质文化遗产保护是一项长期的、规模浩大的系统工程，全面制定并实施保护举措，需要在实践中不断探索、完善。

第一，制定详细规划和细则的措施。在进一步深入普查、进行综合评估、取得试点经验的基础上，编制出建设文化生态保护区的详细规划。规划分两个级次：（1）整个文化生态保护区的规划；（2）各村镇的规划。在制定规划的同时，制定具体的实施细则。在规划中，将文化资源的综合布局作为一种重点突出、点面结合的整体性和活态性的保护措施，依据黄鹤的文化特点和文化遗产的分布规律进行合理的时空布局，统领丰富而有特色的黄鹤文化生态的保护。

第二，重点保护非物质文化遗产代表作名录项目的措施。根据非物质文化遗产名录项目的特点，因地制宜、因类制宜地采取针对性保护措施，包括对非物质文化遗产的确认、立档、保存、研究、宣传、弘扬、传承和振兴。对重点项目实施整体性和活态性的保护措施。

第三，创造性地采取非物质文化遗产传承的各项措施。传承是非物质文化遗产保护工作的核心，应该致力于传承主体的保护和传承空间的建设，建立有效的非物质文化遗产传承体制。对各级非物质文化遗产名录项目代表性传承人进行认定和命名，明确代表性传承人的权利和义务，资助并监督其开展授徒传艺、教学、交流等活动，建立奖惩制度和进入、退出机制，充分调动非物质文化遗产名录项目代表性传承人、其他参与者、爱好者和研究者的积极性。建立和完善传习基地、传习所等传承场所，制定相关行为规范，确保传习活动顺利开展。应根据黄鹤的实际，保护和建设非物质文化遗产名录项目的传承空间，将单一项目、单一形态的保护落实到项目所依存的社会空间之中，形成切实有效的综合性保护。

第四，建立非物质文化遗产传播体系的措施。非物质文化遗产的生存活力有赖于代际纵向承袭与人际横向传播的有机结合。非物质文化遗产的传播既有赖于代表性传承人，又有赖于代表性传承人之外的各种社会团体、机构和社区的参与。通过非物质文化遗产进教材、进课堂、进校园的措施将非物质文化遗产内容以及保护纳入学校的教育体系中来，使学校成为青少年传承非物质文化遗产的重要载体；利用报刊、书籍、影像、广播电视、网络等传播手段和媒体，积极宣传非物质文化遗产的内容和保护的意义，增强社会公众对于非物质文化遗产的认识和保护意识，为非物质文化遗产的社会传承发挥促进作用。

二、黄鹤非物质文化遗产文化生态区保护的实施路径

黄鹤的非物质文化遗产众多，已经具备成为区域土家族非物质文化遗产中心的条件，应尽快将其纳入文化生态保护区范围，建立国家级文化生态保护区核心区域。国家级文化生态保护区是指以保护非物质文化遗产为核心，对历史文化积淀丰厚、存续状态良好、具有重要价值和鲜明特色的文化形态进行整体性保护，并经文化部批准设立的特定区域。

随着经济全球化趋势的增强和现代化进程的加快，我国的文化生态环境正

发生急剧变化。《国家"十一五"时期文化发展规划纲要》明确提出，要"确定 10 个国家级民族民间文化生态保护区"。随着非物质文化遗产保护工作的深入开展，我国将逐步设立一批国家级文化生态保护区。设立国家级文化生态保护区，以非物质文化遗产为核心加强文化生态保护，对于推动非物质文化遗产的整体性保护和传承发展，维护文化生态系统的平衡和完整；对于提高文化自觉，建设中华民族共有精神家园，增进民族团结，增强民族自信心和凝聚力；对于促进经济社会全面协调和可持续发展，具有重要的意义。

国家级文化生态保护区建设要以科学发展观为指导，认真贯彻非物质文化遗产保护工作"保护为主、抢救第一、合理利用、传承发展"的指导方针。在文化生态保护区的建设工作中，应坚持以保护非物质文化遗产为核心的原则，坚持人文环境与自然环境协调、维护文化生态平衡的整体性保护原则，坚持尊重人民群众的文化主体地位的原则，坚持以人为本、活态传承的原则，坚持文化与经济社会协调发展的原则，坚持保护优先、开发服从保护的原则，坚持政府主导、社会参与的原则。

国家级文化生态保护区建设的路径包括以下方面的内容：

第一，科学制定文化生态保护区总体规划。制定总体规划是建设文化生态保护区的前提条件。要在调查研究、统筹协调和科学论证的基础上，组织制定文化生态保护区总体规划。总体规划应当体现人与自然和谐相处、文化遗产保护与区域经济社会全面协调发展的要求，突出非物质文化遗产资源的独特价值、文化内涵和民族特色、地方特色。总体规划要翔实具体，内容应包括文化生态保护区文化资源与文化生态的现状与分析；文化生态保护区的建设目标、工作原则与保护内容；文化生态保护区的保护范围与重点区域；文化生态保护区的保护方式、保护措施与保障措施；总体规划的分期实施方案等。要将《文化生态保护区总体规划》纳入当地经济社会发展总体规划。

第二，确定重点区域进行整体性保护。在文化生态保护区中选择若干自然生态环境基本良好、传统文化生态保持较为完整的街道、社区或乡镇、村落等，作为实施整体性保护的重点区域。要注意保持重点区域的历史风貌和传统文化生态，不得改变与其相互依存的自然景观和环境。要注重非物质文化遗产的不同项目之间，非物质文化遗产与物质文化遗产之间，文化遗产与自然环境、人文环境之间的关联性，将单一项目、单一形态的保护模式转变为多种文化表现形式的综合性保护。文化生态保护区内涉及文物、历史文化街区、名镇/名村/名城自然保护区、风景名胜区的，应当执行国家有关法律、法规的规定。

第三，加强非物质文化遗产名录项目的保护。要根据各级非物质文化遗产名录项目特别是国家级名录项目的不同类别特点，因地制宜、因类制宜地采取针对性保护措施，做好保护工作。对传统表演艺术类的项目，要注重传统剧（节）目及其资料的挖掘和整理，及时抢救记录老艺人及其代表性剧（节）目；对传统技艺类的项目，要注重代表性传承人的技艺传承及原材料保护，征集代表性传承人主要代表作品，鼓励探索生产性保护方式；对民俗类的项目，注重在相关社区的宣传、教育和民俗活动的开展，促进群体传承。对区域内濒危的非物质文化遗产名录项目，要优先抢救保护。要建立非物质文化遗产档案和数据库。

第四，加强非物质文化遗产名录项目代表性传承人的保护。要继续对文化生态保护区内各级非物质文化遗产名录项目代表性传承人进行认定和命名，为其开展传习活动提供必要的场所，资助其开展授徒传艺、教学、交流等活动，对高龄和无固定经济来源的代表性传承人，可发放一定的生活补贴，对传承工作有突出贡献的代表性传承人给予表彰、奖励；对学艺者采取助学、奖学等方式，鼓励其学习、掌握非物质文化遗产，成为后继人才。

第五，加强非物质文化遗产基础设施建设。非物质文化遗产基础设施是展示和传习非物质文化遗产的重要场所。国家级文化生态保护区要在统筹规划的基础上，建设多个国有综合性非物质文化遗产展示馆，根据当地实际建设非物质文化遗产专题展示馆，为各级非物质文化遗产名录项目建设传习所；鼓励个人、企事业单位等社会力量建设多种形式的非物质文化遗产专题展示馆和传习所；要注重非物质文化遗产珍贵实物资料和传承人代表性作品的征集，并进行科学的展示陈列，充分发挥非物质文化遗产基础设施在保护、传承、展示、宣传非物质文化遗产等方面的积极作用。

第六，加强文化生态保护区理论和政策研究。文化生态保护区内有种类繁多的非物质文化遗产，对这些非物质文化遗产的历史与现状，对它们的文化艺术价值、对它们的传承发展和开发利用的规律要进行深入研究。同时，鼓励在文化生态保护区内建立相应的研究机构，积极开展与文化生态保护区有关的理论研究和政策研究。充分发挥研究机构和高等院校的作用，利用国内外学术研讨会、理论论坛、座谈会、交流会等方式，深入研究文化生态保护区建设中遇到的新情况、新问题，为文化生态保护区的建设提供理论依据和决策参考。

第七，加强非物质文化遗产教育传承。在文化生态保护区内要整合文化、教育等多方资源，将非物质文化遗产保护知识纳入当地教育体系，积极推进非物质文化遗产进课堂、进教材、进校园，通过组织代表性传承人进学校开展授课辅导活动，编写非物质文化遗产传承普及和辅导读本，在中小学开设非物质文化遗产项目选修课程，在保护区内的职业学校和高等院校设立非物质文化遗产相关专业等方式，使非物质文化遗产成为对青少年进行传统文化教育和爱国主义教育的重要载体，培养新的传承群体，探索多种形式的传承方式。

第八，加强非物质文化遗产保护人才队伍建设。人才队伍是做好非物质文化遗产保护工作的关键。要通过组织培训班、现场考察学习、经验交流等方式，开展文化生态保护人员培训工作，提高保护人员的业务水平和工作能力。要与高等院校、科研院所密切协作，设置非物质文化遗产保护相关专业，培养一批非物质文化遗产保护专业人才，为文化生态保护区建设提供人才支撑。

第九，突出社会公众的文化主体地位。在文化生态保护区内，广大人民群众的参与程度是衡量保护区建设成效的决定因素。要充分理解和尊重文化生态保护区内社会公众的意愿，增进社会公众的文化认同感和自豪感，对积极有益的民俗活动给予支持，鼓励民众积极参与非物质文化遗产生产性保护、民俗节庆活动等，激发社会公众的保护意识，提升社会公众的文化自觉，充分调动社会公众参与文化生态保护区建设的主动性和创造性。

第十，营造有利于文化生态可持续发展的良好社会氛围。充分利用报刊、广播电视、互联网等新闻媒体对文化生态保护区建设进行宣传报道，利用"文化遗产日"、民族传统节目，大力开展丰富多彩的群众文化活动，鼓励开展健康有益的民俗文化活动，增强人们自觉参与文化生态保护的意识，努力营造文化生态保护的良好氛围。

因此，建立区域范围内的"文化生态保护区"中心，能够避免过多的外来冲击，保护特定范围内的物质文化遗产、非物质文化遗产，也包括自然遗产。这种保护方式与传统的博物馆保护不同，它所强调的不是将活生生的文化变成博物馆中僵死的文物，而是在社会的发展过程中，将作为传统部分的文化遗产有意识地保护起来，并使之成为当地人日常生活中的重要组成部分。这种有意识的保护包括对保护区内各种物质文化遗产实施整体保护。这些物质文化遗产包括历史文化名城、名村、名镇，传统建筑、历史街区，广场、古树、山川、河流、桥梁等，保护的方式是以立法的形式，将需要保护的部分纳入各级城乡建筑规划；对保护区内各种非物质文化遗产连同风俗习惯实施整体保护，在不影响社会发展的前提下，有意识地恢复一批传统庙会、集市、传统节日、传统仪式等民俗活动，恢复包括传统戏曲、曲艺、民间舞蹈、民间美术、杂技与竞技在内的各种民间文学及表演艺术，恢复各种传统手工艺技术，特别是以老字号为标志的各种传统技艺。在不影响社会发展的前提下，努力恢复各种传统生产知识与生活知识，并使之服务于当代社会；对保护区自然环境，特别是自然遗产实施整体保护，自然环境是人类生活的重要组成部分，但随着人们片面追求经济发展，我国许多地区的自然环境已经遭受了不同程度的人为破坏，在建设自然保护区的过程中，我们要有意识地改善人与自然的关系，对保护区内的各种自然遗产以及自然环境实施有效保护。

第三节　小结：建立非物质文化遗产传承保护基地的意义

黄鹤的非物质文化遗产具有重要的历史认识价值、艺术价值、文化价值、科学价值和社会价值，是祖先留给我们的一笔宝贵的精神财富。但非物质文化遗产价值的大小、多寡，又是由非物质文化遗产自身所具有的原生性决定的。原生程度越高，被改造得越少，其价值就越大；反之，原生程度越低，被改造得越多，其价值也就越小。如果我们对此没有一个清醒的认识，就很容易在非物质文化遗产传承与保护工作中，将已经被改造或开发得面目全非的"传统文化事项"当成传承、保护的重点，而将那些真正的、原汁原味的、未经任何开发破坏的、具有重要认识价值与借鉴价值的传统文化事项拒之门外。因此，非物质文化遗产传承保护基地的建设就显得尤为必要，它还具有以下几个方面的重要价值和意义。

第一，能够发掘作为地域标志性文化的非物质文化遗产。非物质文化遗产的传承与保护工作具有一定的普遍性和深入性，但传承与保护的关键不是将传统文化一网打尽，而是集中精力，将足以代表当地传统文化精华的地域标志性文化——非物质文化遗产事项钩沉出来。"地域标志性文化"，是指人类在历史上创造并以活态形式传承至今，足以代表某一地域独特文化传统、艺术品位与科技最高水平的传统文化事项。如云南元阳的哈尼梯田、天津的泥人、北京的烤鸭、金华的火腿，等等，都可称之为这些地方的"地域标志性文化"。地域标志性文化的认定，学界的首肯固然重要，但更重要的还是要看是否已经获得当地民间社会的普遍认同以及这种认同的历史到底有多远。一个真正的非物质文化遗产事项，往往会影响当地社会衣食住行、婚丧嫁娶、节日仪式、传统信仰、语言习俗等各个方面。如果当地社会并不认同，即使专家考证再准、评价再高，也不能作为地域标志性文化。建立非物质文化遗产传承保护基地，能够确立特定地域范围内的传承与保护中心，在空间上确立非物质文化遗产的地域性标志。

第二，能够防止伪遗产的流入。传承与保护需要做许多工作，但对于非物质文化遗产的认定而言，辨伪显然是问题的关键。如果认定失误，伪遗产的流入不但会影响整个非物质文化遗产保护工程的声誉，还会挫伤非物质文化遗产传承人的积极性。在非物质文化遗产的认定工作中，我们能够通过实地调研、传承态度、文化功能、生存环境等方式辨别非物质文化遗产项目的真伪。建立非物质文化遗产传承保护基地，能够集中非物质文化遗产研究、辨别、分析的力量，形成非物质文化遗产价值评价的中心。

第三，能够关注原生文化。非物质文化遗产保护不是保护非物质文化遗产的全部，而是保护其中最精华的部分，所以，追根溯源，确保正宗是非常重要的。非物质文化遗产是否正宗，是由非物质文化遗产传承人与非物质文化遗产传承地是否正宗决定的。

为确保传承项目的正宗，在项目传承人的选择上，我们更倾向于那些当地的、未经太多外来文化浸染过的、具有较多传统知识的土著居民。也就是说，在同等情况下，和迁入者相比，我们更倾向于祖居者；和识字者相比，我们更倾向于不识字者：和有"文化"者相比，我们更倾向于没"文化"者；和年轻人相比，我们更倾向于年老人。这是因为从理论上说，迁入者、识字者、有"文化"者和年轻人，更容易受到外来文化的浸染，这些外来影响无法保证他们所传项目的原汁原味；而那些祖居者、不识字者、没"文化"者以及具有一定生活阅历的老者，由于接受经验的方式相对单一，基本上以口耳形式相传，同时又较少接受当代传媒影响，所以，他们所传遗产在原真性等方面占有更多的优势。从保护非物质文化遗产原真性这个层面来说，后者显然具有更多的优势。

为确保传承项目的正宗，在项目传承地的选择上，我们更倾向于偏远地区。文化的分布是有规律可循的。一种文化在其中心区产生之后，便会向周边辐射。当文化中心区的传统文化被另一种全新文化取代时，传播到周边地区的中心区文化，却会因不再受到或较少受到外来文化的影响而在周边地区积淀下来。所以，周边地区的传统文化总量往往会高于中心区域。此外，在项目传承地的选择上，我们也应该向更加封闭的地区倾斜。通常，一种传统文化保存得是否完整，往往与该地区的封闭程度有关。封闭程度越高，交通、通信越不通畅，传统文化所受冲击也就越小，保存得也就越发完整；封闭程度越低，交通、通信越发达，保存得也就越发不完整。从这个角度来说，封闭地区理应成为我们普查的重点。许多在我们看来已经消失了的非物质文化遗产事项，很可能正深藏于这样一些地区等待我们发掘。正因为如此，就地建设非物质文化遗产传承与保护基地的建设就更为重要，因为它能够充分挖掘本地的非物质文化遗产资源，实现非物质文化遗产的就地发现、就地保护、就地传承和就地开发，保持非物质文化遗产的原真性。

第四，能够加大对濒危遗产的抢救力度。由于旅游开发、商业运作以及外来文化冲击等多方面原因，许多非物质文化遗产都遭到不同程度的破坏，旅游开发比较早的地区尤为如此。面对这种情况，如果遗产存量大还好，如果遗产存量有限，而被破坏的遗产又确有价值，我们就应该在深入调查的基础上，对那些已经遭受过人为破坏的非物质文化遗产项目实施文化修复，使之恢复到被破坏之前的状态。

文化修复的第一步是聘请专家全面会诊，并在详细分析的基础上，从根本上理清哪些是非物质文化遗产的原有部分，哪些是后来附会上去的部分。然后制定出详细的修复计划。作为一项制度，当地的遗产保护者或责任人虽有提出文化修复的义务，但没有决定是否修复及怎样修复的权力。故修复计划出台后，首先应该获得当地居民的认可，随后向上级主管部门提出申请。待上级主管部门和当地居民达成一致后，恢复计划方能生效。

为确保还原的真实，无论恢复到何种程度，都必须以一定数量的见证人为前提。亲眼所见是文化修复的基础，无人亲眼所见，仅凭史料、想象或传说来修复已经被破坏的非物质文化遗产，很容易对非物质文化遗产造成更大的伤害。因此，建立非物质文化遗产传承保护基地，能够整合文化修复还原的各方面力量，确立各方的责、权、利，使非物质文化遗产的传承与保护更加高效、有序。

第五，能够确保非物质文化遗产资料的全息化与永续利用。20世纪50年代，由贾芝先生提出的"全面搜集，忠实记录，慎重整理，适当加工"的十六字方针，为我国民间文学搜集整理工作科学化、规范化奠定了坚实基础。但是，在半个多世纪后的今天，仅凭当年这十六字方针，似乎已经无法满足我们通过非物质文化遗产以获得更多信息的需求。这是因为在以笔录为主要记录手段的20世纪，只要我们能用笔墨将故事家讲述的民间故事原原本本地记录下来，似乎就已经不错。但在今天看来，这种做法本身即已存在信息大量流失的问题。这就要求我们在当代非物质文化遗产普查工作中，尽可能利用各种高科技手段，将非物质文化遗产所隐含的各种信息，尽可能全面地记录或保存下来。这是非物质文化遗产作为研究资料进行技术化处理的第一步。没有这一步，就谈不上科学，没有这一步，今后的再加工、再创造也就成了一句空话。不管我们今天是否有实力将这些录制的东西整理出来，但科学记录这一步我们都必须跨出去。因此，建立非物质文化遗产传承保护基地，能够记录、保存和利用这些非物质文化遗产资料，为当今和后世的学者提供宝贵的第一手材料。

结语 “分与合”的逻辑：边城村落共同体的社会治理模式

前文所展现的渝鄂边境三村生存样态的不同表现形式，反映了地处省际边界地区社会、经济、文化发展的现状，我们通过对三村的地理环境的介绍及其在行政划分上的历史沿革探究，得出处于边缘地区的三村同属一个自然区域并在历史上形成了紧密联系的地缘关系的结论。对三村婚姻家庭状况的时代变迁研究，说明在血缘和地缘交织的庞大社会关系网络中，三村表现出文化的相续性和社会生活的趋同性。在此基础上，我们探讨了这样一个文化和经济息息相关的省际边界地区在民间传统和民族特色渐趋式微的今天，边境三村如何积极寻求、探索适应社会发展的新型生存方式。过去山高路远、无人管理的边城，当国家权力深入到这里，并与当地的宗族权力产生各种互动关系之后，尤其是重庆成为直辖市后，更直接的国家权力下放到基层地方，重庆二村与湖北一村之间产生了差异化的民众生存样态，而针对这种差异，我们要采取不同的社会治理方式来予以应对。

不难看出，边城的社会治理也曾面临一系列的困境。首先是管理模式与社会实践脱节的困境。家庭联产承包责任制以后，我国逐步确立了"乡政村治"的管理模式，乡镇政府作为政府部门，权力来源于国家行政体系，以国家意识的强制力为后盾，代表的是国家权力的下沉。同时，以地方宗族为代表，强调的是村民的自我治理与自我约束的"村治"，主要是以村规民约和村民的自我意愿为基础。"乡政"和"村治"这两种不同的体系在权力结构上无法实现合理的管辖范围的行政定位。从历史上看来，多年来乡政村治的模式，是以基层自治为基础的，而农村基层自治的主要秩序来源是乡村共同体形成的乡规民约、乡土习俗、传统的行为习惯。由于乡村共同体对个体强大的制约作用，在这种熟人社会中，个体行为受制于熟人的舆论监督，在习俗制约、舆论监督下，乡村维持稳定的社会秩序，国家赖以需要的稳定局面得以形成，乡政村治也完成了维护基层稳定的职能。在这种社会治理环境下，村干部作为自治的带头人，大多数情况下完成上级乡政府交办的各种任务。与之相对的是，随着乡村共同体的转型，乡村秩序日益离散化、原子化，乡村共同的价值体系遭到破坏，个人主义、功利思想的蔓延，使得乡村原有的秩序基础被破坏。在这种社会治理环境下，我国农村社会的基层组织所采用计划经济时期的强硬、粗暴的管控模式，作用非常有限。作为基层组织的村委会，名义上是自治组织，实际上是半行政化的，大多处理的是上级政府交办的一些行政性事务，对农村居民的公共事务、日常生产、生活起到的作用很少。尤其是随着近年来村民生产的独立性增强，很多人也认为村组织对居民生活不能起到有益的指导与帮助。村干部以"上级"为中心、对村民事务淡漠的状况，随着乡村矛盾的突出日益显现。乡政府只有管理职能而没有服务意识、财政的匮乏等一系列问题使得乡政府无法满足乡村社会日趋复杂的公共服务需要，农村社会治理面临困境。

其次是管理目标短视化，片面追求物质化，缺乏公共精神的培养。农村社会治理中存在偏重物质文明建设的倾向，一切以经济为中心，这是由于基层绩效考核机制采取了不甚科学的量化管理，自上而下的绩效考核大多以物化的成果为标准。由于我国现代化建设的赶超型特征，在农村基层管理实践中，一直重视经济领域的建设与开发，注重经济水平的提高与发展，而对于基层的社会治理缺乏应有的公共精神的培育。多年的话语导向是提倡村、乡镇干部带领农民致富，好像富裕了什么问题都解决了。错误的话语导向一直在主导着干部及政府的政策。这相应带来许多问题，也把农村管理带入了歧途。很多调查发现，在这种片面追求经济发展的作用下，经济发展与社会稳定呈负相关的关系。偏离科学发展的轨道盲目发展，带来了农村地区环境的恶化、矛盾的增多、社会离心力上升等一系列问题。对于基层社会来说，经济只是社会发展的一个方面，公共精神、社区凝聚力才是一个地区发展的核心动力。农村地区有着丰富的传统乡村文化，这种传统伦理道德引领的共同体精神带来的社区归属感是公共精神的源泉。正是这种对家乡的归属感与乡村文化认同，可以激励村民为改变地区面貌而奋斗。但是基层社会治理的实践却缺乏对这种宝贵精神财富的培育与保护，片面追求政绩、追求经济效益，以物化的目标刺激村民要"一切向钱看"。缺乏公共精神与文化诉求的短视化管理只能破坏既有的秩序，无法带来农村社会长久的和谐发展。

最后是村干部身份的困境。在农村基层社会治理领域，实行的是政府

"乡政村治" 的 "一元化" 管理，政府的管理活动涉及社会方方面面，成为社会生活的全面组织者，在乡村事务纷繁复杂，社会主体日趋多样化的形势下，单凭基层村委会组织已无法胜任管理任务。据调查，大部分农村的村级组织只有村民委员会，村民委员会作为自治组织，没有固定的经济来源，作为管理居民事务的自治组织，很多事情是听从上级乡镇政府的安排。村干部作为村级管理的代理人，在地位上处于尴尬状态。一方面是镇政府安排的一些行政事务，另一方面村干部作为自治组织的带头人。在这种情况下，很多村干部并没有把主要精力放在村级事务上，而是以应付上级的工作安排为主，大部分时间忙于经营自己的生产、生活。村级事务管理的好坏也并没有明确的依据与评判标准，面对日益复杂的村民需求，单薄的村委会组织既没有行政上的权限，也没有职权上的身份。很多人做事只是凭借一时的热情与利益驱动，最终的结果是村务的搁浅与村干部个人利益的满足。❶

针对这些困境，边城黄鹤应选择创新的农村社会治理路径。首先要整合乡村文化，实现农村基层的整体性治理。社会治理体制应该是以政府管理为基础、多方组织积极参与，综合运用正式的制度与非正式制度（包括文化习俗）等对农村社会的发展秩序进行协调的过程，也是国家整合农村社会资源，推进农村现代化的过程。在这个过程中，政府起一种引导作用，充分运用农村社会的文化资源，整合乡村的社会资本，村民积极参与。在这个过程中，国家不是从基层淡出，也不是国家行政力量进入基层农村的每一个末梢，而是发挥正式制度与非正式制度在引导农村社区秩序的积极作用。强化政府的公共服务职能与文化宣传职能。千百年来，中国基层农村社会的传统乡村秩序与乡村文化在维护农村稳定的强大作用，值得当代借鉴。文化的约束、习惯的制约、共同价值的信仰，这些对秩序的维持有时比粗暴的管理更有效。乡村文化是加强农村社会治理的动力源泉，文化的秩序引领作用使人类行为有序。应建设乡村公共文化，发展集体主义理念，整合优势的乡村文化资源，重塑农民的互助精神，以消解农村社会发展过程中出现的无序化现象，遏止人与人之间的 "功利化" "原子化" 和 "疏离化" 过度膨胀之势。长期以来，政府只注重送文化下乡，很少注重挖掘、保护优秀的农村民间文化，更不注重先进文化与优秀民间文化的对接、融合，故而没能很好地培育出具有深厚土壤和根基的新农村文化形式，导致农村公共文化式微。政府必须遵从地方性知识，结合乡村文化的现状

---

❶ 方冠群，张红霞，张学东. 村落共同体的变迁与农村社会治理创新 [J]. 农业经济，2014（8）.

与农民自身的需求及资源条件，准确定位乡村文化建设的目标并合理有序地推进，促进乡村共同体的文化整合。在乡土性文化变迁的情况下，政府应意识到传统乡村文化在维护基层社会秩序的强大作用，运用多种方式鼓励传统文化代代相传，把农村不断分化的个体用文化的力量整合起来，重建农村社会治理的微观基础。

其次，应运用现代性的理念，加强农村管理组织建设与法制宣传。农村由传统到现代的转型是不可逆转的过程，在这场现代性的变迁中，农民的现代理性精神在增长，社会分工日趋复杂，农民行为日益多元化。在这种背景下，必须从农民的需求出发，建立公平、公正的管理体系与制度体系。在农村管理的组织架构上，改变村委会单一的组织局面，鼓励农民根据经济生产生活需要建立自组织。在现代社会中，参与组织是人的生存方式之一，组织是国家与个人的中介。农村居民通过积极参与社会组织，加入农村社会治理中，多种社会组织与村委会党政组织一起，通过组织网络的全面覆盖，把农民纳入组织管理体系中，改变农民一盘散沙的局面。通过农民积极参与组织活动、激发农民集体参与的动力、培养集体意识。同时，不断加强法制宣传，增强农民的法制意识。现代社会需要公民有规则意识、权利意识，通过法制教育，让农民意识到规则的力量，并自觉内化到生活实践中，并成为维持农村基层秩序的基础。

最后，要改变管理理念，以促进社会公平、正义为目标。社会建设的根本问题在于合理配置社会资源和机会，其切入点就是改善民生。随着农村社会的发展，农村的社会结构与农民的需求都发生了变化，新时代的农民权利观念与自由意识进一步彰显。过去的"管""控"模式显然不能适应农村的发展。在人人平等的观念下，农民作为社会个体，他们的生存权、发展权需要重视。在认可合理差别的基础上，借助公共力量，让强者承担起社会责任，要保护社会弱者，就要实现资源、机会、规则的合理配置，把社会公平、正义作为基本价值理念，把社会机制和社会法规作为其价值实现机制。因此农村社会治理必须改变管理理念，尊重农民的需求、满足农民的需要，真正为民生服务。调整管理策略，变静态的社会治理为动态的社会服务，推进改善农村生活的民生制度体系建设。❶

总之，在全球化、现代化的时代背景下，传统农村社会治理的主要力量——宗族势力受到巨大的冲击，但在不同的地区会有不同的表现形式。在国家权力

---

❶ 方冠群，张红霞，张学东. 村落共同体的变迁与农村社会治理创新 [J]. 农业经济，2014（8）.

嵌入程度较深的重庆二村，宗族的影响隐而不显，大量的外出务工人员及高山移民打乱了原有宗族的居住格局，使其失去了地缘上的联系。因此，两村的宗族势力不能再像以前那样直接在经济、社会、生活中发挥重大作用，更多的是一种家族文化的象征，对家族成员起着道德上的规范和制约作用。而在湖北的乡村，随着社会经济的发展，宗族势力也受到了冲击，但是作为政府行政权力无力兼顾的偏远山区，湖北乡村的宗族势力作为村落内生性权力与村落体制性权力出现互动和整合，形成特殊的权力格局。在保持同一族属的聚居习惯和外出务工潮流的推动下，村民们更多的是倾向于一种地缘权威的认同。因此，在乡村权力结构制约下，位于省际边界的三个土家族村落能够在不同权力与权威认同的引导下，打破行政因素的壁垒，因地制宜地发展新型生计模式，并且实现区域经济协调发展，最终呈现出和谐的社会局面。

附录 《重庆市石柱县 黄鹤乡总体规划》

目 录

前　言

一、规划编制背景

当前黄鹤乡经济和社会文化进入快速发展时期，面对集镇发展的历史机遇和人口、空间、环境方面的压力，特别是城市化进程中积聚人口的职能，黄鹤乡必须合理安排集镇发展建设和功能布局。而上一版集镇总体规划难以适应新的集镇发展需要。因此，在黄鹤乡党委政府的推动下，重庆市石柱县黄鹤乡总体规划修编得以实现。

二、工作过程和阶段

受黄鹤乡政府委托，重庆翼天建筑设计有限公司承担了黄鹤乡总体规划修编工作，并成立了黄鹤乡总体规划修编项目组（简称项目组）。项目组主要完成了以下工作：

2009年6月15日至7月末，项目组入驻黄鹤开展现场踏勘调研工作。工作主要分成两个阶段，一是集中的现场资料收集、地形图踏勘，重点项目选址对比；二是后期的驻乡社会深度调研。整个工作通过现场踏勘、部门走访、多层次座谈交流等方式，对黄鹤乡经济水平、集镇建设等现状进行了调查，收集大量基础资料，并结合调研过程中形成的规划草案，就集镇发展思路与黄鹤乡党委及政府有关领导进行了座谈。

7月下旬至8月初为资料分析、规划初步方案阶段。项目组通过对有关资料深入细致的分析，在解读了黄鹤乡历史、集镇现状的基础上，对其经济和社会发展趋势进行了分析和判断，初步形成集镇发展战略构想，从集镇和区域发展的实际提出了黄鹤乡总体发展定位、发展规模等并形成规划初步方案。同期，还就规划初步方案与黄鹤乡党委领导进行了论证与研讨。

2009年9月至今，规划送审方案编制阶段。根据初步方案沟通意见，项目组对规划方案进行了调整，并按建设部《镇规划标准》（GB 50188—2007）要求，编制规划送审方案，期间，与镇政府、县规划局又进行了多次沟通，最终完成黄鹤乡规划送审方案。

三、工作方法和技术路线

城乡规划是城市建设和管理龙头，具有重要的宏观调控作用。项目组坚持布出精英型规划思路，在乡党委、乡政府等的领导和要求下，按照"科学发展观"要求，以发展为第一要务，深入地了解和把握地方实际，慎重把握集镇发展的整体性和阶段性，把握集镇规划实施的灵活性和机动性，使规划成果和规划实施紧密结合，确保经济、社会和环境协调发展。

规划的技术路线主要体现为：深入调研，收集详尽真实的基础资料；全面分析，宽视野透析发展环境和发展趋势；强化专题研究，解决技术重点问题；各方案比较和优化，体现规划的前瞻性、科学性、可操作性；突出专项规划深度，体现针对性和地方性；整合和协调城市各方面发展实际，按照科学发展观要求综合协调，编制规划成果；注重规划编制过程，创造实施总体规划的良好环境。

四、规划重点

在解读上一轮总体规划成果及集镇现状基础上，本轮乡集镇总体规划牢牢把握以下规划重点：

1. 明确城镇化发展目标，协调村镇体系的和谐发展；
2. 修订集镇性质与规模，提出新一轮集镇发展方针；
3. 明确集镇发展方向，协调新旧区发展关系，优化用地功能布局结构；
4. 完善道路交通体系，解决过境交通、对外出口、静态交通等问题；
5. 明确集镇定位，建构完善开放的空间系统、绿化系统；
6. 完善集镇设施，强化集镇职能，为经济发展提供充满活力的空间载体。

本次总体规划修编得到了黄鹤乡党委、乡政府及有关部门高度重视和大力支持，黄鹤乡杨海华书记在规划修编中做了大量的组织、协调和具体指导工作，在此一并致谢！

第一章　现状概述

一、地理位置

黄鹤乡位于石柱土家族自治县东南边缘，地处东经 108°30′45″~108°32′30″，北纬 29°45′00″~29°47′30″之间。海拔 620m~1 469m。是一个两省三县交界之地。东靠湖北省利川市文斗乡青龙村、彭水县三义乡五峰村、黄龙村，南临马武镇的金鑫村、来佛村。西邻龙潭乡的木坪村，北与洗新乡白果村、六塘乡漆辽村接壤。乡境内南北长 10km，东西宽 7km，总辖区面积 47km²。全乡三面环山，唯有南北开一缺口，乡内以石灰岩地形为主，土地贫瘠，交通快捷方便，是贯通石柱县连接渝怀铁路和石郁公路的重要交通枢纽，距石柱县城 42km，距彭水县城 86km，距黔江县城 145km。

二、自然条件

1. 地形地貌

乡集镇位于马武山南东麓山脚、马武河右岸，由绵延丘陵及平缓斜坡组成，高程多在 650m~750m 之间，最高点位于乡集镇西侧山坡上，高程为 783.00m，最低点位于乡集镇南端马武河内，高程为 629.30m，相对高度差一般在 10m~50m，最大高度差为 153.70m，地形坡角多在 15°~30°之间，局部最大坡角 37°，为构造侵蚀河谷地貌。

2. 气候气象

黄鹤乡属亚热带季风气候区，具四季分明、夏多伏旱、秋多阴雨、无霜期长、雨量充沛、日照充足、多夜雨、云雾、湿度大等特点。气温回升快而不稳定，多年平均气温 16.4℃，极端最高气温 42.2℃（2006 年 8 月 23 日），极端最低气温-4.1℃（1963 年 1 月 15 日）。气温垂直分带明显，河谷地带较周围气温高出 1℃~3℃。多年平均降雨量 1 126.6mm，年最大降雨量 1 227.5mm，多年平均最大日降雨量 95.3mm，多集中在 5~9 月，可达全年降雨量的 67%，多年平均降雨日 156 天，空气湿度达 63%~83%。

3. 水文

黄鹤乡内主要水系为马武河，自乡集镇西北侧流入，流经乡集镇北侧、东北侧、东南侧边，至乡集镇南端流出。区内总长约 2.4km，河床宽度 15m~35m，切割深度 0.5m~5.0m，河沟纵坡 0.78%，多年平均流量 5.8m³/s。水位及流量随季节变化明显，水位变化幅度一般 0.5m~3.5m，最大可达 4.3m。调查期间水位 629.31m~648.03m，流量约为 0.06m³/s；20 年一遇洪水位 632.80m~651.50m。

4. 地质构造及地震

乡集镇位于老厂坪背斜东南翼，但受马武山正断层以及黄鹤逆断层影响，岩层出现反倾现象，倾向 285°，优势倾角为 6°，局部略有起伏，属单斜构造。

据区域地质资料及本次调查表明，乡集镇岩体主要发育 2 组裂隙：裂隙① 产状 35°∠87°，裂隙面较平整，张开度 3mm～8mm，间距 1.2m～3.7m，延伸长度 4.0m～8.5m；裂隙② 产状 300°∠83°，裂面平整，局部略有起伏，间距 2.5m～8.0m，延伸长度 2.3m～5.8m。乡集镇地层平缓，裂隙不甚发育，未见断层及其破碎带通过。地质灾害危险性评估显示老厂坪背斜南东翼，马武山断层与黄鹤断层之间属于地质灾害危险性小区。

三、资源要素

1. 土地资源

2008 年年底实有耕地面积 4 394 亩，其中田面积 1 408 亩，土面积 2 986 亩。森林面积 38 600 亩，其中：国家公益林 15 730.5 亩，一般公益林 20 747 亩，商品林 2 122.5 亩。全乡天然林 32 900 亩，退耕还林面积 2 138 亩。森林覆盖率 65%。草地面积 2 146 亩。

2. 矿产资源

矿产资源：主要有铁矿、氧化锌矿、钾肥矿等，主要以氧化锌矿为主。

3. 水资源

水利资源充沛，主要有黄鹤河、龙潭河。目前已建成投产的小型水电站四座，装机容量可达 2 000kW，年发电量可达 1 100 万 kW。

4. 森林资源

森林资源保护完好，生态优势明显：稀有珍贵的红豆杉、灯台、银杏、水杉、猴栗等。珍稀动物有红腹锦鸡、麝香等；药材有黄柏、杜仲、金银花、山药、党参等。

5. 旅游资源

旅游资源独具特色：境内有名胜古迹红庙子和明寨子，有奇观险要的羊子岩、鹰嘴岩，有风景优美的文溪河、马盘溪、龙潭河、文溪河瀑布等，还有神奇的鱼泉洞、菜子洞、燕子洞以及大厂洞内的钟乳石。

6. 农作物资源

乡辖内主要粮经作物有：水稻、玉米、红苕、洋芋、烤烟、辣椒、魔芋、油菜、黄豆、白果等，已培育形成"粮、烟、畜、椒、林、药"六大支柱产业，是石柱县重要的优质烤烟、辣椒生产基地。

7. 劳动力资源

2008 年年末全乡总户数 1 488 户，人口 4 692 人，其中非农业人口 211 人。

男性 2 463 人，女性 2 229 人。18 岁以下 1 232 人，18~35 岁 1 073 人，35~60 岁 1 763 人，60 岁以上 624 人，人口自然增长率为 4.46‰，人口出生率为 11.75‰。

四、集镇建设与土地利用

现黄鹤乡集镇鱼龙大坝场建设用地面积 14.86 公顷，各类型用地如下：

1. 居住用地

现居住用地 8 公顷。现居民住宅多为多层楼房，其中新建住房占较大比例，户均居住建筑面积较大，沿街布置。

2. 工业区建设

现工业用地 0.07 公顷，分布于乡集镇的西北侧，其中工业门类主要是根艺加工及木制建材加工。

3. 公共服务设施建设

公共服务设施主要集中于乡集镇主要道路两侧，公共服务设施用地总面积 1.94 公顷，主要包括行政管理设施、教育机构设施、医疗保健设施和商业金融设施。

（1）行政管理设施。乡集镇北部，用地约为 0.134 公顷。

（2）商业金融设施。主要于乡集镇中部道路两侧布局，商业门类齐全，餐饮、信用社、药房、发廊、批发零售店，五金杂货店夹杂分布，规模等级较低，整体呈带状布局，占地约 1.423 公顷。

（3）医疗卫生设施。乡集镇内设有一所卫生院，占地 0.063 公顷。

（4）教育科研设施。乡集镇南侧有小学一所，占地约 0.32 公顷。

4. 道路交通建设

黄鹤乡交通便利，省道 202 由北向南穿乡集镇而过。

5. 市政设施建设

（1）供水工程。乡集镇集中供水设施惠及程度较高，取水多来自乡集镇北部龙门溪取水处，水质较好，供应量充足，供水设施较新。

（2）污水工程。乡集镇目前没有污水处理厂，排水设施不完善，现状排水管网采用雨污合流制，南北向主要道路设置明沟排水，久而久之，排水道堵塞，难以使用。而村镇住宅区内则就地直排，严重影响了村民的用水环境。

（3）燃气工程。现居民生活燃料使用的是罐装液化石油气，没有燃气管网的敷设，部分居民使用过秸秆燃气，但数量很少。

（4）供电工程。用电由乡集镇的 35kV 变电站供应。

（5）电信工程。现电信分局已开通普通电话、移动电话、无线寻呼、数据通信等通信业务，电信业务种类齐全，功能日趋完善。

6. 集镇用地情况

作为本次规划的依据，我们对现状用地分类进行了统计，详见下表。其中乡集镇城镇建设总用地 14.86 公顷，按人口 2 056 人计算，人均建设用地面积 72.28 平方米。

表 1-1 乡集镇现状用地汇总表

用地性质	用地面积（公顷）	比例	备注
一类居住用地	7.808	52.53%	
二类居住用地	0.204	1.37%	
行政管理用地	0.134	0.90%	
教育机构用地	0.32	2.15%	
医疗保健用地	0.063	0.42%	
商业金融用地	1.423	9.57%	
一类工业用地	0.037	0.25%	
二类工业用地	0.04	0.27%	
三类工业用地	0.886	5.96%	
农业服务设施用地	0.438	2.95%	
道路用地	3.454	23.24%	
广场用地	0.054	0.36%	
公用工程用地	0.002	0.01%	
现状建设用地面积	14.86	100.00%	

五、社会经济现状

1. 经济发展水平

2001 年机构改革以前，黄鹤乡以传统农业为主，经济总量不大，经济项目小而全，全乡农村人均纯收入仅为 1 600 元。2007 年换届过后，乡党委政府紧紧围绕"富民强乡"这一战略，提出了"稳农、强工、活商、兴旅"工作思路，积极转变政府工作职能，改进干部工作作风，加大基础设施建设力度，大力调整农村产业结构，引导特色种养业发展。农村经济得到快速发展，农村面貌有了显著改善，农民收入大幅度增加，全乡基本上形成了以工业为主，兼顾边贸集镇建设，农业为辅的经济发展路子。黄鹤乡 2008 年全乡实现工农业总产值 1 752 万元，比上年增长 14.90%。

表 1-2　黄鹤乡 2003—2008 年人口、总产值、年人均收入一览表

项　目		2003 年	2004 年	2005 年	2006 年	2007 年	2008 年
人口（人）	总人口	4 494	4 484	4 606	4 714	4 766	4 692
	农业人口	4 340	4 318	4 420	4 518	4 562	4 481
	非农人口	154	166	186	196	204	211
全镇总产值（万元）		749	1 034	997	1 205	1 491	1 752
村民年人均收入（元）		1 326	1 666	2 114	2 416	2 834	3 391

2003～2008 年地区生产总值分别达到 749 万元、1 034 万元、997 万元、1 205 万元、1 491 万元和 1 752 万元；三次产业调整明显，由 2003 年的 83.3∶3.3∶13.4 调整到 2008 年的 75.2∶4.8∶21，农业已不再是我乡经济增长的主要方式。财政收入稳中有增，2003～2008 年分别为 20 万元、25 万元、30 万元、35 万元、41 万元和 50 万元。固定生产投资：2003～2008 年分别为 120 万元、125 万元、140 万元、619 万元、712 万元、735 万元（水 150 万，场镇 275 万，民委 10 万，谭家河 100 万，天坤 200 万）。社会商品零售总额：2003～2008 年分别为 97 万元、110 万元、137 万元、152 万元、189 万元和 215 万元。

农业生产上，2003～2008 年全乡粮食生产分别达到 1 901 吨、2 305 吨、2 325 吨、2 209 吨、2 055 吨和 2 165 吨，粮食生产基本上呈稳定趋势。2008 年烤烟生产：计划种植 800 亩，实际种植 780 亩，占计划的 97.5%，收购烟叶 1 802 担，实现产值 115.8 万元。2008 年辣椒生产：计划种植 5 000 亩，实际种植 5 010 亩，占计划任务的 100.2%，实际收购鲜椒 4 008 吨，实现产值 641 万余元。2008 年畜牧业生产：狠抓惠民政策的宣传落实，发展和壮大了一批生猪、长毛兔、山羊养殖大户，新发展 100 只规模以上长毛兔养殖大户 10 个、200 头规模以上生猪养殖大户 3 个。农民人均收入：2003～2008 年分别为 1 326 元、1 666 元、2 114 元、2 416 元、2 834 元和 3 391 元，2008 年农民人均纯收入较 2003 年的 1 326 元增长 155.7%，实现翻番。

2. 行政划分及人口

（1）行政划分。2001 年机构改革过后，由原黄鹤乡所辖的 5 个村以及原漆辽乡山坪村和文河村合并而成，共辖 7 个村 32 个组，2003 年村组建制调整

为3个村20个居民小组。目前,黄鹤乡政府位于鱼龙村,辖鱼龙村、汪龙村、山河村3个村。

(2)人口统计。2008年,黄鹤乡共有人口4 692人,其中非农业人口211人,占总人口的4.5%。总人口中,男女比例约为110∶100。年龄结构上,18岁以下:1 232人;18~35岁:1 073人;35~60岁:1 763人;60岁以上:624人。同时,在总人口中劳务输出人数达到1 111人,占全镇总人口的23.68%。

3. 社会事业发展概况

邮政、通信、教育、文化、卫生和公共基础设施建设等各项社会事业全面发展,已实现电信、移动、联通、广电光缆传输和通信。移动电话实现全覆盖,程控电话进入寻常百姓家,建有移动机站4个、联通机站3个、小灵通机站3个,开通电信数据宽带网络,用户达200余户,程控电话交换容量800余门,装机600余门,移动手机用户达1 200户。

六、历史沿革

黄鹤乡初为子河(鹤)乡,属丰都县第四区(区属驻桥头坝)。民国三十一年(1942)四月,石柱与丰都两县调整边界时划归石柱,隶第二区(区属驻三星半月)。八月,厢子石、小沟两个保划归马武乡。民国三十二年(1943)改为黄鹤乡。

1950年1月,黄鹤乡人民政府成立。4月,石柱县划为7个区,黄鹤乡改隶第五区(区公所驻马武坝,后改称马武区、马武坝区)。1953年2月,黄鹤乡分为黄鹤乡、漆辽乡,后再分黄鹤设漆树乡,再后又复归黄鹤。1958年改乡为黄河人民公社。1983年11月改公社为乡。1999年12月,乡政府由黄鹤坝迁驻大坝场。2001年7月,撤销黄鹤乡、漆辽乡,新设黄鹤乡,管辖原黄鹤乡和漆辽乡山坪村、文河村所属行政区域。

第二章 规划指导思想、原则、依据和期限

一、指导思想

黄鹤乡经济发展基础相对较薄弱,发展困难较大。在新一轮的规划中,应

立足现实，展望未来，规划坚持实事求是、遵从现状，正确处理长远的科学合理性和近期的现实可操作性。充分发挥优势，树立科学发展观，坚持以人为本的基本观念，走全面、协调、可持续发展的道路，全面统筹城乡发展、经济社会发展、人与自然和谐发展、自身建设和对外开放等方面的要求。黄鹤具有丰富的自然资源，规划建设过程中应更大程度地发挥市场在资源配置中的基础性作用，为全面建设小康社会提供强有力的保证。其中，全面发展是核心内容，协调发展是关键环节，可持续发展是重要支撑，人的全面发展是实质和根本目的。

研究社会主义市场经济条件下集镇建设的运行机制，充分发挥集镇规划的宏观调控作用，确定合理的集镇性质、规模和发展方向，优化集镇格局、强化集镇功能，提高集镇载体的整体服务水平，为集镇经济和社会发展创造良好的空间条件。因地制宜、合理布局、优化结构，增强集镇载体功能，把黄鹤建设成为生态性现代化小城镇。

1. 以人为本

坚持以人为本，就是坚持以不断满足人的全面需求作为发展的根本目的和根本动力。以人为本的思想贯穿于黄鹤规划全过程，做到集镇社会经济发展以人的需求为基本出发点，集镇合理规模为人的生产、生活提供了有效空间，集镇环境建设不断提高人居环境质量，集镇公共服务设施的配置以人们需求的合理范围界定，等等。

2. 全面发展

全面发展是指整个社会包括物质文明、政治文明、精神文明的协调发展，三者互为条件、互为目的、相辅相成，是中国特色社会主义历史进程中的统一整体。在本次规划编制中，力求克服传统规划重物质轻社会、重硬性轻弹性、重远期轻近期的缺陷，特别注意空间规划与其承载活动内容的协调、规划编制与实施的协调、集镇建设与社会发展的协调。努力实现社会、经济、文化、集镇建设、环境建设各方面的全面发展。

3. 协调发展

协调发展是指城乡、区域、经济社会、人与自然和内与外的协调发展，其中最重要的是经济与社会在"良性互动"中步调一致地均衡向前推进。对本次规划而言，必须处理好以下问题：

（1）村镇的协调统筹发展；

（2）统筹区域不均衡——均衡发展；

（3）以集镇为空间载体协调社会与经济同步发展；

（4）集镇建设与自然生态建设的协调发展；

（5）内在因素与外部条件的统筹衔接。

4. 可持续发展

可持续发展的主要内涵是：经济的发展，应该既满足当代人的需求，又不对后代人的需求构成威胁；区域经济的发展，不应损害其他区域的发展。可持续发展结合黄鹤实际，应具有以下三个方面的内涵：

（1）人类与自然的共同进化。随着自然的不断进化，环境水平的不断提升，人工智能的作用应相应不断显现，同步进化。社会应在人工和自然合力作用下持续发展，不断进步。

（2）现实与远景的发展衔接。规划通过远景发展的思考，力图保持黄鹤建设的持续性和连贯性，推动集镇建设健康有序发展。做到远近结合，使之在同样的思路下健康前进，保证黄鹤发展的阶段性和连贯性。

（3）效率与公平的目标兼顾。可持续发展的一个重要特征即是效率与公平的目标兼顾，效率体现资源被充分利用，公平体现一种社会公正性，是保证效率实现的前提。实现效率和公平目标兼顾可促进可持续发展的实现。

二、规划原则

1. 整体协调原则

集镇和区域的发展是一个复杂的系统工程。综合协调是保证系统高效率运转的前提。黄鹤乡总体规划必须正确处理与周边市县的关系，必须正确处理村镇的相互关系，必须正确处理乡集镇内部各组成要素之间的相互关系。

2. 有效配置原则

市场经济条件下，资源的自由流动、充分利用为规划的弹性创造了条件。在规划用地布局中，应充分考虑地价因素对土地的影响，以效用为原则确定部分用地性质，体现用地的兼容性。以利于集镇以最低成本获得最大的发展空间，获得长远利益，符合公众要求。

3. 循序渐进原则

集镇规划是根据未来发展的总体要求对集镇的各项建设做出空间布局与安排。规划高起点是建设高标准、管理高水平的基本前提，同时，考虑远近期结合。集镇的建设和发展是一个长期过程。鉴于空间发展的基本特征，必须坚持面向未来、正视现实、统筹安排、分期实施的原则。

4. 公共利益原则

市场机制对规划项目的适应性提出相应的要求，针对规划项目的不同属性，要体现部分公益项目的社会性，保证实施的可行性。同时，针对部分市场化水平较高的规划项目，应体现其充分的市场竞争，实现资源的优化配置。

5. 环境价值原则

环境水平的高低直接影响黄鹤乡资源的开发和居民生活的质量，同时，影响投资环境的改善。规划过程中，力求体现环境优先原则，提升黄鹤乡及区域整体的环境水平，为社会经济发展创造有利条件。

以上原则体现在具体规划中又要求：

（1）加强区域经济发展战略研究、合理确定集镇布局。外部的推动成为集镇发展的最重要动力，综合分析集镇发展的战略转折点成为编制集镇规划最重要的一环。全乡一体化发展，合理确定集镇空间发展结构将极大推动集镇的发展。

（2）提高集镇质量，服务新时代。改变以往集镇土地开发的外延式发展，走土地集约利用路线，重视集镇建设的质量，塑造良好集镇风貌，提高集镇对外的辐射。服务能力成为黄鹤面临的重大挑战，也决定了集镇发展成败的关键。

（3）结合资源优势，突出地方特色。结合广域范围内的资源优势，培养地方特色，突出黄鹤商贸、旅游、农业并重的优势，形成黄鹤特有的特色发展道路。

（4）突出重点，优势互补。根据黄鹤本身的优势资源，合理确定集镇发展策略。

（5）节约用地，保护农田，维护生态平衡。随着土地利用的紧张局面及国家对土地管理的严格控制，集约化土地利用成为集镇发展最重要的原则，同时保护乡域范围的基本农田，维护生态系统的平衡。

三、规划依据

1. 国家法律

（1）《中华人民共和国城乡规划法》；

（2）《中华人民共和国土地管理法》；

（3）《中华人民共和国环境保护法》。

2. 有关法规、规定、部门规章

（1）《国务院关于加强城乡规划监督管理的通知（国发〔2002〕13号）》；

（2）《建制镇规划建设管理办法（建设部 1995 年 6 月 29 日第 40 号令）》；

（3）《关于印发〈近期建设规划工作暂行办法〉、〈城镇规划强制性内容暂行规定〉的通知（建规〔2002〕218 号）》；

（4）《村镇规划编制办法（建设部〔2000〕36 号）》（试行）。

3. 有关技术标准、规范

（1）《镇规划标准》（GB 50188—2007）；

（2）《城市道路交通规划设计规范》（GB 50220—1995）；

（3）《城市给水工程规划规范》（GB 50282—1998）；

（4）《城市居民生活用水量标准》（GB/T 50331—2002）；

（5）《城市排水工程规划规范》（GB 50318—2000）；

（6）《城市电力规划规范》（GB 50293—1999）；

（7）《城市工程管线综合规划规范》（GB 50289—1998）；

（8）《城市热力网设计规范》（CJJ34—2002）。

4. 有关发展规划和计划

（1）《重庆市城乡规划导则》；

（2）《重庆市城乡总体规划》（2007—2020）；

（3）《重庆市石柱土家族自治县县域城镇体系规划（2001—2020）》；

（4）《黄鹤乡国民经济与社会发展"十一五"计划》；

（5）《石柱县黄鹤乡鱼泉村居民点建设规划（1996—2010）》；

（6）《石柱县城市总体规划》（2005 修编）；

（7）《石柱县"十一五"综合交通规划》。

四、规划期限

考虑乡集镇规划与国民经济发展计划的衔接，确定规划年限为 2011—2020 年，其中：

近期：2011—2015 年。

远期：2016—2020 年。

远景展望到 2050 年。

第三章　社会经济发展战略

一、黄鹤乡的 SWOT 分析

1. Strength（优势）

（1）地缘关系多元，区位优势凸显。重庆市石柱土家族自治县黄鹤乡规划区地处石柱土家族自治县黄鹤乡场北侧，位于石柱县城南东约 138°方向，距石柱县城约 35 公里（直线距离）。乡集镇内有石黔公路通过，交通便利。从空间形态上，黄鹤乡处于该区域东南门户位置，这是周边其他乡镇所不具备的。与周边市区、乡镇交往密切，地缘关系多元，多向延伸，区位优势十分明显。

（2）交通网络发达，对外联系便捷。黄鹤乡交通快捷方便，是贯通我县连接渝怀铁路和石郁公路的重要交通枢纽，距石柱县城 35 公里，距彭水县城 86 公里，距黔江县城 145 公里。广（安）彭（水）油路（省道 202）贯穿全乡 3 个行政村 11 个村民小组，且从政府乡集镇经过。政府所在地向东通往湖北省利川市文斗乡，向东北方向通向洗新乡、新乐乡、金铃乡。全乡 100% 的村民小组均通机耕道路。良好的县、乡、村三级公路，形成发达的路网，具备便捷的内外联系体系。

随着省道 202 的整修，黄鹤与周边地区的联系将更加密切，将有效地促进经济建设和对外交往。

（3）农业基础雄厚，养殖优势突出。黄鹤乡主要粮经作物有水稻、玉米、红苕、洋芋、烤烟、辣椒、魔芋、油菜、黄豆、白果等，已培育形成"粮、烟、畜、椒、林、药"六大支柱产业，是石柱重要的优质烤烟、辣椒生产基地。此外，黄鹤乡还发展生猪、长毛兔、山羊养殖，新发展 100 只规模以上长毛兔养殖大户 10 个、200 头规模以上生猪养殖大户 3 个。

（4）商贸氛围浓重，土家民居风情鲜明。黄鹤乡商业氛围浓重，商业门市网点遍布，服务辐射湖北利川文斗乡和石柱洗新乡、新乐乡等乡镇。黄鹤内保留较为完整的土家族住宅群，适宜发展土家风情旅游。

2. Weakness（劣势）

（1）经济活力不足，工业基础薄弱。黄鹤乡企业数量少，且规模较小，没有形成产业簇群，不具备规模经济效应，生产经营与发展的活力明显不足。

随着近年来乡政府招商引资力度的加大，新的工业项目也开始落户，但黄鹤历来是农业大镇，整体工业基础相对比较薄弱。

（2）产业结构不够合理，农业产业化水平低。近几年，黄鹤乡一、二、三产业比值维持在80：5：15，产业结构呈"一、三、二"的格局，第二产业比重过低，总体上仍处于农业化阶段。农业的种植、养殖以每家每户形式存在，处于原始的水平，产业化程度低，更没有形成规模或龙头企业，抑制了农业优势的发挥。近年，黄鹤工业经济有一定的发展，但原始资本积累不足，总体融资环境不畅，产品技术含量低，产品大多没有形成自身的强势品牌。

（3）集镇公共设施脆弱。集镇的快速发展急需突破交通瓶颈，要求不断完善各项公共服务设施和公共基础设施，创造良好的投资环境；同时，为居民提供舒适的生活环境，提高社会文明。在快速城镇化和工业化的初期，加速建设集镇公共设施尤其重要。

3. Opportunity（机遇）

（1）国家积极的小城镇发展政策。国家在2000年出台了"小城镇、大战略"的积极小城镇政策后，又积极探索小城镇发展的道路，相应设立示范镇、小城镇发展基金、无息贷款等多种辅助小城镇发展的政策、措施。

（2）各级政府的高度关注。重庆市根据小城镇发展现状，对未来小城镇发展要做到：科学规划、合理布局；分类指导、梯度推进；重点突破、带动全面。优先发展示范镇，重点建设中心镇，带动一般镇，形成县城、中心镇、一般镇协调发展的格局。近期要抓好县城和中心镇的发展，增强经济实力，拓展城镇功能，扩大人口规模，提高城镇化水平，加强基础设施建设，改善城区环境，带动全县的城镇发展；远期目标，小城镇全部达到规模结构规划中的要求。黄鹤乡应及时抓紧当前城镇建设的大好时期，发挥自身优势，借助内外力共同发展自身。

对石柱城镇发展综合分析得出，黄鹤以其处于石柱东南组团中心的优越地理位置以及较适宜城镇建设的地质环境的优势，奠定了其在石柱县东南部地区城镇远期发展的核心地位，并对周边乡镇向黄鹤的聚拢发展提出了相关设想。

（3）地方政府发展诉求与政策。历届政府致力于黄鹤乡的发展，既有长远的规划，又有现实的坚实步骤。本届政府极力打造小城镇品牌，以"稳农、强工、活商、兴旅"的发展思路，积极转变政府工作职能，改进干部工作作风，加大基础设施建设力度，大力调整农村产业结构，引导特色种养业发展。农村经济得到快速发展，农村面貌有了显著改善，农民收入大幅度增加，全乡基本上形成了以工业为主，兼顾边贸集镇建设，农业为辅的集镇发展路线。

4. Threat（挑战）

（1）吸引外来投资难。黄鹤同一般小城镇一样，集镇发展更多地受限于资本、政策等外部因素，吸引外来投资有一定的难度，特别是目前作为项目依托的集镇规模较小，大中型项目尚难以落户本地。

（2）人才吸引力不足。由于黄鹤的创业整体环境较差，很难吸引到高素质的人才。

（3）同类城镇的竞争。同类乡镇发展初期利用有限资源的同质化竞争使各发展具有相对较高的机会成本。周围的乡镇都具有农业优势，谁先迈出特色发展的第一步，谁就占得区域发展的先机，因此这是黄鹤所面临的重要挑战。

二、发展定位

1. 发展现状概述

（1）经济发展历程。近年来，黄鹤乡的经济总产值、财政收入及固定生产投资都获得了较快的发展，集镇处于经济快速发展的战略机遇期。从黄鹤乡产业结构演进分析来看，黄鹤乡生产总值中第一产业比重始终居住主导地位，第三产业比重也逐年略有增加，第二产业比重变化不大。从产业结构特征看，黄鹤经济仍处于农业化阶段，经济总量较小，第二、第三产业发展仍处于起步，现阶段的发展方式、构成、路径及重大措施将对未来集镇的定位、方向、性质、目标等形成至关重要的影响。

（2）区域经济地位。纵向看，黄鹤取得了较大的成绩和进步，但横向比较，黄鹤与石柱县内处于发展第一梯队的城镇之间仍然存在一定的差距，综合竞争力相对薄弱。黄鹤乡的实际利用外资、人均 GDP、外贸出口总额、财政总收入和产业结构都还未能达到第一梯队水平。与周边城镇相比，黄鹤有着优越的区位优势和优良的发展条件，却未能取得应有的发展。在新的发展机遇上，黄鹤应找到自己的发展思路，寻求多种发展机遇，实现发展资源的有形化，发展速度的最大化，发展质量的可持续化。

（3）社会发展水平。社会事业全面进步，教育、社会保障得到较大发展。2008 年，"普九"工作成效显著，素质教育硕果累累。小学教育完成率达到100％。社会保障工作取得新成效，国土开发和环境保护工作得到加强，广泛深入地开展了形式多样的群众性精神文明创建活动，"十一五"期间，创建各级文明单位若干。大力推进民主法制建设，强化了依法行政工作，大力推进了政务、村务公开，扎实推进了机构改革，建立、完善了村民自治和民主制度。全面加强了社会治安综合治理，社会治安状况明显好转。

2. 发展定位

（1）区域职能分工定位。从市场角度和需求角度，分析区域对于黄鹤的要求，明晰黄鹤应当能够承担的区域角色。

① 石柱县东南部区域次中心。省级 202 公路连接乡域三个行政村，并由集镇中部穿过，黄鹤优越的交通地理位置及发展潜力使得黄鹤有能力成为石柱县东南部交通枢纽次中心；远期利用其交通优势以及地方资源，将发展成为石柱县东南部的商贸、旅游、教育、文化次中心。由此定位黄鹤乡为石柱县东南部区域次中心。

② 石柱县东南部特色生态旅游乡。黄鹤地处石柱县东南部、渝鄂交界的重要地缘位置，是土家族主要的生活聚居区，保存有较为完整的土家族住宅族群，民族特征丰富，极具地方特色。再者黄鹤乡第二产业开发量少，主要以农业生产及农副产品加工为主，自然生态资源良好。把握黄鹤别具特色的土家民族风情与优美的自然风光，可着力发展民俗观览、生态农业观光等第三产业，将黄鹤建设成为石柱县南部特色生态旅游乡。

③ 石柱县东部渝鄂交界区重要贸易乡。因处于渝鄂交界的重要地缘位置，以及拥有便捷的对外联系干道，黄鹤乡自古商业氛围浓重，商业门市网点遍布，商业服务辐射湖北利川文斗乡和石柱洗新乡、新乐乡等乡镇。随着省道 202 公路交通条件的进一步提升，黄鹤应大力巩固已有的对外商贸物流，力争成为石柱县东部渝鄂交界区重要贸易乡。

（2）自我发展需求定位。从黄鹤自身发展的角度分析产业需求、人才需求及环境需求，如何通过发挥个性条件强化在区域中的竞争优势。黄鹤需要认清自身的地位和处境、优势和不足；需要把握新的竞争制胜的谋略。也就是说，黄鹤应从本地实际情况出发，提升城市竞争力，才能更好地利用区域网络的有利条件和机遇。

① 共筑"和谐"黄鹤。社会主义和谐社会，应该是民主法治、公平正义、诚信友爱、充满活力、安定有序、人与自然和谐相处的社会。这些基本特征是相互联系、相互作用的，需要在全面建设小康社会的进程中全面把握和体现。构筑"和谐黄鹤"不仅是中央政府的要求，也是黄鹤社会、经济、环境协调快速发展的必然要求，更是黄鹤未来的重要发展目标之一。

② 建设"集约"黄鹤。选择资源节约型的城镇化模式，集镇发展必须顺

应自然资源的约束；坚持"紧凑型"的集镇规划建设方针；坚持走可持续发展的城镇化之路，坚持"节约型"资源利用，"高效型"经济发展模式。

③ 构建"生态"黄鹤。在一个日益注重生态环境的时代，无论是选择居住还是发展生产，生态环境都是被首先考虑的因素，而在此方面，黄鹤无疑具有天然竞争优势，相对较丰富的水资源条件、良好的农业种植和山林养殖基础、较低的第二产业环境造就了良好的本地环境。但日益增长的人口承载压力、较脆弱的半湿地环境以及较低的水系—土壤资源能力，也使黄鹤的生态环境在未来发展中面临诸多问题。黄鹤应该充分利用现有资源优势，传承文化精髓，注入现代意识，营造适宜的栖居环境，提升黄鹤的综合竞争力，并最终步入集镇长远发展的良性轨道。

黄鹤的经济发展应以"生态镇"建设为目标，坚持经济发展与环境保护"三同时"原则，对环境污染实行总量控制，通过产业结构调整，限制污染行业发展，建设"生态黄鹤"。

④ 营造"开放"黄鹤。全球化的时代意味着对外交流的日益重要，互相学习、良性互动、共赢发展成为地方发展的必然选择，它需要的正是一种包容与创新的文化氛围。黄鹤的文化禀性正与这一要求相一致，所需要的只是保持这一禀性并对新的环境做出调整，取法古今中外的先进文化，必然有力地推动黄鹤在全新历史时期重现辉煌。

黄鹤不应把自己限定在固定的发展模式框架内，而应各取所长，使多种经济模式、多种经济成分、多种文化理念在这里融合，构成多元化的经济社会结构。只有博采众长并不断创新，形成具有地方特色的多元经济与多元文化，才能稳步提高自身的综合实力。多元化发展也正是黄鹤把握多向发展机遇，体现动态发展理念，应对未来发展的不确定性的策略。

⑤ 打造"精品"黄鹤。黄鹤现有的资源及条件要求自身的经济建设和城市建设必须摒弃"急于求成"的心理，充分发挥广域的后发优势和近域的优势条件，在成熟的市场环境里找准定位，有选择的接受产业转移。坚持发展必须以保护自然为基础的原则，实施"可持续发展战略"，实现经济发展与环境保护共赢，建设"精品黄鹤"。

三、发展目标

1. 总体发展目标

（1）乡域目标。结合产业结构和乡域布局结构调整，以提高国民经济的整体素质为中心，实现强化农业立乡、突出工业强乡、抓住市场兴乡。2015年经济社会达到全县平均水平，2020年达到全县中上流水平，把黄鹤乡建成经济繁荣、科技发达、环境优美、社会进步、产业结构合理、人民生活富裕的现代化生态乡镇。

（2）乡集镇目标。充分利用乡域资源，把黄鹤建成三产结构合理，乡集镇经济繁荣、社会文明，服务功能完善，各项基础设施配套齐全，环境优美的生态集镇。

2. 乡域发展分类目标

（1）经济目标。近期（至2015年）经济增长率达到10%，GDP总量达2 000万元；远期（至2020年）经济增长率达到12%，GDP总量达3 500万元。

（2）社会目标。形成社会保障制度健全、社会秩序良好、教育水平较高、居民文化生活丰富和高度精神文明的居住与工作环境。

（3）集镇空间发展目标。以省道202为乡域发展主轴，以乡集镇—集镇—中心村为增长点，优化乡域城镇空间布局，突出重点，构建功能互补、联系便捷的点—轴城镇体系，促进乡域人口、产业的合理聚集和资源的优化配置。

（4）基础设施建设目标。统筹安排和积极推进区域性重大基础设施和公共设施的联建共享。在现有乡域统一供电和通讯系统基础上，进一步完善区域给水供应、污水处理、能源输送、环境卫生等基础设施系统，统一公共交通系统、统一环境保障系统和统一防灾系统。

（5）生态环境建设目标。加强生态环境、人文环境的保护与利用，实现绿色农业和生态镇建设目标。

四、城镇发展战略

1. 区位提升战略

黄鹤乡的区位条件优越，农业基础优势明显，具备成为区域次中心的充分条件。在未来的发展过程中，应不断挖掘黄鹤区位优势潜力，承接石柱县城生态产业转移，构建石柱东南部重点乡。

2. 产业振兴战略

黄鹤乡经济要振兴，希望和潜力在发展产业方面，而黄鹤乡具备发展农畜产品深加工、商贸流通及特色风情旅游优势。以上可作为黄鹤发展的重要产业选择，尽可能促进经济发展，增加乡镇发展初期的财政总量。

3. 城镇牵动战略

城镇化是工业化社会的产物，是经济发展和社会进步的重要标志。城镇功能越强大，积聚辐射经济要素的空间地域越宽广，区域经济越发展对城镇规模扩大的支撑力越强。因此，黄鹤要加大城镇化建设力度，完善集镇功能，促进经济快速发展。以乡集镇为中心，迅速增加城镇人口，提高城镇化水平。采取措施，严格保护周边的生态环境，努力使乡集镇成为生态良好、环境优美、功能完备、辐射力强的区域次中心。抓好小城镇建设，充分发挥集镇的积聚和辐射功能，带动当地经济发展。

4. 科教兴乡战略

深化教育体制改革，优化教育资源配置，大力推进素质教育，全面提高教育质量，进一步改善办学条件，巩固和提高"普九"成果，正视严重收缩型人口的长远影响和生源数量的急剧减少，积极加强教育基础设施建设，努力优化、整合教育教学资源，重点提升教学质量，培育现有小学、初中生源的素质和能力，为社会经济发展提供有力保障。

5. 循环经济战略

可持续发展战略的核心是经济发展与保护资源、保护生态环境的协调一致，是为了让子孙后代能够享有充分的资源和良好的自然环境。

面对工业化初期经济发展中如影随形的高消耗、高污染和资源环境约束问题，寻求经济增长模式的全面转变，走节约型发展道路、积极发展"循环经济"已成为未来发展的必由之路。积极发展"循环经济"已成为未来发展的必由之路。循环经济是一种以资源的高效利用和循环利用为核心，以"减量化、再利用、资源化"为原则，以低消耗、低排放、高效率为基本特征，符合可持续发展理念的经济增长模式，是对"大量生产、大量消费、大量废弃"的传统增长模式的根本变革。

第四章　黄鹤乡集镇性质与规模

一、黄鹤乡集镇性质

1. 乡集镇的地位与作用

集镇性质是对集镇主要职能的高度概括，也是集镇重要特色的反映，具有现状基础及发展追求的两重性，并将随着地区经济社会条件和集镇建设水平的提高而变化。

未来黄鹤社会经济和建设将有一个快速、繁荣阶段，将承担更广泛的职能，将快速使周围的人口向乡集镇聚集，工业企业逐步形成规模，商贸逐步兴盛，凸显重点乡的作用。

2. 乡集镇职能的调整——强化一产主体地位，二、三产并举

在稳固现状农业基础的前提下，依托快速城镇化进程，使工业、服务业与城镇化协调发展、互为促进，尤其在城镇化初期阶段，必须着力发展第二、三产业，实现城镇化的持续增长。

乡集镇现有第二产业虽有一定基础，但整体实力仍相当薄弱，难以适应市场化发展的节奏和城镇化进程的需要。一些小型的工业企业近年来虽有一定发展，但总体企业数量少、规模低，整体效益不高。黄鹤急需发展和培育部分支柱工业，以带动其他门类产业发展。

针对黄鹤自身的特点和资源优势，结合黄鹤所处区域的地理位置，分析黄鹤与周边城镇的职能分工和上一、二级城市的较强的经济联系，确定黄鹤在近期内应积极探索农副产品深加工产业，延长产业链，增加产业附加值，形成与周边乡镇错位互补的产业分工；适时发展特色手工制品加工企业，积极吸纳农村剩余劳动力；待乡集镇产业发展成熟后可逐步升级转型，适度培育和发展旅游商贸。

3. 乡集镇性质结论

本次规划通过对黄鹤乡域及乡集镇社会经济发展的深入分析与判断认为：黄鹤仍处在农业乡镇地位，工业和服务业是未来长期发展的根本，只有二、三产业发展取得突破，才能增加乡集镇规模，提升重点镇功能。农副产品加工、特色手工制品加工、商贸流通、生态旅游是黄鹤必须继续保持的长效产业，需要长期的建设投入，应以资源涵养保护和合理利用为原则，寻求近期和远期的统筹协调发展。

本次规划确定黄鹤乡集镇性质为：黄鹤乡域政治、经济、文化中心，渝鄂边境区域性商贸集镇，土家族风情特色乡。（参考：石柱县东南部地区的经济、交通、物流副中心，以农副产品加工、商贸旅游、文化旅游为主导产业，农工旅协调发展的石柱县东南部重点镇。）

二、人口规模

1. 历史人口分析

黄鹤乡政府位于鱼龙村，下辖鱼龙村、汪龙村、山河村 3 个村。

2008 年，黄鹤乡共有人口 4 692 人，其中非农业人口 211 人，占总人口的 4.5%。总人口中，男女比例约为 110：100。年龄结构上，18 岁以下有 1 232 人；18~35 岁有 1 073 人；35~60 岁有 1 763 人；60 岁以上有 624 人。同时，在总人口中劳务输出人数达到 1 111 人，占全乡总人口的 23.68%。乡集镇人口 2 056 人。

2. 人口预测模型与参数选择

（1）综合分析法。根据乡的常住户口的自然增长和机械增长确定总人口规模，其计算公式：

$$Q_n = Q_0 \times (1 + K)^n + P$$

式中：Q_n——乡集镇人口预测数；

　　　Q_0——现状数量；

　　　K——规划期内常住人口年平均自然增长率；

　　　P——规划期内乡集镇人口机械增长数。

根据预测期参数影响因素的不固定性，决定采用保守、膨胀、稳步发展三种方案，具体参数选择详见表 4-1。

表 4-1　综合分析法参数选择一览表

预测方案	近期		远期		备注
	K（‰）	P（人）	K（‰）	P（人）	
保守	3	300	2	1 000	
膨胀	5	600	4	2 500	
稳步发展	4	450	3	1 500	

（2）区域分配法。此法以区域国民经济发展为依据，对乡域总人口增长采用综合平衡法进行分析预测，然后根据区域发展水平预测城镇化水平，将乡域人口根据区域生产力和城镇体系规划分配给各个城镇或基层居民点。

其计算公式：

$$P = P_0 - (P_1 + P_2 + P_3 + \cdots + P_{n-1})$$

式中：P——规划乡集镇的人口；

　　　P_0——乡域总人口；

　　　P_n——区域内除规划乡集镇以外其他村镇的人口。

3. 结论

本次规划乡集镇人口预测采用两种模型、四种方案预测，具体如表 4-2 所示。

表4-2 黄鹤乡规划人口预测结果汇总表

序号	预测模型	方案类型	规划人口规模（人）		备注
			2015 年	2020 年	
1	综合分析	保守方案	2 828	3 607	
2		扩张方案	3 492	5 791	
3		稳步发展方案	3 155	4 431	
4	区域分配法	—	3 000	4 200	

根据上述两种模型、四种初步预测结果，同时与乡域人口总量及城镇化水平的预测，综合考量黄鹤乡整体的环境容量、资源特征、土地存量等因素，基于其现有产业基础、发展条件与背景，经深入分析黄鹤乡未来的社会经济发展趋势，认为如下发展规模最为可行：

2015 年，乡域 6 000 人，乡集镇 3 000 人；

2020 年，乡域 7 000 人，乡集镇 4 200 人。

第五章 乡域镇村体系规划

一、镇村体系现状及存在问题

1. 现状

黄鹤乡政府位于鱼龙村，下辖鱼龙村、汪龙村、山河村 3 个村。

2. 存在问题

（1）中心镇的作用不强。黄鹤乡的经济实力近几年虽有较大的提高，但是辐射影响不大；集镇规模小，较分散，没有形成集聚核心，很难起到带动乡域经济全面发展的作用。乡集镇还面临着尽快改变职能、加强综合实力、快速稳步发展、建设现代化集镇的重大历史任务。

（2）村镇基础设施不完善，村镇环境普遍较差。黄鹤乡域村社建设较分散，村社基础设施不完善，村社环境普遍较差，村社面貌缺乏特色和活力，直接影响了集镇的投资环境和村社的综合实力。个别村甚至难以发挥其职能作用，严重影响了地域城镇化、生态化建设和产业结构的合理转移。

（3）村镇分区松散、村社间的协作和联系不紧密。部分村落居民组散落分布在乡域内，远离交通干道，部分村社交通非常不便利。镇村体系中除了中心镇、基层村之间的竖向联系外，基层村与周边村社之间的横向协作却很少，没有围绕中心乡集镇形成联系密切、分工协作明确、整体优势突出的城镇体系。

二、城镇化水平预测

1. 预测方法——目标法

根据县域城镇体系规划中确定的县域规划期城镇化水平及该镇城镇人口规模的指导性意见，结合自身的发展目标和潜力，确定城镇化水平（率）。

2. 基本判断

分析黄鹤乡近10年的城镇人口变化历程，整体为相对稳定与突变激增并存的不均衡增长状况，其间既有政策、制度调整的原因，也有当年用工数量变化的影响，但总体反映了城镇对农村人口的渐强吸引趋势。未来黄鹤的发展，以良好区位交通条件为基础、依托西部大开发的难得机遇，伴随区域中心城镇地位的逐步确立，以市场、物流为龙头的第三产业持续增长，以培育地方特色经济、发展民俗文化旅游三重拉动第三产业持续发展，特别是社会经济的快速提升与基础设施的不断完善，乡集镇将持续吸纳农村人口的不断迁入。

理性分析黄鹤乡城镇人口的变化，考虑黄鹤乡工业化进程经历了初期的磨合及酝酿期，业已开始步入加速阶段，近、中期乡集镇附近一定数量和规模项目的上马建设，将会在一定时期内持续吸纳相当数量的劳动力就业，城镇化进程将会加快。根据石柱县城乡体系规划，全县平均城镇化率到2020年将会达到55%~65%。结合黄鹤乡实际预期情况，判断2020年黄鹤乡城镇化率可达到60%，处于同期石柱所属乡镇的中等水平。

3. 结论

2015年，黄鹤乡总人口为6 000人，城镇化率为50%，城镇人口3 000人；2020年黄鹤乡总人口7 000人，城镇化率60%，城镇人口4 200人。

三、村社重组建议

1. 村社分布现状

目前，黄鹤乡村庄分散，规模小，大部分村社远离交通干线，各村庄因交通因素的制约，使农民迫切要求向交通干线集聚；同时土地集约化的利用与管理也需要节省更多的土地，保证耕地的数量，也是实现黄鹤乡整体发展的需要。

2. 确定原则、目标

迁移的原则主要依据发展条件、发展潜力、地理位置和人口从分散到集中，即发展条件差的村庄向发展条件好的村庄集聚，无发展潜力的村庄向有发展潜力的村庄集聚，交通不方便的村社向交通干线迁移，沿路分散的自然村社向中心村或基层村集聚。黄鹤乡村社重组的目，是建立合理的等级规模结构，促进农村人口集聚和生产力发展。

3. 经验借鉴及重组方案

（1）先进经验。国外发达国家的城镇化水平达到 70% 以上时，乡镇范围实现生活在集镇、劳作在农村的农民生活方式，同时提供了居民点的布局方式为集镇—劳作点。

（2）重组方案。根据黄鹤将来发展水平及人口分布的实际情况，实现农村现代化的合理居民点体系。建议采用"集镇—中心村—基层村"的体系结构。

4. 相关措施

（1）采取积极的人口政策。政府采取开放的人口政策吸引农民进镇，向临近发展条件好、具有区位优势的村迁移。

（2）争取外来发展基金。迁移需要的大批资金，通过争取中央、市级等上级政府的地方发展专项资金。乡集镇对农民的房地产开发以政府补贴的方式减少农民的迁移成本。

（3）提高农民迁移意识。落后地区的农民不愿意迁移，政府要做积极的宣传，提高他们"迁移带来发展"的意识。

四、村镇职能结构规划

1. 村镇职能分工现状及存在的问题

乡域各村主要以农作物种植为主，村镇职能分工处于初级状态。

主要问题是村镇之间没有形成明确的分工体系，比较分散，表现为职能的同质化，主体职能没有充分发挥，村镇缺乏有机的联系，对外的职能不明显。再者村镇职能分工体系的特点是产业普遍低端，产品附加值不高，效益低，缺乏产品的下游深加工。

2. 集镇、中心村选择原则

本轮集镇、中心村的选择原则依据如下：综合评价价值比较大的中心村；有较好的集市、服务基础的行政村；空间分布的均衡性和间距的适宜性；在资源及区域性重点项目等方面具有开发与发展的潜力和优势；具有一定的经济规模和服务半径（范围），即是具有经济性和高效性。

3. 职能分工与组织

基于以上的综合评价、村社重组建议和交通组织、空间分布等要素考虑，三个等级的职能分工体系如下。

集镇：鱼龙村，主要职能是发展商贸物流、民俗文化旅游及综合服务型。

中心村：汪龙村，以其为中心，依托优越交通区位，发展农副产品深加工物流仓储功能。

基层村：山河村，大力发展优势产业，主要是生态农业。

五、村镇规模等级结构规划

1. 等级规模现状及存在问题

乡集镇人口为 2 056 人，其他都是在 2 000 人以下。乡集镇规模小，上轮规划的中心村不占规模优势，难以对其他村社形成辐射作用，即难以承载片区中心职能。

2. 规模等级

（1）等级规模的含义。依据城镇所处地理位置的重要程度以及在区域社会经济活动中所处的地位及发挥作用的大小，城镇呈明显的等级层次分布，而这种等级层次分布又与城镇的规模大小和性质、职能特点有很大的相关性。一般而言，在一定地域范围内的城镇等级层次越高，其相应职能就越复杂、越齐全。城镇的规模等级结构在本质上反映了各级城镇不同功能及其不同层次之间的组织协调。

（2）村镇发展趋势分析。在黄鹤乡域内，鱼龙村在现在的基础上将形成集市，且有渐强的趋势。而乡集镇南部的汪龙村也将逐渐借助交通区位优势吸纳周边村社人口获得较大发展，还能起到分担乡集镇的人口、设施压力的作用。

（3）等级规模的确定。根据黄鹤各村发展现状及趋势分析，认为黄鹤将形成三级村镇规模存在：

一级：鱼龙村；二级：汪龙村；三级：山河村。

另外根据国际发展经验及未来农村发展趋势，达到集约化土地利用，所拆并的所有村社的全部土地用于复垦还田，达到盘活存量土地、控制土地增量，实现土地动态平衡目的。

六、村镇空间分布结构

1. 现有村镇空间分布结构及存在问题

村镇空间分布自然均衡，村之间收入水平差距比较大，中心乡集镇公益性服务设施作用不强，个别村形成散点式布局。

2. 村镇空间分布结构的影响因素分析

（1）自然因素。自然因素决定了居民点分布的基本状况，也是影响其分布的重要因素之一。黄鹤地处山区，原以农作物种植为主的较低生产力水平，形成均衡的居民自然分布状态。

（2）区域资源。区域内的各项资源及对资源的开发利用的广度和深度，对区域居民点的形成、分布产生较大影响。黄鹤拥有丰富的山林和自然资源。

（3）交通因素。交通线具有发展轴线作用，"点—轴"增长模式已经在我国获得了巨大成功，也证明是水平发展较低阶段最有效的区域发展模式。黄鹤具有便利的交通条件，特别是穿过乡集镇的省道，将对黄鹤形成发展轴及发展方向起决定作用，同时可以将黄鹤作为中心镇的社会经济影响辐射到乡域村庄及附近乡村，带动地域经济发展，将极大地加快黄鹤乡的人口和产业要素集聚。

（4）政策和法规。从中央政府、省市政府以至到地方政府制定的有关城乡协调发展，积极推进城镇化、土地集约利用、城乡建设及环境保护等方面的政策和法规，都对居民点的分布产生影响。黄鹤的人口吸引政策已经产生了效应。

3. 村镇空间分布结构

（1）未来发展重点与方向。根据黄鹤的自然条件、交通、经济发展等因素，未来的发展重点将主要集中在黄鹤乡集镇——鱼龙村的商贸流通、民俗文化旅游以及汪龙村的农副产品深加工上，因此全乡的发展方向主要为南部，依托省道 202 公路的交通优势发展。

（2）空间布局。整体乡域空间结构为"一个中心，一个次中心，一个基层村，由乡域内部联系轴串联而成的空间三角"的城镇空间格局。

中心：乡集镇鱼龙村，是全乡的经济、文化、市场等中心，同时向周围乡镇辐射提供服务。

次中心：汪龙村，分别承担农副产品深加工、交通物流等功能。

基层村：山河村，承担传统的生态农业种植职能。

（3）乡域空间发展结构。以鱼龙村为中心，以汪龙村为次中心，以山河村为基层村，通过省道202连接，形成乡域内最重要的一条空间发展轴线，并对外衔接。对内三点联动，构成"铁三角"布局，整体形成一个完整的"点—轴—环"系统。

4. 镇村体系空间结构优化措施

（1）乡域内协调发展。从乡域整体性要求出发，促进资源优化配置和村镇职能分级，引导全乡域产业、资源、资金合理流动，协调全乡域基础设施的共享联建，形成产业一体化、城乡一体化的新体系。

（2）加大高山移民力度，向主要交通线聚拢发展。加大高山移民力度，推动村社及居民组合并，逐步实现居民建设向交通线聚拢发展，最终实现向乡集镇集中。

（3）以产业发展带动村镇职能等级升级。利用各村自身的优势，点面结合，促进实现覆盖全区、达到村镇升级的目标。

（4）强化各级中心，以点带面，点面结合。重点培育确定的乡集镇和重点扶持发展中心村，形成构想的镇村体系地域服务中心，依靠各级中心的辐射、吸引和密切联系，带动各片区社会经济整体发展。

第六章　乡集镇总体布局

一、用地发展方向

1. 发展用地选择基本原则

乡集镇用地决定着乡集镇各功能区的规划布局，对各项建设的经济投入和经营管理有着很大影响。选择乡集镇发展用地应把握以下原则：

（1）按照国家城镇建设用地标准，合理控制各类用地规模，集约使用集镇建设用地；注重布局结构合理和功能配置，强化生态绿地和集镇公共绿地空间构成。

（2）确保集镇土地的有效供应，以满足规划期内集镇社会发展的要求。其中，优先保证基础设施、生活服务设施及公园绿地等集镇综合配套设施用地。

（3）应在统一规划集镇新区基础上分期实施，行政中心及居住区建设应在综合开发、配套建设原则下进行统筹安排。

（4）调整工业用地与其他用地相混杂的局面，完善集镇基础设施，增加公共绿地，提高集镇土地的使用效益。

（5）节约用地，尽量少占耕地。

2. 用地方向的选择

从黄鹤乡社会经济发展的实际需要出发，本次规划突出"连续扩展与跳跃扩展相结合，新区风貌建设与传统机理承袭相结合"的思路，采取"长远规划，重点建设"的方针，选择现有乡集镇南部及西侧为主要发展方向。

二、规划用地范围的确定

1. 主要影响因素

（1）乡集镇建设用地的远期扩展。随着黄鹤的发展，黄鹤乡人口将不断增加，集镇建设用地也将同步扩张。根据前述人口规模预测的合理趋势，由于步入城镇化加速阶段，2020 年之后，城镇人口规模将进一步加速扩大，对用地必有新的需求，故有必要对周边用地进行预留控制。

（2）乡集镇边界的景观控制。把黄鹤乡区构建为环境优美、景观丰富的生态城镇，有必要对集镇边界的景观进行控制，保证集镇外围景观的良好区域周边环境基础。

（3）乡集镇周边生态涵养带的控制。黄鹤乡区周边大量的稻田、坑塘与河渠是良好的天然生态涵养带，伴随乡集镇人口的进一步聚集，这一周边生态涵养带的保护与完善更显十分重要，作为可持续策略的具体措施之一，必须对乡集镇周边的生态环境预以严格控制，进而达到环境不被破坏、改善区域小环境的目标。

2. 具体范围界定

本次规划区范围包括乡集镇鱼龙村、新增建设用地以及因发展需要控制的山体、生态环境等，总面积约 114.64 公顷。

3. 集镇规划区的管理控制要求

在集镇规划范围内，城镇规划管理部门应严格实施如下管理控制要求：

① 集镇各期发展需要，控制规划区内大型基础设施的建设；

② 遵照集镇总体规划和建设规划，控制区内土地开发；

③ 严格按照规划用地性质实施规划报建等管理；

④ 对区内环境控制区、防护绿带、农田保护区等实行严格的管理控制；

⑤ 保护区内地下和空中空间资源，满足乡集镇长远发展中各种地下管线及设施的建设需要，保护各种空中及地面通信联系走廊的安全、畅通。

三、乡集镇总体布局

1. 规划原则

（1）用地经济原则。改变小城镇传统土地粗放利用方式，合理利用土地、节约土地，充分利用现有基础，建设相对集中、布局力求紧凑完整、节省工程管线及基础设施建设投资。

（2）弹性原则。合理组织功能分区，统筹部署各项建设，处理好近期建设和远景发展的关系，留有弹性和发展余地。

（3）环境优化原则。充分利用黄鹤乡的水系、农田等良好的自然条件，科学布局，合理安排各项用地，保护生态、优化环境。

（4）因地制宜原则。有利生产、方便生活，合理安排居民住宅、乡镇工业及城镇公共服务设施，因地制宜，突出黄鹤的个性和特色。

2. 空间结构

规划依托黄鹤乡现有沿省道202呈带状布局的特征，展望黄鹤乡发展未来，在现有用地西侧沿山脚设置省道202新线，改变现有省道穿越乡集镇的问题。将新设立的省道202线以东、马武河以西较平坦的浅丘范围规划为黄鹤乡集镇发展区域，按照"双轴一心"的空间结构，布置各类用地。

双轴：一是连接省道202线至洗新乡的干道，两侧布置乡行政机构、文体科教设施、公园及绿化带，形成黄鹤乡重要的对外展示窗口、乡集镇的景观轴。二是依托黄鹤乡支路现状，两侧集中布置各类商业店铺，形成黄鹤乡的商业步行街。

一心：黄鹤乡景观轴与商业轴的汇集区，是乡集镇各类公共设施集中区域，也是当地乡民重要的公共活动场所。利用交通优势，形成完善的市场体系，积极培育二级区域市场，大力发展当今具有重大发展潜力的特色商贸物流业。

3. 功能分区

（1）居住功能区。由乡集镇中心居住小区及外围土家族风情居住组团共同构成乡集镇居住功能区。

（2）商贸功能分区。由贸易集市、商业步行街构成乡集镇繁华的商贸功能分区。

（3）行政功能区。由乡政府、市民广场、中心公园及文体中心共同构成乡集镇的行政功能区，承担黄鹤作为中心镇的职能。

（4）工业区。在乡集镇南部规划黄鹤特色产业功能区，将成为黄鹤振兴的希望之所在。

四、规划用地规模

1. 城镇建设用地标准

按照新《镇规划标准》（GB 50188—2007），考虑节约用地，建设紧凑型城镇，规划到 2020 年人均建设用地为 99.21 平方米，集镇建设总用地为 41.67 公顷。

2. 规划用地平衡

表 6-1　黄鹤乡规划城镇建设用地平衡表

类别代号		用地名称	面积（公顷）	比例（%）	人均（平方米/人）
R		居住用地	17.44	41.85	41.52
C		公共设施用地	5.45	13.08	12.98
其中	C1	行政管理用地	1.11	2.66	2.64
	C2	教育机构用地	1.2	2.88	2.86
	C3	文体科技用地	0.35	0.84	0.83
	C4	医疗保健用地	0.16	0.38	0.38
	C5	商业金融用地	2.63	6.31	6.26
M		生产设施用地	4.59	11.02	10.93
其中	M1	一类工业用地	3.94	9.46	9.38
	M4	农业服务设施用地	0.65	1.56	1.55
W		仓储用地	0.39	0.94	0.93
T		公路交通用地	0.05	0.12	0.12
S		道路广场用地	8.46	20.30	20.14
其中	S1	道路用地	8.27	19.85	19.69
	S2	广场用地	0.19	0.46	0.45
U		工程设施用地	1.35	3.24	3.21
其中	U1	公用工程用地	0.6	1.44	1.43
	U2	环卫设施用地	0.63	1.51	1.50
	U3	防灾设施用地	0.12	0.29	0.29
G		绿地	3.94	9.46	9.38
其中	G1	公共绿地	3.71	8.90	8.83
	G2	防护绿地	0.23	0.55	0.55
		规划建设用地	41.67	100.00	99.21
		其他用地	72.97		
		规划区范围	114.64		

第七章　居住用地布局

本次规划主要依托原有居住用地，规范住宅紧凑布局，规划 2020 年居住用地 17.44 公顷，占建设用地的 41.85%。

第八章　公共设施用地布局

一、现状问题

1. 沿街单排分布

各种公共服务设施沿着主要街道，进深一般不超过 10 米。

2. 临街面空间局促、与交通相互干扰

临街建筑靠近主要交通干道，形成道路红线无后退距离，造成商铺前空间狭小，而黄鹤乡区主要道路又是过境公路，因此乡集镇过境交通严重影响了人们的正常生活。

3. 规模普遍较小、功能不全

乡集镇没有一定档次的宾馆、酒店，还存在结构性的设施缺失，如无公共体育健身活动场所，难以适应今后社会经济发展与人民生活水平提高的需要，更难以与地区性重点乡的地位相协调。

4. 职能分布较为混杂、难以形成专门化的中心

公共服务设施分布呈散点分布，且比较混杂，很难形成专门化的服务中心。

5. 缺乏相应的开放空间、有街市无中心

沿过境公路分布的商铺，缺乏人们购物以外的活动空间，形成有街无中心的局面。

二、规划目标

1. 突显区位优势、做强市场和物流

加强市场体系建设，形成具有辐射周边地区的商贸、物流中心。

2. 提升职能层次、强化辐射能力

建立主次分明、配套完善的多层次公建服务系统，在为本乡集镇内居民、学生、企事业职工服务的同时，适度考虑对外围区域的服务辐射，以此提升重点镇应有的服务职能。

3. 完善设施功能、提高生活品质

按照社会生活的发展需要，完善各项公共设施的配套内容及比例。为提高人口素质、丰富人民的精神生活、方便群众日常生活需要，合理布局行政管理、商业金融、文体科技、医疗保健、教育机构等各项用地。

4. 强化景观设计、体现地域风貌

强化文化、娱乐、休闲设施的建设，结合开放空间设置，丰富居民生活，提高城市生活品位，体现地域风貌。

三、 用地规模与布局

公共设施的用地首先必须保证乡集镇范围内居民与企业的服务需要，同时考虑到黄鹤现有的工业基础以及今后其他产业扩展的可能性，应考虑相应的区域性服务设施建设。

公共设施包括行政管理、教育机构、文体科技、医疗保健、商业金融等各类设施。

1. 行政管理

用地面积约 1.11 公顷，占总建设用地面积的 2.66%，主要布置在乡集镇中心西北部，建设具有一定规模、体量的办公楼，形成良好的视觉景观效果和鲜明的政府形象。

2. 教育机构

用地面积约 1.2 公顷，占建设用地面积的 2.88%。乡集镇现有一所小学，规划予以保留，在乡集镇中部规划建立一所幼儿园。

3. 文体科技

结合乡集镇中心活动区布局，主要安排影剧院、图书馆、文化馆等，形成乡集镇文体科技设施体系。规划区内文体科技用地 0.35 公顷，占建设用地面积的 0.84%。

乡集镇内原有体育设施基础缺乏，近年来随着乡集镇人口的增加及居民业余时间的增多，结合新学校建设的附属体育设施，为居民提供业余健身的优良场所。

4. 医疗保健

用地面积约 0.16 公顷，占总建设用地面积的 0.38%。

规划建立一座综合性门诊医院，结合设置医疗服务站、计划生育保健站等，形成完善的医疗卫生保健网络。

5. 商业金融

用地面积约 2.63 公顷，占总建设用地面积的 6.31%。

乡集镇特色商业组群由步行商业街和商业街坊集合而成，以一些大型综合商场和专业商场为骨干网点，群体内行业齐全，可为群众提供多层次、高品位的服务。

第九章 生产设施用地布局

一、规划原则

1. 工业集中布局

在乡集镇范围内建立相对集中的工业区，调整工业用地结构；控制分散开发工业用地，逐步归并现有工业用地，向工业区集聚。

2. 一类工业用地布局的适度灵活性

一类工业用地对其他设施干扰量少，布置在工业区居住建筑或公共建筑用地附近。

3. 二、三类工业相对严格控制

二、三类工业用地按照环境保护的要求，工业用地和居住用地的距离应符合卫生防护距离标准，本规划中严格限制三类工业在乡集镇发展。

4. 农业生产设施方便乡集镇和周边村民使用

① 农机站、打谷场等应方便田间运输和管理；

② 大中型饲养场地的布局应满足卫生和防疫要求；

③ 兽医站宜布置在小城镇边缘，交通方便并对其他用地干扰最少。

二、规划规模

本规划到 2020 年规划一类工业用地 3.94 公顷，占建设用地比例 9.46%；农业服务设施用地 0.65 公顷，占建设用地比例 1.56%。

第十章 仓储用地布局

结合省道改线，在乡集镇工业片区内布置仓储用地。规划仓储用地 0.39 公顷，占建设用地比例 0.94%。

第十一章 道路交通规划

一、公路现状分析

1. 现状概况

黄鹤乡对外交通发达，省道 202 穿越乡集镇。

集镇内部道路不成体系，狭窄的乡村道路与省道相连接。省道两侧集中了全镇大部分公共设施和行政办公机构，两侧店铺云集，路上商业活动集中，人行、非机动车混杂，无法担负交通干道的职能。

乡集镇内缺乏客运站等基本交通服务设施。

2. 现状问题

（1）路网等级结构不合理，造成道路系统功能紊乱。交通生成点与干路系统缺乏过渡性连接设施，乡集镇交通集中在一条贯通性省道上，机动车和非机动车混行，对向交织，不利于内部与外围交通的相互分离，更不利于不同类别道路系统交通功能的发挥。

（2）路网节点不畅，路段与交叉口通行能力不匹配。交叉口由于相交道路间的交通流要相互等待或避让而导致通行能力大打折扣。加上交叉口机动车、非机动车和行人相互干扰，交叉口的服务水平严重下降。

（3）道路功能效率不能有效发挥。集镇道路横断面设计不合理，导致道路功能效率不能有效发挥。

（4）交通管理相对落后。缺乏相应的道路设施，没有实行严格的道路管理。

（5）公共交通不发达。黄鹤乡公交设施落后，每天黔江—石柱、彭水—石柱、马武—石柱、洗新—石柱、新乐—石柱的公交车皆通过乡集镇，但因缺乏固定汽车客运站而导致过往车辆仅是短时间停靠，公交服务水平不高且网络不完善。

二、规划原则

以黄鹤乡用地规划和产业发展要求为依据，充分考虑黄鹤现状和未来需要，对乡集镇道路及交通系统综合协调规划，满足乡集镇对道路、交通设施的要求，为黄鹤现代化特色小城镇建设打下坚实的基础。

三、交通发展战略

黄鹤乡作为商贸物流服务中心，乡集镇交通所要解决的不单是集镇居民的出行问题，还应满足大量外来人流、货流、车流的要求。

改变现有省道穿越乡集镇的问题，在现有用地西侧沿山脚设置省道 202 新线，省道旧线降级为乡集镇内部的干路。

根据黄鹤乡布局特点，规划黄鹤乡的交通发展战略定性为：依据中心城市线路延伸长途班车，优先发展公交系统，建立乡集镇道路交通系统；适当发展私人机动化交通，保证非机动车、人行交通；加速乡集镇道路基础设施建设，建立现代化的交通管理系统，加强交通需求的管理。

四、道路系统规划

1. 道路网结构

乡集镇路网采取综合用地布局与自然地形，形成四通八达的网状道路，以满足步行、公交和防灾救护等功能，通过合理功能布局和合理有效的交通组织，避免大拆大建式的道路拓宽对传统乡集镇格局的整体影响，整体布置完善的路网及设施，满足交通需要。

2. 道路规划指标

乡集镇道路面积 8.27 公顷，占建设用地 19.85%，其中主干道路网铺装率达 100%，并配有路灯和排水设施。

3. 道路等级与职能

乡集镇道路等级划分为干路、支路与巷路。干路乡集镇道路红线 16 米；乡集镇支路红线控制在 7~8 米，在道路拐角及部分功能用地处设置会车通道；巷路红线控制在 7 米，单行车道。乡集镇道路按其交通职能划分为交通性、生活性和综合性，并据此确定各条道路的横断面形式。

五、交通设施系统规划

1. 公共停车场规划

规划 2 处公共停车场。一处位于乡政府对侧；一处位于公共活动中心外侧。

2. 广场规划

规划 2 处广场，总用地面积 0.096 公顷；均位于政府用地东侧，为市民广场，并配置相关停车车位。

3. 长途客运站

乡集镇北部设置长途汽车客运站一处，占地 0.05 公顷。

六、过境线路规划

新设省道 202 新线，位于乡集镇西侧，二级公路标准；旧线降级为乡集镇内部的干路。在乡集镇南北两端设施灯控路口，保证交通来往车辆的畅通及居民的出行安全。

七、道路竖向规划

黄鹤乡地处山地地带，自然地形有起伏，乡集镇内水系穿越。从现有主要高程控制点可以看出，黄鹤西部比东部稍高，水系在乡集镇东侧自北向南流经乡集镇，四周被山体环抱。本次规划根据当地的实际情况，依据因地制宜的原则，竖向设计上保留现状的基本高程，对路面不良状况进行改善，部分地段纵坡与横坡将重新进行设计。尽量合理利用自然地形和水系资源，将地面竖向设计与雨水管道的敷设有机地结合起来，尽量减少土石挖方与工程造价。

第十二章 绿地系统与景观风貌规划

一、绿地系统规划

绿地系统是集镇生态系统的重要组成部分和基础，建设完善的绿地系统，是黄鹤集镇风貌塑造的重要内容。

1. 现状

黄鹤现代化特色集镇建设尚处于起步阶段，集镇内几乎没有集中公共绿地，道路沿线仅有行道树，且植株较小、间距大。镇区道路均为一块板断面形式，严重缺少绿化用地。

2. 现状问题

（1）公共绿地几乎为零。公园、小游园、街头绿地等均没有，相对乡集镇近2 000多人的生产生活需求，公共绿地缺口很大，集镇容貌及环境建设将成为本轮规划期内的集镇建设重点。

（2）附属绿地、道路绿化和生产防护绿地缺乏。乡集镇内的附属绿地严重缺乏，同时也没有生产防护绿地。

（3）镇区水系、众多坑塘成为环境"黑洞"。黄鹤乡内有马武河穿乡而过，但由于多年疏于管理，乡集镇北部河道边成为垃圾散落之所，杂草丛生，严重影响马武河的生态环境。

（4）环境卫生差，缺少环境设施。乡集镇的环境设施无公厕和垃圾回收站，环境卫生质量恶劣。

（5）环境保护意识不强。垃圾、污水任意丢弃、排放，不良习惯加剧了环境的恶化。

3. 规划原则

（1）整体协调原则。根据乡集镇自然特征，充分利用环境条件，建立和扩展绿地规模，创造丰富的集镇景观，使乡集镇各类绿地布局均匀，绿化网络结构合理，整体上形成生态环境优良、景观特征明显的绿化集镇。

（2）强化绿地景观塑造。结合乡集镇布局结构，突出园林绿地与集镇景观的结合，利用沿街绿地、广场、水体等，扩大景观视野，强化集镇绿化景观。

（3）系统化原则。公园绿地采取综合公园、文化公园、街头公园等不同类型，功能上形成景观型、生态型、服务型等多种类型相结合的公园游憩体系。

（4）弹性原则。近远期结合，在黄鹤乡集镇发展过程中，园林建设与集镇发展同步，始终保持较高的绿地率和人均公共绿地指标。

4. 规划指标

结合环境建设、居住质量、生态保护和抗震救灾等方面的因素，规划2020年绿地3.94公顷，占总建设用地比例为9.46%。其中公共绿地3.71公顷，生产防护绿地 0.23 公顷。

5. 系统布局

采取点、线、面布局方式，形成乡集镇立体绿化空间。

（1）中心公园。在乡集镇主要活动区和东部地形起伏较大的山坡建设 3 处集中公园，承担乡集镇重要居民休憩、休闲活动等功能，为重要的公共核心绿化空间。

（2）贯镇水系。马武河穿越黄鹤乡集镇，沿河设置一条滨河绿化带，有助于集镇生态环境的改善。

（3）重点街道绿化。沿乡集镇东西向干路布置 10~20 米宽的绿带；沿省道 202 新线设置 20 米宽的绿带，既改善小气候，美化街景，另外又可以有效分隔人流、车流，同时获得景观大道的视觉感受。

（4）其他绿地规划要求。

① 居住片区宅间绿地规划。在乡集镇"点、线、面"相结合的绿地系统中，居住片区宅间绿地是最接近居民生活的绿地，它覆盖面广、分布均匀，对绿化的均衡分布起到很重要的作用。

规划控制居住片区中绿地率不低于 30%。

② 公共设施附属绿地。公共设施有较强公共性和开敞性，此类附属绿地在满足生态功能的同时还应结合公共建筑的自身特点加强其外向景观特色。道路两旁的公共设施与公共建筑应预留绿色广场，与道路景观和乡集镇景观相协调。规划要求各公共设施用地的绿地率为 30% 以上，以下几类公共设施绿地率应特别要求：宾馆、敬老院 50% 以上；学校、医院 40% 以上；体育场馆、文化宫等游乐用地 35% 以上。

机关、学校、医院和工矿企、事业单位的庭院，近期规划全部实现绿化。新区开发和旧区改造，均按相应设计规范不得借故挤占，使绿地率达到 30% 以上。

③ 工厂附属绿地规划。随着工业的发展，工厂附属绿地对工厂环境的影响日趋增加，同时，绿地对改善生产环境、提高工作和生产效率、增进职工身心健康起着不可替代的作用。

新建工厂绿地率应达到 30% 以上；现有工厂应通过规划逐步增加绿地面积，重点抓好提高绿化覆盖率和垂直绿化覆盖，并通过增加植物的空间层次拓展绿化空间，弥补绿化用地的不足。工厂内应设置集中绿地，集中绿地宜建小游园，应接近或布置在职工生活区，为职工提供一个工作之余的休息、娱乐和景观环境。生产区绿地规划应根据其生产要求卫生防护要求以及特有的工业景观特点。

④ 市政设施附属绿地规划。绿化应以卫生防护功能为主，同时结合市政设施类型选择绿化美化方式，创造绿化景观。绿地率为30%以上。

二、景观风貌规划

1. 规划原则

在黄鹤乡景观风貌规划中，主要贯彻"四个结合"的原则：

（1）人文与自然相结合的原则。黄鹤乡河流穿越，坑塘密布，拥有丰富的自然景观资源，构成黄鹤乡区景观风貌的重要素材。

"水"是黄鹤最为重要的自然景观因素，规划应把握人文与自然相结合的可能，强化"水"的概念，充分考虑水资源的利用，使之充分影响居民的日常生活。

（2）现代文明与传统文化相结合的原则。在大力发展经济的同时，也应突出优良文化传统的弘扬，坚持汲取先进文明，又保持民族和地域文化。在景观风貌规划中，应结合传统文化精髓，建构现代集镇开放空间与场所，坚持历史文化传统与文脉的传承。

（3）保护与神韵相结合的原则。集镇发展是一个不断积淀的过程，一个有魅力的集镇，一定有它的历史地段、历史遗迹。尊重历史文脉，有助于坚持集镇发展的连续性。愈是在高速现代化和经济快速增长时期，愈应认识到历史文脉的潜在价值，树立严格保护和妥善恢复的意识。

（4）场所与精神相结合的原则。场所即物质空间，包括乡集镇规划建设区、乡集镇周围、参与构成城市景观的景物、影响集镇景观景物等，是人们活动及与活动相关联的全部环境物质。

精神是人对场所认识而形成的主观感觉。强调场所与精神相结合的原则就是要在规划设计中依据人的活动规律、行为方式、人们认知的特性来进行景观风貌的规划，从而创造出具有场所精神的集镇风貌，体现集镇多层面、深层次的文化内涵。

2. 规划目标

（1）城新镇美。通过新建区的建设和原集镇的改造形成集镇美的印象。

（2）街绿园茂。对乡集镇重要景观节点进行统一布局，合理规划和控制，满足集镇居民不断提高的文化精神生活要求。

3. 规划内容

（1）景观风貌分区。

① 行政风貌区。以乡政府为核心，周边办公、文化机构补充，形成行政风貌区。增强城市广场及行政中心等公共场所的中心感和场所感，通过不同建筑形态和灯具、照明装置的组合，形成风格各异的氛围，使不同功能的场所具有识别性。

② 商贸风貌区。位于乡集镇核心部分，沿现有支路两侧集中布置各类商业店铺，形成步行街。突出商业街（坊）的景观风貌。商业建筑应注意整体协调性，要与周围环境相协调，注重乡集镇各个视线景观通廊的保护要求。

③ 居住生活风貌。融合土家族民俗居住风情、现代居住区特色，在西部山坡、东部滨河地带，布置居住社区。以亲切宁静、环境优美宜人、建筑空间和色彩富于变化、充满文化内涵的居住环境为主题，形成不同形式的居住风貌区。

④ 现代工业风貌区。现代工业风貌区在黄鹤乡区的南部。在风貌特色上，应体现新工业区特征，以简洁高效、环境优美为特征的现代工业区形象为主，形成清新明快的建筑风格。同时，工业区也更注重环境质量。这不仅体现在建筑物理环境的高质量上，也体现在更加关心工业生产者的室内外环境设计上。

（2）镇区景观空间序列。

① 景观层次。根据乡集镇空间结构，形成"双轴一心一带"的景观空间序列。一轴为连接省道202线至洗新乡的干道，是黄鹤乡重要的对外展示窗口，是乡集镇的景观轴；另一轴为依托现有支路形成的商业风情区；一心为黄鹤乡景观轴与商业轴的汇集区；一带为滨河景观带。

乡集镇建设强度与建筑高度，由"一心"逐步向"两轴"过渡，再由"两轴"向"一带"逐渐降低，使山林及岸溪风光能够被乡集镇各处享用。

乡集镇建设密度分为高密度、中密度与低密度。

乡集镇空间高度控制三个层次：第一层次控制高度9米，第二层次控制高度12米，第三层次控制高度18米以上。

② 空间景观控制区。乡集镇中心为第三层次控制区，形成以中高层及多层为主的空间风貌。

乡集镇外围住宅区及工业区为第二层次控制区，形成以多层为主的空间风貌。

河流沿线周边的景观风貌区为第一层次控制区，形成低层的空间景观风貌。

（3）景观轴线。分3条景观轴：景观展示轴、商业风情轴、滨水景观轴。

（4）主要地标：行政中心、中心公园、商业中心、文化中心等。

（5）重要边界。形成省道 202 边界，使得乡集镇建筑景观和外部绿色环境空间相得益彰，紧密联系。

4. 景观控制的基本要求

本规定为实施集镇风貌规划所制定，凡集镇各种类型的开发建设项目、影响集镇风貌的改变，均应遵守本规定；集镇建设主管部门、集镇土地与建筑管理部门、投资单位、设计单位、施工单位均应遵守本规定，集镇建设领导应监督本规定的执行；集镇建设各种项目的选点、建设项目性质规模、体量与造型应符合黄鹤乡风貌规划的目标与总体构思；尊重自然，保护和强化黄鹤乡优美的自然景观，禁止任何部门和个人在集镇风貌规划区范围内的河道、空地及集镇建设其他保留地，擅自挖取土方、倾倒费渣、垃圾或进行填没水面等改变地形、地貌的活动。

第十三章　市政工程

一、给水工程规划

1. 水资源概况

黄鹤乡位于重庆市石柱县东南部。多年平均降雨量 1 126.6mm，年最大降雨量 1 227.5mm，多年平均最大日降雨量 95.3mm，多集中在 5～9 月，可达全年降雨量的 67%，多年平均降雨日 156 天，空气湿度达 63%～83%。

2. 乡集镇用水现状

乡集镇集中供水设施惠及程度较高，取水多来自乡集镇北部龙门溪取水井，水量供应充足。

3. 规划依据与原则

（1）规划依据：

①《镇规划标准》（GB 50188—2007）；

②《城市给水工程规划规范》（GB 50282—1998）；

③《建筑设计防火规范》（GBJ 16—1987）。

（2）规划原则：

① 坚持社会、经济、环境效益的统一，在优先保证集镇生活用水的同时，

统筹兼顾、综合利用、讲究效益；

②有效控制水资源的有序开发与高效率利用，结合产业升级、环境保护等方面工作，逐步建设节水型集镇；

③坚持开源与节流并重的方针，实行计划用水、厉行节约，并制定集镇的节约用水发展计划；

④采取有效措施保护集镇水源，严格控制污染、保护生态环境；

⑤统一规划、分期实施，合理超前建设。

4. 用水量预测

（1）用水量标准。

①综合生活用水量定额。乡集镇居民生活人均用水标准：近期120L/（人·d），远期160L/（人·d），乡集镇公共建筑用水量按居民生活用水量的25%计算。

②工业生产用水定额。依照规划，黄鹤乡远期工业发展规模适中，且主要以一类工业为主。根据国标《城市给水工程规划规范》（GB 50282—1998）的规定，立足于黄鹤乡工业的现状与未来发展，同时也考虑到可持续发展战略对未来工业单产耗水量的限制，以及中水利用等措施实际推广的可行性，因此，黄鹤乡工业用水量定额，近期取中间偏高值、远期取近低限值，则工业用水量定额万元产值耗水量，近期取60t/万元，远期取100t/万元。

③其他用水量标准。市政用水包括道路、绿化的浇洒用水和维修施工用水等，根据一般城市的实际情况，考虑黄鹤乡服务基地职能对乡集镇基础设施配套的较高要求，取综合生活用水量的10%。

消防用水量，根据国家标准《建筑设计防火规范》（GBJ 16—1987）的相关规定，近期的黄鹤乡区人口规模为3 300人，应按同一时间内2次火灾次数、一次灭火用水量45L/s计算；远期的人口规模为4 200人，同一时间内2次火灾次数、一次灭火用水量60L/s计算。

管网漏失水量及未预见用水量，参照一般集镇的管网实际运营情况，可按最大日用水量的15%计算。

（2）乡集镇用水量预测。根据《城市给水工程规划规范》（GB 50282—1998）的标准，预测乡集镇：近期最高日需水量为0.1万t/d，远期最高日需水量为0.16万t/d。

5. 供水水源

（1）水源及其保护。为保护好集镇市政供水水源，应采取如下必要的保护措施：

① 水源保护区内不得修建有污染企业、度假村、游乐园、疗养院及居住小区等；

② 加强水源保护区流域内的水土保持，种植水源涵养林，合理利用自然资源，维持生态良性循环；

③ 加强水源水质调查研究，建立水体污染监测网，加强控制管理。

（2）供水设施规划。黄鹤乡给水供应设施设置在乡集镇北部 HH01-1/01 地块，占地 802.77 平方米，建设加压泵站（给水）、水塔及蓄水净水池。

6. 给水管网规划

（1）规划原则：

① 给水管网应与城市发展、用地布局相协调，兼顾分期建设的可行性；

② 本次规划仅考虑干管管网的布置，不设计配水管支管和用户进水管，干管应集中布置在两侧有用水大户的道路上；

③ 考虑建设的经济性与远期发展的合理性，系统布局采用近期枝状为主、远期逐步形成环状体系；

④ 考虑山区集镇的一般特点，平行干管间距一般 300m~1 000m；

⑤ 给水管网的流量按最高日最高时设计；

⑥ 给水管道一律采用地下敷设方式。

（2）给水管网系统的布置。根据前述用地布局，黄鹤乡为基本成块连片的整体，市政给水管网采用单水源统一供水系统，其管网采用环状加枝状的形式，沿主要道路布置环状连通管道，其他道路以枝状向各用地内延伸，向周边供水。

二、排水工程规划

1. 现状

乡集镇现状排水采用直排式雨污合流制，无污水处理厂，现状主要排水管道主要为省道 202 两侧的明沟排水管道。

黄鹤乡现状排水工程主要存在如下问题：

（1）雨污合流体制，不利于排水系统整体效能的有效发挥，也对环境带来诸多的不利影响；污水未经处理就自然排放至自然环境中，对本地区的生态环境产生不利影响；

（2）排水管网覆盖的区域有限，集镇内许多地段还是靠地表坡度自然排放，排水管网系统亟待完善。

2. 规划依据、原则与排水体制

（1）规划依据：

①《城市排水工程规划规范》（GB 50318—2000）；

②《污水综合排放标准》（GBJ13—1986）；

③《地面水环境质量标准》（GB 3838—1988）；

④ 镇政府及其行政主管部门建设意图。

（2）规划原则：

① 结合集镇总体规划的用地布局，对排水设施进行统筹安排；

② 考虑黄鹤乡的集镇性质，应当高标准的进行集镇设施与环境景观建设，对集镇排水系统的要求相对较高；

③ 远近期建设相结合，充分考虑水资源的再生利用，在工业与民用建筑群中分别针对其不同的水质特点与要求，逐步建设中水回用系统；

④ 尽可能降低工程的建设总造价和经常性运营管理费用；

⑤ 今后，凡规划区内的新建、改建、扩建工程项目，应做到相关配套污水处理设施或工程与主体工程的"三同时（同时设计、同时施工、同时竣工）"。

（3）排水体制。根据国家、省市等有关技术规定和法规、规范的要求，城市排水工程拟采用雨、污分流制系统。

考虑黄鹤乡整体连块的总体用地布局模式，规划考虑统一的污水系统，各企业应在点源处理达标后，排入集镇污水管网。

雨水在地面汇集后，流入地下雨水管道，依地势就近排入地表河流水体。

3. 污水系统

（1）污水排放量。乡集镇污水排放量为：远期（2020 年）0.12 万 t/d。分类测算如下：

① 生活污水量。生活污水量包括居住生活污水和公共建筑生活污水这两项。根据一般集镇污水规划的通行做法，一般集镇污水排放量按其总用水量的80%左右计算。

② 工业污水量。工业污水按照工业用水量的 80% 计。

（2）污水处理站。污水处理站选址在乡集镇东南部，位于地块 IIH05-8/01，占地面积 1 726 平方米，采用生化、清淤方式处理污水。

（3）管网规划。

污水管网平面布置原则：

A. 采用雨污分流体制；

B. 一般充分利用地形条件沿集镇道路布置，通常布置在地势较低的一侧，污水量较大或地下管线较少一侧的慢车道上，并使支管污水能自流进入主干管；

C. 结合集镇路网与用地竖向规划，尽量使污水管线的坡降与自然地表一致，尽量减少埋深和泵站等附属设施，从而节约工程造价和经营管理费用；

D. 管线布置应简捷顺直，尽量减少与河流或其他障碍物、管线交叉，减少大管径管道的长度，避免在平坦地段布置流量小而长度大的管道；

E. 与集镇发展的远近期要求相一致，即满足近期建设要求，又要为远期扩建预留好接口与管位。

根据黄鹤乡区实际情况，以及规划用地布局的要求，污水管网系统采用统一的环状排水系统，经支路统一排向主干管线，向东南流入乡集镇东南污水处理站。

4. 雨水系统

（1）降雨情况。多年平均降雨量 1 126.6mm，年最大降雨量 1 227.5mm，多年平均最大日降雨量 95.3mm，多集中在 5～9 月，可达全年降雨量的 67%，多年平均降雨日 156 天。

乡集镇内主要水系为马武河，自乡集镇西北侧流入，流经乡集镇北侧、北东侧、南东侧边，至乡集镇南端流出。区内总长约 2.4km，河床宽度 15～35m，切割深度 0.5m～5.0m，河沟纵坡 0.78%，多年平均流量 5.8m³/s。水位及流量随季节变化明显，水位变化幅度一般为 0.5m～3.5m，最大可达 4.3m。调查期间水位为 629.31m～648.03m，流量约为 0.06m³/s；20 年一遇洪水位 632.80～651.50m。

（2）雨水管网规划。

① 雨水规划原则：

A. 雨水管沿路敷设，就近排入河流。

B. 结合集镇路网与用地竖向规划，尽量靠重力流来排放雨水，减少埋深和提升泵站等附属设施。

C. 管径要适当加大，满足雨水的排放要求。对路边的排水明沟和盖板暗沟，应逐步改造成水泥圆管或方涵。

D. 雨水管渠的最小覆土控制在 1.2m 左右，以利于布置其他市政管线。

② 排水分区：由于黄鹤乡有河流通过，各道路的雨水管线可就近排向附近水系或道路，因此排水可按垂直河流方向沿乡集镇次路分区。

③ 管网布置：在各分区中，部分路段直接将雨水排入水系，缩小雨水管径、节省工程造价，并可根据实际情况避免或少用雨水提升泵站。

三、电力工程规划

1. 电力系统现状概况

（1）变电站。乡集镇有主要变电站 1 座，位置在乡集镇北部，容量 3kVA。

（2）配电线路。全乡配电线路总长 76 公里，敷设方式为架空线路供电。

2. 现状问题

（1）电源的可靠性明显不足。电源为单一能源结构，供电电源的可靠性明显不足，难以有效保证乡集镇内重点设施的供电可靠性要求，黄鹤乡用电负荷增长速度较快，现有主变容量 3kVA 已不能满足用户用电需要。

（2）电网结构性问题。现有电网结构性的主要问题是，高压配网与中压配电网的可靠性不配套，电源线的故障或检修均会造成全城停电。

（3）用电负荷水平较低。乡集镇现有用电负荷水平较低，其主要是工业化水平不高，居民消费结构有限。

（4）乡集镇内电力线路与城市道路走向不配合。乡集镇内电力线路走线较为随意，难以与乡集镇道路走向相配合，造成用地分割较为严重，对乡集镇城市建设用地的进一步拓展产生较大的制约。

（5）供电可靠性差。线路时间长，线径小，供电设备老化，供电可靠性差。

3. 规划依据与原则

（1）规划依据：

①《镇规划标准》（GB 50188—2007）；

②《城市电力规划规范》（GB 50293—1999）；

③《城市道路照明设计标准》。

（2）规划原则：

① 结合乡集镇总体用地布局和地区电力系统规划，符合相关技术经济要求；

② 近远期结合，新建与改造相结合，供电工程的供电能力应能适应远期负荷增长的需要，结构合理、便于实施与过渡；

③ 变、配电设施及高压线路走廊应按集镇用地布局的统一要求，节约用

地、综合开发、统一建设；

④ 符合乡集镇环境保护的要求，减少对集镇产生的污染和其他公害；

⑤ 与乡集镇道路交通等其他基础设施工程规划相互结合、统筹安排。

4. 负荷预测

前已述及，黄鹤乡目前整体用电负荷水平较低。今后，伴随工业、第三产业和其他社会经济事业的普遍快速发展，乡集镇用电负荷的总量将面临较大的提升。以按照综合用电水平法和用地负荷密度法，预测黄鹤乡区近、远期的总用电量及负荷，作为近、远期集镇主要输配电设施的等级选择及网络发展的规划参考依据。

（1）综合用电水平法预测。考虑未来黄鹤乡的发展建设将在一定程度上呈现跳跃式发展，鉴于乡集镇建设用地范围的迅速扩大、市场化经济发展模式的不确定性、大型用电项目暂时难以确定等诸多不定因素，按照前述供电工程规划原则，参照国内外相似城镇的用电水平发展过程，采用综合用电水平法进行用电负荷的预测。

经现有用电分析，近年乡集镇居民年人均用电量约为 800kW·h/人·a，根据《城市电力规划规范》（GB 50293—1999），乡集镇现有用电水平属中等水平，参考西南地区规划指标确定，乡集镇人均年综合用电近期（2015 年）取 3 000kW·h/人·a，远期（2020 年）取 3 500kW·h/人·a，最大负荷年利用小时数取 3 000~3 200h/a。则近期用电负荷为 0.3 万 kW，远期为 0.5 万 kW。

（2）用地负荷密度法预测。根据黄鹤乡的集镇性质与规模，总体规划布局，社会经济综合发展水平及产业构成，工业化发展，地域特点，气候特征等负荷相关因素，确定各类集镇建设用地的负荷密度，针对近、远期不同的用地总量及其构成，按照相应的负荷密度指标，预测远期（2020 年）负荷为 0.6 万 kW。

（3）结论。综合上述两种预测，考虑黄鹤发展的实际，确定近期（2015年）乡集镇用电负荷为 0.4 万 kW，远期（2020 年）为 0.6 万 kW。

5. 电源与变电站

根据对近、远期黄鹤乡用电负荷的测算结果，规划期为确保乡集镇的供电可靠性，通过对现有变电站升级、扩容的方式提高供电总容量，满足远期用电需求。

规划乡集镇变电站沿用现有 35kV 变电站，位于 HH02－16/01 地块，占地面积 2 223m^2。

6. 供电设施规划

（1）调整架空配电线路规划。按规划路径逐步调整架空配电线路，并应适当增加高度、缩小档距，以提高导线对地距离。

（2）主要线路配电规划。在集镇主要干道和景观路的配电线路要求埋地，避免影响城市景观。

（3）高压走廊宽度控制。乡集镇内 35kV 高压走廊宽度不小于 20m。

（4）电力线路规划。原则上电力线路应设在路的东侧及南侧。

7. 电力网络布置

为了与黄鹤乡集镇的用地布局相配合，黄鹤乡集镇电力网络布置按照中压和高压两个等级分别布设。

（1）乡集镇中压配电网络。乡集镇的中压网等级为 10kV。

远期由于供电用户增长加快，负荷密度上升，伴随乡集镇建设用地范围的扩大，原有的 10kV 线路供电半径可适当缩小。远期目标网的供电方式采用双回或多回树干式结构，必要时也可采用单环或双环网开环运行。

（2）工业区中压配电网络。黄鹤工业区重要用户或大用户采用单回或多回辐射式专线，其余用户为树干式配网供电，变电站低压侧出线间隔 8~10 条 10kV 馈路。

由于工业区为新开发的城市建设用地区域，原有电力线路网络应在近期道路建设工程中逐步调整，形成沿主要集镇道路埋地敷设、供电区域分布合理的供电网络。

8. 高压电力线路走廊安全保护

规划 35kV 高压送电线路采用架空敷设，设专用走廊，乡集镇规划区范围内控制线路走廊宽度 20m，走廊宽度及走廊环境应符合《电力线路防护规程》的有关规定，防护范围内不应种植高大乔木，严禁违章构筑物及易燃易爆品进入走廊。

四、电信工程规划

1. 电信工程现状

（1）邮政。现有邮政所一处，信件数量 200 封/d，杂志报纸份 450 份/d，包裹 30 个/d。

（2）电视。现有电视转播台一处，在乡集镇新建政府西侧山坡上。

（3）信号塔。乡集镇内现有移动信号塔一处，联通信号塔一处。

2. 规划依据与原则

（1）规划依据：

① 黄鹤现状及现状地形测绘图；

② 黄鹤电信分公司管线资源清查图；

③ 规划用地布局要求；

④ 政府及其行政主管部门建设意见。

（2）规划原则：

① 结合乡集镇总体用地布局和地区电信事业发展规划，符合相关技术经济要求；

② 以社会信息化的需求为主要目标，保证向社会提供普遍服务的能力，符合国家及主管部门的各种通信技术体制和技术标准；

③ 充分利用原有设施的通信能力，合理协调新建通信工程的布局，保证技术先进性、安全可靠性、建设可行性、经济合理性；

④ 综合考虑，避免通信基础设施的重复建设，适应通信业务市场的开放经营和竞争发展趋势；

⑤ 考虑电信设施的电磁保护和其他技术安全要求，并避免对其他无线设施的干扰；

⑥ 合理安排近、远期建设与规划，贯彻"近细远粗"的原则。

3. 邮政工程规划

以加快邮件传递速度为主，以增强自主邮递和邮件处理能力为重点，形成一个网点布局合理、技术先进、邮运快捷、管理严格的现代化邮政通信网。

邮政通信总量是以货币形式表现一个城市的邮政企业在全程全网生产过程中产品量的总和，是反映邮政通信企业生产劳动成果的综合指标。依据公式邮政通信总量=Σ（邮政各类企业产品量×各类产品结算单价）+邮政其他收入，合理预测黄鹤乡邮政通信量。

根据用地布局规划，黄鹤乡区近期（2015年）乡集镇人口为3 000人，远期为4 200人。相应的，整个黄鹤乡集镇应当布置1个邮政局所，位于乡政府东侧HH04-1/01地块。

4. 通信工程规划

（1）发展指导思想：

① 规划立足于高起点，拟多层次、分步骤进行建设，并适度超前发展，

与集镇整体布局协调统一。

② 面向高新技术，采用先进技术和装备建设通信网，不断提高通信能力和设备的现代化水平，积极采用同步数字系列技术和数字交叉连接设备，扩大传输电路容量和提高网路的可靠性和灵活性。

③ 以发展电话业务和非话新业务为主线，扩大网络覆盖面为重点，增强综合通信能力。

（2）通信总量预测。根据集镇总体规划，结合电信发展现状，规划采用普及率法做用户预测，到 2015 年，乡集镇电话主线普及率取 30 部/百人，同时考虑 80% 的实装率，移动电话普及率为 45 部/百人；到 2020 年，乡集镇电话主线普及率为 45 部/百人，考虑 90% 的实装率，移动电话普及率为 70 部/百人。

黄鹤行政、金融、商业、教育科研、工业、居住等各基本功能齐全，企事业单位的电话需求量较大，目前尚处于市话高速增长阶段，单位电话用户数占主导地位，同时住宅电话的增长更为迅猛。随着经济的发展，生活水平的提高，住宅电话将在规划期内迅速发展，并不断接近单位电话总量。

按黄鹤规划人口发展规模，参照国内一些发展中的乡集镇电信发展水平，考虑固定市话普及率近期达到 30 部/百人、远期达到 45 部/百人。

随着移动通信网络规模的扩大和技术的进步，设备成本呈大幅度下降的趋势，入网费、使用费和移动终端的价格持续下降，潜在用户群体的规模迅速扩大。根据国家信息产业部相关机构的研究，未来 10~15 年，世界移动电话的总体规模将接近并超过固定电话，我国尽管固定电话和移动电话都处在高速发展期，但总的趋势将与世界移动通信的发展规模一致。

考虑黄鹤乡的社会经济发展总体稍滞后于全县总体水平，预测移动电话的需求量，则近期（2015 年）为 1 350 门、远期（2020 年）为 2 940 门。

（3）电信支局建设。根据规划用地布局，参考市话发展预测和电话交换局服务半径，确定城市电信容量远期需在现有基础上扩容。

（4）电信网络规划。黄鹤乡内信号传输通道将统一规划，沿道路敷设于道路西侧或北侧（现有管线不便改造时可暂保留原有线位），每条道路原则上只设一条管位，与电力线路分侧布置于道路两旁人行道上。

市话配线系统宜按以下规划要求布置：

① 建立便于统一安排使用的主干馈线系统，干线电缆间应有灵活调线的可能。

② 固定配线区，用户有相对稳定的线路，不宜经常调换。

③ 以交接配线为主体，馈线侧辅以主干与分支间的缆根复接和交接箱之间的局线复接。用户配线侧的组线箱、分线盒一般不复接。

④ 隐蔽性，干线全部采用地下管道，分支至交接箱也采用地下敷设，交接点按街区分块布置，支配线也尽可能设暗线直接进入大用户及各建筑物。

⑤ 移动通信方面，根据实际情况应加强基站建设，中远期建设本地交换局，加大网络覆盖，并逐步建设专用长途主干传输网。

在发展有线通信的同时，还将使用卫星数字微波通信以加强对外线路可靠性，并应注意保护基站及发射天线周围的净空环境及对干扰源的控制。

5. 广播电视工程规划

黄鹤乡广播电视普及率现有基础较弱，在加强广播电视覆盖质量的同时，近期应着手有线电视网络的建设与普及，远期应达到有线电视网络的基本覆盖，并对有线电视网络的带宽进一步扩容，建成一个与全乡社会经济发展相适应、有地方特色的广播和电视网络，实现具有现代化技术与手段的宣传新格局，为全镇人民生产、生活服务。

五、燃气工程规划

1. 燃气工程现状

乡集镇现有居民生活用能源主要为罐装液化石油气，一般用汽车从石柱液化气站运来，经营罐装液化石油气的单位都是商业性的，规模小且分散，不能满足人们的生活需要。

2. 气源选择

黄鹤乡燃气工程规划确定秸秆燃气和罐装液化气共用，在乡集镇南侧建立秸秆燃气站，对其扩容增效，保证全镇生活用气的供应，同时在乡集镇南部设立罐装液化气销售点。远期气源可选择马武镇或六塘镇的中压配气站。

3. 规划原则与目标

（1）供气原则：优先满足集镇居民生活用气及居民生活密切相关的公共建筑用气。

（2）居民生活人均年综合耗热指标：《城镇燃气设计规范（GB 50028—1993）》推荐指标为 2 512MJ~2 931MJ（60 万~70 万千卡），考虑到黄鹤经济尚不发达，同时联系黄鹤今后生活水平的不断提高，确定居民人均耗热指标，近期取 2 000MJ，远期取 2 400MJ。

（3）乡集镇气化率：乡集镇气化率近期达到 70%，远期达到 90%。

4. 用气量预测

（1）各类用户的年用气量之比：参照同类城市的各类用户用气比例，确定居民与公共建筑用气量之比为 70∶30。

（2）计算参数：

液化石油气低热值：$H=111.4MJ/m^3$（26.61 千卡/m^3）（气态）；密度：522.9kg/m^3（40℃）（液态）；月高峰系数取 1.25。

（3）用气量预测：规划近期人口为 3 000 人、远期为 4 200 人，按 3.4 人/户计，则近期为 883 户，远期为 1 235 户。乡集镇气化率，近期为 70%，远期为 90%。

综上预测，远期（2020 年）乡集镇用气规模预测为 145 万 m^3/年。

5. 供气设施布局

考虑风向及安全因素，近期在乡集镇的南部，HH05－11/01 地块，占地面积 1 291m^2。中期设置为乡集镇服务的秸秆气化站，远期将秸秆气化站置换为天然气燃气储配站。

六、工程管线综合规划

管线综合遵守"压力管让重力管，临时管让永久性管，小管让大管"的布局管则。

横断面安排管位，应首先考虑布置在人行道及非机动车道下，然后考虑布置在机动车道下。所有管线、路灯均平行于道路中心线布置。

管线平面布置：道路东侧及北侧布置雨水管、给水管和电缆电信沟；道路西侧或南侧布置燃气管和污水管；路灯杆均布置在中央分隔带或人行道两侧。

竖向布置中自上而下：电力电缆沟、电信沟、燃气管、给水管、雨水管、污水管。规划区内电力电缆沟、电信沟覆土最浅，为 0.6m；燃气管和给水管覆土为 1m 左右；雨水管和污水管覆土为 1.5m 左右。

第十四章　环保环卫综合规划

一、环境保护规划

1. 环境现状

（1）大气环境。黄鹤乡大气环境质量保持较好，达到国家大气环境质量二级标准。但随着近年来集镇的发展，燃煤、秸秆等各种能源消耗的不断增加，大气污染物的排放量迅速增加。

（2）水环境。乡集镇有一条河流穿过，由于乡集镇生活污水的排入，影响了河流水质。

（3）声环境。根据乡集镇布点监测可知，乡集镇噪声基本达标。由于有省道202横穿乡集镇，存在一定交通噪声。由于过境的大货车较多，对公路两侧居民的日常生活干扰较大。

2. 环境保护目标

（1）环保总目标：

① 遵循可持续发展战略，实行环境与发展宏观综合决策机制；

② 坚持以人为本，环境优先的原则；

③ 切实保证工业区和农业区的合理开发利用，有效控制各类工业污染源，以便环境污染和自然破得到有效控制；

④ 近期使乡集镇环境品质明显改善，远期达到现代化生态型城市水平。

（2）水污染防治。加快建设污水处理设施，对污水排放进行全面管理，鼓励市场用水，加强污水利用工作，提高水资源利用效率，保护水资源，防止地表水和地下水污染。

（3）大气污染防治。加强乡集镇大气环境治理力度，按照乡集镇大气环境要求，控制大气污染源，调整能源结构，鼓励用电、用气，积极发展清洁能源。

（4）固体废弃物综合治理。积极开展集镇垃圾无害化处理，实现集镇垃圾无害化、资源化。

（5）噪声防治。控制交通、服务业、工业及施工噪声。

（6）生态环境建设。加强集镇生态环境建设，大力植树造林，增加乡集镇植被覆盖率，配套建设乡集镇各类绿地。

二、环境卫生工程规划

1. 环卫设施现状

黄鹤乡内尚无公共厕所、化粪池、粪便储运站、废物箱和垃圾转运站等环卫设施。

2. 规划指导思想

（1）乡集镇生活垃圾处理坚持无害化、减量化、资源化的原则，进行综合处理。

（2）乡集镇生活垃圾收运逐步朝着容器化、标准化、系列化发展，逐步提高环卫工作机械化水平。

（3）以方便使用、防止污染、保护人民健康、美化环境为原则，合理布局各种环卫设施，充分利用现有条件，改造现有简陋设施。

3. 规划目标

表 14-1　环境卫生规划一览表

	项　　目	近期	远期	备注
1	垃圾清运率（%）	80	100	
2	垃圾容器化收集率（%）	70	100	
3	垃圾转运站（座）	0	1	
4	粪便无害化处理率（%）	80	100	
5	水冲式公厕率（%）	40	70	
6	道路洒水率（%）	30	60	

4. 环卫设施规划

规划环境卫生设施用地（U2）分散布置于乡集镇内部，全乡共设置垃圾转运站 1 处，位于乡集镇建设用地南部 HH04-31/01 地块，占地面积 161 平方米。

建立环卫所一处，增加环卫人力。

垃圾收集方式采用袋装、垃圾屋收集，沿路垃圾箱按商业大街 50 米、交通干道 50 米、一般道路 100 米间隔设置。垃圾收集点距建筑物的间距以不小于 5 米为宜。

根据相关城市的环卫规划，在规划期内，按每人每日生成垃圾 1.0 千克，规划期末乡集镇每日产生垃圾约 4.2 吨。规划在乡集镇外围，距集镇建设区 500 米以外的山谷，建设垃圾无害化处理厂一座，占地面积 0.6 公顷左右，处理能力 10 吨/日，处理方式采用填埋、堆肥与焚烧三者相结合的处理方式。

公共厕所按照 3 000~5 000 人设置 1 座的标准，在乡集镇规划 2 座公共厕所，1 处位于 HH01-6/01 地块，占地面积 42 平方米，1 处位于 HH04-25/01 地块，占地面积 64 平方米。乡集镇产生的粪便排入下水道系统和污水一并处理。

建设垃圾回收点 3 处，按照 300 米服务半径分散布置在乡集镇范围内，主要依托道路绿化角度设置。

第十五章　消防规划

一、城市消防概况

1. 黄鹤乡消防概况

黄鹤乡现在没有公安专职消防队，现由镇派出所代管，原有消防栓等灭火设施因年久搁置已基本无法使用。

2. 主要存在问题

（1）虽然全镇的消防意识有所增加，但对消防安全重要性的认识依旧不深入、不到位，仍存侥幸心理。

（2）由于部分场所的利益主体多元化，导致场所的经营者和所有者分离，引起基础设施的投入不足，火灾隐患整改不力；大量小型的公众聚集场所分布面广，经营者更换频繁，监督管理难度较大。

（3）火险隐患单位由于资金匮乏，整改进度缓慢。

3. 消防机构发展计划

考虑到黄鹤今后的发展和未来的集镇建设，黄鹤需要设一处消防站，以及布置完善的消防栓等设施，以解决现存的火灾隐患。

二、规划原则和规划依据

1. 规划原则

坚持"预防为主、防消结合"的方针，提高全社会的消防意识，积极消除火灾隐患，防止和减少火灾的发生。

2. 规划依据

（1）《城市消防规划建设管理规定（89）公（消）字70号》。

（2）《建筑设计防火规范》（GBJ16—1987·2001修订本）。

（3）《城镇消防站布局与技术装备标准》（GNJ1—1982）。

三、消防规划

1. 消防室布局

以黄鹤乡政府已建立的兼职消防队为基础，在乡集镇中部HH03-8/01地块，占地面积 1 174 平方米，设置一处消防室，配置至少 1 辆消防车及相关消防装备和设施，落实工作经费和消防队队房。

2. 消防水源

乡集镇消防给水与乡集镇市政给水为共用系统，要求高度重视乡集镇各片区自来水管网，必须按规划建设，为消防给水提供可靠保障。近期着重加强对集镇陈旧市政消防供水管网的改建工作，改造现有乡集镇管径偏小的支状管网为环状管网，集镇主干道供水管径不小于 300 毫米，以保证消防用水量。

沿集镇主要干道设置地上式市政消火栓 9 个，间距不应超过 120 米，保护半径不大于 150 米，市政消火栓覆盖率 90%。建立健全消火栓定期检测制度和管理、使用、维修的规章制度。

在无市政消火栓或消防供水不足的地区，建设消防水池 4 处，每个消防水池容量不小于 50 立方米。消防水池应加盖，设置不小于 50 厘米×50 厘米的取水口，保证水位不低于上沿的 20 厘米。消防水池应当设设置明显标志，水池顶部未经消防公安机构批准，禁止修建其他建构筑物或固定设施，取水口 5 米半径内不准设置固定设施，对消防水池进行维修、换水作业时，应当告知当地公安消防机构。

充分重视室内消防系统与乡集镇给水管网的连接，保证室内消防供水流量。室内消防系统的设计、安装必须严格按照有关规范规定，并加强维护管理。

3. 消防通道

为了满足消防需要，在乡集镇建设中必须高度重视以下问题：及时完善街坊内部的消防通道；居住区道路宽度不应小于 4 米；道路转弯半径不应小于 15 米；消防道路间距不宜大于 160 米；建筑物沿街部分长度超过 150 米或总长度超过 220 米时，均应设置穿过建筑物的消防车道；消防车穿过建筑物门洞时，净高和净宽不应小于 4 米。在建成区改造时，应把打通消防通道作为一项重要内容严格控制，避免见缝插针。搞好交通管理，取缔占道经营、停车、施工等违章占道行为，保证消防通道畅通无阻。

充分利用乡集镇公园、绿地、广场作为防灾疏散避难场地。

4. 消防通信

消防通信应保障火灾报警和灭火指挥调度迅速、准确可靠，要充分利用有线、无线两种通信手段的特长，并与先进的通信技术和计算机技术有机地结合，为消防接警、调度、指挥、管理的科学化、系统化、自动化、现代化提供有力的保证。

黄鹤电信支局与消防室之间的 119 专用线路至少设立一条专线。

5. 消防保卫重点

火灾危险性大，发生火灾后损失大、伤亡大、影响大的单位和部门，包括乡政府部门、学校、青少年活动室、图书室、大型百货商店、重要宾馆、经常进行外事活动的场所、车站、通讯中心、重要市政设施、木材加工、农副产品加工、物资仓库等。

第十六章　综合防灾规划

一、人防规划

1. 规划原则

（1）人防建设应遵循"长期准备，平战结合，全面规划，重点建设"的方针。

（2）人防工程以乡集镇人员掩蔽工程为主，结合配套工程形成完整的人防体系。

（3）控制建筑物高度和密度，加强道路建设，保证战时乡集镇和对外交通的通畅。

（4）加强绿地和广场的建设，保证疏散开敞空间的规划建设。

（5）加强对重点目标的防护，加强对易燃、易爆、危险品、剧毒品的管理，避免次生灾害的形成。

2. 人防工程规划

（1）按照以疏散为主、掩蔽为辅的原则，根据相关规定，确定战时疏散人口为乡集镇人口的 60%，留镇人口为 40%；则战时留镇人口为 1 680 人，按人均 1.5 平方米计算，人防工程设施面积为 2 520 平方米。人防专业人员按留镇人口的 8% 计，约 135 人。

（2）本规划的人防工事由掩蔽工事、指挥系统、给水系统、警报通信系统、供电系统、医疗救护系统、人防仓库、工程抢救系统等组成，分别按照《人民防空条例》的规定建设，一般按五级以上工事标准修建。

（3）乡集镇应建设有线、无线、统控、自控相结合的防空警报网络。

（4）乡集镇重点地区必须按照规划要求建设人防工程，在人流集散的车站、商场、影剧院、旅馆、医院、学校、政府机关等处修建一定规模的平战结合掩蔽工事；车站、桥梁、对外公路及重要生命线工程要作为重点防护目标，设置专门工程抢修系统。

二、防洪排涝规划

1. 地形地貌

乡集镇位于马武山南东麓山脚、马武河右岸，由绵延的丘陵及平缓斜坡组成，高程多在 650m～750m 之间，最高点位于乡集镇西侧山坡上，高程为783.00m，最低点位于乡集镇南端马武河内，高程为 629.30m，相对高差一般为 10m～50m，最大高差为 153.70m，地形坡角多在 15°～30° 之间，局部最大坡角 37°，为构造侵蚀河谷地貌。乡集镇地形地貌简单。

2. 河流概况

乡集镇内主要水系为马武河，自乡集镇北西侧流入，流经乡集镇北侧、东北侧、东南侧边，至乡集镇南端流出。区内总长约 2.4km，河床宽度 15m～35m，切割深度 0.5m～5.0m，河沟纵坡 0.78%，多年平均流量 5.8m³/s。水位及流量随季节变化明显，水位变化幅度一般为 0.5m～3.5m，最大可达 4.3m。调查期间水位 629.31m～648.03m，流量约为 0.06m³/s；20 年一遇洪水位632.80m～651.50m。

3. 防洪标准

黄鹤乡属于中小城镇。根据《城市防洪工程设计规范》（CJJ50—1992）及《防洪标准》（GB 50201—1994）的规定，马武河采用 20 年一遇防洪标准。

4. 防洪规划

河道 20 年一遇重现期，结合黄鹤各灌溉沟渠合理布置排洪渠道和截洪沟。

5. 排涝规划

（1）排涝规划原则：

① 根据地形的高低、地区的差别，合理确定排涝标准；

② 近远期结合、新老结合、统一规划、分期分批实施；

③ 合理调整排水片区，新建改建泵站，提高抽排能力，确保排涝需要；

④ 高低区域排涝分开，高水高排，低水低排；自排与机排分开，尽量减少机泵抽排，自排为主，机排为辅；

⑤ 结合乡域河道整治，调水冲污，改善乡集镇河道水质，提高水生态环

境质量。

（2）工程措施。河道整治与改善集镇环境相结合，通过河道整治，使河道畅通，改善水质和生活环境。乡域防洪排涝决策计划对重点水利工程实现监控运行，研究开发水利工程运行监控管理系统，提高水利工程按指令运行的准确性，建立防洪调度、会商、专家系统和辅助人工决策分析。

三、抗震防灾规划

1. 地震灾害情况

黄鹤乡政府积极着手应对可能发生的地震，规划之前，乡政府专门制定了《重庆市石柱土家族自治县黄鹤乡地质灾害危险性评估》，报告结论为：

（1）乡集镇位于石柱土家族自治县黄鹤乡场北侧，面积约 128 公顷，为构造侵蚀河谷地貌，地形地貌及地质构造简单；破坏地质环境的人类工程活动不强烈；不良地质现象不发育；区内无致灾地质体或致灾地质作用；区内地质环境条件简单。

（2）乡集镇地质灾害危险性分级为危险性小（A）区域。同时报告对黄鹤乡规划建设提出了以下建议：

① 在地址灾害危险性小的区域进行建设时，建（构）筑物的布局应避免诱发地质灾害。在沿河一带（洪水淹没区）不宜规划不具备防洪功能的项目；在斜（边）坡地带进行规划时，应避免规划影响现有斜（边）坡稳定性的建（构）筑物。

② 在建设过程中，应尽量避免高切、深填，以防人为造成地质灾害。

2. 抗震防灾目标和标准

乡集镇一般建设工程的抗震设防应根据《中国地震动参数区划图》（G8306—2001）确定的地震动参数进行严格的设计、施工。

按照国家法律法规需做地震安全性评价的建设工程，必须进行地震安全性评价。并按照安全性评价结果确定的抗震设防要求进行抗震设防。

3. 抗震规划

根据《中国地震动参数区划图》（G8306—2001），规划区按基本烈度设防。遵循"小震不坏、中震可修、大震不倒"的原则。

（1）抗震设防分区。

甲类抗震设防区：含行政用地、生命线工程设施用地，主要有医疗用地、药品、面粉等食品储藏地及易产生次生灾害的地区。这些地区的建筑抗震设防要求执行国家建筑抗震设防乙类标准。

乙类抗震设防区：商业区、文化娱乐场所、居住区等地区的建筑抗震设防要求执行国家建筑抗震设防丙类标准。

丙类抗震设防区：含规划区内的水域用地、道路广场用地、绿地等。

（2）震前、震时、震后重点措施。

震前预测：加强通讯强度，做好震前预测。

震时指挥：本次规划中，设了两个震时指挥中心，一个结合政府设置，另一个做应急设置，两个皆须配备必要的设施。

震后救援及恢复建设：救援专业队伍的建设是震后救援及恢复建设的重要保障。加强医疗救护队伍、工程抢修队伍等救援专业队伍的建设有重要意义。

第十七章　近期建设规划

一、规划目标

按照黄鹤乡总体规划的战略目标与构想，逐步调整与完善集镇各项功能及基础设施水平。近期建设按照集中与分散相结合的原则，重点项目定点定段，有计划、有步骤地引导集镇建设合理布局。

二、规划原则

（1）加速商贸流通功能建设及城镇化进程，调整集镇用地结构，按比例协调发展各类建设用地，初步形成核心突出、功能明确的用地格局。

（2）逐步改善乡镇环境质量，加强环境保护与污染治理，集中开辟几块绿地，将绿色引入乡集镇。

（3）注重乡镇发展的阶段性与合理性，预留足够的集镇空间，为远期奠定基础。

三、规划年限与规模

规划年限为2011—2015年，乡域人口达到6 000人，其中乡集镇人口达到3 000人。集镇近期建设用地面积为26.53公顷。

四、规划重点

1. 新区建设

在黄鹤南侧实施工业新区开发建设，加快建设步伐，带动乡集镇的全面发展。建设一批重点工程，形成黄鹤未来发展的新的增长点。

2. 旧城更新

对旧棚户危房进行改造，增加公共服务设施，完善基础设施，改善居住质量，提高居民的生活水平。

3. 完善乡集镇干路网系统

重点规划实施主干道路网，以原省道 202 为南北向主轴，以黄鹤大道和黄鹤新道为东西向主轴，联系各支路、巷路，形成乡集镇道路网，同时加快完成乡集镇西侧省道 202 新线建设工程，等级为二级公路标准。

在实施干路建设的同时，开展支路、巷路的改造和整治，打通断头路，拆除违章建筑，清理占道经营，整修路面，恢复人行道，新铺彩色人行道铺装。

4. 环境绿化

将乡集镇周边的良好生态环境引入到建成区内，在乡集镇重点实施乡镇中心公园及乡集镇内边缘河道的环境整治和绿化配置。

五、规划建设内容

在总体规划的指导下，综合考虑黄鹤的社会现状，真正实现集镇的多级发展与空间布局方向上的调整，保持近期建设的相对完整性，并考虑集镇远期发展，保持与规划结构布局的衔接性和一致性。重点理顺道路等级体系，完善道路系统和市政基础设施建设，做到开发一片、利用一片，滚动发展、有效控制集镇建设的规模。

1. 居住区建设

（1）完善建设原省道线西侧居住区，按居住小区进行相关的配套设施标准设置。

（2）进行工业区及商贸区内部职工单身宿舍区的建设，满足外来务工人员的居住需要，同时设置相应简单的服务设施。

（3）加快现有黄鹤村民居住用地的转化节奏，加强乡集镇居民新村的建设和开发，从而提高土地的利用集约率。

2. 公共设施建设

（1）建设新乡政府办公楼，同时在其周边设置市民休闲广场及配套文化、娱乐用地，满足城乡人民健身娱乐的需要。

（2）将原乡政府办公楼改造建设为新的乡门诊医院，占地面积4 644平方米，医疗设施满足居民远期发展就医需求。

（3）按《重庆城乡公共服务设施规划导则》教育设施配套标准，新建一座幼儿园，位于HH04-7/01地块，占地面积1 825平方米；扩大原小学规模，位于HH04-28/01地块，占地面积10 160平方米。

3. 道路交通建设

（1）争取加快完成省道202旧线的改造与新线的建设工程。

（2）建设东西向的干路，以方便乡集镇两侧衔接，同时在道路交叉口处设置交通管制。

（3）建设滨河的亲水景观路，强化绿楔的生态性和亲和性。

（4）新建汽车客运站，改善周边环境设施，选址在乡集镇北端，以减少过境汽车对乡集镇的干扰。

（5）完成乡集镇中部农贸市场与公共活动中心的停车场工程。

4. 集镇环境治理及公共广场、公园等建设

（1）通过工程措施和环境整治，保证马武河水清、无垃圾。

（2）建设完成乡集镇中心的广场建设。

（3）初步建成黄鹤滨水休闲景观带与省道202新线沿侧防护林带。

（4）建乡集镇中心公园及小区配套公园，增加街头绿地，满足日常生活需要。

5. 市政公用设施

（1）建设一处压力泵站给水设施，位于地块HH01-1/01，占地面积803平方米，完善乡集镇范围内给水管网敷设。

（2）建立一座污水处理站，位于地块HH05-8/01，占地面积1 726平方米。

（3）扩建现有35kV的变电站，位于地块HH02-16/01，占地面积2 223平方米。

（4）敷设电力电信管线至南部工业新区，保证新区的建设发展。

（5）增建移动和联通通信塔，选择在HH04-1/01地块设置一处邮政所。

（6）考虑风向及安全因素，建设一处秸秆气化站，位于HH05-11/01地块，占地面积1 291平方米。

（7）建一处消防室，位于乡集镇中部，HH03-8/01地块，占地面积985平方米，并沿集中、主要干道，每120米设置一个消防栓，共计9个；在无消防栓的区域设置4个消防水池。

六、近期建设时序

近期建设以新区建设和旧区改造更新并重，严格控制建设用地面积总量。加强环境的治理，特别是对马武河水系风貌的建设，为远期黄鹤风貌特色的蓝图建设留有充分的余地。

强化产业配套设施的建设力度，创造经营和生产环境，通过产业区的建设提供更多的就业岗位，吸纳农村剩余劳动力进镇。

积极改造居住区居住环境，提升旧城居住用地的利用效率，接纳进镇农民安居乐业。

近期建设项目应尽量集中在规划的近期建设用地上进行，如近期建设项目资金不足，可留有余地转化为远期发展用地。

七、实施措施

集镇规划并非是单靠规划部门来实施的，而是由乡集镇的各个部门来共同运作的；尤其是作为乡集镇建设规划组成部分的近期建设规划，就更加需要依靠社会各个组成要素之间的相互协同作用。为发挥对乡集镇建设活动的综合协调功能，应从多方面提出近期建设规划实施措施。

1. 将规划成果转化为指导性和操作性很强的政策文件

集镇建设规划具有较高的法律地位，应当加重其综合协调功能和对集镇资源的配置，近期建设规划的成果不应只作为专业部门的技术报告，还应将规划成果转化为操作性很强的政策文件，将集镇建设规划深化，形成操作性更强的控制性详细规划和修建性详细规划，才能真正成为政府及其各部门统一行动纲领。在规划程序上，应当符合基本的政策决定程序，并且与城市行政、立法和执法程序及其要求相结合。

2. 建立乡集镇建设的项目库并完善规划跟踪机制

要将近期建设规划提出的建设项目进行深化，明确这些项目的规模、建设方式、投资估算、筹资方式、实施时序等方面的要求，建立近期建设的项目库，并对实施情况进行跟踪反馈，根据变化随时进行调整修正，使得政府对于目前进行的和下一步将开展的项目做到心中有数。

3. 建立建设项目审批的协调机制

未列入近期建设规划项目库的项目一般情况下不予审批，这样才能避免多头审批、政出多门的现象，有助于形成乡集镇各部门在发展政策方面的协调、在集镇资源的使用上的协调、在集镇公共资金分配上的协调以及在集镇重大建设项目的确定和安排序列上的协调等。

4. 建立规划执行的责任追究机制

近期建设规划所规定的内容应成为每年建设部检查集镇规划建设工作情况时对照审查的重要依据。凡是违反近期规划的项目，不仅要停止建设，而且要追究有关领导和人员的责任。

5. 组织编制乡集镇建设的年度计划或规划年度报告

在乡集镇快速发展的背景下，应该在近期建设规划完成后加强对规划实施的跟踪与反馈，在此基础上组织编制乡集镇建设的年度计划或乡集镇规划年度报告，这对乡集镇建设具有更重要的现实指导意义。

第十八章 远景发展构想

一、乡集镇远景发展方向

基于远期发展的规划，乡集镇远景的发展方向更趋向南进为主，继续沿省道202向南拓展，将现有鱼龙村建设用地全部纳入到乡集镇规划用地中来，实现乡集镇总体布局结构的进一步完善。

二、乡集镇远景发展规模

随着经济社会的发展和黄鹤作为石柱重点乡的地位凸现，乡集镇规模将不断地扩大。预测黄鹤2050年全镇总人口为9 000人，城市化水平为75%，则2050年乡集镇人口规模约为6 750人。

随着集约化的土地利用，建设用地规模达到0.54平方公里。

三、乡集镇总体布局构想

远景设想乡集镇以行政管理、商业贸易、交通物流、文化教育等功能为主，新区以工业服务功能为主的"两心联动，彼此呼应"的总体格局。

四、重点问题

1. 工业集聚

应尽可能保证工业用地的高度聚集，坚持组团式发展模式，形成工业企业集群；现有存量土地基本消化开发完毕后，应加强土地的量化调控，提高土地的经济效益。

2. 保护基本农田

在土地开发中，应少占或不占良田，保护基本农田不减少。

3. 保护生态环境

黄鹤是以农业种植为主要产业特征的山地小城镇，山体植被覆盖率不高，河流受季节影响很大，生态环境比较脆弱。随着工业的发展，将对生态环境产生严重的影响，采取积极的生态环境保护措施尤其必要。

第十九章　规划实施与管理建议

小城镇规划是其发展的战略纲要，涉及小城镇未来发展的目标、方向、任务、措施和步骤。而建设规划的付诸实施是一项长期而艰巨的工作，涉及面广，综合性强，在制定和实施过程中会遇到政策、体制、资金、人才和许多意料之外的新情况、新问题，必须加强集镇规划的技术深化工作，健全法律、法规，完善集镇规划管理体制，保证集镇总体规划顺利实施。

一、使用行政手段保证规划实施

1. 健全规划管理体制

要把规划纳入地方国民经济与社会发展计划，并进行任务分解，逐级落实；建立政府领导任期目标责任制；定期向上级政府和同级人大报告规划执行情况等。

加强政府对规划统一管理的力度，集中集镇规划管理审批权，建立完善的规划管理体系，制定并落实各层次规划的实施措施，严格实行对违反规划行为的处罚规定，维护规划的权威性和严肃性，使黄鹤建设严格按照规划有序进行。

2. 加强土地管理

规划经批准后，应严格划定集镇建设区和非集镇建设区。应制定集镇土地供应和开发计划，严格控制土地供应，有效防止土地闲置和超前开发两种极端倾向，将集镇土地开发纳入节约资源、合理利用、促进增值的计划管制的轨道上。将规划目标、规划期限、规划范围、土地利用区与土地规划用途、批准机关与日期等规划内容向全社会公告，让全社会都了解规划，自觉执行规划，并共同监督规划的实施。

3. 监督、检查各部门、各单位实施规划的情况

定期或不定期对规划执行情况进行巡回检查，加大执法检查力度，并对违反规划的土地利用行为进行查处。

任何非农业建设项目在可行性研究论证时，都应由土地行政主管部门依据土地利用总体规划、土地利用年度计划和建设用地标准进行建设项目用地预审。对符合乡集镇建设规划的用地，方可批准农用地转用计划指标，办理农用地转用的审查报批手续。

4. 加强社会监督与公众参与

进行各类集镇规划方案的公示，开展人大定期咨询和公众不定期咨询等活动。

二、依靠经济手段保证规划实施

1. 明确建设规划控制和引导功能

建设规划的实施，需要通过一定的手段和原则予以保证。以控制为手段，以引导为原则，通过控制的方式来引导规划实施，可以体现规划刚性和弹性的共生，一定程度上也可体现规划的灵活性；同时，也有利于建设规划为下一阶段规划提供有效的依据。

2. 运用价格、税收、投资和信贷等经济杠杆，来调节土地利用关系

约束土地利用行为，促进土地资产的流转，使土地在重新配置中得到最佳利用。严格规划实施，充分挖掘土地潜力，鼓励利用非耕地和提高土地利用率，大力促进旧乡集镇的保护、改造、完善。

3. 采用多种集镇开发模式

尽快建立政府控制的土地基金，通过从银行贷款和证券上市募集资金，并利用该基金分期或一次性预征土地。可以利用民间的资金进行建设。

三、依托技术手段管理和实施规划

1. 进一步加强集镇规划编制工作

集镇总体规划只是集镇建设的纲领性文件，集镇具体开发和建设还相应需要各种专项规划。黄鹤总体规划一旦审定执行，城镇规划主管部门应根据总体规划要求，尽快组织编制黄鹤重点地段详细规划等。重点地段的详细规划主要确定近期开发地段、城市重要地段的土地开发要求，是指导近期建设的基本依据，其编制工作刻不容缓。加强乡集镇外村社的规划编制与规划管理，并促进城乡统筹建设。

2. 建立土地规划信息系统

逐步建立地理资料信息库，为今后规划和土地管理提供基本、科学的依据。建立一个能对土地资源的类型、数量、质量、分布、生态环境、利用现状、动态变化进行科学描述，在三维空间内对土地资源信息进行定性、定量、定时分析，具有快速编制规划、查询规划数据的图形、监测规划实施情况以及对规划目标进行预警等多功能的土地规划信息系统，向有关部门提供土地资源的基础信息和规划信息服务，并能对规划执行情况进行系统反馈，修订和调整规划。

3. 加强土地利用动态监测

根据每年土地利用现状变更调查、集镇村庄地籍调查等成果，并借助土地规划信息系统，将土地利用状况与规划目标作对比，分析规划的可行性和实施进度，为土地利用的及时反馈创造条件，使规划经过必要的调整、修改而更切实际。

四、运用法律手段管理和实施规划

1. 加强城乡规划法规宣传

加强黄鹤乡总体规划，规划、管理法律、法规的宣传，提高乡民规划意识，增加规划透明，逐步要求个人和单位自觉执行，积极支持城镇规划管理。

建立有关土地用途管制制度等的法律或地方法规，与《镇规划标准》、《土地管理法》等法律法规相配套，对各种土地利用上的规划建立法律约束，成为一个完整的法律法规体系，为管理和实施规划提供法律武器。

2. 加强城乡建设监管

部门专项规划和大型项目选址可行性研究必须经规划主管部门审查并签署意见书后，方可报上级主管部门审查或审批。未经法定程序审批，任何单位和个人不得以任何理由和借口在非集镇建设区进行开发建设。

后记　后来者记

对于黄鹤镇所延续的研究，我实实在在是一位后来者。

我从 2013 年师从田阡教授开展博士后合作研究工作伊始，就有听导师谈到黄鹤地理位置的特殊性，一是在于它是位于武陵山区的龙河流域与乌江流域有交集的一个区域，再者它是一个跨乡镇、跨县境、跨省界的"边城"。说到边城，自然有对沈从文先生那篇《美在生命》的小说的对应想象，更多了些对黄鹤其名乃至这个地方的憧憬与渴望。

在细致的学术交流中，导师常在一种理想与激情齐飞的表述中深度讲述他在石柱这些年田野调查的酸、甜、苦、辣和学术人生，为我这个"田野白丁"全面系统地讲述田野方法的运用和一些实践的理念，清晰地给我勾勒出龙河流域全流域视野乡镇运作田野调查的研究框架和学术成果的展现方式。

说实话，我虽然已经获得博士学位并在高校工作几年，但由于我接受到的文艺学、民俗学的学术训练更侧重于文献与理论层面，为数不多的田野调查的经历时间既短，对象也多围绕自己比较熟悉的故乡乡村，像田老师规划的这种多流域全视野、多层次全时段的深度田野工作的开展与实施，在我心中实在是打了一个硕大的问号和一个感叹号。问号打给自己——以我的经历和能力，能否完成导师独特的田野学术规范训练要求？感叹号回复给田老师——何其系统、高效、训练有素的田野规划导引研究，原来田野工作还可以这么做！

2014 年 7 月 5 日，田老师带着团队从火炉般的重庆市区来到清凉静谧的传说中的黄鹤。

此次团队的组成和以往有些不同，有来自省外、境外、国外的人员。省外的成员是来自华中农业大学社会学系本科生杨叶欣，她是个十分精干的女孩，曾单车走西藏，慕名加入了我们的团队，也增添了此次调查多面向社会问题的碰撞；境外人员是来自台湾地区知名人类学学者潘英海教授，他和田老师近年来一直合作开展研究，运用区域比较的方法开展了武陵山区与台湾日月潭水沙莲地区的比较研究，这也是流域系列田野工作首次请台湾学者一起开展田野工作，也表明老师推出流域人类学概念的决心和走国际化道路的信心；国外人员是来自纽约州立大学宾汉姆顿的历史系属东亚研究学院硕士研究生罗植心，他从世界与区域视角对"大历史"与"小历史"的田野解读，极富新锐思想，给我们很大启发。

之所以是后来者，还在于黄鹤田野工作的开展与前几次的田野工作有根本上的不同，对黄鹤的研究是一个跨越四年的全面跟踪研究。2000 年暑假期间，田老师已经带领邓军（现自贡盐业历史博物馆）、刘应科（现贵阳职业技术学院旅游系）开展了 60 天的调研，从那次调研开始，黄鹤的乡亲们就认识和熟悉了这个老师及团队，居住的农户家甚至将这两个青年学生当做自己的儿子看待，这次的重点调查村落是黄鹤乡汪龙村。2011 年，田老师又带学生王娜（现厦门大学人类学博士生）开始在黄鹤政府所在地鱼龙村开展调查，田野跨度时间近 155 天，并在此基础指导其完成硕士论文。2012 年，田老师还在黄鹤率领团队实现了科学研究和社会服务，完成了《重庆市石柱县黄鹤乡总体规划》的编制。2014 年 6 月，田老师与日本岛根大学生物资源科学院伊藤胜久教授到黄鹤开展"运用环境教育实施体系加强'中国西部学者共同研究'促进人才培养"项目实施调查研究。这些研究的轨迹从另一个方面来看，黄鹤开展的系列学术活动就是流域研究学术规划中深耕田野的另一个"乡土个案"。

前续的研究搜集了扎实的田野调查资料，符合全景式田野调查的范例要求，形成近 60 万字、电子资料近 100G 空间的关于黄鹤田野调查的第一手资料。但田老师在此次田野工作中希望能在已有的基础上做一个区域概念的、三个村的整体性研究，也希望能在民族地区重点讨论一下"社会治理"的问题，更立体全面地呈现多年来在黄鹤开展的田野调查成果，形成更多有显示度的专题研究。

面对已有的全面丰硕的资料成果，我作为后来者，只能暗自在心中叹息："黄鹤，我来了；黄鹤，我来晚了。"既来之，则安之，在黄鹤乡的半个月，让我觉得既短暂又漫长——短暂是因为我们确定的"社会治理"主题和我承担的"生态问题与社会治理"分议题只能算是做了基本的一些搜集，进行了初步的概况调研；漫长是因为面对黄鹤这个相对广阔的文化空间，无数的人类学可观察访谈的研究议题和对象每天扑面而来，而人力付出和客观时间显得非常有限，从而大量鲜活的田野材料不断出现但又往往不能充分深入，我们只能从学科视角抓住核心议题，无奈中只能抚纸长叹。这种田野现场的"焦虑"和活在田野的"存在"是不曾下过田野，没有进行系统、全面田野工作的新兵无法体会的。

当田老师将《边城黄鹤》的初稿交给我，让我共同完成全书的统稿和完善工作的时候，我发现要完成一本民族志取向的田野调查报告，需要构建和梳理的地方还很多：理论方面，全书全面但趋于平面的展示，未能有清晰的理论逻辑和理论观点进行统领，是一本展示历史与现实的乡志表述；材料运用方面，全书110多个案例孤悬文外，只有专题板块的归属，未能形成与体系中上下文的关联，图表和插图数量少且未能聚焦主题，部分章节交叉，影响了一些很新、很鲜活的议题的主次表达。

经过多次讨论和对框架结构的调适，我开始了对原稿进行粗框架细线条的修改。首先是确定本书核心体系下的几个核心概念，我们针对全面的、已有的材料，将"区域文化""省际边界"和"生活样态"等人类学概念组合引入本书的框架体系中，作为统领全书的核心理念，立起人类学田野调查报告的"脊梁"；随后，我们将原来含糊不清、详略不当的章节进行了重新调整，将全书分为导言和九章内容，构建全书的"骨骼"；接下来根据章节分布而增删了部分内容，大量增加了图片和表格，并对文字叙述和案例衔接进行了修改，使全书充满"肌肉"；最后，我们根据案例和叙述的内容理顺了文字的表达方式，并总结每章节的观点作为标题的引申说明，赋予全书细腻的"皮肤"和柔顺的"毛发"；再经过反复的修改、打磨，让"她"的"面貌"不断细致。至此，一个"亭亭玉立"的"人"方初步形成。

作为一个后来者，我虽未能在前几次参与对黄鹤的长时间田野调查，也只是粗略领悟了田老师统揽全局的视野和贯穿流域的眼光，但就我在本书所做的工作来说，就好像是有人已经将"黄鹤人类学田野调查"的"馅儿饼"烙好了一面，我的工作在于要将前人烙的金黄油亮、香气四溢的这块"馅儿饼"，翻个面继续烙。我烙的这一面，"馅儿"里包着民族文化、区域文化、族群文化等人的生存样态，还掺有省际边界、宗族组织等充满历史渊源的"配料"；外面的"皮"是由人类学、民族学和民俗学的"面粉"混合制成；在"烙饼"的"手法"上，我主要使用案例分析，辅以跨区域比较、纵向历史比较等"给力"的方式，希望这一面的"饼"也能尽快"熟"起来。

作为一个后来者，我热爱田野，也感谢《边城黄鹤》书稿给我灵感和机会，使我能展现我对田野工作的直观印象和从浩繁文字中体会的点滴心得。我个人认为，黄鹤一乡就像微缩版的中国，山河村就像西部地区、汪龙村是中部地区、鱼龙村就像是首都所在地。市场化格局也构成沿海开放地区的缩影，海洋的象征——黄鹤河，对面的青龙村，是所有边境与边疆的象征。"治大国如烹小鲜"可能有夸张的成分，"一屋不扫何以扫天下"的古语却实不欺我。把黄鹤的人、事、物摸清楚，进而厘清这里的社会结构、运行方式和深层根源，我想其意义不仅只停留在展现一乡、一县甚至一省的"政通人和，百废俱兴"，使其成为国家社会治理的一个参考"标本"，更在于引发这本田野调查报告的读者产生把我们的国家治理得更好一些的责任感。我想，这不仅是值得田阡老师和我去毕生追求的人类学"终有所用"的目标，也是我们人文社会科学学者肩上应该担负起的重任。

感谢黄鹤的父老乡亲们，感谢秦勇和杨海华两位主政黄鹤的朋友，他们能多次参与我们晚间的田野交流，并就很多具体问题耐心与我们交流，让我们感受乡村发展的政治活力。

作为一个后来者，记下这些，以候来者……

王剑于 2015 年 3 月 8 日

田阡于 2015 年 3 月 13 日

特别感谢

教育部"新世纪优秀人才支持计划"《多元文化互动与族群关系研究——以乌江流域为中心》和重庆市社会科学规划项目《武陵山区多元文化互动与族群关系研究》(项目批准号：2010YBRW61)；西南大学基本科研业务费专项资金资助项目《中国少数民族村寨文化模式与经济的现代转型研究》以及重庆市文化委资助的《武陵山区多流域文化遗产调查与生态文明建设研究》项目对于作者学术研究的支持！

鸣　谢

西南大学统筹城乡发展研究院
西南大学新农村发展研究院
重庆国学院
西南大学校地合作处